最強の系譜

プロレス史 百花繚乱

那嵯涼介

新紀元社

はじめに

プロレスラーに〝強さ〟を求めて何が悪い

そういう視点でこのジャンルと接してきたし、これからもそうやって生きていくだろう。

「プロレスとは元来、強さを競うものではないし、ましてや〝最強〟などというワードを当てはめるのは幻想にすぎない。愚の骨頂である」

格闘技ファンのみならず、プロレスを愛する者たちの間でも、そうした論調が大勢を占めるのは百も承知である。

だが待て。果たして本当にそうか。

我々は子どもの頃、彼らの勝ち負けや強さの優劣に一喜一憂していなかったか。

ボクシングや大相撲の延長線上に、プロレスを捉えていなかったか。

「ガス灯時代の強豪」に、思いを馳せたことはないか。

そして、世界中のプロレスラーの中で果たして誰が一番強いのか、知りたいと思ったことはないか。

少なくとも、筆者はそういう少年だった。

長じて、プロレスというジャンルの〝本質〟を知ったあとでも、その想いは一度も萎える事はなかった。そのことに一切の後悔はない。

それは蒙昧か？　欺瞞か？

いいだろう。否定はしない。

プロレスというジャンルは、決して狭義なものではない。万人の眼があれば万人の捉え方があり、いずれの想いにもプロレスは必ず応えてくれる。正解など存在しないのだ。

筆者の如く、プロレスラーの強さに興味を抱き、その術理や系譜を紐解くべく歴史書を読み漁り、多くの声を聞き、悠久の歴史に想いを馳せる者にすら、プロレスは胸襟を開いてくれる。

もちろん、それは、観る者に留まらない。

プロレスラーの側にも、強さを飽くことなく追及し、その生涯を捧げ全うした多くの者たちが間違いなく存在し、そして、彼らが有したプロレス固有の技術も、様々な形で現存している。

この本は、そんな〝最強〟を追い求めた男たちのドキュメンタリーである。


本書は、プロレス史専門ムック『Gスピリッツ』（辰巳出版）に、２００８年から現在まで筆者が寄稿してきた、論文や評伝、インタビューといった文章のほぼ全てを一冊に纏めたものである。

基本的に、執筆時の文章をそのまま掲載しているが、無論、その後の調査研究により、現在までに判明した多くの新事実が存在する。それらの事項に関しては、各章の本文のあとに「後記」の形で紹介する手法を用いている。また、本文中においても、年号、固有名詞などの明らかな誤記については、可能な限りの修正を施している。予めご了承頂きたい。


筆者同様にプロレスラーの強さに拘りを持つ方々は元より、プロレスを格闘技とは明確に異なるジャンルとして捉えている方々、さらに、「明るく激しく楽しい」現在のプロレスが大好きな、21世紀の若いファンの方々にも、是非本書をご一読頂き、そこまでに至る〝道程〟に多少なりとも興味を持って頂けたら、この上ない喜びである。

最強の系譜　プロレス史 百花繚乱　目次

第一章

ベルギーのカレル・イスタス

―カール・ゴッチの欧州時代―

撮影／原悦生

曰く、ドイツ・ハンブルク出身。1952年のヘルシンキ五輪にドイツ代表として出場し、銀メダルを獲得。プロ転向後は英国の“蛇の穴”ビリー・ライリー・ジムで習得したキャッチ・アズ・キャッチ・キャンの奥義を引っさげて、欧州マットを転戦。欧州選手権を獲得するも挑戦者が現れず、59年に新たなる強敵を求めてアメリカ大陸に渡る――。

これが、ほんの十数年前まで『公式プロフィール』の中で語られていたカール・ゴッチの欧州時代である。

晩年には自らその出自の断片を明らかにすることもあったが、それでも彼の欧州時代は依然として謎のベールに包まれている。

本章の目的はそのベールの向こう側に踏み込み、若き日のゴッチを捉えることにある。ここからの文章でプロレスの神様という“ご神体”ではない、レスリングに一生を捧げた“求道者《ぐどうしゃ》”カール・ゴッチの姿を垣間見て頂けたら嬉しい。

筆者には、その姿の方が遥かに尊いと思えるからである。

ウォーターフロントの少年

ベルギーの古都、アントワープ。

そこは、かつて交易の中継港としてパリに次ぐ欧州第二の人口を誇った湾岸都市だった。日本では『フランダースの犬』の舞台として知られており、第一次世界大戦終結後の１９２０年にはオリンピックも開催された。人々が話す言葉はフランドル語。これはオランダ語の方言のひとつである。

このベルギー五輪開催から4年後の24年8月３日、カール・ゴッチことカレル・イスタス（Karel Istaz）はこの地に生まれた。父親のエドワードはアントワープ生まれではあったがドイツとハンガリーのハーフ、母親のイルワナは生粋のドイツ人であった。そのバックグラウンドは、プロレス界における〝もうひとりの偉人〟ルー・テーズと偶然にも合致する。

後年、アメリカマットに登場したカール・ゴッチは自らをドイツ人と公言し、それは生涯を通じて変わることはなかった。血統から考えれば、それは決して偽りではない。隣国がひしめき合い、戦争で統治する国すらクルクルと変わるヨーロッパの中では、国境などあまり意味をなさず、民族意識だけが唯一のバックグラウンドと言っても過言ではなかろう。これは我々のような自称〝単一民族〟の日本人の想像の及ぶところではない。

ただし、欧州時代のゴッチは一貫して〝ベルギーのカレル・イスタス〟であった。それは英国でもフランスでも、そしてドイツでも。

アメリカ・ニューヨーク湾に寄港したアントワープからの貨物船の船員名簿の束の中からは、水夫であった父エドワードの名前を数多く見つけることができる。その記載内容によれば、エドワードは１９０１年生まれで、身長１６８センチ、体重68キロ。当時でも欧米人としては、小柄な部類に入るかもしれない。イスタスの誕生時には23歳、若い父親であった。

この時代のアントワープはオリンピックを開催できるほど裕福な都市であったが、イスタスが育った地区の貧しい住民たちには関係のないことだった。日常的に犯罪が起こり、住民同士の諍いも絶えることがないこの街で育っていく一人息子の将来を危惧しながらも、長い航海で家を空けることが多く、あまり目を配ってやれない父親は、イスタスに何か打ち込めるものを与えようと思いつく。

この当時も子供にとって一番の楽しみはやはりスポーツであったが、その多くは道具に金がかかり、イスタス家の経済状態でそれらを用意してやることは難しい。熟慮の末、父親はひとつの競技を選択した。

レスリングである。

当時の欧州ではどの国でもレスリングが盛んに行われており、それを教えるクラブはイスタスが住む街でも至るところにあった。イスタスはそのうちのひとつに通うようになった。タイツは母親が縫ってくれたという。

カール・ボジェロ。イスタスがレスリングの“求道者”としての生涯を送る最初のきっかけを作った人物といえる。

レスリングはたちまち10歳のイスタスを虜にした。

間もなく訪れた世界大恐慌の煽りで、さらに逼迫した家計を助けるために13歳で学校を辞め、鍛冶屋で働くようになっても、イスタスはレスリングだけは辞めるつもりはなかった。

夕方に仕事が終わると、イスタスは1時間かけてレスリングクラブへ向かった。夜の8時から10時まで練習した後、また1時間歩いて自宅へ帰る。辿り着くのはいつも真夜中になった。それでも週末の休日には昼間からクラブへ出向き、心ゆくまで練習が出来た。

クラブでは当時からフリーとグレコローマン、いずれのスタイルも練習していたが、イスタスは早くから頭角を現わし、試合では長くて6分、短ければ6秒で勝利を得たと伝えられている。

レスリングを始めて数年経ったある日、イスタスにひとつの〝出会い〟があった。イスタスが通うレスリングクラブにプロレスラーのカール・ポジェロとビリー・バータスが練習に訪れたのだ。

カール・ポジェロは20年代から30年代にかけて、アメリカでトップレスラーの一人として活躍した人物で、30年代半ばに英国へ渡り、当時大人気であった新しいプロレススタイルの興行団体『オールイン』のリングに上がっていた。そのシューターとしての実力は英米いずれの国でも折り紙つきのもので、プロモーターからの信頼も絶大であった。なお、このオールインについては後の章で詳しく述べることにする。

この日のクラブ訪問は、そのオールインの欧州各国ツアーの一環、ベルギー・アントワープでの興行の際の出来事と思われるが、イスタスは彼らの練習を見て大きな衝撃を受ける。

「アマチュアスタイルより上級のものという印象を受けたよ。そのスタイルは我々が知るものより遥かに優れたものだった」（『Karl Gotch:The Zen Master of Wrestling』by Matt Furey）

彼らがそこで行った練習が、キャッチ・アズ・キャッチ・キャンスタイルのレスリングに近いものであったことは想像に難くない。イスタスはこのような形で、生涯をかけて追い求めることになるこの英国発祥のレスリングスタイルと初遭遇を果たした。

彼が何歳までアントワープで暮らしていたのかは判然としない。だが、この港のある街への強い郷愁の想いは次の言葉からも窺える。

「私は神様ではないよ。ウォーターフロントで育った、ただの子供だよ」

ナチスの強制収容所時代

イスタスはアントワープを離れ、ベルギーの首都であるブリュッセルにいた。この時期は、仕事をしながらレスリングクラブを渡り歩いていたらしい。ただしベルギーには、あの日、目の当たりにした激しいスタイルのレスリングを教えてくれるクラブは皆無だった。

16歳の時、鉄道工夫を求める人物に声を掛けられ、イスタスは初めて自らのルーツとも言えるドイツに向かう。彼が向かった都市の具体的な地名は明らかではないが、どこにいようともイスタスは当然レスリングを続けていたはずだ。フランドル語しか話せなかったイスタスは、ここでドイツ語を必死でマスターする。

当時、すでにイスタスの体格は180センチ、90キロあったという。小柄な自分に似ず巨体になっていく息子を見て、父親はミドル級に留まるよう、ある格言を加えてアドバイスを送る。

「ビッグマン・イズ・ビッグシット（大きな男は大きな糞＝つまり、身体の大きな男は余分なものが詰まっているだけで満足な動きが出来ないという意味）」

それから亡くなるまでの約70年間、この格言はイスタスのモットーとなった。

この頃の話であろう。ゴッチの通うレスリングクラブにサンボを習得したロシア人がいた。イスタスたちはその男の動きに刮目し、彼がクラブから去ったあとでその技をあれこれと検証してみたという。後年、カール・ゴッチが弟子たちにサンボの優位性を説いたのは、この時の印象があまりにも強かったからではないだろうか。

そして、17歳の冬に〝ある事件〟が起きた。その時期のイスタスは港湾の仕事をしていたのかもしれない。ボートの下敷きになりそうになった友人ふたりを救出するため、イスタスはひとりでボートを支えたが、友人が脱出した時には左手の小指を根元から失っていた。レスリングを続けていく上で大きなハンデを負ったイスタスの喪失感は大きかったはずである。

だが、彼はジャンゴ・ラインハルトの逸話を聞く。大火で左指の2本を失うも独自の奏法を編み出し、ジャズ界にその名を知らしめた同じベルギー出身の名ギタリストの存在は、イスタスの再起を促すには充分であった。

逆算すると18歳の頃になる。レスリングクラブで友人たちと汗を流していたイスタスは、建物に入ってきたナチスの隊員に突然連行された。イスタスはそのままハンブルクに連れていかれ、鉄道の線路敷きの強制労働をさせられる。いかなる理由での連行であったのか、明確な答えは見つからない。

強制労働は2年間にも及び、一旦は解放され故郷アントワープへと送還されるものの、再びナチスが現われて、今度は父親エドワードと共に連行された。

「捕虜収容所にいました。東ドイツのカラというところのイルジィエハングレーバーという収容所…。父と一緒だった。父もカタブツだったんだね。ナチスのいいなりになっていられるかっていうんで、親子ともども入れられてしまったんだ」（『別冊ゴング』82年2月号）

もしかしたら、前回の強制労働の理由も父親に原因があったのかもしれない。イスタスは何度か脱走を試みたが、ことごとく失敗に終わった。
11ヶ月に及ぶ収監は45年4月28日、アメリカ軍に解放される形で終わった。そして、救ってくれたアメリカの軍人たちはイスタスに英語を教えてくれた。

「私が世界で一番なりたかったものが何だか分かるかね？　アメリカの軍人だよ。（中略）ベルギー出身の私には望むべくもなかったがね」（『Karl Gotch:The Zen Master of Wrestling』by Matt Furey）

この時、イスタスの心にある夢が芽生えた。アメリカに行き、アメリカで暮らし、そしてアメリカ人になること。後年のカール・ゴッチがアメリカのプロレス界に絶望しながらも、決してそこから立ち去ることがなかったのは、彼の夢が決してプロレスラーとしてアメリカでスーパースターになることではなかったからである。

屈辱のオリンピック出場

収容所を出たあと、アントワープに戻ったイスタスは造船所で働きながらも一層レスリングの練習に力を入れる。記録では終戦直後の45年から50年までの6年間、連続してフリー、グレコローマンの両スタイルでベルギーの国内王者になっている。

そして48年、戦後初のオリンピックであるロンドン大会にイスタスは出場する。

この大会のレスリングのプログラムが手元にあるが、グレコローマンスタイルのライトヘビー級の出場選手として『K.A.C. Istaz』の名前があるものの、フリースタイルの出場選手の中に同じ名前を見つけることはできない。それどころかライトヘビー級にはベルギー代表の名前すらない。

ところが、ロンドン五輪の公式記録には、フリーのライトヘビー級選手としてイスタスの試合記録が存在するのだ。

これは推測でしかないが、他国の代表選手の出場が決まっていたものの、戦後の混乱で現実には選手を派遣できなかった国があったようで、事実、予定されていたレバノン代表は不出場であった。その代役としてグレコの同級出場選手であり、フリーにおいてもベルギー王者であったイスタスに白羽の矢が立ったのではないだろうか。

ちなみに、同大会でアメリカのフリーのライトヘビー級補欠候補選手であったバーン・ガニアには、結局本戦に出場するチャンスは与えられず、正式なアメリカ代表選手であったヘンリー・ウィッテンバーグが金メダルを獲得している。

このロンドン五輪でのイスタスの成績はそれほど芳しいものではなかった。グレコでの1回戦は、この大会で銀メダルを獲得したフィンランドのK・グロンダール（52年のヘルシンキ大会では金メダルを獲得）に3分54秒フォール負け、2回戦はギリシャのA・カバムフリスにポイント勝ちするも、3回戦でハンガリーのG・コバッチ（4位入賞）に4分1秒でフォール負けを喫し、敗退が決定する。

イスタスをウィガンへ連れてきたビル・ロビンソンの叔父アルフ。自らも戦前の一流ボクサーで、プロレス転向後も欧州王者になるなど相当な実力者であった。

急遽出場が決まったフリーでは、1回戦でトルコのM・カンダス（この大会では4位入賞、50年の世界選手権フリースタイルで優勝）にポイント負け、2回戦は不戦勝、3回戦では銀メダルを獲得したスイスのF・ストックリーに1分20秒でフォール負けを喫し、こちらも敗退した。

ひとつの大会でフリーとグレコの両種目に併せて出場するなど、現在では考えられない快挙ではあるし、銀メダリストや入賞選手と対戦した不運はあるものの、ベルギー国内では負け知らずであったイスタスにとって、この結果は屈辱以外の何物でもなかったはずだ。

後年の彼が五輪出場に関して言葉を濁したのは、ベルギー代表であったという出自を明らかにしたくないという気持ちと同時に、この大会での成績への屈辱感があったと思われる。出場記念のメダルはファンの子供にサイン代わりにあげたという。

そしてロンドン大会以後、2年間国内王座を守ったイスタスは、その年のアマレスのシーズンが終わるのを待ってプロレスに転向する。

プロ転向、そしてウィガンへ

「やはり私も人並みに食っていかねばならない。家族がある…これぱっかりはどうしようもなかった」(『別冊ゴング』82年2月号)

後年カール・ゴッチ自身が語ったプロ転向の理由である。

数年前に2歳年下のベルギー人の幼なじみ、エロディ(エラ)と結婚したことも大きい。ヘルシンキ五輪の出場要請をも辞退しての決断であった。

オリンピアンで、しかも国内無敗のアマレス王者カレル・イスタスのプロ転向は、ベルギー国内でも相当な話題になったはずだ。地元のヒーローに新たなリングネームなど必要ない。当然、本名のカレル・イスタスがそのまま用いられた。

デビュー戦は50年10月、アントワープで行われ、チエコスロバキアのアマレス王者アデ・ポリチャックと対戦し、勝利を収める。

「近所に何人かファンがいて、彼らがロングコートや新しいシューズをくれた」(『ゴング格闘技』2007

ライリー・ジムが誇る3人の大英帝国王者。左よりヘビー級のビリー・ジョイス、ライト級のメルヴィン・リス、ライトヘビー級のアーニー・ライリー(ビリー・ライリーの息子)。

年1月号）

この試合はリングやロープもなく、アマレス用のマットが使用されたという。ルールもアマレスのものが採用された。

「ただアマチュアレスリングの一瞬でも両肩がマットについたらフォールというものではなく、プロレスと同じ3カウントでの決着だった」（『Gスピリッツ』VOL・01におけるゴッチ追悼の特別文）

また、ゴッチはベルギーにグレコローマンスタイルのプロレスがあったことについても言及しているが、ドイツにおいてグレコスタイルのプロレスがこの当時まで行われていたことは確認されており、ベルギーでも同様であったと推測される。

ただし、通常この様な試合形式での興行というのは全く別に行われており、イスタスが参加していた興行においてグレコローマンルールが採用されたのは、対戦相手も含めて地元のヒーローであるイスタスのプロデビュー戦限定で設けられた特別な措置であった可能性が高い。

ベルギーでは第二次世界大戦以前からアメリカ形式と同様のプロレス興行が行われた記録があり、戦後においてもすでにこの時代には、アメリカのフランク・セクストン、英国のバート・アシラティなど国外から一流レスラーが遠征に来ていた。

「4試合目で早くも当時のトップ・レスラーだったフランク・セクストンと1時間のドロー・マッチをした」（『別冊ゴング』82年2月号）

これが事実ならば、イスタスが出場していた同じ興行には、アメリカから来ていたレスラーも出場していたことになるが、彼らがアマレスマット、アマレスルールでのプロレスの試合を甘んじて行うとはとても信じ難いのである。

これらの試合で、今まで手にしたことのない大金を手にすることができたイスタスではあったが、それも束の間、ほどなくアントワープから離れることになる。

アメリカから遠征してきた〝世界王者〟フランク・セクストン（実際には同年5月に本国でドン・イーグルに敗れ、ボストン版と呼ばれる世界王座から転落している）と対戦するため、アントワープを訪れた英国のアルフ・ロビンソン（ビル・ロビンソンの叔父でビリー・ライリー・ジムの高弟。この遠征の直後には欧州王座を獲得した実力者）がイスタスの試合を見て、その見事な体格とレスラーとしての実力に惚れ込み、声を掛けてきた。

それは「キャッチ・アズ・キャッチ・キャンスタイルのレスリングを本格的に学べる唯一の場所が英国のウィガンという所にある。一緒に行ってみないか」という〝蛇の穴〟ビリー・ライリー・ジムへの〝いざない〟であったに違いない。

イスタスの脳裏に、少年の日に目に焼き付いたあの光景が鮮明に甦ったことは言うまでもないだろう。長い間、捜し求めたあのレスリングを学ぶことができる…。彼はアルフに英国への随行を告げた。

地元出身の期待のレスラーが突然他国へ修行へ行くと言い出したのだから、プロモーターはじめ関係者の失望は大きいものであったろう。しかしそれは、イスタスにとって取るに足りないことであった。地元ファンの声援や、どんなに高額なファイトマネーよりも新たな技術の習得を選ぶ。彼はそういう人間であったのだ。

彼のレスリングへの探究心は、他の何物にも代え難いものである。「プロ意識の欠如」と言ってしまえばそれまでだが、それは彼がレスリングに対して他のプロレスラーとは全く異なる価値観を持つ人間であるとも言い換えることができる。

アルフ・ロビンソンと連れ立って英国北部のウィガンに向かったイスタスは、到着すると真っ先にビリー・ライリー・ジムを訪ねた。51年初頭のことだと思われる。

だが、イスタスはそこで練習していたレスラーたちの、あまりにも小柄で華奢な体躯を見て拍子抜けしてしまった。

「〝ジムにいる連中の中から誰をスパーリングパートナーに選ぶ？〟とビリー・ライリーがイスタスに尋ねたんだ。イスタスは〝ここにいる人たちの中では、あの人が一番自分の体格に合うようですね〟とビリー・ジョイスを指差して答えた。〝わかった。では、お互い技が極まったらタップをして合図を送ることにしよう〟とライリーはニヤリと笑いながら告げて、ジョイスとイスタスのスパーリングが始まった。だが、勝敗はあっという間に決した。ジョイスがイスタスからタップを奪ったんだ。それから何度も両者のスパーリングは行われたが、結果は同じだった。イスタスのスパーリングの相手は段々と身体の小さなレスラーに代わっていって、最後はライト級のメルヴィン・リスが相手をしたが、イスタスは彼にさえもタップを奪われた」(ビル・ロビンソン)

イスタスは、それまでの人生で最大の屈辱を味わったはずだ。だが、同時にこのジムには学ぶべき技術がたくさんあることも知った。

マンチェスター・ベルヴュー

イスタスのウィガンでの生活が始まった。アルフの紹介でウィガンから約50キロ離れたマンチェスターの女性プロモーター、ジェシー・ロジャースがプロモートするベルヴュー・キングスホールでの興行への出場も決まった。ビル・ロビンソンは語る。

「当時の英国には数多くのプロレス会場があって、それこそ毎日どこか複数の試合会場でプロレスが行われていたが、その中でも最も有名な試合会場が3ヵ所あった。それはロンドンのロイヤル・アルバートホール、リバプール・スタジアム、そしてマンチェスターのベルヴューだった」

ウィガンから近いこともあって、このベルヴュー・キングスホールはライリー・ジムのレスラーたちのホームリングでもあった。

英国におけるイスタスの最初の試合からそれほど時期がズレていないと思われるカードが、51年3月17日のメインイベント、対アルフ・ロビンソン戦である。試合結果から言えばイスタスの勝利であるが、この試合がウィガンに来て間もないイスタスと、ライリー・ジムの師範代クラスであったアルフのエキシビションマッチの様相を呈していたであろうことは容易に想像できる。

この試合以降、イスタスが出場する興行は全て彼がメインを務めた。対戦相手は当時の大英帝国ヘビー級王者でビリー・ライリー・ジムの〝初代師範代〟でもあるジョージ・グレゴリーを始め、デヴィッド・アームストロング、アーネスト・ボールドウィン、フランシス・セントクレア・グレゴリー（トニー・セントクレアの父)、ジャック・パイ等々、英国マット全体を見渡しても当時のトップレスラーばかりであり、これはプロモーター、ジェシー・ロジャースが〝オリンピアレスラー〟カレル・イスタスを最高のＶＩＰ待遇で迎

デヴィッド・アームストロング。戦前からの英国ヘビー級のトップレスラーで、後年ゴッチは「最も強かった10人の対戦者」のひとりとしてその名を挙げている。

フランシス・セントクレア・グレゴリー。コーニッシュスタイル出身の名レスラーで、トニー・セントクレアの父親である。

ジャック・パイ。“ドンカスター・パンサー”の異名を持ち、ビリー・ライリーとも大観衆が見守る中、好勝負を演じた。

バート・アシラティ。後年のゴッチが言及する最強レスラーの候補として常に筆頭で登場する伝説の強豪。イスタスは最後まで勝利を奪うことが出来なかったという。

えた証明である。

ちなみに、記録は発見できなかったが、後に「今まで戦ってきたレスラーの中で最強だと思うレスラーは？」と問われた時に、カール・ゴッチがビリー・ジョイス、ベニー・シャーマンとともに必ず言及するバート・アシラティとも、この時期に初めて対戦している可能性が高い。

彼に勝利することは叶わなかったが、イスタスは16歳年上の〝伝説の強豪〟との試合に、終生強い誇りを持っていたようである。アシラティも自分に尊敬の念を持つこのベルギーの真面目な若者に好意を抱いていたようで、ふたりは生涯交流があったようだ。このベニー・シャーマンとバート・アシラティについては後の章で詳しく述べたいと思う。

イスタスの英国での試合記録で判明しているものは、51年と53年のわずか十数試合のみである。発見されていない試合がまだまだあるには違いないが、それにしてもそれほど多くはないだろう。

当時のベルヴューでは毎週水曜日と土曜日に定期戦が行われており、この地区のレスラーたちは他の曜日には周辺の試合会場をサーキットするのが通常であった。しかし、イスタスはおそらくそれらの試合には出場することなく〝蛇の穴〟へと足繁く通ったに違いない。

最高の舞台でメインに起用され、さらに対戦相手にビッグネームを用意されて、ファイトマネーも悪くはなかったはずだ。だが、彼の英国滞在の目的はあくまでライリー・ジムにおけるキャッチ・アズ・キャッチ・キャンの技術習得であり、ベルヴューへの出場でさえ、その滞在費用を捻出するための手段に過ぎなかったのかもしれない。

〝ウエイトリフター〟イスタス

この時期、イスタスがベルヴューのリング上でウェイトリフティングのデモンストレーションを敢行したことがあった。器械を使ったトレーニングを一切否定する彼が何故このような〝蛮行〟を行ったのか。

「私は1年間ウェイトリフティングをやったことがあるんだ。本当に激しくね。1年後には700パウンドをスクワットで挙げられるようになり、試合前のリングの真ん中でそれをやったことがある。それは当時の世界記録だったんだ。ベンチプレスで400パウンドを挙げることも出来た。だが、重い重量を挙げられるようになって初めて、この運動はレスリングにとってちっとも良くないということに気がついたんだ。それはやってみないことには、わからないだろ？

自分で気付くしかないのさ。そんな重量を挙げられた時には、それは力は強かったさ。だけど、僅かな時間でサンドバッグから砂がこぼれ出すように、あとには何にも残らないんだ。レスリングに必要なのはコンディションが整えられた力であって、（一瞬だけ発揮できるような）最大限の力ではないとわかったんだよ」（『Karl Gotch:The Zen Master of Wrestling』by Matt Furey）

イスタスは自らの経験があったからこそ、ウェイトリフティングがレスリングに不要なものであることを知り、後年、愛弟子たちが同じ過ちを犯すのを防いだのである。

人間風車との邂逅

ビリー・ライリー・ジムが生んだ〝最後のレスリングマスター〟ビル・ロビンソンとの初対面は、イスタスがウィガンに来て間もなく実現している。叔父であるアルフがビルの自宅へイスタスを連れてきたのだ。

「私が10歳くらいの時のことだった。ある日、叔父のアルフが私の家に客人を連れてきた。（中略）その男はウエートリフティングの選手のように大きな身体をしていた。アルフがその男を父に紹介し、私のことも紹介した。その男は〝ハーイ、坊や〟といった感じで私のほうを見たことを覚えている。紹介されたその男の名は〝カール・イスタス〟。そう、その男こそ、のちのカ

この写真を見て驚かれる読者の方も多いと思う。実証主義者のイスタスは自らが徹底的に実践した上でレスリングには不要と結論付け、ウェイトトレーニングを排除したのだ。

ール・ゴッチだったのである」(『人間風車ビル・ロビンソン自伝』)

ちなみにロビンソンの父親で元ボクサーであったハリーは人格者で、イスタスとはかなり懇意にしていたようである。

53年頃、ライリー・ジムに入門したばかりの15歳のロビンソンは、ビリー・ライリーからの電話で日曜日にもかかわらずジムに呼び出される。

そして、これからライリーの知人の地元の名士たちを集めてイスタスの公開スパーリングを行うので、そのパートナーを務めるように命じられた。他の何人かのレスラーにも招集がかかったようだったが、ロビンソンを除いては誰一人現われず、結局ロビンソンがひとりでイスタスの相手をすることになった。

「ビリー・ライレーには〝しっかりやれ〟とだけ言われ、ゴッチと向かい合った。ウェイトリフターのようなゴッチの身体が目の前にある。私はこれまでに練習してきた全てをぶつけるつもりで、全力でゴッチに向かっていった。結果は…、というより、私はとにかくゴッチにメチャクチャにやられまくっていた。叩きつけられ、押し潰され、極められ…。そこから1時間…、いや私には2時間にも感じられる屈辱の時間になった」(『人間風車ビル・ロビンソン自伝』)

ライリー・ジムに入門したばかりのロビンソン少年と、ライリー・ジムでの経験は2年間でもフリーとグレコの両種目で五輪出場を果たしたイスタスでは、この時点でのレスリングにおける実力の差は歴然であり、これは当然の結果である。

ただ、サブミッションに関しては、イスタスもロビンソンを極めきれず、ムキになって力ずくでねじ伏せるような場面があったようだ。スパーリングのあと、イスタスはライリーから「若い奴を相手に何をやってるんだ」と叱責を受けていたという。

余談だが、イスタスとロビンソンの対戦は欧州マットでは一度も行われていない。両雄の対決はこのスパーリングから18年後、日本の国際プロレスのリングで実現する事になる。

〝ピストルマン〟ジョー

ロビンソンとの公開スパーリングはともかくとして、練習熱心なイスタスは上達も早く、ジョー・ロビ

蛇の穴の総帥ビリー・ライリー。よそ者のイスタスに免許皆伝を決して与えることのなかったライリーに対して、イスタスには晩年まで忸怩たる思いがあった。

ンソンとビリー・ジョイス（本名ボブ・ロビンソン）の兄弟には相変わらずタップを奪われていたが、すでに軽量級のレスラーたちに不覚をとることはなくなっていた。

だが、イスタスの上達ぶりを知ったビリー・ライリーは、イスタス不在のある日、ジムのレスラーたちにこう通達した。

「イスタスにはもうこれ以上の高度な技術を教えるな」

この件について、ロビンソンは次のように説明してくれた。

「これは我々の考えでは至極当然のことで、外から来た人間はいずれここを去り、いつ反対側のコーナーに立つ人間になるかわからないのだから、そういう可能性を持つ人間にそのジムの秘伝とも言うべき高等技術を易々と教えることはあり得ないんだよ」

それでもジョー・ロビンソンはライリーの言いつけなどお構いなしに、スパーリングという形でイスタスにその卓越した技術を叩き込んだ。

「温厚なジョイスとは正反対で、対戦相手を殺してしまいかねないような凶暴な性格のジョーだったが、オリンピック出場の肩書きを捨てて、熱心にジムへ通ってくるイスタスを〝面白れえ奴だ〟と、とても可愛がった」（ビル・ロビンソン）

これは後年のカール・ゴッチの発言とも見事に合致する。

「ライリーのピストルマン（ポリスマンと同義）であったジョー・ロビンソンについて言及する者がいないというのには驚く他はない。年老いたジョー・ロビンソンは私を気に入ってくれて、私にロープ（筆者注・高等技術の意味と思われる）を見せてくれた。彼はそこ（ライリー・ジム）でのベストのひとりだったよ。ライリーはビジネスマンだった。レスリングはできたが、そ

71 年、国際プロレスのリングで相まみえたカール・ゴッチとビル・ロビンソンの両雄。兄弟弟子、好敵手、年の離れた友人…。ふたりの関係は他人が理解できるほど単純なものではない。だが、憎しみ合ったことは一度もないはずである。

れは決して彼がそこで最高であったという意味ではない」(『My Christmas with Karl...』by Jake Shannon)

アメリカでビリー・ライリー・ジムの名を広めたはずのカール・ゴッチが、ライリーに対してかくも鬱積した思いを抱いていたことには驚きを隠せないが、よそ者であるが故に蛇の穴においてはキャッチ・アズ・キャッチ・キャンの〝免許皆伝〟を授かることが叶わなかったというコンプレックスが、カール・ゴッチを〝アメリカン・キャッチの偉人たち〟との邂逅や、その生涯をかけた〝レスリングの求道〟へと向かわせたと考えるのは飛躍しすぎだろうか。

このようなよそ者扱いを受けながらも、イスタスは59年にモントリオールに渡るまでライリー・ジムでの練習を続けたという。

「あそこには8年いた。大体1年のうち、8ヵ月か9ヵ月はあそこにいて、後は試合をして金を稼いでいたんだ」(『Karl Gotch:The Zen Master of Wrestling』by Matt Furey)

ドイツ・トーナメント出場

イスタスの英国内における試合記録は、51年と53年に集中している。それ以外の年の英国での試合も皆無とは言えないだろうが、イスタスの目はドーバー海峡を越えて欧州大陸を見据えていた。自ら習得したキャッチ・アズ・キャッチ・キャンの技術を実践してみる必要もあったはずだ。ここでは判明している欧州各国でのイスタスの足取りを記してみたい。

ドイツでは52年、54年、55年に当地の大プロモーターであったグスタル・カイザーが主催する各地のトーナメントに出場している。

52年の初出場ではアクシデントが起こった。6月1日のベルリン・トーナメントにおけるポール・バーガーとの一戦。イスタスはこの試合でバーガーに脚を骨折させられているが、ラストラウンドまで試合を続行、ノーコンテストで引き分けている。そして試合後には病院へ直行し、そのままトーナメントから離脱した。このため、後日予定されていたバート・アシラティとの対戦は実現せずに終わっている。イスタスは長期の入院を余儀なくされ、この年の下半期のほとんどの期間プロレスのリングから遠ざかることとなった。当時の英国のプログラムに掲載された次の記事がこの事実を裏付けている。

「48年のオリンピック出場者であるカレル・イスタスはドイツ・ヘビー級トーナメントの不運な脱落者になった。彼はリングで滑り、脚を骨折。現在はベルリンの病院で臥せっている。彼が今年の後半には、我々のリングに登場できることを切望する」(『WRESTLING REVIEW』52年7月17日)

ご記憶の方も大勢いらっしゃると思うが、ポール・バーガーとは78年にシュツットガルトでアントニオ猪木と死闘を演じた〝地獄の墓掘人〟ローラン・ボックの後見人であり、新日本プロレスのIWGP発足に向けたプロモーター会議に欧州代表として出席するため、何度も来日していた人物である。

この当時も「カール・イスタスと対戦して彼の脚を折った」と公言していたが、それはこの試合のことを指していたようである。

当時を、新日本プロレスの営業本部長であった新間寿氏は述懐する。

「ＩＷＧＰのレセプションの時にゲストで来ていたゴッチに、〝ポール・バーガーが来てるよ〟と声を掛けると、苦虫を噛み潰したような何とも言えない顔をしていたよ。もっとも顔を合わせれば、〝やあやあ〟と挨拶はしていたけどね」

おそらくイスタスにとって、バーガーとの一戦は後年までずっと忘れられない不愉快な記憶であったのだろう。ちなみにバーガーとイスタスは54年のトーナメントでも3度対戦しており、その通算対戦成績は1勝1敗2分であった。

ドイツで戦前より行われてきたプロレストーナメントの膨大な歴史を、プロレス史家ゲハルド・シェーファーが丹念にまとめ上げた名著『Daten und Taten eines』によると、グスタル・カイザー主催の各トーナメントでのカレル・イスタスの入賞記録は以下の通りである。

・52年＝入賞なし。
・54年＝カールスルーエで2位、リューベックでは3位（優勝はいずれもギデオン・ギダ）。
・55年＝クレフェルドで2位（優勝はギダ）、そしてメンヒェングラートバッハで念願の優勝。

イスタスも後年のロビンソンも憧れたスープレックスの偉人ギデオン・ギダ。一発で相手をKOできる威力もさることながら、その美しいフォルムも芸術の域に達している。

ドイツマットにおけるイスタスの最大のライバルは、このハンガリーのギデオン・ギダであった。イスタスよりやや年長のスープレックスの達人である。ギ

欧州時代のエドワード・カーペンティアことエドワード・ウィーズ。カーペンティアがゴッチのカナダ入りに深く関与した確率はかなり高いと思われる。

ダのアドバイスを受け、ダブルアーム・スープレックスを自らの必殺技へと昇華させたビル・ロビンソンは、その凄まじい実力を次のように語る。

「椅子に腰掛けた人間を、そのまま真後ろに投げることができて、そして意図的に相手をKOすることができる彼のスープレックスはまさに凶器だった。ギダこそはスープレックスのみで〝シューター〟にカテゴライズされる唯一の男だった」

これほどの褒め言葉が他に存在するだろうか。イスタスが〝打倒ギダ〟を最大の目標に、このトーナメントに出場していたのは言うまでもないが、その反面でギダの最大武器であるスープレックスの技術を会得すべく、熱心にギダの控室を連日訪れるイスタスの姿もまた容易に想像できてしまうのだ。最大のライバルであるギダを破り優勝を果たしたイスタスはこれ以降、ドイツのトーナメントには出場していない。

〝光の都〟フランス遠征

イスタスがフランスにも遠征していると確信はしているが、残念ながらその証となるような資料を見つけることが叶わなかった。わずかに不確定のエピソードがふたつ存在するのみだ。

「忘れられないことがあった。（ライリー・ジムのレスラーたちと）4人で船と汽車を乗り継ぎ、フランスへ1ヵ月の遠征をしたんだ。毎晩違う相手と試合をするつもりだったんだが、私たちが到着した最初の晩に相手をコテンパンにのしてしまったので、フランスのプロモーターはひと月分のファイトマネーを私たちに渡して、その日の内に英国へ戻らせたんだ。そのプロモーターは言ったよ。〝お前さんたちをひと月先まで雇ったら、俺は店じまいしなくちゃならない〟ってね」（『Karl Gotch:The Zen Master of Wrestling』by Matt Furey）

「カール・ゴッチは、パリで開催されたトーナメントでエドワード・ウィーズこと、エドワード・カーペンティアと出会う。56年にウィーズがカナダのモントリオールに渡りカーペンティアとして大スターになっていたので、59年にゴッチがカナダに渡る際にはカーペンティアに連絡を取り、モントリオールのプロモーター、エディ・クインへの仲介をしてもらった」（インターネットによる海外情報）

前者は、時期も試合を行った地名もはっきりしないエピソードで、事実かもしれないし、そうではないかもしれない。しかし後者は情報源こそ定かではないものの、もし56年よりも以前にイスタスがパリに遠征していれば充分あり得る話である。

フランス遠征に関しての情報源はこのふたつのみであるが、もうひとつ後年のカール・ゴッチがフランス遠征に関するヒントめいたことを述べているので、ここに記しておく。

「この当時、アメリカのレスラーが欧州に遠征する時には、彼らは全員パリへ行ったんだ。ロンドンでも、プラハでも、フランクフルトでもない。アメリカ人は皆〝光の都〟へ行きたかったのさ。それはフランスにとても優れたキャッチ・アズ・キャッチ・キャン・レスリングがあったという証明でもある。ＦＩＬＡ（国際レスリング連盟）が発足した時、彼らはフリースタイル、グレコ、そしてアマチュア・キャッチ・アズ・キャッチ・キャンという三つのスタイルを持っていたんだ」（『My Christmas with Karl...』by Jake Shannon）

アメリカのプロレスラーたちが集まる街パリ。アメリカに強い憧憬の念を持つイスタスが、この街を訪れない理由はない。彼らの実力を測る上でも、必ず年に数回の頻度で遠征していたはずだ。

そして、故郷ベルギーでは地元のスターレスラーとして定期的に試合を行っていたであろうことも想像に難くない。バート・アシラティとともに国内の小さなトーナメントに一緒に出場したことがあったという。

また、トルコに遠征した際のエピソードも残されている。

「54年はトルコで戦った。二種類のレスリングがあって、関節技なしのフリースタイルに近いカラクジャクと、全身に油をぬり、皮のトランクスを着用して対戦するヤングレシュだ。笛や鐘、ドラムの演奏にのってファイトするんだ。（中略）トルコの人たちは髭は男のシンボル。〝君はのばしていないが男色か？〟って尋ねられて、それでたくわえ出したのさ」（『プロレス王国』94年9月号）

その他、時期は不明だが、中近東ではレバノンへ遠征したともコメントしている。

また、パキスタンではボロ・ブラザースのひとりと対戦する計画が持ち上がったが、これはビザが下りず、結局は遠征できずに終わっている。ヨガをベースとしたヒンズースタイルのコンディショニングに深い造詣を持っていた後年のカール・ゴッチは、この時に遠征が叶わなかったことをひどく後悔していたようだ。

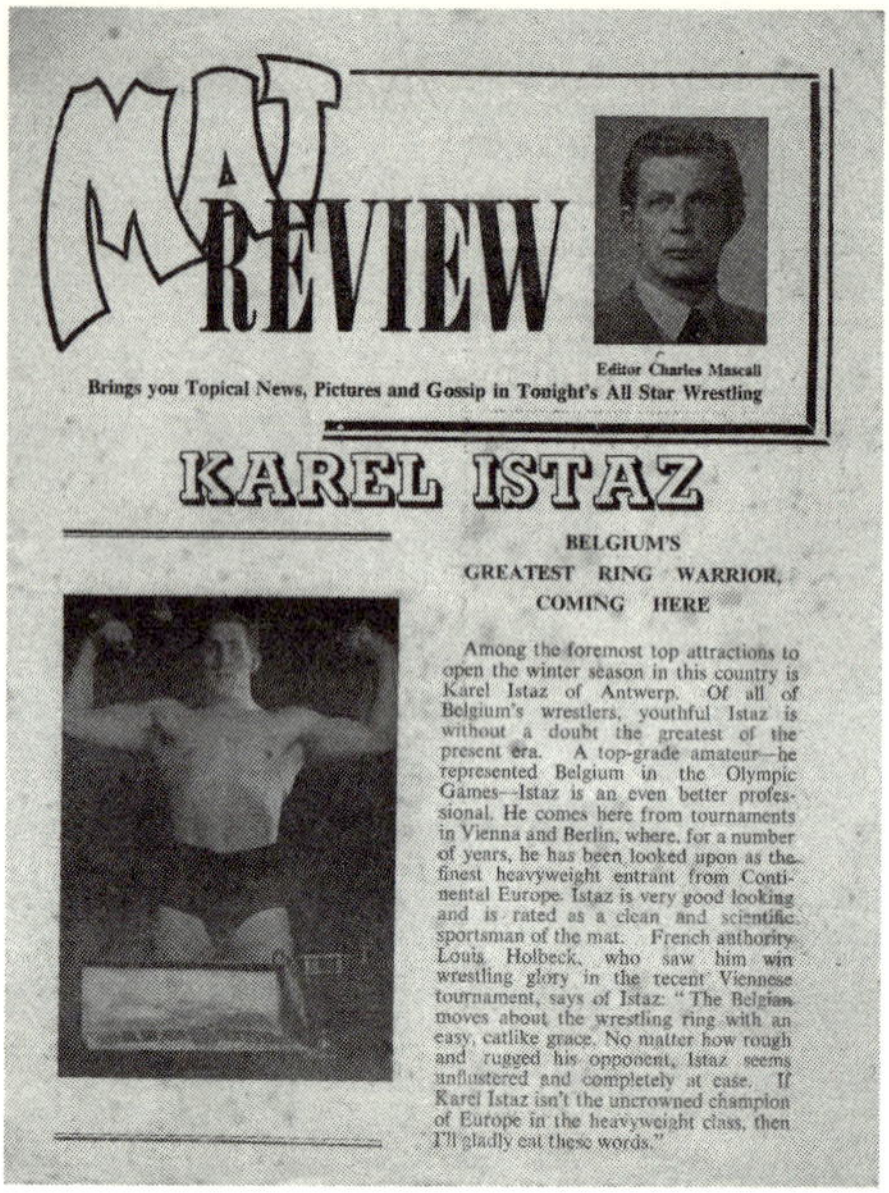

MAT REVIEW

Editor Charles Mascall

Brings you Topical News, Pictures and Gossip in Tonight's All Star Wrestling

KAREL ISTAZ

BELGIUM'S GREATEST RING WARRIOR, COMING HERE

Among the foremost top attractions to open the winter season in this country is Karel Istaz of Antwerp. Of all of Belgium's wrestlers, youthful Istaz is without a doubt the greatest of the present era. A top-grade amateur—he represented Belgium in the Olympic Games—Istaz is an even better professional. He comes here from tournaments in Vienna and Berlin, where, for a number of years, he has been looked upon as the finest heavyweight entrant from Continental Europe. Istaz is very good looking and is rated as a clean and scientific sportsman of the mat. French anthority Louis Holbeck, who saw him win wrestling glory in the recent Viennese tournament, says of Istaz: "The Belgian moves about the wrestling ring with an easy, catlike grace. No matter how rough and rugged his opponent, Istaz seems unflustered and completely at ease. If Karel Istaz isn't the uncrowned champion of Europe in the heavyweight class, then I'll gladly eat these words."

英国のプログラムで表紙を飾ったイスタス（55年）。横の紹介記事はウィーンやベルリンのトーナメントでの活躍を褒め称え、彼の英国マット復帰を大いに期待する様子がよくわかる。これだけ大々的な宣伝をされながら、50年代後半のリングにイスタスが登場することはなかった。「ベルギーのリングの戦士、来襲」というキャッチコピーが却って虚しく見えてしまう。

〝空白期間〟の謎

56年から59年初頭までのカレル・イスタスの消息を示すものは実は何もない。パリのトーナメントへの出場、地元アントワープでの試合など推測することは可能だが、具体的な手掛かりがまるでないのだ。

　以前、「プロモーターとのトラブルがあり、一時期リングを離れていた」というエピソードを耳にしたことはあるが、それを裏付けるものはない。ウィガンのビリー・ライリー・ジムでの練習は継続して行われていたことは本人のコメントからも確かであろうが、ビル・ロビンソンは「56年以降、イスタスの姿をジムで見たことはない」と証言しており、少なくともそれ以前と同じ頻度でウィガンに滞在することはなくなっていたと思われる。

　それでも、手掛かりになるものが欠片でも見つからないかと秘かな期待を持ちながら、英国の古いプログラムを調べてみると驚くべき記事を発見することができた。

「海を越えて我々のリングを急襲するのは、ベルギー・ヘビー級の恐るべきレスリングマシーン、カレル・イスタスであることをお伝えする。リング内で、マット上で、優れたリング戦術家のイスタスは対戦者ばかりでなく、レスリングを観戦する人々の尊敬をも集めてきた。多くの人々が、イスタスがもし数年前にリングからリタイアすることなくレスリングに専念していたならば、無敵の欧州チャンピオンになっていただろうと断言する。最も俊敏で、最も恐るべきベルギーの戦士である彼がやって来るのだ」（『WRESTLING PICTORIAL』59年3月24日）

　つまりイスタスが数年間プロレスのリングから離れていた、というのだ。とすればその間、彼はどこで何をしていたのだろうか。

　ふと、以前からとても気になっていたエピソードを思い出した。

「それ（プロ転向）から2年経って私はプロからまたアマに戻ってアントワープのナショナルチームであった『フルトンクラブ』のコーチを務めていた。（中略）その『フルトン』から私は2名ほどローマ・オリンピックに選手を送っている。本当に小さなジムだったがね」（『別冊ゴング』82年2月号）

　プロ転向から2年だと１９５２年。

　その時期に、イスタスがコーチしたアマチュアのレスラーたちが60年のローマ五輪に出場したとすると、その期間は8年となる。

　これが事実だとすれば、非常に長期プランの選手育成であり、にわかには信じ難い。ただし、この話の中のアントワープの『フルトンクラブ』という団体が、実際に今でも存在する老舗のレスリングクラブである事は確認できている。

また、71年にフランスでの巡業の一環としてアントワープにも遠征し、現地のレスリングジムを訪れたマイティ井上は、ジムの壁に掛かったカール・ゴッチの写真を見つけた。その時、井上は「カール・イスタスはここの出身なんだよ」と聞かされたという。

そうすると、そのジムがフルトンクラブであった可能性がある。

ただし、その時期が52年だとすれば、ライリー・ジムに入門してわずか2年あまり、自らの修行が始まったばかりのイスタスが、そのような遠大な計画の選手育成の手助けを果たして引き受けるだろうか。

これはあくまで推測でしかないのだが、もし56年以降、つまりイスタスの欧州時代最後の数年間にアマレスのコーチをやっていたとすれば、時間的な辻褄は合うし、その方が60年のローマ五輪までの期間を考えても現実的である。

現時点では、イスタスの〝謎の空白期間〟は、故郷アントワープにおいてアマレスチームのコーチをしていたのではないか、という推測のレベルに留めておきたい。

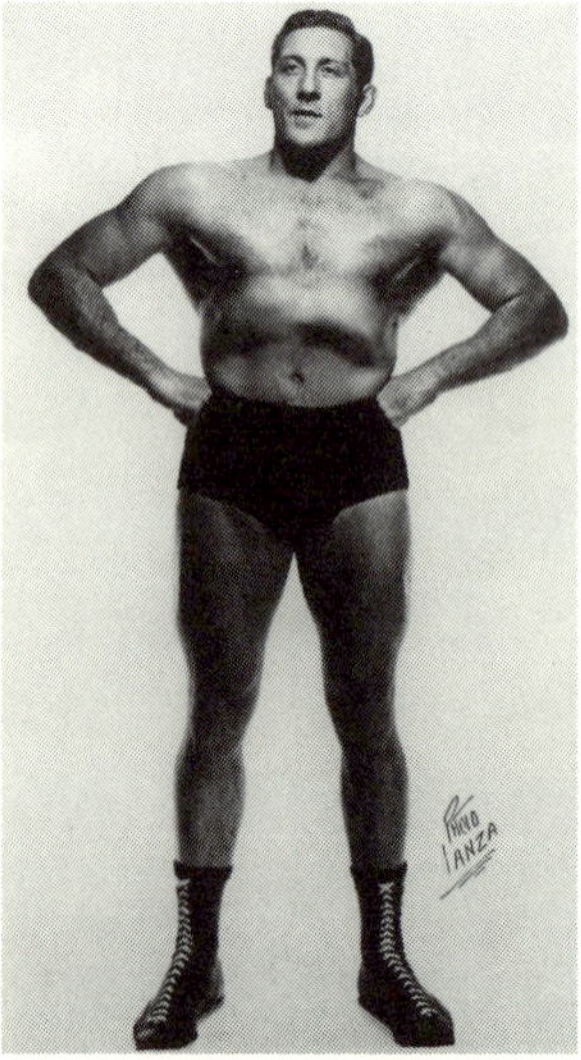
アメリカに渡ったのちにドイツの本で紹介されたカール・ゴッチの写真。

夢のアメリカ大陸へ

さて、先の記事が出て以来、59年の英国のプログラムはイスタスの出場を知らせる宣伝記事で溢れ返る。

「我々のリングで間もなくベルギー・ヘビー級のスター、カレル・イスタスの勇姿が見られることを期待して欲しい。彼はかの国で最も戦術的なレスラーの一人である。ベルギーに遠征し、イスタスに敗北を喫しなかった外国人レスラーの数は少ない。彼が我が国のヘビー級にとってマークすべき敵であることを理解して

おくべきである」（『ROYAL ALBERT HALL』59年3月25日）

「カレル・イスタスに注目。ベルギーの〝発電所〟があなたのホールにやってくる。我々はイスタスを欧州の最も恐るべき若きヘビー級のひとりであると断言する。カレル・イスタスと、〝レスリング最強の男〟というフレーズが相応しいレスラーの筆頭格である、筋骨隆々のジョージ・ゴーディエンコとの対決は如何なることになるだろうか？」（『WRESTLING PICTORIAL』59年4月）

ところが、5月に入ると記事の内容はかなりトーンダウンしてくる。

「残念な事に、今月、当地（英国）に来る予定だったベルギーのヘビー級、カレル・イスタスは渡英が叶わなくなった。彼は今シーズンの後半にはやってくるだろう」（『WRESTLING PICTORIAL』59年5月5日）

そして、最後の記事は英国マットに遂に上がらないまま、カナダに渡っていったイスタスの〝行状〟を知らせるものだった。

「私はベルギーの素晴らしいヘビー級であるカレル・イスタスがアメリカに遠征していた情報を確認している。彼がシーズン中に当地（英国）へ来る可能性は大いにある」（『WRESTLING REVIEW』59年10月20日）

大々的な宣伝活動を行っていた英国のプロレス関係者、イスタス登場を心待ちにしていた英国の観客、全ての期待を見事に裏切り、イスタスは家族と共にアメリカ大陸へと渡っていった。そこは終戦直後に彼が憧れたアメリカ合衆国がある〝夢の大陸〟である。

それから6年後の1965年にアメリカの市民権を取得した日を「我が人生最良の日」とするカール・ゴッチにとって、いつの時もプロレスのリングとは「自分の能力を発揮して最も大きい糧を得られる場」に過ぎなかったのかもしれない。

ここまで記してきたことからもわかるように、ゴッチのプロレスラーという職業に不可欠な〝プロ意識〟への希薄さは、アメリカに渡ってからのものではなく欧州時代から変わらぬものだった。

ただし、それは彼が心から愛したレスリングへのひたむきな探究心とは次元の異なる話であり、全く矛盾するところはない。そして、彼のレスリングの〝求道者〟としての本質は、むしろアメリカに渡ってから発揮されることになる。

後記

この章の本文は、筆者が２００８年に記したものである。私事だが、これが筆者の言わば〝処女作〟である。

後記を書いている現在までの11年間には、様々な出会いがあり、また、より多くの資料を集めることもできた。そこから得られた多くの情報により、本文に記した事象も当然アップデートされなければならない。

その主だったエピソードを以下に挙げてみる。

まずは、イスタス家のルーツである。筆者はそれまでのゴッチ自身によるインタビューでの発言を元に執筆したのだが、２０１７年にゴッチの一人娘であるジェニン・ソラナカさんへの取材が叶ったことにより、次の事実が判明した。ゴッチの母親の名がヨハナ（旧姓ファン・ヘイステレン）であること、また父親のエドワードはハンガリー系ベルギー人、母親がオランダ系ベルギー人であり、一族にドイツ系の血は流れていないことなどである。ゴッチが自らのインタビューでドイツ系であることを強調したことに関しては、「父のプロレスラーとしてのギミックであったのでしょう」とジェニンさんは推測している。

次にゴッチが誕生した時代のアントワープについてだが、筆者は本文で１９２０年に五輪開催が行えるほど財政的に豊かな国であったとしたが、実際にはまだ第一次世界大戦による爪跡を多く残しており、戦後復興の一環、ある種の起爆剤としての五輪開催であったのが事実である。唯々無学を恥じる次第である。

ゴッチの欧州時代の試合記録であるが、その後ドイツのレスリング史家ロナルド・グロスピッチ氏の協力により、多くの試合記録を見つけることができた。それらによれば、プロレスラーとなったゴッチがドイツのトーナメントに初出場したのは筆者が認識していた時期よりも早く、51年9月20日のベルリンにおける試合記録を発見することができた。また、ドイツの大プロモーター、グスタル・カイザーが主催するトーナメント以外に、中小規模のトーナメントにも積極的に出場していることが判明した。さらに、ゴッチは55年にメンヒェングラートバッハにおけるトーナメントで優勝したあとも、続けて行われたカイザー主催によるオーストリアのウィーンにおけるトーナメントにも出場を果たしていることがわかった。

　ゴッチのフランスにおける試合記録は本文執筆から11年経った現在でも発見されていないが、フランスで活躍した元プロレスラー、ロバート・プランティン氏より「イスタスにはパリで直接レスリングの指導を受けた」という貴重な証言を得られた。また、フランスでのゴッチの試合記録が見つからない理由に関し、筆者はある証拠を摑んでいるが、この事象に関してはより多くの資料を集めた上で稿を改め発表したい。

　1956年以降のゴッチの試合記録に関しては、56年12月6日までに地元ベルギーで行った試合記録が見つかり、ゴッチがカナダへ出発する直前の59年4月25日と5月26日にアントワープで試合を行っていることが判明している。それでも、やはり約2年半のセミリタイア期間があったことは厳然とした事実のようである。ジェニンさんはその理由に関して「その時期に父が脊椎か背骨を折ってしまい、大掛かりなギブスを巻いていた記憶があります」と証言する。これに加えて、本文に記したように「アマレスのローマ五輪代表チームのコーチを務めた」ことなどがセミリタイアの理由として挙げられるのではないかと推測される。

　そして、これは新たに判明したことである。ゴッチは59年6月頃にカナダのモントリオールに旅立ったが、翌60年1月と2月、さらには62年6月の母国ベルギーにおける彼の試合記録が発見された（ポスター参照）。これらにより、渡米後のゴッチが、アントワープに住む母親を訪ねるのが主な目的であったにせよ、故郷において何度かの「凱旋試合」を行っていたことがわかる。ゴッチの一枚看板でプロレスの興行が行えるほど、母国におけるゴッチの知名度が依然高かったことを窺えるエピソードである。

1959年の渡米後も、ゴッチは故郷のベルギーで試合を行っていた。写真は1962年6月21日のアントワープにおけるポスター。

第二章
ウィガンにあった黒い小屋
―〝蛇の穴〟ビリー・ライリー・ジムの実像―

「ウィガンの話は現役時代からよく聞いていたよ。実は私には、出来るものなら正体を一切隠してスネークピットに行き、私のことを全く知らない人たちとそこでスパーリングをやって、自分の実力を試してみたいという希望があったんだ。結局、叶わなかったがね」

“鳥人”ダニー・ホッジが、2005年10月に東京・高円寺の『UWFスネークピット・ジャパン』の招きで来日した際、我々に聞かせてくれた話である。

ホッジの傍らにはウィガンのスネークピットの卒業生であり、UWFスネークピット・ジャパンでヘッドコーチを務める“人間風車”ビル・ロビンソンがおり、彼への社交辞令かと思いきや、その表情は至って真剣そのものであった。“レスリングの求道者”カール・ゴッチとはやや形の異なるものではあるが、ホッジのレスリングへの愛情もゴッチに劣らず、かくも深いものである。

アマチュアではメルボルン五輪で銀メダルを獲得、そしてプロとしてもNWA世界ジュニアヘビー級王座を長年に亘り保持するという、レスリングの世界で頂点を極めたホッジさえも魅了し、キャッチ・アズ・キャッチ・キャンの“最後の伝承者”ビル・ロビンソンを生み出し、そしてUWFスタイルの生みの親である“求道者”カール・ゴッチを８年間も留まらせた“スネークピット（蛇の穴）”ビリー・ライリー・ジム。そこは果たして、どのような空間であったのだろうか。

あらゆる角度から、この伝説のレスリングジムを検証してみる。

スネークピットの語源

英国北部、ランカシャー地方の小さな炭鉱の町ウィガン。この町には約千ヵ所の炭鉱があり、人口の多くを炭鉱労働者が占める。作家ジョージ・オーウェルが著した『ウィガン波止場への道』（土屋宏之・上野勇訳／ちくま学芸文庫）には、この本が出版された1937年当時の炭鉱夫たちの過酷な労働が生々しく描写されている。

「かがみこみ、ひざをつき、全身まっ黒になって、とほうもない力と早さでシャベルを振るい、石炭をすくいこんでいる一列に並んだ人たち。彼らは七時間半、仕事を続ける。この間〝休憩〟はないから、理論上はぶっ続けということになる」

そして、この労働には実作業だけではなく、その〝切羽〟に至る幅2・4メートル、高さ1・5メートルの狭い坑道の、身をかがめながらの往復が含まれることを忘れてはならない。

「一マイル（約1・6キロ）ならたぶん平均的な距離であり、三マイル（約4・8キロ）なら、まあ標準の部類である」

そう、まるで〝蛇の穴〟のように。

だが、この過酷な生活で、彼らは好むと好まざるとにかかわらず強靭な肉体を手に入れることが出来る。

「彼らは大抵小柄だが、（中略）広い肩幅から細くしなやかなウェストにかけてのV字型ボディライン、小さくてしまった尻、筋肉質の太もも、どこをとってもむだな肉はまったくない」

まさに、それはカレル・イスタスことカール・ゴッチが初めてウィガンを訪れた時に出会った男たちの体型である。

さて、採掘作業が終わったあとの彼らの楽しみは、仲間と興じる酒盛りと賭けレスリングであった。どちらも強ければ仲間から尊敬され、レスリングに勝てば一日の稼ぎも増える。低所得者層が殆んどのこの町だが、レスリングを教えるジムは無数にあった。そこで教えられるレスリングは、もちろんキャッチ・アズ・キャッチ・キャンである。

英国南部の支配者階級からは「野蛮で危険である」と毛嫌いされたスタイルだが、北部労働者階級の荒くれ男たちには制約が少なく勝ち負けが分かり易いキャッチ・アズ・キャッチ・キャンはうってつけのレスリングだった。

　この地方が発祥とされるランカシャースタイル、別名キャッチ・アズ・キャッチ・キャンスタイルの歴史については、後の章で詳しく述べるつもりだが、特にウィガンはその〝聖地〟とも呼ぶべき場所で、この町出身のプロレスラーは数知れない。炭鉱での過酷な労働で鍛え抜かれた肉体は、この激しいレスリングを生活の糧にすることすら可能にさせた。誰もが貧しく苦しい生活から抜け出す方法を必死で探していたのだ。

　レスリングジムへ通う炭鉱夫たちは、そこで習得した技術を用いて賭けレスリングに興じる。そこで特に優秀な者がそれを生業《なりわい》とする。賞金試合で得られた金で生活し、さらに自らジムを作り炭鉱夫たちにレスリングを教える。おそらく、それは18世紀中頃から始まったウィガンの〝伝統文化〟であったことだろう。ビリー・ライリー・ジムも、同じように炭鉱で働く男たちのために開かれた。

　ちなみに『スネークピット』という呼び名は現地で命名されたものではない。

「アメリカに渡るまで、ライリー・ジムがスネークピットと呼ばれていることを全く知らなかった」（ビル・ロビンソン）

　この呼び名はロビンソンがこのジムに入門するずっと以前に、ライリー・ジムを訪れたアメリカのレスラーたちによって名づけられたようだが、長くて暗い炭坑（ピット）と、相手に蛇のように絡みついて技を仕掛けるキャッチ・アズ・キャッチ・キャン独特のスタイルの両方を掛け合わせた〝ダブルミーニング〟であることは間違いないだろう。

〝蛇の穴〟の実態

　１９４０年代初頭、長年の試合で得た報酬で母親のために家を建てたライリーは、さらにウィガンのヴァイン通りに小区画の土地を購入。お世辞にも立派とは言えない外観がまっ黒な小屋を建てた。ビリー・ライリー・ジムの誕生である。

　カール・ゴッチは述懐する。

「それはタール紙で覆われた木製の小屋に過ぎなかったよ。（中略）狭いスペースだったね。おそらく5メートル四方くらいだったろう。そして、マットは敷物だ

（左写真）若き日のビリー・ライリー（左）と友人であったビリー・ダットン。
（右写真）大英帝国ミドル級のチャンピオンベルトを前にマネージャー（左）と写真に収まるライリー。

けだった。後から彼らは木のフレームを作って敷物を交換し、その下に少し発砲樹脂を敷いて、その敷物に合うようにした。それは私たちにとっては極上品さ。夢心地だったね」（『Karl Gotch:The Zen Master of Wrestling』by Matt Furey）

「そのころは軍のトラックが走り回っていて、頭部の保護用に屋根にゴムが付いていた。そこで運転手に金を払って古いトラックのゴムを買ったんだ。それでフレームをつけてラバーマットにした。（中略）シャワーをつける金も私が払ったよ」（『ゴング格闘技』2007年1月号）

そこにはトイレもなかった。レスリングの練習を行う以外の余分なものは全て排除されていた。ロビンソンが「ジョー・ロビンソンが少しやる程度だったかな」と当時を振り返るように、その狭い空間にはトレーニング器具はある程度揃ってはいたが、めったに触れられることはなかった。

女性と子供の入門は不可。大人の男のみに許された場であった。ロビンソンは語る。

「ジムは24時間いつでも開いていた。炭鉱の仕事は3交代制で、深夜に練習に来る人もかなりいたからね。

それに後の時代はわからないが、私がジムへ通っていた頃は会費というのは一切払っていなかったな。ビリー・ライリーという人はプロモーターも兼ねていたから、興行の収益とジムに所属しているプロの連中のマネージメント料でジムは運営されていたんだよ」

では、ゴッチのようにウィガンで練習するためにウィガンに訪れていて、試合はもっぱら海外で行っていたプロのレスラーの場合はどうしていたのか。

「ゴッチの場合も同じさ。払っていなかったと思うよ。何故って？　ゴッチのような自分たちとは全く異なるスタイルの、しかもオリンピックレベルのトップレスラーなんて、ライリーにとっては願ってもない、もってこいのいい練習相手になる。金など受け取る必要もなかったのさ」

非常に分かり易い説明だと思う。

そして、肝心の練習メニューである。寒い日、あるいは雨の日は室内で行うが、それ以外は屋外の草の上で練習していたという。メニューはもっぱらスパーリングが中心になるが、その方法は壮絶を極めたようだ。「ひとりのレスラーに対して、ジムの他のレスラーたちが何人も入れ替わり立ち替わりスパーリングを挑む。これが延々と続くんだ。どんなに強いレスラーでも1時間、2時間と続けて元気な相手と戦う内には当然疲労困憊する。それでもスパーリングを続けるには、如何に自分の体力を消耗することなく確実に相手を仕留めるかという、さらに高度な技術が要求されるんだ。そして、スパーリングの途中でもミスがあれば何度でも同じ動きを繰り返しやらされる。〝ドゥ・アゲイン（もう一度）！〟というライリーの声が耳から離れず、眠れない夜もあったよ」

そこでは純度１００パーセントのキャッチ・アズ・キャッチ・キャンが行われた。その最も大切な理念とはどういうものか。

「相手の動きに合わせてリアクションする。待ち構えていてはいけないんだ。同じ相手でも状況によってその動きは千差万別に変わってくるものだから、それに如何に素早く反応できるかが重要になってくる。逆にこちらの攻撃に対して、相手の逃げ道が5つあるとする。そうしたら、そのうちの4つを潰してしまうんだよ。彼には最後のひとつしか逃げ道は残されていない。そこを捕まえるんだ」

このレスリングスタイルは実戦的であるのが最大の

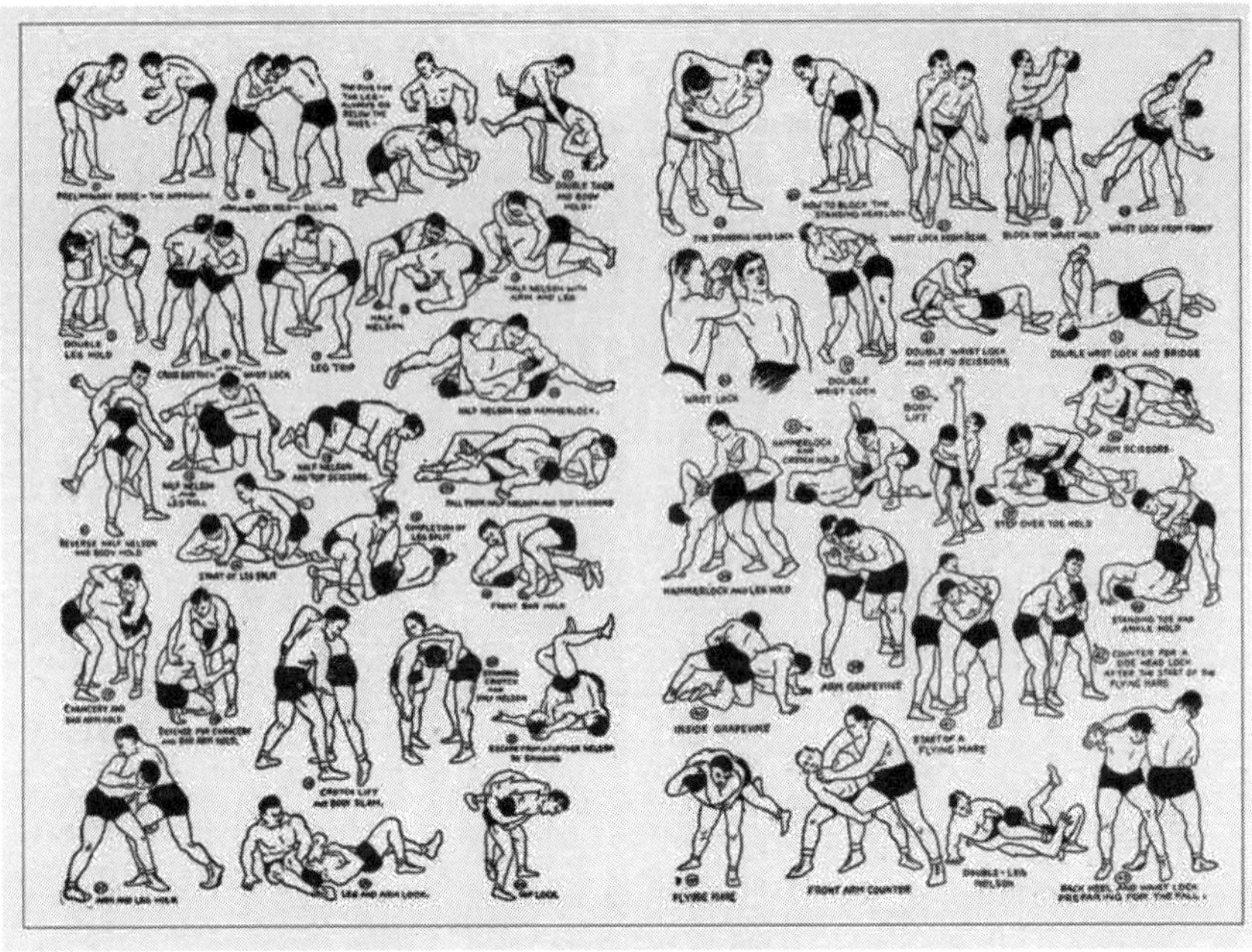

60 年代の英国のプログラムに掲載されたキャッチ・アズ・キャッチ・キャンの技の図解。基本的な技が多いが、プロレス本来の技術がきちんと伝承されていた時代と言い換えることもできる。

特徴であるから、関節技以外にも相手の嫌がる、痛みを伴なう技術が数多く存在し、スパーリングでも当たり前のように用いられる。

「肘や膝、くるぶしなど体の一番硬い部分を打撃のように用いる、そして相手の体の一番弱い部分に押し当てるのもキャッチ・アズ・キャッチ・キャンの有効な技術のひとつだよ」

この過酷なスパーリングを乗り越え、スーパー・シューターへと成長を遂げてライリーのお墨付きを得た者だけが、ライリー・ジム所属のレスラーとしてプロのリングに上がることが許される。ライリー・ジムの入口のドアはいつでも開かれているが、プロへの関門はとても狭い。選ばれし者しかそこをくぐることは許されないのである。

総帥ビリー・ライリー

ライリー・ジムについて語られることはあっても、その総帥であるビリー・ライリー本人のプロフィールについては、これまであまり語られることはなかった。ここではプロレスラー、ビリー・ライリーの足跡について記してみたい。

ライリーは、1896年にウィガン郊外のリーという町でアイルランド人の両親から生まれた。母親の反対を押し切りレスリングを始めたのは、彼が10歳前後の頃であったと思われる。鋳型工の見習いをしながらレスリングジムに通い、大人の炭鉱夫に混じって練習していたライリーはすぐに頭角を現わし始める。

1910年に若干14歳で初めてプロとしての賞金マッチを行い、19年には100ポンドを賭けて、地元ウィガンのスプリングフィールド公園でボルトンのビリー・ムーアズと対戦、大英帝国ミドル級タイトルを獲得した。この日は4000人の観客を集めたという。

具体的な時期と場所は明らかでないが、20年代初頭に2度、ライリーが渡米したことは事実である。アメリカでは当時の世界ミドル級王者ヴァイネ・ケトネンと対戦。ライリーが惜敗している。

ケトネンは1888年フィンランド出身、アメリカの歴代ミドル級王者の中でも最強と呼ばれるレスラーの一人である。ライリーが渡米した20年代初頭はケトネンが30代になったばかりの全盛時代と言える時期であり、20代前半の若き天才ライリーと言えども、勝利を掴むのは難しかったようである。

20年代のライリーの記録はこれしか発見できないが、それは彼の試合の殆んどが『プライズファイト』あるいは『プライベートマッチ』と呼ばれる、少人数の立会人しか見ることが許されない特別なものであったからだと想像する。これは有力な『パトロン』（後援者）を後ろ盾にして、高額な掛け金を奪い合う究極のシュートマッチである。

30年12月、ヘンリー・アースリンガーの手によりアメリカンスタイルの新しいプロレス興行『オールイン・スタイル』が華々しく旗揚げされると、英国プロレス界は再び盛況をみせる。この盛況に呼応するかのように、ライリーの動きも急に活発になる。

現役時代のビリー・ライリーのポーズ写真。彼もやはり小柄で華奢だが、強靭なウィガンの男のボディを持っていた。

ライリーはオールイン・スタイルの興行にも積極的に出場し、32年にはかつてミドル級王座を獲得した場所、スプリングフィールド公園で行われたジャック・パイ戦で3万3千人の観客を動員。英国のプロレス史上最大観客数の記録を作ったと伝えられる。

この時期にライリーは南アフリカへも積極的に遠征をしているが、現地で壮絶な死闘を繰り広げていたようだ。その中でもプロレス史に残る有名な2試合を紹介する。

前述のジャック・パイ戦と同じ32年、同郷英国から遠征していた〝プロフェッサー〟ジャック・ロビンソンと大英帝国王座（ライリーが19年に獲得したものと同じものであるかは不明）を賭けて対戦。ライリーは相手の腕を折り勝利を収める。この対戦相手のジャック・ロビンソンはカンバーランド・ウエストモーランドスタイルの国内タイトルを6度獲得した他、キャッチ・アズ・キャッチ・キャンの技術も一流で、さらには日本人の柔術家・谷幸雄（こちらも後の章で詳しく述べる）の弟子でもあった実力者。南アフリカではプロレス興行に出ながら、柔術の普及活動も行っていたようである。

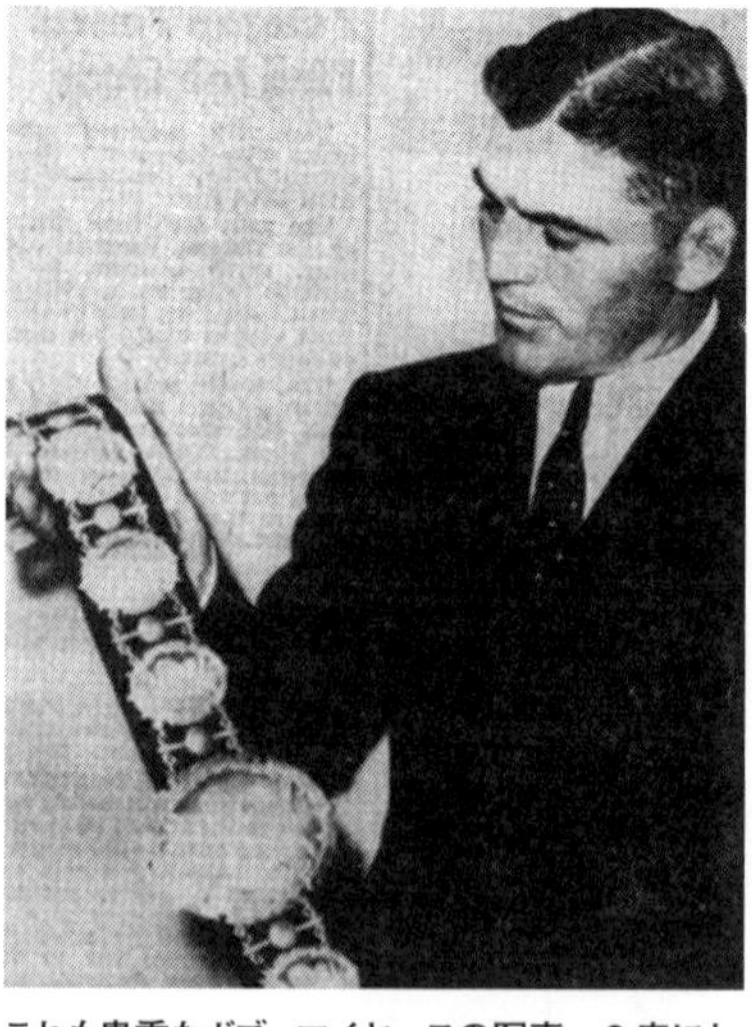

これも貴重なボブ・マイヤースの写真。２度にわたる激闘を経て、ライリーとは親友になり、一緒に金鉱を回ったという。

渡米したライリーを返り討ちにした「最強のミドル級王者」ヴァイネ・ケトネンの超貴重な写真。

同じ時期だと思われるが、アメリカの〝ビュレット（弾丸）〟ボブ・マイヤースとも対戦し、58分の激闘の末、今度はライリーが肩を損傷し敗戦。１９００年、オレゴン州ポートランド生まれのマイヤースは、26年のＡＡＵ大会で優勝した後にプロに転向、南アフリカには現地のプロモーターでアメリカ時代から旧知の間柄であるヘンリー・アースリンガーと、ポートランドのレスリングジム『ムルトノマー』の同僚であったベニー・シャーマンの要請で遠征してきたようである。

なお、それ以前に行われたマイヤースとの初戦ではライリーが勝利を収めており、お互いの実力を認め合った両者はシャーマンも含めて親友となったようで、ロビンソンも「３人で金鉱を回り、挑戦者を片っ端から破って賞金を稼いでいたようだ」と筆者に語ってくれたことがあった。

ライリーはその後も無敵のミドル級王者として防衛戦を重ね、自らジムを開設した後も現役として試合を行った。彼の現役引退は第二次世界大戦が終わった直後の46年、ちょうど50歳の時である。だが、その腰には大英帝国ミドル級のチャンピオンベルトが巻かれたままであった。

〝蛇の穴〟の強者たち

40年代初頭にジムを開設したビリー・ライリーは、〝初代師範代〟としてウィガンから程近い町ボルトン出身のジョージ・グレゴリーを迎える。グレゴリーはオールイン・スタイル興行の初期からリングに上がっており、ヘビー級の体躯ながらキャッチ・アズ・キャッチ・キャンを高いレベルで習得していたレスラーであった。〝伝説の強豪〟バート・アシラティとはライバル関係にあり、大英帝国ヘビー級王座を巡って両者は何度も対戦しているが彼自身が、その王座に長い期間就いていた時代もある。グレゴリーはライリーの愛弟子という存在ではないものの、ジムの若いレスラーたちの指導を熱心に行っていたようだ。

「ルー（・テーズ）が自分の師であるエド・ルイスを史上最強と言うように、私にとっての史上最強は生涯ビリー・ジョイスだよ。でも、ジョイスはきっと彼の師であるグレゴリーを最強と言っただろう。師匠とはそういうものだよ」（ロビンソン）

ライリー・ジム歴代のあらゆる名レスラーの中で

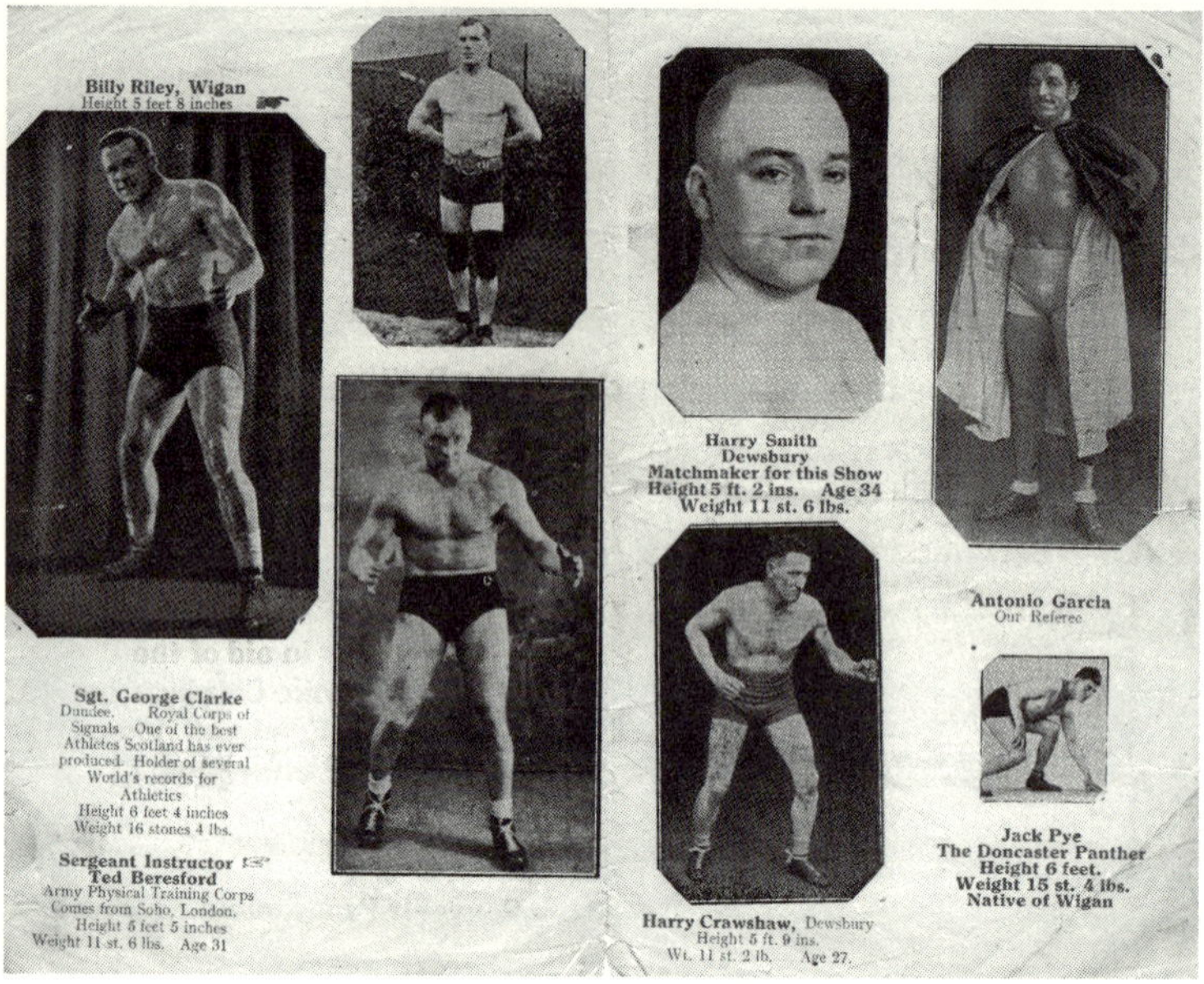

オールイン・スタイル興業のプログラムに掲載されたライリーの写真（左より2列目上）。身長は5フィート8インチとあるから約173センチである。

も、筆者が最も興味を惹かれるのが、ビリー・ジョイスの実兄ジョー・ロビンソンである。しかし、英国のプロレス史の中で、彼の名前を探すことは困難である。それもそのはずで、ロビンソン曰く「私の知る限り、ジョーはプロレスの興行に出場していない。彼はプライズファイトやプライベートマッチが専門のレスラーだった。しかもレスラーと炭鉱夫の〝二足のわらじ〟を履いており、炭鉱の落盤事故で早い引退を余儀なくされたので、レスラー生命は短かったよ」。

では、彼はどのようレスラーであったのか。

「弟のジョイスよりは小柄だったが、体が異常に柔らかく、足の裏で床に落ちているコインを掴んで、顔のところまでその足を持ち上げるなんて事は朝飯前だった。〝グレープヴァイン〟などは相手の足に、自分の足を二重に巻きつけることができる程だったね」（ロビンソン）

そして、その性格とファイトスタイルは前章でも述べたとおり、凶暴そのものである。

「筋肉だらけの奴が来ても、準備万端だった。ジョーはきっとこう言うよ。〝おっ、肉をいっぱいくっつけた野郎がいるな。じゃあ、今日はひとつ骨だけにしてやるか〞ってね。それが彼のレスリングさ。肉を攻撃するんじゃない。いつも骨を攻撃して相手をやっつけるんだ」(『Karl Gotch:The Zen Master of Wrestling』by Matt Furey)

ただし指導者としてのジョーは、冷静かつ的確なアドバイスを与える理論派で、面倒見のいい一面も持ちあわせていた。レスラーを引退したあともジムには常に顔を見せており、蛇の穴のヘッドコーチ的な役割を担っていたことから、ライリー・ジム時代のゴッチやロビンソンが最も指導を受けた最大の功労者であったと言うことが出来る。

２００７年の11月に87歳で亡くなったジャック・デンプシーことトミー・ムーアも稀有なレスラーだった。ニュートンで生まれ、ウィガンで育った彼は、37年に17歳で戦前のアメリカで活躍した有名なボクシングヘビー級王者からリングネームを拝借してプロデビュー。程なく開設したライリー・ジムに出入りするようになったようだ。

53年に大英帝国ウェルター級王座を獲得し、66年に引退するまで何度か手放すことはあったが、欧州王座も併せて長期間、王座に君臨した。中軽量級が重要視される英国で、ミック・マクマナス、アラン・コルベック、そして同門のジョン・フォーリーなど、層の厚いこの階級の頂点には並大抵の実力では立つことは出来ない。

「パウンド・フォー・パウンドでは、デンプシーが最強であったかもしれない」というロビンソンの言葉も頷けるものがある。そして、ライリー・ジムの中では雑誌、パンフレットで扱われる回数も圧倒的に多く、一番の人気を誇ったのがデンプシーであるのも紛れもない事実である。

ビリー・ライリーの息子であるアーニーも長い間、大英帝国ライトヘビー級のベルトを保持し、決して〝親の七光り〞ではない本物の実力者であった。父であるビリー同様、海外にも積極的に遠征しており、〝鉄人〞ルー・テーズともカナダのカルガリーで対面を果たしている。残念ながら、アーニーは２０００年に71歳で亡くなった。

その他にも大英帝国のライト級王座に長く就き、軽量級ながらゴッチやロビンソンが初めてライリー・ジムを訪れた際、あっさりと手玉に取った実力者メルヴィン・リス（本名ハロルド・ウインスタンリー）。ウェ

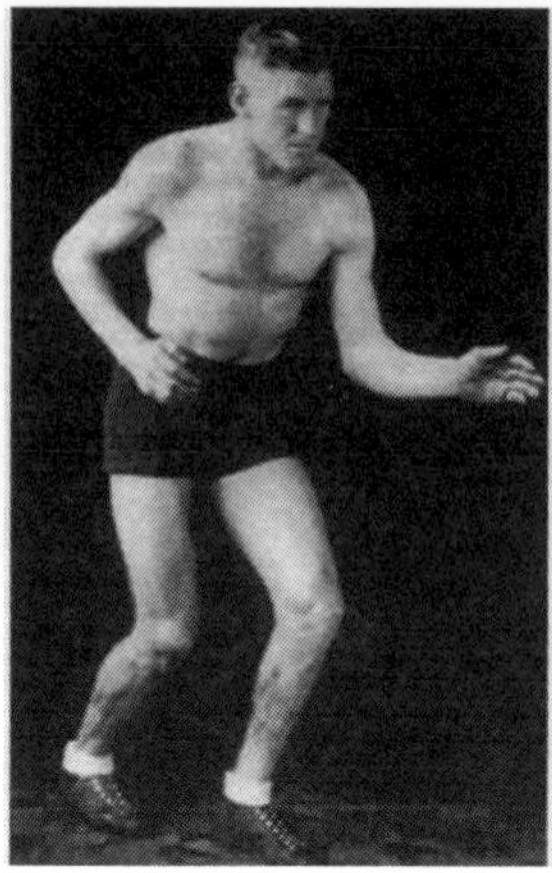

（左）ライリー・ジムにおける「パウンド・フォー・パウンド」最強との声もあるウェルター級王者のジャック・デンプシー。
（中）カール・ゴッチを徹底的に指導したビリー・ジョイスの兄ジョー・ロビンソン。ゴッチは生涯その恩義を忘れなかった。
（右）ジョージ・グレゴリー。ライリー・ジムの初代師範代で、大英帝国ヘビー級王座に長く就いていた。

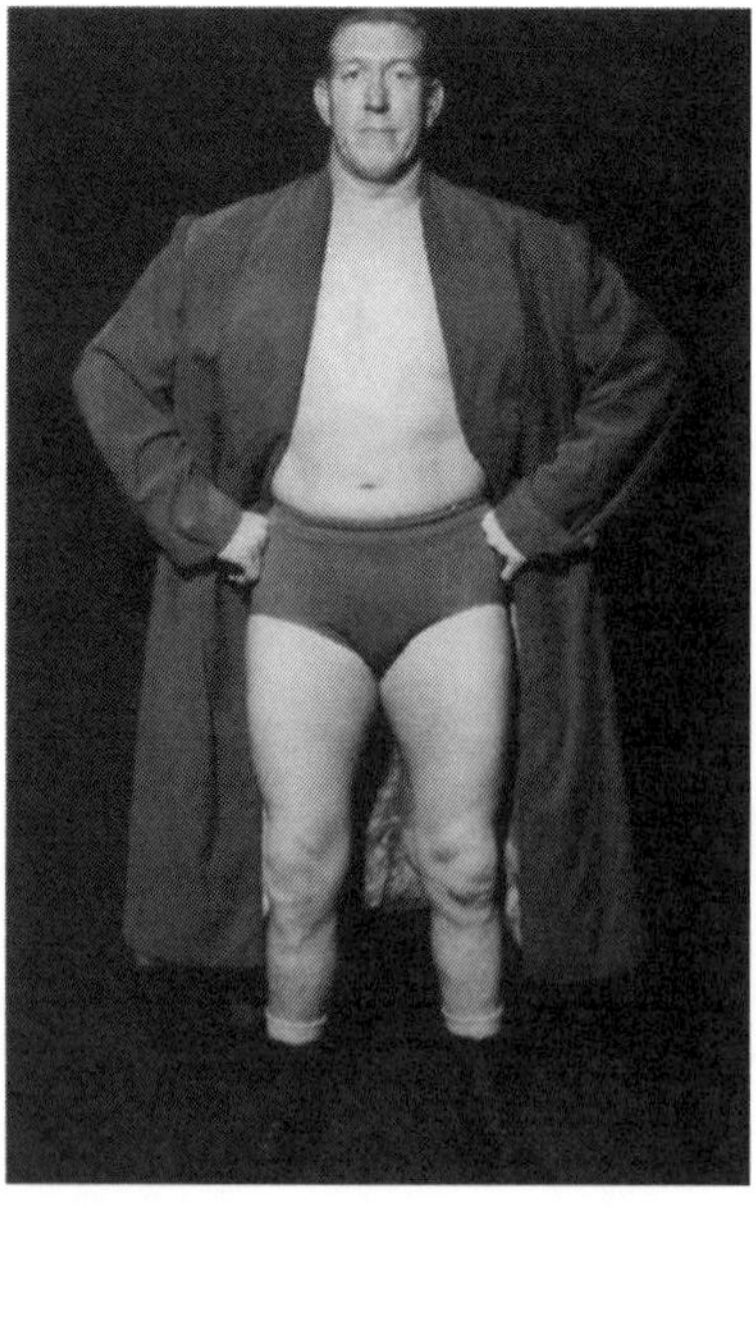

ライト級王者のメルヴィン・リス。入門当時のゴッチ、ロビンソンの大きな壁として立ちはだかった。

ゴッチ、ロビンソンが口を揃えて大絶賛する不動の大英帝国ヘビー級王者ビリー・ジョイス。史上最強の呼び声が高い実力と、誰にでも優しい内気な性格を同じ肉体の中に共有した。

ルター級で活躍し、後年カナダに渡りダイナマイト・キッドのマネージャーとなるジョン・フォーリー。さらにゴッチをウィガンに連れてきたことでも知られるビル・ロビンソンの叔父アルフの名前も特筆しておきたい。アルフは戦前の英国において一流のプロボクサーであったが、プロレス転向後も欧州王座を獲得した実力者でもあった。

カール・ゴッチについては前章で詳しく述べたので重複は避けるが、8年間在籍した最後の数年には相当な〝身内意識〟も生まれていたのではないかと思われる。余談だが、ウィガンという地域性からこの町には多くのレスラーOBがおり、ライリー・ジムに時折顔を見せては、若いレスラーにアドバイスを送る場面も多々あったようだ。

そして、ビリー・ジョイスである。

〝最強のレスラー〟ジョイス

「ジョーはいつも弟である彼に向かって〝随分と長い事色んなレスラーを見てるが、お前が一番ダメだよ〟と言っていたそうだ。その15年ダメだった彼が、20年目には開花することができた。そこには基礎を大切にする地道な努力があったんだ」

これはロビンソンが明かした、プロレス史上最強のレスラーの一人と呼ばれるビリー・ジョイスに関するエピソードである。

本名ボブ・ロビンソン。1916年にウィガンで生まれたボブは兄のジョーと同様に炭鉱で働いていたが、その兄に手ほどきを受けレスリングを始める。やがてそれはボブの生活になくてはならないものとなり、ジョーに紹介されたジムに通うようになった。開設したばかりのビリー・ライリー・ジムである。

42年、ボブはプロレスラーになり『ビリー・ジョイス』というリングネームで登場した。ジョイスは戦後の48年頃から頭角を現わし始め、52年頃には大英帝国ジュニアヘビー級王座に就いている。ただし、この王座がジョイントプロモーション認定のものかは不明である。

ジョイスがその存在を満天下に知らしめたのは、57年にロンドンのライムグローヴバスで3日間に亘り開催された、空位となっていた大英帝国ヘビー級王座の決定トーナメントである。この大会でジョイスは優勝を果たし、王座を獲得。ジョイスの地道な努力が大きな開花をもたらしたのだ。

新王者となったジョイスは、新団体結成のために英国の主要プロモーターたちが結成した最大組織であるジョイント・プロモーションを飛び出しベルトを剥奪されていた前王者で別団体ＢＷＦの王者でもあるバート・アシラティと〝真の王座決定戦〟を行うべく、賞金５００ポンドを用意する。アシラティもこれを受け、試合は59年に実現直前まで漕ぎ着けたが、目の病気を患ったアシラティが試合を辞退。幻の決定戦となった（結局、アシラティは翌年に引退）。

ジョイスはその後、欧州王座も獲得。65年にマンチェスター・ベルヴューで同門の教え子でもあるビル・ロビンソンに二冠を同時に明け渡すまで、数回は王座を奪われることがあったが、すぐに奪回し、８年間英国プロレス界の〝帝王の座〟に君臨し続けた。

ロビンソンが先の『師匠』という話題に際して、ルイスやグレゴリーの名前を出したのはあくまでたとえ話であり、ロビンソンがジョイスを「最強」と主張するのは彼が自分の師であるから、というのがその理由では断じてない。

「誰が何と言おうが、ジョイスが当時の最強であることは疑いようのない事実なんだ。手足は異常に長いが、体は細くて、とても強そうには見えない。だが、とんでもないよ！　こちらが足を取りにいけば（筆者注・ライリー・ジムのレスラーはタックルという言葉を使わない）、同じスピードで引いていく。引けば、あっという間に懐に入られる。そうこうするうちに、いつの間にか体のどこかを極められているんだ。スープレックスを使うわけじゃない。強力なスマッシュを持つわけでもない。しかし、サブミッションに関する技術は、そこに至る過程も含めてまさに神業としか言いようのないものだった」（ロビンソン）
ゴッチも全く同意見である。
「細身で冷静な男なんだが、科学的なレスリングができて、ハッと気がついた時には関節を極められ、抜けなくなっていたことがたびたびあった」（『ケンカ道―その〝究極の秘技〟を探る』篠原勝之著）
「彼は強かったね。凄いテクニックを持っていた。レスリングの技術的なことでいえば、私より彼の方がはるかに優れているね」（『藤原組・東京ドーム大会パンフレット』92年）

ゴッチが「私は〝プロレスの神様〟じゃないよ」と自ら否定し、ロビンソンがそれを支持するのは当然である。それは身近に自分より優れたレスラーが存在したのを、彼らが記憶していたからだ。

ちなみに、ゴッチは海外の試合先から練習のためウィガンを訪れるたびに、ジョイス夫妻の家に宿泊していたそうである。そして、ジョイスは普段は争いごとを好まない、誰にでも優しい控えめな性格の人物であったと伝えられる。

ジョイスは無冠となって数年後の68年5月、国際プロレス『ワールド選抜シリーズ』出場のため初来日。〝恐怖の男〟の触れ込みで初戦はメイン出場を果たすも、精彩を欠いたファイトぶりで期待していた観客を落胆させる。当時、日本プロレスのコーチとして日本に滞在していたカール・ゴッチは、テレビでジョイスの試合を観て、「これがあのジョイスか!」と驚きを隠せなかったという。その後も負け試合が続き、ジョイスは意気消沈のまま帰国する。

この日本遠征での不甲斐ない試合ぶりの理由については諸説あるが、「一番の理由はホームシックだよ。彼は大変なマイホーム主義の人で、どんなに遠い試合会場でも車を飛ばして家に帰るんだ。欧州の他の国にも殆んど遠征したことがないはずだよ」というロビンソンの話が一番正しいようだ。

英国ではその後も大英帝国ライトヘビー級の王座を獲得するなどそれなりの活躍を見せたあと、76年に引退する。この時60歳、ただ驚く他はない。引退後はウィガンのスワン通りに夫婦で店を経営する傍ら、ロイ・ウッドをサポートして子供たちにレスリングの指導などをしていた。

東京・高円寺のUWFスネークピット・ジャパンでロビンソンとともに、キャッチ・アズ・キャッチ・キャンの後世への伝承に努める宮戸優光は、95年にウィガンで晩年のジョイスと対面した際に起こった不思議な体験を話してくれた。

「彼の自宅にお邪魔し、部屋に入るとビリー・ジョイスさんは椅子に腰掛けていらっしゃいました。私たちが近づくと、彼は立ち上がり握手をするために手を差し出してくれたんです。私はそれに応え、彼の手を握ろうとしました。その瞬間、その手は消えてしまい、ハッとする間もなく私は膝の内側を叩かれたのです。レスラーが無防備に膝を触られたということは、足を

蛇の穴最強の王者たち。写真左よりアーニー・ライリー、中央下ジャック・デンプシー、右がビリー・ジョイス。中央上も同時代のジムのレスラー、フランシス・サリヴァンと思われる。

60年代の各階級「ロード・マウントエヴァンス・ベルトホルダー」たち。左よりヘビー級のビリー・ジョイス、2人おいてウェルター級のジャック・デンプシー、ライト級のメルヴィン・リス。撮影時試合中のライトヘビー級のアーニー・ライリーを加えて7階級のうち4つをライリー・ジムのレスラーが占めたスネークピットの全盛時代である。

取られた、テイクダウンを許してしまったという事です。まるで手品でした。昔、東洋の武術に達人と呼ばれる域に達した人がいたという伝説みたいなものは耳にしますが、ビリー・ジョイスという人はレスリングという道で、その域に行かれていた方であったと私は思いますよ」

ジョイスは2000年1月に最愛の妻を亡くすと、その後を追うように8ヵ月後の同年9月にこの世を去った。享年83。アメリカに住むカール・ゴッチとは、死ぬまで文通を続けていたという。

〝蛇の穴〟の本家

ウィガンにはビリー・ライリー・ジムの〝本家〟があった、と言えば読者の方々は驚かれるだろうか。名前は『ポップ・チャーノック・ジム』という。やはり炭鉱労働者のために設立されたレスリングジムで、ライリー・ジムと同じようにプロレスのリングに優秀なレスラーを供給していた〝レスラー養成所〟でもあった。

有名なレスラーにはアーサー、ジャック、そしてクリフの『ベルショー3兄弟』がおり、40年代後半から60年代まで活躍していた。

ライトヘビー級のアーサーは、ライリー・ジムのビリー・ジョイスと50年前後に、おそらく歴史上最後に行われたであろうプライベートマッチで対戦。ジョイスの膝にダメージを負わせて、数少ない敗戦のひとつを与えた。

ミドル級のジャックは、ロビンソン曰く「残忍な性格で相手を傷つけて喜ぶような部分があった」という。そして、ライト級の体格ながら「3兄弟で最も強かったのはクリフだ」とロビンソンは話す。このクリフはロビンソンとの会話の中で「強さ」というテーマになった時には必ず出てくるレスラーの一人である。その存在はライリー・ジムのレスラーたちの影に隠れてしまいがちであるが、実力は決して劣るものではなく、両ジムの間で「対抗戦や出稽古などはよく行われていた」という。

チャーノック・ジムはウィガンに代々伝わるアイルランド系のレスリング一族が経営するジムであったようで、当時の総帥ビリー・チャーノックと同姓同名の人物が19世紀末から20世紀初頭にかけてウィガンを中

ライト級の体格ながら３兄弟の中で最強を誇ったボップ・チャーノック・ジムのクリフ・ベルショー（左）

心に活躍したレスラーとして実在する。彼のことはトム・コナーズという当時のトップレスラー（彼についても後の章で詳しく述べる）の自伝の中で、対戦者として発見することができる。

おそらくその息子であろう、チャーノック・ジムの総帥であったビリー・チャーノックは代々続く一族の総領の名前であり、その洗礼名が『ポップ・サクソン』であったので、このジムの名前はそれを合成させたものであったようだ。

「彼の持つレスリング技術はライリーより優れていた部分があったようだ」（ロビンソン）

チャーノックは20世紀初頭からウィガンの父親のジムに出入りし始めたようであるが、１９００年代の中頃からジムで炭鉱夫たちに混じって、熱心にレスリングの練習をする子供の姿があった。

若き日のビリー・ライリーである。チャーノックは彼を丁寧に指導した。やがてライリーは14歳でデビューするが、自分のジムを持つまではここでトレーニングをしていたはずである。ちなみにチャーノックは49年に68歳で亡くなっているが、ライリーとは15歳違い、いい兄貴分だったのであろう。

ライリー・ジムの栄枯盛衰

ライリー・ジムの話に戻る。おそらく50年代中頃から60年代中頃までの約10年間がライリー・ジムにとって一番いい時代であったと思われる。石炭の需要が減り、ジムに練習に来る炭鉱夫たちの数は激減したが、プロレスラーを供給しているライリー・ジムとチャーノック・ジムは安泰だった。

ヘビーのビリー・ジョイス、ライトヘビーのアーニー・ライリー、ウエルターのジャック・デンプシー、そしてライトのメルヴィン・リス。

7階級の〝ロード・マウントエヴァンス・ベルトホルダー〟(大英帝国王者をイギリスではこう呼ぶ)の内、4階級までをライリー・ジムのレスラーが独占しており、この時代の英国マットは〝ビリー・ライリー・ジムのレスラーvsその他の英国人レスラー〟が中心であったと言っても間違いではないだろう。

アメリカに渡っていったカレル・イスタスはカール・ゴッチとして活躍し始め、その高い技術のルーツを訊ねる専門誌の記者に「これは英国ウィガンの〝スネークピット〟ビリー・ライリーのジムで習得したものだ」と答え、それをキッカケに海外でもライリー・ジムに注目が集まるようになる。

そんなライリーが最も期待していたのが、〝ワンダーボーイ〟ビル・ロビンソンであった。15歳という、ライリー・ジムでは異例とも言える若さでジムに入門したロビンソンは、ジョイスなどのトップクラスのレスラーに鍛えられ、驚異的なスピードで上達する。57年にアマチュアの国内大会でライトヘビー級の優勝を果たすと、ライリーはすぐにロビンソンをプロ入りさせる。

BILLY ROBINSON
British Heavyweight Champion . . .

PUT THESE DATES IN YOUR DIARY
for the
★ FORTHCOMING 1967-68 WRESTLING SEASON ★
ROYAL ALBERT HALL
SEPTEMBER 20th
OCTOBER 18th
NOVEMBER 15th
DECEMBER 13th
JANUARY 24th
FEBRUARY 14th
MARCH 13th
APRIL 17th
MAY 15th

大英帝国ヘビー級に輝いたビル・ロビンソンを大々的に紹介した記事

マスコミもこぞって〝大物新人誕生〟と書きたて、鳴り物入りでデビューしたロビンソンは間もなく英国ヘビー級のトップクラスのレスラーに仲間入りする。

海外遠征も積極的に行い、ドイツのトーナメントで優勝を含める輝かしい成績を収める。そして、ウィガンでの練習に加えてハンガリーのギデオン・ギダ、ドイツのブービー・アールなどの達人から、スープレックスを含むグレコローマンの技術を貪欲に学んだ。

ライリーが当分国内はジョイスに任せて、若いロビンソンには今の内に海外で可能な限りの力をつけさせ、いずれ〝王位継承〟を、というプランを描いていたことは容易に想像できる。だが、65年にロビンソンがジョイスを破り、大英帝国と欧州王座の二冠を獲得した辺りから、英国マットそのものが少しずつ変化を見せ始める。

プロレスのテレビ観戦者が増えた影響からか、試合のショー化が進み、ビッグ・ダディのような怪物や、ダニー・リンチのような流血を売り物にするレスラーがもてはやされるようになり、ライリー・ジムで教えているようなキャッチ・アズ・キャッチ・キャンの高度なレスリング技術を持つ者同士の攻防は、昔ほど重用されないようになってきた。

得られるだけのレスリング技術を全て身に付けて〝フッカー〟となり、掴めるだけの栄誉は全て手に入れて〝二冠王〟となったロビンソンだが、時代の風だけは逆に吹いていた。ロビンソンは68年の日本初遠征をキッカケに翌年からはアメリカ大陸に進出、英国を去った。

この時期、ライリー・ジムのチャンピオンレスラーたちも、とっくに引退を考える年齢に達していたし、すでにポップ・チャーノック・ジムもなくなっていた。アランとロイのウッド兄弟（実際は従兄弟）などロビンソンの下の世代も育ってきていたが、英国マットは最早彼らが充分に活躍できる場所ではなくなっていたのである。そして70年代に入ってすぐに、ビリー・ライリーはジムを閉鎖する。

スネークピットの今

ビリー・ライリー・ジム最後の生徒のひとりであるロイ・ウッドは、廃墟となっていたライリー・ジムの建物を利用して、子供たちにアマチュアレスリングを教えることが出来ないものかと思い立ち、ライリーに相談した。アマレス教室が始まると、ライリーは毎日ジムに顔を出した。小さな子供たちにレスリングを教えること、そして、アマチュアレスリングはライリーにとって新鮮なものだった。

このアマレス教室は77年にライリーが81歳で亡くなった後も続けられ、そこにはジョイス、デンプシー、そしてライリーの息子アーニーも顔を出して、嬉しそうに子供たちにアドバイスを送っていた。

しかし、町の行政指導により、老朽化していたジムは他の場所に移転することを余儀なくされる。ライリー・ジムは今度こそ本当の廃墟となり、89年に何者かの手によって放火され、跡形もなくなってしまった。

英国時代のロビンソン

現在、ロイ・ウッドは同じウィガンで『アスプル・オリンピッククラブ』というレスリングジムを経営し、子供たちにはアマレスを、そして若者たちには自ら学んだキャッチ・アズ・キャッチ・キャンを教えているという。そして、遠く離れた日本でも『UWFスネークピット・ジャパン』において、ビリー・ライリー・ジムから多くのものを授かった〝最後の伝承者〟ビル・ロビンソンと、彼の試合に感動してプロレスラーになった宮戸優光が、キャッチ・アズ・キャッチ・キャンを完璧な形で後世に残すべく、日夜その指導にあたっている。

あのウィガンの〝黒い小屋〟は今はもうない。だが、その技術と理念はふたつの場所で今も生きている。

後記

ビリー・ライリー・ジムの歴史に関しては、別章のロイ・ウッド氏のインタビューと併せてご一読頂きたいが、ビル・ロビンソンとウッド氏のジムに関する証言の齟齬は、どちらが正しいというわけではなく、入門を果たしトレーニングを開始した年代の違いと筆者は捉えている。

本章でも、執筆後に判明したいくつかの新事実を記していきたい。

英国のレスリング史家であるステッペン・グリーンフィールド氏によれば、ライリー・ジムが有名な「黒い小屋」のフォルムで建設されたのは、第二次世界大戦直後の47年前後のことであるようだ。

ビリー・ジョイスの兄であるジョー・ロビンソンに関して、ビル・ロビンソンは「ジョーはプロレスの興行に出場しない、プライズファイトやプライベートマッチが専門のレスラーだった」と証言しているが、実際には30年代にジョーがプロレス興行に出場した際のプログラムが残されている。だが、それはロビンソンの誕生以前の話であり、彼は「私の知る限り」と念押ししている。問われるのは筆者の文責であり、ロビンソンに一切の非はない。

ビリー・ジョイスに関しては、40年代の多くのプログラムに『ボブ・ロビンソン』という名前が散見される事から、彼がデビューからおそらく十年前後は本名で活躍していたことが判明した。

ライリー・ジムが閉鎖された後、放火によって焼失したというのは全くの風聞であり、別章のウッド氏の証言のように、斯様な事実はない。

ライリー・ジムのその後であるが、メッカであるウィガンではウッド氏がアマチュアレスリングのジムとは別に『スネークピット・ウィガン』を新たに開設し、キャッチ・アズ・キャッチ・キャンの世界的な普及のために奮闘（別章参照）している。そして日本では、2014年に〝最後の伝承者〟とも言えるビル・ロビンソンが惜しくも亡くなったが、その後も東京・高円寺では、宮戸優光氏がロビンソンから継承した術理を後世に残そうと全身全霊で日夜指導に務めている。2018年に名称を『CACCスネークピットジャパン』に改めたことでも、彼の熱意の程が窺える。

アメリカでも競技人口は確実に増加し、キャッチ・アズ・キャッチ・キャンは地球規模で大きな拡がりを見せている。

ビリー・ライリーの功績は、世界のレスリング史に永遠に刻まれることだろう。

第三章
危険で野蛮なレスリング
―〝キャッチ・アズ・キャッチ・キャン〟の起源―

英国の北部に位置するランカシャー地方。
この地の労働者階級の中から生まれ育まれたレスリングは、かつて「危険で野蛮である」という理由から自国では蔑まれたが、やがて大西洋を越えてプロレスリングの主要スタイルとなり、さらにはアマチュアレスリングの一方の雄となる。
ランカシャー・レスリング、別名キャッチ・アズ・キャッチ・キャン。
かようなレスリングが誕生した背景とその後に辿った紆余曲折について、様々な資料と証言から検証し、その謎多き実体に迫る。

英国のレスリング

大英帝国、いわゆる英国が4つの国から構成されるのと同様に、英国にはこの国特有のスタイルが4種類存在する。『カンバーランド・ウエストモーランド・スタイル』、『コーニッシュ（コーンウォール）・スタイル』、『デボン・スタイル』、そして『ランカシャー・スタイル』である。歴史を紐解く前に、このそれぞれのスタイルについて簡単に説明しておこう。

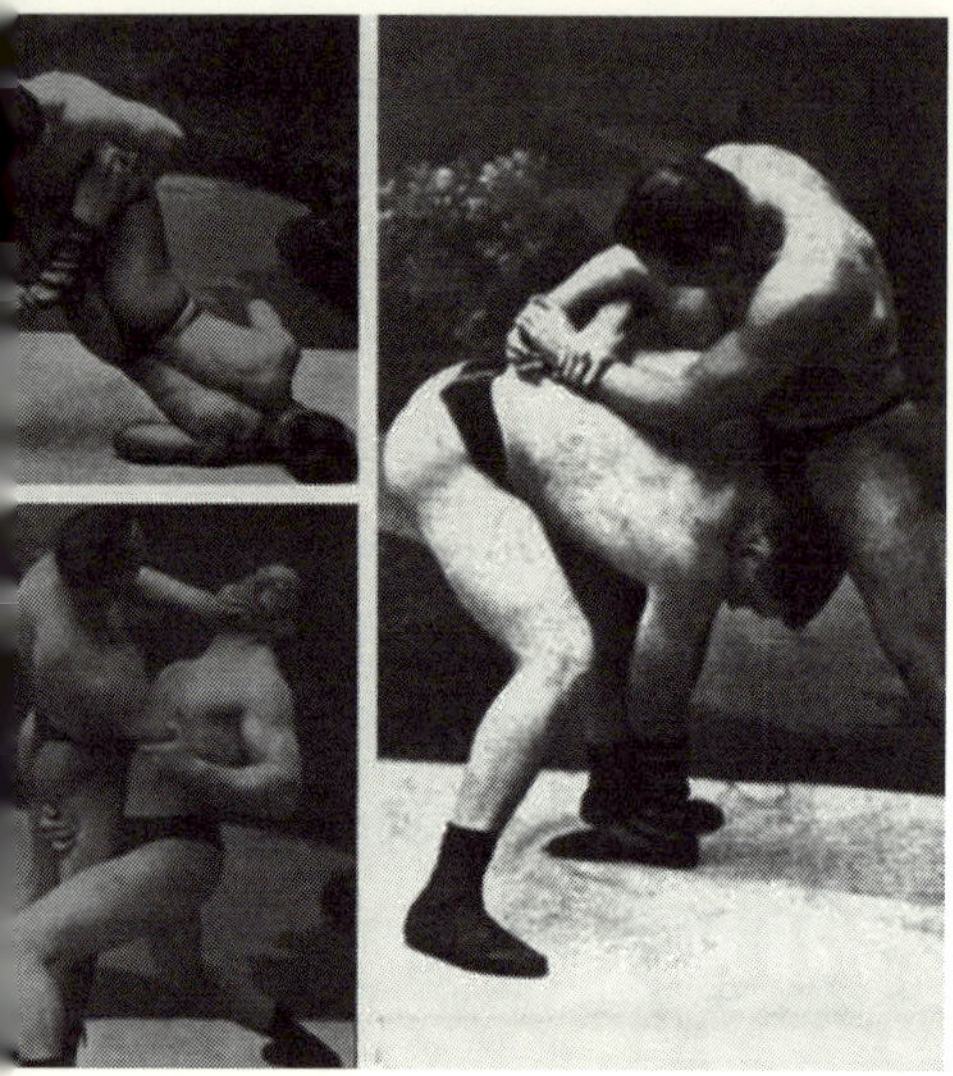
1909年にドイツで発行されたCACCの技術書の写真。明らかにサブミッションである。

『カンバーランド・ウエストモーランド・スタイル』

スコットランドの山岳地方で盛んであった事から、別名『ハイランドゲーム』と呼ばれるスタイルで、一般的に屋外で行われる。

対戦する両者が組み合った状態で競技が開始され、相手の足の裏以外の体の一部を地面に着ける事で勝敗が決するところは、日本の『相撲』と共通している。

『コーニッシュ・スタイル』

英国の南西部、コーンウォールで盛んだったスタイル。日本の『柔道』、『柔術』と同様に、ジャケットを用いて行われるのがこのスタイルの特徴であり、やはり一般的には屋外で行われるようである。

相手の両肩と片尻、あるいは片方の肩と両尻の3つのポイントを同時に地面に着けることで勝敗を決する。ジャケット以外の手首や指などを掴むのは禁止。着衣格闘技独特の投げ技を持つ点は『柔道』と共通する。

『デボン・スタイル』

コーンウォールに隣接するデボンでかつて盛んだったコーニッシュ・スタイルの改良型で、着衣を用いる

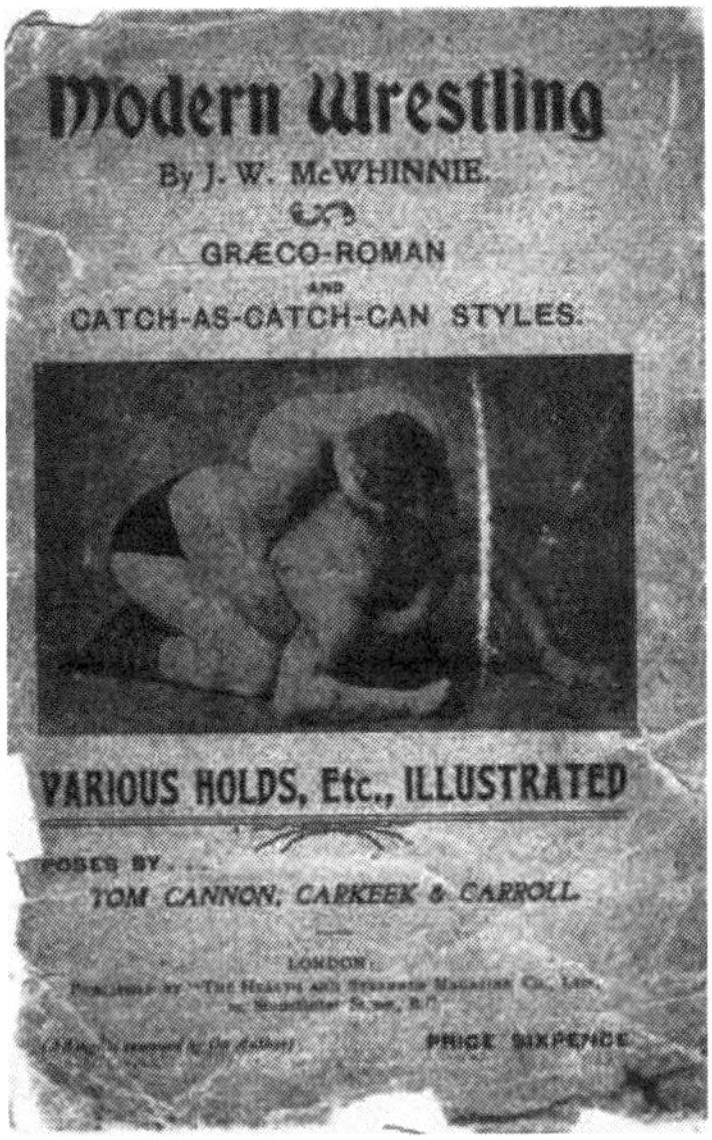

ロンドンで発行された技術書。残念ながら発行年数は不明だが、1900年代初頭だと思われる。インストラクターはジョー・キャロル、ジャック・カーキーク、トム・キャノン。いずれもCACCのトップレスラーたちであり、この技術書がプロレスラー向けであることが分かる。

ことや勝敗の決し方などは同様だが、足に鉄製のシューズを装着し、相手を蹴ることが許されていたのが最大の特徴である。19世紀初頭には大人気となったが、現在このルールは競技としては撤廃され、一般的には『コーニッシュ・デボン・スタイル』と併せて称されることが多い。

『ランカシャー・スタイル』

英国北部のランカシャー地方で盛んだったスタイルで、通称『キャッチ・アズ・キャッチ・キャン』と呼ばれる。アイルランドのレスリングにその起源を持つといわれ、相手の両肩を地面、またはマットに着ける『ピン・フォール』、降参技で相手からギブアップを奪う『サブミッション・フォール』で勝負を決する。

アマレスの『フリースタイル』、そして現在のプロレスのベースとなったスタイルである。ちなみに第二次世界大戦以前のアマチュアの大会では、オリンピックも含めフリースタイルをキャッチ・アズ・キャッチ・キャン・スタイルと称していた。

その他、欧州大陸から『グレコローマン・スタイル』、アイルランドから『カラー・アンド・エルボー・スタイル』も導入され、それなりの人気もあったようだが、他の欧州各国やアメリカほど英国には深く浸透することはなかったようである。自国発祥のスポーツを数多く持つ英国人の誇りが、他国の文化を無条件で受け入れる事を潔しとさせなかったのかもしれない。

ここでこれら全てのレスリングスタイルの歴史を詳細に記すつもりはない。膨大なページ数を要する割りには、プロレスファンであろう多くの読者の方々が期待する内容にならないのは明らかであるからだ。本章はあくまで現在のプロレス、突き詰めればＵＷＦスタイルの源流とも言うべきキャッチ・アズ・キャッチ・キャン（以下、ＣＡＣＣ）の歴史に関するものであることを最初にお断りしておく。

それが危険で野蛮な理由

『Catch-As-Catch-Can』

「出たとこ勝負の」、「手当たり次第の」という〝直訳〟も、相手の攻撃に対するリアクションが最も重要であるこのレスリングスタイルの特性を考えれば、あながち間違いとは言えない。しかし現在、東京・高円寺の『ＵＷＦスネークピット・ジャパン』において、この伝統的なスタイルの指導にあたる〝最後の伝承者〟ビル・ロビンソンは、「これは〝やれるものならやってみろ〟という意味のランカシャー地方の方言だ」と語る。ここは、この英国紳士の意見に敬意を払うべきだろう。

このスタイルがどのように誕生し、如何にランカシャー地方に波及していったかについては具体的な文献が乏しく判然としない。レスリングという様々なスタイルを持つこの競技の中でも、何故このスタイルのみサブミッション（降参技）を持つに至ったのか。

ＣＡＣＣスタイルの起源について、筆者はひとつの推論を持つ。それは、かつてはレスリング全般の中でＣＡＣＣがさして特別なスタイルではなかったのではないか、ということである。

ドイツの古い文献では、１５４９年に発行された格闘技術書『Codex Wallersstein』にサブミッションと思われる技が多数紹介されており、18世紀にも同様の文献が存在する。他にも欧州には、16～18世紀にかけてサブミッション技術を伴なう格闘術を記載した文献が多数あり、ダブルリスト・ロックはおろか膝十字固め、柔道の巴投げに似た技まで紹介されている。グレコローマンの技術書にさえ、少ないながらもサブミッションの技術が紹介されているのだ。

このように多くのレスリングは、人間本来の究極の戦いに近い制約の少ないスタイルであったものが、例えばスポーツとして危険すぎる、上流階級に属する者が娯楽で行うには野蛮すぎる等々の様々な要因で禁止事項が多くなり、その結果多様なスタイルが生まれ、制約が増えたことでそこから新たな技術が発達。安全性が保証されたがためにスポーツとして広く普及し、やがてそれが一般的なレスリングとして認識されるようになったのではないか。

一方英国北部のランカシャー地方で、（言葉を選ぶ必要はあるだろうが）ブルーカラーを中心に盛んに行われていたであろうレスリングは、より荒っぽく制約はより少ない方がいい。そして、もしそれが賭け試合として行われることがあるとすれば、勝敗の方法は地面に肩を付けるという分かりづらいものよりも、誰の目にも明らかな本人の〝降参〟がいい。

そこでオールドスタイルのレスリングが手をあまり加えられることなく（ただし相手を降参させる技術はより発達し）、やがてこの地方の伝統的なレスリングスタイルとして認知されるようになった。サブミッションは「加えられた」のではなく、「残った」。筆者はそのように推測するが如何なものであろうか。

なお文献の中にはCACCをランカシャー・スタイルとは別のスタイルと定義するものもあり、CACCとは英国の各スタイルの長所を統合したものである、という記述がある。ただし本章はランカシャー・スタイルとCACCはあくまで全く同義のものという前提で書き進めていく。この先を読んで頂ければお分かりになると思うが、CACCのトップレスラーのほとんどがランカシャー地方出身であるのは動かしようのない事実であるからだ。

ランカシャー・レスリングの起源

何をもって英国におけるプロレスの起源を決めるかについては意見の分かれるところであるが、記録上では18世紀の『カーニバル』におけるプロレス興行がその嚆矢と言われている。トーマス・トップハムなど多くのスターを生んだが、これはどうやらレスリングとは名ばかりの〝ストロングマン（怪力男）の力比べ〟であったようだ。

また、ほぼ同時期の1740年にはウィルトシアのパブ『白鳥館』でレスリング興行が行われている。英国南西部に位置するこの街の地域性を思えば、この興行でのレスリングがCACCであるとは思えないが、観客から掛け金を集めての『プライズファイト』（賞金試合、賭け試合）ではあったようである。

もうひとつのプロレス起源の候補は、〝村相撲の拡大版〟である。年に数回行われる村の祭りの余興として行われていたレスリング大会の中で、毎回チャンピオンになる男が隣村の王者と雌雄を決する試合を行う。それがトーナメント方式でエリアも拡大していけば充分興行として成立するし、やがてそれを職業とする者が出現するのは必然と思われるのだ。ただし、村祭りをカーニバルと考えれば、これも〝カーニバル起源説〟のひとつと言えなくもない。

だがCACCに限って言えば、そのスタイルで行われたプロレスの起源として筆者はプライズファイトを考える。前章でも少し触れたが、もし炭鉱などの力仕事で腕っぷしに自信があり、なおかつCACCに熟達している者が現われたら、彼が低賃金の肉体労働よりも己の肉体を使って高額の賞金が得られる賭け試合を生活の糧にすることは必然である。野蛮で荒っぽいが故に、金を賭けた者たちの闘争心すら掻き立てるこれらの試合は、充分に興行としても成立したはずだ。

疑問が残るのは、これらが近代ボクシングの起源であるプライズファイトと源流が果たして同じものであるか、という点である。この件に関するヒントはビル・ロビンソンがもたらしてくれた。

「英国には昔から〝オールイン（ALL - IN）〟と呼ばれる試合形式があったんだ。ベアナックルのボクシングとCACCをミックスしたものだと思ってくれたらいい。クリスマス近くには〝ボクシング・デー〟（筆者註・競技のボクシングとは無関係）と呼ばれる日があって、毎年その日にはオールインの興行が開かれるんだ。ウィガンのスネークピットではスパーリングでもヒジなどを使った打撃技を使うが、それはこのオールインのスタイルに起因するところが大きいんだよ」

果たして、俗にいうプライズファイトがこのオールインと呼ばれる興行と同意語であったのか、それとも全く別の形式のものであったのか、そして同じであるならば、どの時期にボクシングと分化したのか全く判然としないが、それは今後の研究課題としたい。

文献によれば、CACCスタイルにおけるランカシャー最初のチャンピオンは18世紀後半に出現している。彼らがプロと呼べる存在であったのかはわからないが、少なくとも賞金ファイターであったことは間違いない。

ただし、その多くの興行はランカシャー地方で行われ、当時のCACCは決して英国全国区レベルでのメジャーなスタイルにはなり得なかった。その最も大きな要因は、ロンドンを中心とした英国南部の上流階級に属する人たちが、CACCに対して「下層階級の低級な人間が行う、危険で野蛮なレスリングである」と差別的なイメージを持っていたことにある。

やがてCACCの興行ではそのイメージを払拭するために、サブミッションなどの危険な行為を徐々に制限していったが、あまり大きな効果は得られなかったようだ。

だが、この危険で野蛮なレスリングは大西洋を越え、アメリカに輸出されて大人気を博すことになる。

アメリカン・キャッチの誕生

トム・コナーズ（1861–1939）というCACCのプロレスラーをご紹介したい。ウィガンで生まれ、11歳でプロデビューし、167センチ、68キロのライト級の体格ながら、後述するトム・キャノン、ビリー・チャーノック（ウィガンに代々伝わるレスリング一族のようである。前章参照）ら当時のトップレスラーと対戦して勝利を収める。

81年頃に英国王者になったコナーズは83年に渡米し、ジョー・アクトンのアメリカンタイトルに挑戦するも惜敗。その後も挑戦のチャンスを待ち続け、87年に〝初代絞め殺し〟エヴァン・ストラングラー・ルイスから、アメリカンCACC王座を獲得。89年にジャック・カーキークに敗れるまで2年間防衛戦を重ねた。

それ以前にもランカシャー地方からの移民によって、CACCスタイルはアメリカに伝わっていたであろうし、彼より前に渡米していたエドウィン・ビッビー、ジョー・アクトンら同郷のレスラーたちによってプロレスのひとつの試合スタイルとして確立していた。それでもコナーズが特筆すべき人物であるのは、彼が〝ファーマー〟マーチン・バーンズの師匠であるためである。

89年にアイオワでバーンズと対戦したコナーズは、その才能を見抜き、自らの巡業に同行させてバーンズに自分が培ったCACCの技術を指導する。バーンズはそれまでカラー・アンド・エルボーのレスラーであったが、コナーズの指導を受けてCACCのトップレスラーへと変貌を遂げた。

その後コナーズは英国へ帰国したが、バーンズ自身もアメリカ王者となり、後年にアイオワでひとりの若者を発掘して巡業に帯同し、コナーズが残した技術を彼に伝えた。その若者こそ、のちにジョージ・ハッケンシュミットを破って世界王者となるフランク・ゴッチなのである。

バーンズは現役引退後にレスリングスクールを開設し、そこからアメリカプロレス史に名を残す多くのトップレスラーを育てている。そこで指導するものはコナーズから教えられた正統なCACCの技術に加えて、それまでアメリカで行われていたカラー・アンド・エルボー、グレコローマン、日本の柔術の技術、さらに体の線が細くレスラーとしては小柄の部類に入るバーンズが自分よりはるかに大きなレスラーを翻弄すべく、実戦の中で編み出した〝裏技〟的な技術も含まれていたものと思われる。

これが後年、カール・ゴッチが『アメリカン・キャッチ』と称したスタイルである。ウィガンの小さなレスラー、トム・コナーズの残した功績はあまりにも大きい。

トム・キャノン。CACC、グレコ両スタイルをこなす当代イギリスの第一人者。ハッケンシュミットにCACCを伝授したと伝えられている。

禁止されたサブミッション

話は再び英国に戻る。それまで国内では決してメジャーになることがなかったこの危険で野蛮なレスリングは、アメリカのプロレスにおいてスタンダードなスタイルとなり、20世紀初頭にコーニッシュ系アメリカ人のレスラー、ジャック・カーキークたちの手により逆輸入される形で入ってくるや、あっという間にメジャースタイルの仲間入りを果たす。そして、それまでの英国のメジャースタイルのひとつであるコーニッシュ・スタイルの試合を行っていたレスラーたちも続々と〝宗旨替え〟をする。当時から英国在住であったグレコローマン・スタイルの名レスラー、〝ロシアのライオン〟ジョージ・ハッケンシュミットでさえ、CACCとグレコローマンの〝両利き〟レスラーであったリバプール出身のトム・キャノンに指導を受けていたほどである。

1908年にゴッチと対戦する以前、ハッケンシュミットは当時のアメリカン王者であるトム・ジェンキンスと、英国とアメリカで2度対戦しているが、05年5月にアメリカのMSGで行われた第2戦はCACCのルールで行われ、ハックはジェンキンスを下して〝初代〟世界王者となっている。

アメリカからトム・コナーズも帰国し、CACCのレスラーたちは俄然、注目され始める。当時のトップレスラーは、トム・コナーズ、トム・キャノン、ジョー・キャロルらランカシャー出身のレスラーと、コーニッシュ・アメリカンのジャック・カーキーク、オーストリア出身のピーター・ゴッツ等であった。

アメリカで活躍した英国のCACCレスラーも多い。チャールズ・グリーン、ジョー・アクトン、エドウィン・ビッビー、そしてウィガンのジム・パー等である。この全盛時代があるからこそ、彼らは英国プロレス史上にその名を残すことになる。

ただし、彼らが興行で行っていた試合とはブーム以前の牙を抜かれたままの状態、つまりサブミッションなどの危険な行為はルールから排除された、本来のCACCスタイルとは異なるものだった。

この時代の英国のおけるプロレスを留学中のロンドンで観戦した夏目漱石は、その感想を友人である正岡子規への書簡に次のようにしたためた。

「西洋の相撲なんて頗る間の抜けたものだよ。膝をついても横になっても逆立ちをしても両肩がピタリと土俵の上についてもしかも一二と行司が勘定する間此ピタリの体度を保つて居なければ負けないつて云ふんだから大に埒のあかない訳さ。蛙のやうにヘタバツテ居る奴を後ろから抱いて倒さうとする、倒されまいとする。坐り相撲の子分見たやうな真似をして居る。御陰に十二時迄かゝつた。難有仕合である」(1901年＝明治34年年12月18日)

また別章で詳述する日本の柔道家、前田光世(コンデ・コマ)も、「柔道と同じような絞めや逆手(※関節技)はあるが、普段は禁止されている」という内容の書簡を日本の友人に送っている。

トム・コナーズの自伝には当時のCACCのルールの記載があるが、そこに「サブミッションによる決着」という一文はない。興味深いのは、同じ自伝にCACCスタイルでは1865年~70年頃に試合で危険技の使用が禁止されたという記述がある点だ。

ただし、興行では使うことが許されないサブミッションの技術も失われてしまったわけではなく、20世紀に入っても変わる事なく行われていたプライズファイトでは、試合のたびに時間をかけてルールを取り決めることが通常であり、両者合意の上であればサブミッションによる決着も当然採用されていたはずである。CACCのレスラーにとってサブミッションの習得はこの時代でも必須であったのは言うまでもない。

この時代のルールブックを見る際に気をつけなければいけないのは、〝フォール(fall)〟という言葉の定義である。ビル・ロビンソンは言う。

「フォールというのは一般に肩をマットにつけるピンフォールのことを指すと思われがちだが、本来の意味は『死ぬ』こと、つまり勝負の決着を意味するんだ。相手を戦闘不能の状態に追い込むサブミッションもフォールと言うんだよ」

ただし、この点に注意しながら当時の試合記録、ルールに目を凝らしても、サブミッションによる決着については探し出すことが出来ない。

CACCにはルール上、興行における通常の試合でのサブミッションによる決着が認められていない時期があった――これはもはや史実として記しても良いのではないだろうか。

だが、この興行におけるサブミッション禁止のルールは、ある事件をきっかけに解禁となる。柔術という名の〝黒船〟の来襲である。

まだ途上である。

後記

本文は、キャッチ・アズ・キャッチ・キャンの歴史を一定以上の水準で詳述した、本邦初の試みであったと自負している。本文には、ビル・ロビンソンの証言や多くの資料から得られた情報を基にした推論が多く見られ、新たに書き加えられるべき新事実も多々あるが、11年が経過した現在でも本文の内容に大きな間違いはないと考える次第である。

ひとつだけ、キャッチ・アズ・キャッチ・キャンの意味としてロビンソンが語った「〝やれるものならやってみろ〟というランカシャー地方の方言」という説についてだが、正確に言えばロビンソンが〝Catch Me If You Can〟と話したものを、我々が和訳したものである。この慣用句も英語圏では広く用いられるものであり、やはりロビンソンの説にも耳を傾けるべきであろう。

筆者のキャッチ・アズ・キャッチ・キャン探求は、

第四章

JIU—JITSUは果たして敵なのか？

—日本柔術とキャッチ・アズ・キャッチ・キャンの遭遇—

キャッチ・アズ・キャッチ・キャン（以下 CACC）と日本の柔術との関係性についてはよく取り沙汰されるが、それは今に始まった話ではなく、約 100 年前の欧米でも同様の論争が起こっていた。アメリカでの〝CACC 対柔術〟については書き尽くされた感があるので、本章では〝CACC 発祥の地〟英国ではどのような戦いがあったのかを書き記してみたい。

スモール・タニの活躍

当時の英国でCACCのレスラーたちと対戦した著名な柔術家は、前田光世、三宅多留次、そして谷幸雄の3人である。

前田はコンデ・コマとして知られる講道館出身の柔道家で、アメリカ、ヨーロッパ、中南米で多くのレスラー、ボクサーと対戦した後、ブラジルへ渡り余生を送った。現地に伝えたその格闘技術は、後年『グレイシー柔術』として世界中の格闘技界を震撼させることになる。

三宅は不遷流の柔術家で、ほどなくアメリカに渡り『タロー・ミヤケ』のリングネームで多くのトップレスラーと対戦、彼らに柔術の指導も行ったと伝えられる。日系初のヘビー級レスラーで日本プロレス時代のメインレフェリー、沖識名の師匠としても知られている。

そして谷幸雄（1880－1950）である。英国プロレス史上最も活躍した柔術家は実は前田ではなく、この谷であることは多くの文献からも明らかである。三宅と同じ不遷流柔術家で、関西出身のようである。

渡英したのは谷が一番早く、1899年に来日し柔術に魅せられた実業家E・W・バートンライトの招きによりその年の内にロンドンに入り、バートンライトが始めた『バーティツ』道場の指導員を始める。だが思うように生徒が集まらず、頭を悩ませる。

余談だが、このバーティツは作家コナン・ドイルの有名な推理小説『シャーロック・ホームズ』の文中にホームズが会得している〝謎の格闘技バリツ〟として登場し、その正体探しのために世界中のシャーロキアン（ホームズ小説の熱狂的マニアの通称）たちを長い間悩ませてきた。

谷はそれでもロンドンに留まりバートンライトの道場から離れ、ストロングマン（怪力男）のアポロをマネージャーに、ミュージックホールで行われていたプロレス試合に出場するようになる。

アポロはバートンライトの道場にいた頃の谷と組み合い、その強さに舌を巻いた。そして今度は英国のCACCのトップレスラー、トム・キャノン、アントニオ・ピエリ、ジャック・カーキークらを道場に連れていって谷と立ち会わせようとしたが、誰も谷と戦おうとしない。やっとコリンズというレスラーが重い腰を上げたが、1分も経たない内に谷に投げ飛ばされてしまった。谷にすっかり惚れ込んだアポロは、谷にプロレスの試合への出場を熱心に勧めた。

身長160センチ足らず、体重も60キロに満たないが、ひとたび柔道着を着れば恐ろしく強い谷はたちまち〝スモール・タニ〟という愛称で呼ばれ人気者になった。ちなみにこのマネージャーのアポロは、のちにウイリアム・バンキアの名でリバプールにおけるプロレスのプロモーターとなる。

CACC対柔術

アポロと谷の〝チャレンジマッチ〟の巡業が始まった。谷が行っていた試合の形式は次の通りである。

・基本的に柔術スタイル（ギブアップのみの決着）の試合形式を採用。ただし柔術スタイル、CACCスタイル（ピンフォールによる決着）で一本ずつ行い決着時間が短い形式で3本目を行うというミクスドマッチを行うこともあり。

・谷も対戦相手も柔道ジャケット着用。ただしミクスドマッチの場合は、CACCスタイルでもう一本は上半身裸で行う。

・もし谷に勝てば100ポンド、例え勝てなくても、15分の間にギブアップしなければ20ポンドを進呈する。

先に述べたトム・コナーズ、ジョー・キャロルといった超一流のCACCのレスラーが谷に挑んだ。キャロルには敗れているし、コナーズにも辛勝であった。他にもCACCスタイルで谷がピン・フォールを奪われたり、時間内に相手からギブアップを奪えずに賞金を進呈する場面はあったようだが、谷が自分のスタイルでギブアップを奪われることはなかった。

アポロは、この形式で谷に勝つ可能性が一番高いのは、着衣を使用するコーニッシュ・スタイルのレスラーでもあったカーキークだったと後に述懐しているが、両者の対戦が行われることはなかった。カーキークにはかなり臆病な面があり、リング上で飛び入り歓迎を募るカーキークの呼びかけに、客席にいたハッケンシュミットが応じるとリングから逃げ出した、というエピソードがある。もっともそのハッケンシュミットも、谷が挑戦を呼びかけると「グレコローマン・スタイルでなら戦ってもいい」とやんわりと断ったようだ。

谷より後から英国にやってきた三宅多留次、前田光世も同様の試合を行っていたが、結果は谷と同じ、この形式で試合を行う限り柔術家に分があったようである。ただし、谷のスタイルとルールに合わせて勝負を挑んだCACCのレスラーたちの勇気は賞賛に値する。

谷幸雄は10年代中頃まで、この〝チャレンジマッチ〟を行っていたようだが、18年にロンドンに設立された武徳会で柔道、柔術を教え始め、20年にロンドンを訪れた講道館館長、嘉納治五郎より講道館二段を与えられている。そして日本には戻る事なく英国で生涯を全うした。

英国プロレス史に名を残すCACCの著名レスラーの中にも、彼の柔術の弟子がかなりいたようである。

柔術という〝黒船〟の存在

晩年の前田光世がブラジルで現地の人間に伝えた格闘技術は、純然たる柔術でも柔道でもない、というのはあまりにも暴論だろうか。しかし前田が長い年月をかけて世界各国を歩きながら身に付けた格闘スタイルは、各国のレスリング、特にCACCから導入した技術が多分にあったのは間違いない。

これは反対にCACCにも言えることで、谷や前田の活躍に呼応して英国内で柔術人気が高まることは、CACCスタイルにとって「危険で野蛮」であるという理由から、試合では禁じ手とされていたサブミッションの解禁を行う、よい契機になったのではないだろうか。

「柔術、柔術と大騒ぎしているが、サブミッションなんてのは俺たちのスタイルにも昔からある技術なんだぜ」と。ただし柔術と交わることで、その技術の幅がより拡がったのは間違いないだろう。他のスタイルであっても優れた技術は貪欲に吸収する。CACCが形を大きく変えこそすれ現在のプロレスやアマチュアの

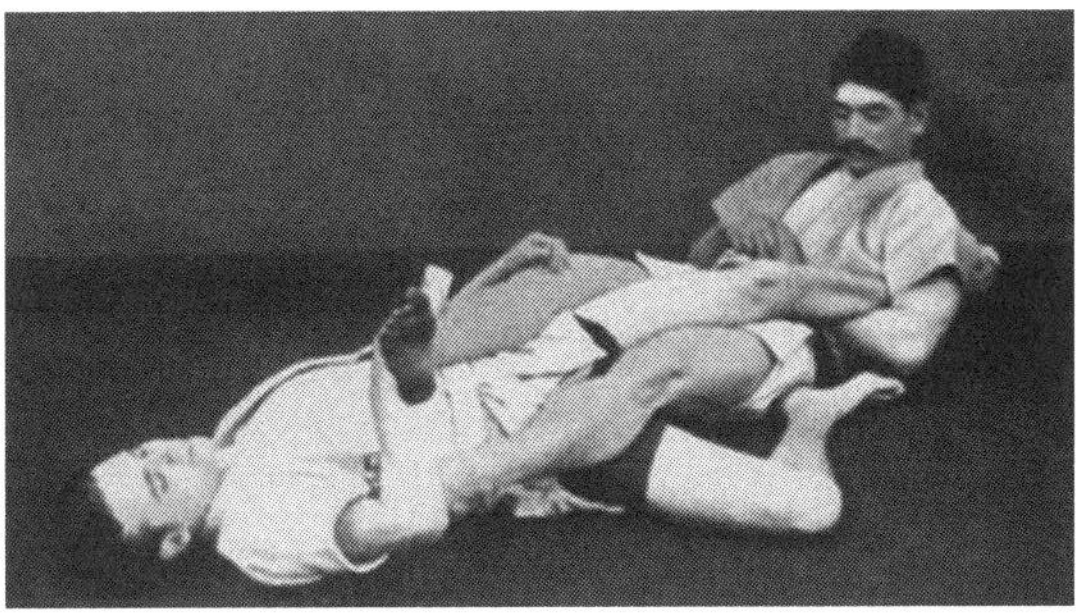

同時代の英国の柔術書に掲載された写真。「The Leg Lock」という記載がある。写真は大東流柔術家であった上西貞一。

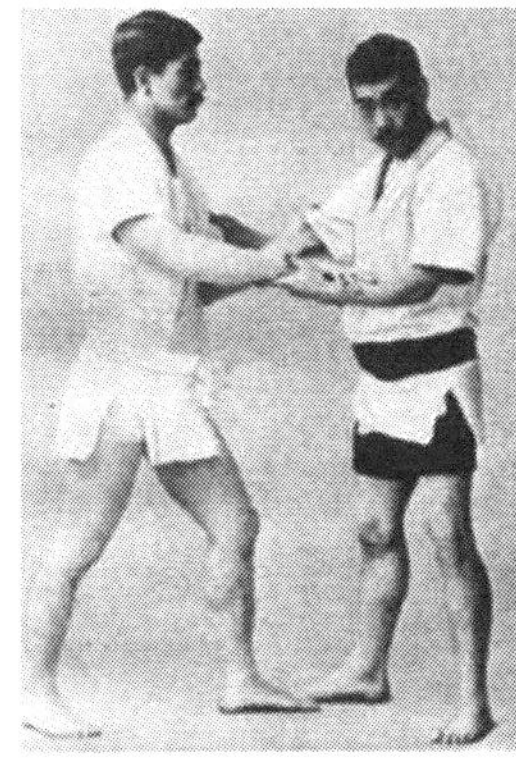

右が谷幸雄。“スモール・タニ”の愛称で絶大な人気を誇った。

フリー・スタイルの原型として、そして心ある者たちの手でその姿のまま〝最も実戦的なレスリング〟として、現在も生き続ける所以である。

サブミッション・柔術起源論の嘘

「20世紀初頭の欧米に日本から柔術が伝わり、そこで初めてサブミッションという技術がＣＡＣＣというスタイルの中に導入されたのだ」という乱暴な意見もあるようだ。筆者はこれを真っ向から否定させて頂く。別稿で述べたが、１８８０年代には、ＣＡＣＣはすでにウイガン出身の何人かのレスラーの手でアメリカに伝えられ興行も行われているが、そのリングではサブミッションがすでに使われているのが最大の理由である。

欧米と柔術、柔道との遭遇は１８７９年にグラント大統領が日本訪問の際に当時19歳の柔術家、嘉納治五郎（後の講道館柔道の創始者）の演武を見たのが嚆矢とされており、アメリカでの日本人による普及活動は、１９０２年の講道館柔道四天王のひとりであった山下義韶の渡米まで待たねばならない。

当時、日本からアメリカに渡りプロレスラーとして活躍していたのは大相撲出身のソラキチ・マツダこと松田幸次郎とその盟友である浜田庄吉のみで、柔術、柔道は欧米では全く知られていなかった時代である。それはＣＡＣＣというレスリングスタイルにサブミッションの技術が元々存在していたという証明である。

さて本稿の最後には、筆者の友人であるプロレス考古学者マーク・ヒューイットの言葉を記したい。

「英国のキャッチ・アズ・キャッチ・キャンと日本の柔術は、どちらか片方が一方的に与え続ける親子という関係ではない。お互いの優れたものを分かち合う、言わば兄弟のような関係なんだ」

後記

本文には大きな誤りがある。それは、スモール・タニこと谷幸雄を「関西出身の不遷流柔術家」としている点である。その後の識者の調査により、谷が東京出身でそのルーツは徳島にあり、さらに彼が祖父の代から続く天神真楊流柔術の一門の出であったことが判明している。谷が兄の鑛馬（こうま）と共に柔術教師として渡英したのが１９００年の出来事であることも、11年が経過した現在では定説となりつつある。ただし、谷が英国はおろか欧州全域に柔術、柔道を普及させたパイオニア的存在であること、英国におけるキャッチ・アズ・キャッチ・キャンの改革に大きく寄与したことは、揺るぎのない事実である。

第五章
ゴッチが勝てなかった男
―伝説の強豪バート・アシラティ評伝―

「今まで闘ってきたレスラーの中で最強だと思うレスラーはバート・アシラティという男だ。彼はとてつもなく強い。この私が彼の体に指１本触れることもできなかったんだから。彼に勝てなかったことがとても悔しいね」

　カール・ゴッチの弁である。プライドの高いゴッチが「勝てなかった男」として、最大級の賛辞を贈る〝英国マット伝説の強豪〟バート・アシラティとはいかなるレスラーだったのか。

オールイン・レスリング

1930年12月15日、ロンドンのオリンピア、マンチェスターのベルビューの2会場で同時開催という画期的な形で『オールイン・レスリング（ALL - IN WRESTLING）』の興行は華々しいスタートを切った。

プロモーターはアメリカから来たヘンリー・アースリンガー。08年にロンドン・アルハンブラで開催されたキャッチ・アズ・キャッチ・キャン（以下、CACC）のオープントーナメントで、日本の柔道家、前田光世を破ったこともある一流のプロレスラーであった。

その後、アメリカマットで活躍していたが、当時のアメリカンプロレスのスタイルをそのまま海外に〝輸出〟して興行を打とうと、同じくプロレスラーのベニー・シャーマンを伴ってアメリカを離れた。そして、その手始めの地として、CACC発祥の地ではあるが、20年近くも大きな興行が行われていなかった英国を選んだ。

別章で述べたが、『オールイン』とは英国にかつて存在した試合形式で、それは「何でもあり」の意味合いを表現したものだが、アースリンガーはその名称を拝借して「CACC、グレコローマン、日本の柔術を要素をミックスしたスタイル」であることを強調したようである。

そしてアースリンガーは、このスタイルが英国で評判となり各地で興行が頻繁に行われるようになると、初代大英帝国へビー級王者であったアソール・オークリーにあとを任せ、次の興行目的地である南アフリカへと旅立っていった。

その後もオールイン興行は人気を博し、30年代の英国で栄華を誇った。この流れは戦後英国マットの一大組織ジョイント・プロモーション誕生へと繋がっていく。

ここでオールイン興行の開催前に話を戻す。優秀なアマチュアレスラーであったオークリーはアースリンガーのスカウトを受けて、旗揚げ興行に向けて練習を開始する。コーチとして彼らを指導したのはシャーマンであった（シャーマンについては別章で詳しく述べるので重複は避ける）。そしてオークリーは、ジムで練習する若者たちの中に『アッシュダウン』の同僚であるアシラティの姿を発見した。

ミロとネロ

イタリア移民の子として08年にロンドンで生まれたアシラティは、13歳でプロのアクロバットチームに入団。〝ミロとネロ〟というコンビのネロ役（飛んできたパートナーを受け止める役）で名を上げる。ウェイトリフティング、ボディビルもやっていたようだが、その後ロンドンの名門レスリングクラブ『アッシュダウン』に通うようになる。

アッシュダウンではアマレスを教えていたが、そこではかつてCACCのトップレスラーであったピーター・ゴッツとジャック・キャロルが熱心に指導していた。これはアメリカでも同様で、当時は引退したプロレスラーたちがその後もクラブ（ジム）に顔を出して若いレスラーを指導するというのはごく当たり前に行われていたことだった。

オールインの旗揚げ興行にアースリンガー、オークリーとともに出場を果たしたアシラティは、しばらくはそちらに出場していたが、師であるゴッツとキャロルがオールイン興行の人気に便乗して興した小さなローカル団体に移る。そこでしばらく試合をした後、32年にアメリカ東部に遠征する。

この遠征に関して一部では「初戦をアド・サンテルと行い快勝。以後アメリカ国内を転戦、65戦63勝2分の好成績を残した。引き分けはレイ・スチールとハンス・シュタインケのみ。63勝のうちにはジム・マクミラン、レイ・スチールを含む。当時の王者ジム・ロンドスに対戦を迫ったが、スケジュールを理由に対戦拒否された」という伝説がまことしやかに語られているようだが、実際の戦績はそれほどのものではない。〝ベルト・アセラティ〟のリングネームで東部地区を転戦しているが、レイ・スチール、ルディ・デューセックといった一流どころには敗戦を喫しているし、扱いも決してメイン級ではなかった。

ビリー・ライリーとの対戦は？

帰国したアシラティはオールインの興行に出場することもあったが、決してレギュラー出場はしていない。請われれば小さなインディー団体の興行にも出場

これはポーズだけだろうが、「オールイン」興行ではよくボクシングとの異種格闘技戦が行われていた。

アメリカ東部遠征時に撮影されたアシラティのポーズ写真。

しているようで、当時の記録にも現れたり消えたりを繰り返す。また、『アイアンマン』の世界でもカリスマ的人気があったようで、そちらでの活躍の機会も多かったのかもしれない。

30年代の話のようであるが、アシラティとウィガンのビリー・ライリーとの間で対戦の話があったようである。アシラティがオールインではない別の団体の興行に出場しており、オールインの興行に出ていたライリーを挑発したようだ。

そして、この一戦の実現に向けて話し合いが持たれたが、ミドル級のライリーとアシラティの対格差は明らかであった。「もしアシラティが12ストーン（76キロ）まで体重を落とせたら」ということになったが、通常は100キロもあるアシラティには土台無理な話で、この対決は流れた。

ただし、ライリーとアシラティは案外仲がよかったらしい。それが「アシラティはスネークピットの出身である」という風聞が流れる一因になっているようだ。

気まぐれな男

アシラティの全盛時が40年代であったのは間違いないようである。45年1月にはマンチェスターにおいて、ライリー・ジムの初代師範代であったジョージ・グレゴリーを破り大英帝国ヘビー級王座を獲得。そして2年後、47年3月のロンドンにおけるトーナメントでイヴァー・マーティンソンに勝利し、英国版世界王者となった。しかし、50年に突然インドへの長期遠征に出掛けてしまい、王座を剥奪される。実はこれがアシラティの〝真骨頂〟なのである。

王者であろうが、欧州各国やインド、パキスタンに長期遠征したり、実に勝手気ままに自由に行動している。ふらっと遠征に出てボロ・ブラザースらとの対戦を終えたアシラティが、またふらっと帰国しても自ら望めばプロモーターは使わざるを得ない。

プロモーターには、絶大の人気を持つアシラティをお払い箱にすることはできない。彼さえ出場すれば、観客の増加は約束されたも同然であるからだ。ただし王座を与え、首に縄をつけたつもりになってもアシラティにはその自覚はない。

このアシラティのスタンスは戦後のジョイント・プロモーションの時代になっても全く変わることがなく、56年3月にはジョイント・プロを飛び出し、新団体『BWF』を結成してしまう。これにはジョイント・プロも怒り心頭に達し、同年4月にアシラティが保持していた大英帝国王座の剥奪と、今後一切、同プロでは彼を出場させる意思のない事を発表した。

翌年、トーナメントで王座を獲得した〝蛇の穴最強の男〟ビリー・ジョイスとの対戦が、彼の目の負傷により中止になったことは別章でお伝えした通りだが、これはおそらくトラコーマ（顆粒性結膜炎。これで引退するレスラーは多い）であろうと思われる。

ゴッチが絶賛する理由

結局、アシラティは60年5月に引退するが、後年でも彼の人気は絶大なもので、大きな試合のセレモニーではリング上にも姿を見せ、観客の声援を浴びていた。90年に82歳で天寿を全うしたが、彼を尊敬してやまないカール・ゴッチとは生涯交流があったようである。

ゴッチとの対戦については前にも述べたが、両者は通算6度対戦、その内2回は英国のノッティンガムで行われたことが新たに判明した。それにつけてもアシラティがサブミッション技術に卓越しているようにも思えず、ゴッチが彼を絶賛する理由が判然としない。

「アシラティは〝ミスター4×4（フォー・バイ・フォー）〟と呼ばれるくらい四角い体（168センチ、100キロ）をしていたよ。確かに強かったが、どうも相手をケガさせて喜ぶようなサディスティックな面を持っていたようだ。ゴッチがなぜ彼を絶賛するかって？　ウィガンのテクニックというのとは別に、〝圧倒的な力に対する憧れ〟みたいなものじゃないかなあ」（ビル・ロビンソン）

いずれにせよ、彼が英国史上最大の人気とそれに押し潰されないだけの実力を併せ持った伝説のレスラーであったことは揺らぐことのない事実である。

後記

現在の筆者が確認できる本文中の誤りは、ヘンリー・アースリンガーが英国での成功の後に南アフリカを初めて訪れたのではなく、アースリンガーとシャーマンが興行を行ったのは、南アのほうが英国よりも早かったという点である。

アシラティの栄光は、未来永劫英国プロレス史に燦然と光り輝くであろう。

第六章

『イスタス』から『ゴッチ』へ

—カール・ゴッチ アメリカ時代の足跡—

第一章でカール・ゴッチの知られざる欧州時代について記したが、1959年に渡米した後のゴッチについても、これまで多くの雑誌、書籍に取り上げられてきた割りには曖昧模糊とした部分が依然として残されている。

本章では、現地資料や多くの関係者の証言に基づいて、彼の空漠たるプロフィールに改めてスポットをあて、これまでの定説とされてきた多くの事象を大幅に修正し、ゴッチのぼやけた輪郭をより鮮明なフォルムに変えるべく、果敢に挑むものである。

天上で笑うゴッチ

今回の原稿執筆のため、筆者のデスクの脇には関連の資料が約30センチの高さに平積みされている。カール・ゴッチのインタビューを掲載した日米のプロレス雑誌、新聞記事、欧米のプログラムetc…。

これらの資料に目を通しながらつくづく思うのは、もしこの内容にある程度の整合性を見ることができたなら、相当のページ数を有する『カール・ゴッチ評伝』がとうの昔に出版されていたであろうことである。

特に当事者であるゴッチが語ったとされる記述内容の統一性の無さは、本人がある種の〝イタズラ心〟で、後の記録者を混乱させる意図を持って発言したのではないかと疑うほどだ。この膨大な資料の中から〝真実〟を探し出す作業は実に困難を極める。天上で嬉しそうに笑うゴッチの顔が目に浮かぶ。

それでもゴッチのアメリカ時代については、前号で記した欧州時代とは異なり、その時代の活躍を確認できるだけの雑誌など数多くの資料が存在し、これまでにも様々な形で語り尽くされてきた感がある。筆者がそれを改めてトレースする必要はなさそうに思える。

ただし渡米以後のゴッチの足跡についても、これまで定説とされてきたエピソードのいくつかについて、それを覆す信用すべき資料を発見することができた。そこでゴッチがカナダに渡った1959年から、アメリカ市民権を獲得し、それまでホームリングであったオハイオを離れる65年までの足取りを簡単に追いかけながら、その新事実を披露していく手法をとりたいと思う。

フランス人『ピエール・レ・マリン』

本名の『カレル・イスタス』として欧州マットで活躍していたカール・ゴッチが大西洋を渡り、カナダのモントリオールに入ったのは59年の中旬のことだと思われる。別章でも記したように地元の大プロモーター、エディ・クインへ仲介したのはゴッチより3年早く欧州よりカナダへ渡っていた〝マットの魔術師〟エドワード・カーペンティアであった確率はかなり高い。これから書くのはその直後の出来事だと思われる。

「かつてベルギーでプロレスラーだったコンスタン

ト・レ・マリンという人物がカナダに移住してモントリオール近郊でプロモーターをしていたんだが、彼に〝自分の甥という触れ込みでリングに上がって欲しい〟と熱心に頼まれたんだ」（82年1月に行われた流智美氏によるゴッチへのインタビュー音源）

コンスタント・レ・マリン（Constant Le Marin 1884-1965）は本名ヘンリー・ハード、ベルギー生まれのフランス人プロレスラーである。1900年代中頃から欧州各地で行われていたグレコローマンのレスリング・トーナメントで活躍し、アメリカでもフランク・ゴッチやスタニスラウス・ズビスコら歴史に名を残す強豪たちとの対戦記録が数多く残されている。

住民の大半がフランス系で、パリに次ぐ世界第2位のフランス語圏都市でもあるモントリオールは〝北米のパリ〟と形容される。この地で行われるプロレス興行では他国から有望なレスラーが登場する際に、母国フランスが生んだ過去の優秀なスポーツマンの名前にちなんだリングネームを与え、〝偉大なる○○の甥〟という肩書きをつける習慣があったらしい。事実、ポーランド人のエドワード・ウィーズを『エドワード・カーペンティア』というフレンチに仕立て上げ、「20世紀初頭のフランスにおけるボクシングの偉大なる世界王者ジョルジュ・カルパンティエの甥」というプロフィールを与えた例もある。

カーペンティアの爆発的な人気も相まって、ベルギーから来たゴッチにも全く同じシチュエーションでフランス系の名前である『ピエール・レ・マリン（Pierre Le Marin）』というリングネームが与えられた。ゴッチは同じベルギー出身の年老いたプロモーターのたっての希望を叶えたが、それは必ずしも彼の本意ではなかったようだ。

「この名前を初めて耳にした時、リングの上でバレエでも踊ってやろうと思ったよ。ドイツ人の私がイギリス人ならまだしも、何が悲しくてフランス人にならなきゃいけないんだ。ベルギーにいた母親は、私からの手紙でこれを知り、驚いて心臓マヒになりそうになったんだ」（前出のインタビュー音源）

ピエール・レ・マリン名で行われたモントリオールでのゴッチの試合記録は残念ながら見つかっていない。ただし著名なプロレスカメラマン、トニー・ランザが撮影したゴッチの日本でもよく知られる数多くの

これが世界で初めて放たれたジャーマン・スープレックス・ホールドだ。各カメラマン、トニー・ランザ会心の一枚である。

右）コンスタント・レ・マリン。モントリオール時代のゴッチのリングネーム「ピエール・レマリン」のキッカケを作った人物である。
中）「鉄人」ルー・テーズ。ゴッチのグリーンカード獲得に尽力し、世界王座挑戦のチャンスも与えた。
左）アル・ハフト。「ガチガチのシューター」を好み、自らの思い入れを込めてイスタスに「カール・ゴッチ」と名付け、寵愛した。

写真が、このモントリオールの時代に撮影されたものであることはほぼ間違いない。

そして、あまりにも有名な一枚の試合写真もこの時期のランザの手によるものである。『ジャーマン・スープレックス・ホールド』をボブ・シザヤ・ナンドーに完璧なブリッジで決めた写真がそうだ。

「モントリオールに着いてまもなくボブ・ナンドーという選手に（ジャーマン・スープレックス・ホールドを）仕掛けた」

この〝必殺技〟を武器にゴッチは間もなくアメリカ進出を果たすことになる。

〝鉄人〟ルー・テーズとの出会い

59年当時、カナダを含めた北米のプロレス界では、自らのマーケット拡大を目的とした有力プロモーター同士の興行戦争が各地で勃発していた。この顛末を詳しく説明するには膨大なページを要するのでここでは割愛させて頂くが、モントリオールのプロモーター、エディ・クインもまたマーケットの拡大を計り、全米有数の大プロモーターのひとりであるフレッド・コーラーが興行を仕切っていたシカゴへの進出を果たす。クインの子飼いであったゴッチも当然、シカゴで行われたクイン主催の興行に出場している。

ゴッチの記念すべきアメリカ進出第1戦は8月1日、対戦相手は後にアンドレ・ザ・ジャイアントのマネージャーとして有名になるフランク・バロアであった。この試合で勝利を収めたゴッチは、続く9月26日に行われたシカゴ大会でもタイガー・タスカー戦に勝利する。

そして、この二大会のメインイベントを務めた〝鉄人〟ルー・テーズがゴッチの試合を観戦。その優れたレスリング技術を高く買い、昔からゴッチのような俗に言う〝ガチガチのシューター〟を好み、重用したことで知られるオハイオ地区のプロモーター、アル・ハフトにも働きかけ、テーズ自身もゴッチのアメリカ永住権（グリーンカード）取得の保証人になる。

テーズはその理由について後年、マネージャーを務めていた流氏に次のように話したそうである。

「エディ・クインが〝ルー、このレスラーがアメリカのマットで使えるかどうか見てくれよ〟と言ってきて、私はカール（ゴッチ）の実力評定を頼まれたんだ。それで彼の試合を観たんだが、なるほど素晴らしいレスラーだと思えたんで〝アメリカのプロモーターに紹介するとしたら、まあ、ハフトだろうな〟とクインに進言した。ハフトが好みそうなタイプだと思ったからね」

「クインは当時ジョニー・ドイルと組んでボストンを中心にした団体を設立し、シカゴのフレッド・コーラーが持つマーケットを侵略しようと考えていたから、〝そういう局面で自分が使いたい時にはカールを自由に使うことができる〟というオプション付きで彼をオハイオのハフトの許に送り出したんだ。カールにとっては永住権を取ってアメリカ国内に入り、一日も早く市民権を得るというのが最大の目標だったから、受け入れてくれるプロモーターであれば誰でもよかったはずだよ」

一説には、クインのシカゴでの興行をテレビ観戦していたハフトは、その時点ですでにゴッチの試合を観て大変な興味を持っており、クインからのオファーを二つ返事で受けたと伝えられるが、その真偽のほどは定かではない。

テーズとゴッチの関係については別章で詳しく記しているのでそちらをご参照頂きたいが、ともあれテーズ、ハフトらの尽力によりアメリカ永住権を得たゴッチのオハイオマットへのブッキングはこうして決まった。言い換えれば、彼のカナダ・モントリオール時代はグリーンカードを取得するまでの半年にも満たない単なる〝待機期間〟であったのかもしれない。

二代目『キャロル・クラウザー』

ゴッチがオハイオ入りしたのはこれまで60年というのが定説とされてきたが、筆者はキャロル・クラウザーことゴッチの試合の告知と結果を報道する59年10月後半のオハイオの数種類の新聞記事、試合ラインナップが掲載されている同年12月のオハイオ州マリオンのプログラムを入手し、その時期がわずかではあるが早かったことを確認した。

プログラムにはジョージ・ブラックマンなるマネージャーと並んで収まる若き日のゴッチの写真も掲載されており、このクラウザーがゴッチ本人であることが証明される。というのも『キャロル・クラウザー』(Karol Krauser)というこのリングネームはゴッチが決してオリジナルというわけではなく、戦前から欧州、そしてアメリカで活躍したポーランド出身のレスラーが長年にわたり使用していたものであるからだ。

55年頃にこのクラウザーが『キャロル・カルミコフ』に改名し、相棒のイワンと『ザ・カルミコフス』というタッグチームを結成したことから、ゴッチが二代目クラウザーとしてこの名前を継承したものと思われる。

ちなみにゴッチの前名として知られる『カール・クラウザー』というリングネームについては、特にキャロルからの改名というわけではなく、報道側、プロモーション側の都合で適当にキャロルとカールを使い分けられていたようだ。そしてこれも余談だが、少し後にこの〝初代〟クラウザーであるカルミコフとの対面を果たしたゴッチは、彼に「何だ、クラウザーを名乗っていても、お前さんはポーランド人ではないんだな」と言われたと前出の流氏のインタビューの中で語っている。

これらの資料の発見で、もうひとつ定説と思われてきたエピソードが覆った。それは「ゴッチは61年の日本プロレスのワールドリーグ戦のため初来日を果たしたが、これはカール・クラウザーが来日するはずが急病のためにキャンセル。代わりに親友であるビル・ミラーの推薦（これはおそらく事実だろう）によりゴッチが来日することになり、ビザ

オハイオ入りした直後、59年11月27日のマリオン大会のプログラムに掲載されたゴッチとマネージャーのジョージ・ブラックマンの写真。

「この男からピンフォールを奪った者には千ドル進呈」とぶち上げた際のデモンストレーション写真。アル・ハフトならではの発想である。

の都合のためそのままクラウザーの名前で出場せざるを得なかった」というエピソードの矛盾である。

これは日本サイドで作られたストーリーというわけではなく、ゴッチが自ら同様のエピソードを語っているのを筆者も前出の流氏によるインタビュー音源で確認した。だが、ここまで書いてきたようにゴッチが59年のオハイオ入りの時点からクラウザーのリングネームを使用していたことは紛れもない事実である。

仮にこの当時カルミコフを名乗っていた〝元祖〟クラウザーが当初の出場レスラーであったと想定した場合、その代理として〝現〟クラウザーが来日するという偶然はあまりにも話が出来すぎており、これはゴッチが当初からクラウザーとして出場メンバーのリストアップされていたと考えるのが自然である。では、なぜゴッチはこのようなエピソードを自作する必要があったのか。

ここからは想像の域を出ない話で恐縮だが、その答えは先に紹介したカルミコフとの会話に隠されている気がする。クラウザーがポーランド系の名前なのだとすれば、それをリングネームとしてアメリカで試合をしている本人は当然それを容認していることになり、ドイツ人であることを公言しているゴッチにとっては、とても不都合な事態になりかねない。

そこで実在しない〝もうひとりのクラウザー〟を作り上げ、〝知られざるエピソード〟として「ドイツ人である自分はこのレスラーの身代わりということで、ビザの都合で仕方なくこのポーランド系の名前で来日した」と後年のゴッチは語ったのではないか、と筆者は推測する。来日した年の初頭からドイツ人名『ゴッチ』のリングネームを使用していた彼にとって、このポーランド名クラウザーを名乗る事が本意ではなかったのは間違いないだろう。

ドイツ人『カール・ゴッチ』

さて、現時点で判明しているゴッチのオハイオにおける最初の試合は、59年10月24日、コロンバスにおけるキャロル・クラウザーvsオスカー・ベドウ（後のクラッシャー・ブル・ベドウ）&ジャン・セバスチャン組のハンディキャップ・マッチであり、クラウザーはこの試合で勝利を収めている。ハンディ戦という特別なレスラーのみに許された試合形式とその試合での勝利というインパクトから考えて、この日がゴッチのオハイオ・デビュー戦であった可能性は非常に高い。

アル・ハフトはゴッチの強さにすっかり惚れ込み、絶大な信用をおくようになる。ゴッチが宣材用にとモントリオールより持ち込んだランザ撮影の自らのポーズ写真に千ドル札を貼り付け、「この男からピンフォールを奪った者には千ドル進呈」という宣伝広告も打った。この方式は、ハフトがかつてNWA世界王者になる直前のディック・ハットンを使って行った広告の100パーセントの焼き直しであり、新参者ゴッチに対してアマレスでの実績もある実力者ハットンと同等、あるいはそれ以上の実力あり、とハフトが高く評価していた証明である。

アメリカでの落ち着き先と糧とすべき仕事が定まったゴッチは、翌60年にはベルギーから妻のエラ、娘のジェニンを呼び寄せた。家族でコロンバス郊外のレイノルズバーグに住み、ハフトのテリトリーを主戦場としながらも61年4月末に日本遠征するまでの間、ワシントンDC、シカゴ、ブリッジポート、デトロイトなど東部地区のサーキットを行っている。

この時期にゴッチがオハイオ州選手権（60〜61年）、ミッドウェスト選手権（61年）を保持していた説があり、ゴッチの死後にニュースレター紙『レスリング・オブザーバー』などがこれを報じているが、根拠を示しておらずやや心許ない。これは『カール・ゴッチ試合記録集』の作成者である小泉悦次氏の今後の調査を期待したいところである。

またゴッチはオハイオ入りした直後に〝野生児〟バディ・ロジャースとタッグチームを結成し、その晩のメインイベントを飾っている。後にゴッチのアメリカ時代のハイライトとなるエピソードの登場人物ロジャースは、ゴッチのアメリカ初進出のシカゴから同じ興行に出場していたというわけだ。

この時点からゴッチとロジャースのそりが合わなかったかどうかはわからないが、ロジャースのような〝ショーマンスタイルの権化〟タイプのレスラーをゴッチが認めるわけもなく、この日のタッグ結成も本人にとっては不本意なものであったのは明らかである。

さて、61年になった直後、クラウザーに対してアル・ハフトからリングネームを変えて欲しいという強い要請があった。ハフトが用意した名前は『カール・ゴッチ』。もちろん初代世界王者と言われるフランク・ゴッチを意識してのものだが、ハフトも10年代から20年代半ばまでのレスラー時代に『ヤング・ゴッチ』のリングネームで活躍していた時代があり、伝説の世界王者への思い入れを彼に託したということなのだろう。

それだけ、ゴッチがハフトの信頼を得ていたと言い換えることが出来る。そして、ゴッチはこの時点で初めて自分がドイツ人であると公言したのではないだろうか。ただしゴッチは少なくとも日本から戻ったこの年の10月あたりまでは『カール・クラウザー』の名前も併用使用しており、それがこのリングネームの〝謎解き〟を余計に難解にさせてきた一因である。

同年4月の初来日直前、ゴッチにNWA世界王座挑戦のチャンスが舞い込んだ。4月21日のサンフランシスコ、当時の王者は〝魔術師〟パット・オコーナーであった。ドロップキックの名手であり、レスリング技術においても卓越した名レスラーであるが、ゴッチは彼のようなタイプのレスラーをあまり評価しない。

試合はオコーナーが勝利し、王座を防衛したが、ゴッチにはおそらく「初めての世界王座挑戦」という以外は何も記憶に残っていない試合だったのではないだろうか。そして、ゴッチはおそらくサンフランシスコからその足で日本に向かったものと思われる。

ビル・ミラー。オハイオで知り合ったゴッチを日本遠征に導いた無二の親友で「ロジャース殴打事件」のもうひとりの主人公でもある。

ミラーのもうひとつの顔、ミスターM。ゴッチとは覆面レスラーとしてもよく対戦した。

日本初遠征での吉村道明戦

日本初遠征については、本章が『アメリカ編』ということもあるし、何より当時の新聞や雑誌でも大きく取り上げられ、現在に至るまで様々な形で取り上げられているので、ここでは大きく省略させて頂く。だが、ひとつだけ61年5月1日の東京体育館における来日第一戦、伝説の試合と謳われる吉村道明戦についてはどうしても書き留める必要があるだろう。『第3回ワールドリーグ戦』の開幕戦で組まれたこの試合は、ゴッチにとっても後々まで強烈な印象に残る一戦だったようである。

「日本の観客は私と吉村の試合でおそらく初めて〝技術戦〟というものを目にしたのではないかな。一本目にジャーマン・スープレックス・ホールドで吉村をフォールした時に、多くの観客がスタンディング・オベーションで賞賛してくれたことが忘れられない。あの試合はそうだなあ、私にとってのマイル・ストーン（一里塚）とも言うべきものだったなあ」（前出の流氏によるインタビュー）

対戦相手である吉村もハワイからの遠征直後でまっ黒に日焼けし、コンディションも最高であったようで、2本目を見事な回転エビ固めでゴッチを押さえてスコアを取り返し、3本目はそのまま時間切れで引き分けに持ち込んでいる。この当時の日本人レスラーの中で、まだ全盛時（36歳）と呼べるゴッチと技術で渡り合え、彼の持ち味を最大限に引き出せる者は、おそらく〝業師〟吉村道明しかいなかっただろう。ゴッチの吉村への評価は高い。

逆に力道山については「彼は私の踵にすらさわることが出来なかった」と、レスラーとして全く評価をしていない。力道山にとっても中堅格である吉村とどんな名勝負を演じようが、絶対エースである自分とレスリングスタイルが合わず、いい試合ができなければ商品価値はないに等しい。力道山の生前にゴッチが再来日を果たすことが叶わなかったのは至極当然のことである。

このシリーズ中の控室における『グレート・アントニオ リンチ事件』についても語り尽くされており、ここでは多くは触れない。「こけおどしのパフォーマンスしか出来ない男を力道山が（商品として）自分やミラーより高く評価している」ことへの〝ジェラシー〟

ドン・カーティス。ゴッチ、テーズの両雄が共通してその実力を認める数少ない男。ゴッチとは親友になり、フロリダでは隣同士に住んだ。

バーン・ガニア。本拠地ミネアポリスにゴッチを招聘したが、結局タイトル挑戦の機会は与えなかった。

パット・オコーナー。61年にゴッチが初めて世界タイトルに挑戦した時の王者であった。

以外の何物でもないこの事件は、ゴッチにとって武勇伝にもならない、取るに足らない記憶でしかなかったはずだ。

ただ、この〝ジェラシー＝嫉妬〟という言葉はゴッチの生涯を通じてのキーワードのひとつかもしれない。

親友ドン・カーティス

さて、日本遠征から戻ったゴッチは同年8月末から12月初頭までミネアポリス地区へ長期遠征している。この一年前にバーン・ガニアらの手によって結成された新団体『ＡＷＡ』の本拠地である。この遠征も日本と同様、親友ビル・ミラーによる推薦があったようだ。

ゴッチはメイン、セミ級の扱いを受けたが、肝心のガニアの持つ世界王座への挑戦は叶わず、彼との絡みはタッグパートナーへの抜擢が一度きりという不本意なものであった。

ガニアも後年のゴッチによるレスラー批判の槍玉によく挙がっていたが、ゴッチの目にはオコーナー同様にガニアも「アマレスの実績という貯金だけでメシを食ってる奴」としか映らなかったのかもしれない。そして、同じ48年ロンドン五輪レスリング代表選手（補欠代表のガニアは不出場）であったガニアの、プロとしての成功へのジェラシーも多少はあったかもしれない。

その後オハイオに戻ったゴッチは、62年春に今度はフロリダ地区に遠征している。おそらくは前年にコロンバスで知り合ったドン・カーティス（今年3月に逝去）の紹介によるものではなかったか。実際、カーティスとは後年までずっと交流が続いたようだ。

「私が76年に全日本プロレス移籍した当時、フロリダのカールの家にしばらく泊まっていたことがあってね。〝ビリー、折角フロリダに来たんだ。ドン・カーティスに会っていけよ〟と言われて彼を紹介されたんだ。ドン・カーティスとビル・ミラーとボリス・マレンコ、そしてカーティスの3人だけだったな。アメリカのレスラー仲間でカールの親友と呼べたのは」（ビル・ロビンソン）

これは06年9月に来日したカーティス夫人も同様に証言しており、ゴッチがフロリダに移転してきた当初にはカーティス家の隣に住み、家族ぐるみの付き合いがあった。ゴッチがフロリダを〝終の住処〟に決めた背景には、カーティスの存在があったようである。

ロジャース殴打事件の謎

62年8月31日、コロンバス・フェアグラウンド・コロシアムの控室でその事件は起こった。メインイベントへの出番を待つ現役のNWA世界ヘビー級王者バディ・ロジャースの元へカール・ゴッチとビル・ミラーが訪れ、口論の末に暴行を加えてロジャースを負傷させ、世界王者を2ヵ月の欠場に追い込んだというものである。

この事件については、これまでにも再三取り上げられ、当事者であるゴッチとミラー、ロジャースの側近で当日もこの控室にいたジョニー・バレンド、そして日本からの武者修行中で、この日の出場メンバーのひとりであったジャイアント馬場も事件について言及しているが、それぞれのコメントには大きな齟齬があり、真相は藪の中である。

ただ、「〝なぜ俺たちの挑戦を受けないんだ〟とロジャースに詰め寄った」という伝説は、ゴッチ、ミラーが立派な〝大人〟であることや、後述する理由から考えても論外と決め付けて問題ないだろう。

　この事件の真相が他にあるのは確かである。一番不可解なのは、なぜアル・ハフトの子飼いであるゴッチとミラーが、ボスであり良き理解者でもあったハフト自身の興行を潰すような凶行に及んだのか、という点である。ここで最近、前出のプロレス史家・小泉悦次氏との調査で明らかになった、いくつかの事実を書き上げてみる。

・世界王者となったロジャースは、フレッド・コーラーやビンス・マクマホン、トーツ・モントらと結託し、防衛戦を専らシカゴやニューヨーク地区でしか行わず、たまにオハイオに遠征してくれれば法外なギャラを要求する。ロジャースにオハイオの興行株を分け与え、かつては子飼いとも思っていたハフトはこれをかなり苦々しく思っていたようである。

・同年8月にフロリダから戻ったゴッチはハフトの元へは帰らず、当時オハイオでハフトと興行戦争を起こしていたオポジションのリングに登場する。このオポジションは表面上は別の人物がプロモーターをしていたが、裏で糸を引いていたのはシカゴのフレッド・コーラーの片腕的存在だったジム・バーネットと、かつてのロサンゼルスのプロモーターでクインのシカゴ進出にも一役買ったジョニー・ドイルの二人である。

バティ・ロジャース。NWA世界王者時代の62年8月、コロンバスの控室でゴッチ、ミラーの暴行を受けて全治2ヵ月の重傷を負った。

・そうとすればミラーとゴッチは、当日オポジションであるハフトの試合会場に乗り込んだことになる。また、事件から11日後の9月11日にゴッチがドン・レオ・ジョナサンを破り『オハイオ版ヘビー級王座』

を獲得したのもハフトの興行ではなく、このバーネット派のものであったようである。

・事件後の9月末には、早くもゴッチはハフトの興行に復帰を果たし、ジョナサンから獲得した王座は長らく消滅していた『AWA世界ヘビー級王座』にすげ替えられ、堂々とハフト興行のエースとして何事もなかったように防衛戦を行っていく。そして、バーネット派はオハイオから潮が引くように撤退している。

・2ヵ月後、復帰したロジャースはオハイオ興行の持ち株をハフトに売却し、再びこの地を遠征で訪れることはなかった。

ドン・レオ・ジョナサン。62年9月オハイオ州王座(後のAWA世界王座)をゴッチに明け渡す。ただし、ゴッチはその実力を高く評価していた。

　これらの点から答えは帰結される。

「ゴッチとミラーはボスであるハフトの〝密命〟を受けて、後の高待遇での復帰を条件にオポジションへ〝移籍〟し、興行戦争と見せかけてロジャースを潰した。バーネット派は仲の良いハフトとの〝約束〟を果たし、撤退を決めた」のだと。

　実際の暴行がどのようなものであったかについては目撃していたというバレンドの言及、「部屋を出ようと（中略）左半身を外に出した瞬間、突然ゴッチが立ち上がって思いきりドアを蹴りつけたんだ」というのが正しいのではないだろうか。

念願のアメリカ市民権獲得

　かくしてオハイオ地区のエースとなったゴッチは、AWA世界王座の防衛戦を行う一方で、セントルイス、デトロイト、サンフランシスコなどへも積極的に遠征している。

　そして63年9月2日に『レイバーデイ』のフェアの

一環として行われた興行では、NWA世界王座に返り咲いたテーズと〝ダブルタイトルマッチ〟という最高のシチュエーションで初対決を果たしている（ゴッチの反則負けによりタイトルの移動はなし）。

そしてテーズとは別章の死闘を経て、翌年9月7日にもオハイオの同じ舞台でダブルタイトル戦を行い、ここでゴッチが敗れて、タイトルがテーズの手に渡り〝統合〟という形でAWA世界王座は消滅した。ハフト自身がプロモーター業に多少の疲れを感じるようになったというのが、その原因かもしれない。

ゴッチには代わりに『オハイオUS王座』が与えられたようだが、彼自身もオハイオでの試合に限界を感じ始めていた。AWA世界王座から降りるとすぐに、カナダのバンクーバーやカルガリーに主戦場を移す。当時たまオハイオに戻る理由は「アメリカ市民権を得るためには、国内を長期間不在にしてはならない」という約束事を遵守するためだけだったようである。

そして〝我が人生最良の日〟65年3月16日に念願の『アメリカ市民権』を獲得すると、〝アメリカ人〟ゴッチはまるで羽根が生えたようにカナダ、オーストラリア、そして日本へと海外の長期遠征に積極的に出るようになる。

ここまでカナダ入りからの6年間のゴッチの足跡を追いかけてきた。

だが、駄文にお付き合い頂いた上で誠に恐縮だが、彼の本領はこの表舞台の記述には表れない。彼にはもうひとつ〝求道者〟としての顔がある。カール・ゴッチのアメリカ編は次章に続く。

後記

本章に関しては、執筆以降に判明したいくつかの新事実がある。

まず、59年にモントリオール入りしたゴッチの現地におけるリングネーム『ピエール・レ・マリン』の元になったコンスタント・レ・マリンであるが、彼はモントリオール周辺のプロモーターではなく、当時はゴッチの母国ベルギーにおける有力なプロモーターのひとりであった。ゴッチがモントリオールで彼からインスパイアされたリングネームを名乗ったのは事実であるが、彼から要請を受けてのものではないようである。

次に、ルー・テーズとゴッチ初対決であるが、本文で記した63年9月よりも4年前、ゴッチが正式にアメリカ入国を果たした直後の59年11月28日に早くも実現していることが判明した。場所はオハイオ州シンシナチのミュージックホール・アリーナで、『インターナショナル選手権』と名づけられた試合は熱戦となり、1対1からの時間切れドローという結果に終わっている。テーズがこの試合でゴッチの実力を身を以って鑑定し、プロモーターであるアル・ハフトにゴッチのオハイオ定着を促したのは、まず間違いないだろう。従って、別章に記したテーズとゴッチの通算戦績は、10戦してテーズの5勝5分ということになる。

第七章
カール・ゴッチが出会ったアメリカン・キャッチの偉人たち
―オールド・シューター発掘―

欧州を離れてアメリカ大陸に渡って以降、６年間にわたるカール・ゴッチの〝表舞台〟の話を前章で書いた。本章ではその舞台裏とも言うべき、アメリカ時代のゴッチの知られざる部分に触れたいと思う。筆者は華々しいプロレスラーとしての活躍よりも、こちらの部分に〝求道者〟ゴッチの本質があるような気がしてならない。技術を追求する彼にとってウィガンは素晴らしい場所であったが、アメリカにもまだ辛うじて優れた技術は伝承されていた。

そこには何人もの名もなきレスラーたちの存在があり、彼らが『アメリカン・キャッチ』の深い世界へとゴッチをいざなったのである。果たして〝自分と対戦した最強のレスラーたち〟としてゴッチが名前を挙げるほど、彼らがゴッチに対して強く印象せしめ、そしてゴッチに伝えたものとは一体どのようなものだったのか。

グレート・メフィスト

この章に出てくるフランク・ウルフ、ジュール・ラランス、ベニー・シャーマンという3人のレスラーは、生前のゴッチが〝自分の考える最強のレスラー〟として名前を口にしたことがある選手だが、資料にも乏しく、調査は難航を極めた。シャーマンについては、過去に日本でも何度か取り上げられているし、筆者も以前から情報を収集しているので、大まかではあるがその人物像の輪郭くらいは把握している。しかし、その他ふたりについては、彼らが戦前〜戦後のオハイオを中心に活躍した軽量級のレスラーであるという情報しか得られなかった。

そんな折りに大変重要な人物に話を聞くことができた。ゴッチがオハイオに入った当初から、その姿を間近で見ていたフランキー・ケインという人物である。

この名前にピンと来なくとも、80年暮れの全日本プロレス『世界最強タッグ決定リーグ戦』にザ・シークのパートナーとして出場したグレート・メフィストと言えば、お分かりになる方は大勢いらっしゃるのではないだろうか。

現在78歳のケインは、健康で記憶力も驚くほどである。ゴッチが初めてオハイオに入った時に彼がその場にいたであろうことを確信していた筆者は、プロレス史家のスコット・ティール氏が多忙を理由に嫌がるのを無理強いして、ケインへのインタビューを依頼した。彼の話に移る前に、まずゴッチがオハイオ入りするまでの彼のプロフィールをご紹介したい。

30年にオハイオ州コロンバスでドイツ系ユダヤ人の父親とレバノン移民の母親の間に生まれたケインは、ジプシーの中で育つが、10代半ばで『トー・ホールド・クラブ』なるレスリングとボクシングのクラブに通うようになる。この施設は少年非行防止のために公共機関が無償提供したもので、クラブそのものは少年たちの手で運営されていた。ここでは昔のレスラーが顔を出して、少年たちの指導を行うような場面が多々あったようである。

やがてケインはカーニバルのボクサーとして、その巡業に加わったらしいが、それほど長い期間ではないようだ。そして、ケインはアル・ハフト配下のレスラーになる。ゴッチがオハイオ入りしたのが59年なので、ケインが29歳の時である。まずは、ゴッチのオハイオ入り当時のエピソードから語ってもらおう。

フランク・ウルフ

――オハイオ入りした当時のゴッチの思い出を聞かせてください。

「アル・ハフトがゴッチをどう扱うつもりだったのかはわからないよ。ゴッチの試合をプロモートするTVショーを持っていたわけでもないしね。私が初めてゴッチに会った時、奴は小さなモーテルで暮らしていたよ。冬の時期でアルはコロンバスと他の2～3ヵ所を仕切ってたけど、誰もテリトリー内で生計を立てられなかったんだ。ゴッチは私に〝死ぬほどひもじいんだ〟と言ったよ」

――ゴッチの印象は？

「プロモーターがゴッチを使わなかった理由のひとつは、奴を信用してなかったってことだ。奴は癇癪持ちで、ほとんど全ての人間を嫌ってたね。特にユダヤ人だな。でも不思議なのは、奴が一番好きだったのがそのユダヤ人で、グレート・マレンコの名前でリングに上がってたラリー・サイモンだったってことさ」

――ゴッチが〝強かったレスラー〟のひとりとして名前を挙げているフランク・ウルフというレスラーについて教えてください。

「フランク・ウルフは、その能力に見合う評価をされていない偉大なレスラーだね。エド・ストラングラー・ルイスはウルフを口々に絶賛するのみで、〝今まで会ったレスラーの中でウルフほど不当に低い評価をされているレスラーはいない〟と私に話してくれたよ。残念なのは、彼がワーク向きじゃなかったってことさ。本物のレスリングはできたけど、プロ意識みたいなものがなくて、ファンへのアピールなんて全くしないんだ。ゴッチは彼よりはワークができたけど、アピールという点では似たようなもんさ。ウルフはドイツのデュッセルドルフ生まれだと聞いてたが、レスリングはフランクフルトで覚えたんだよ。オハイオのコロンバスにいた頃は五番街の製材工場で働いてたね。コロンバスと、時々はテネシーのメンフィスやノックスヴィル辺りに行って試合をしていたけど、常に本業は続けてたなあ。日曜の朝はトー・ホールド・クラブにやってきて、我々と練習するんだ。もちろん指導も色々受けた

80年にザ・シークのパートナー「グレート・メフィスト」として来日した頃のケイン。

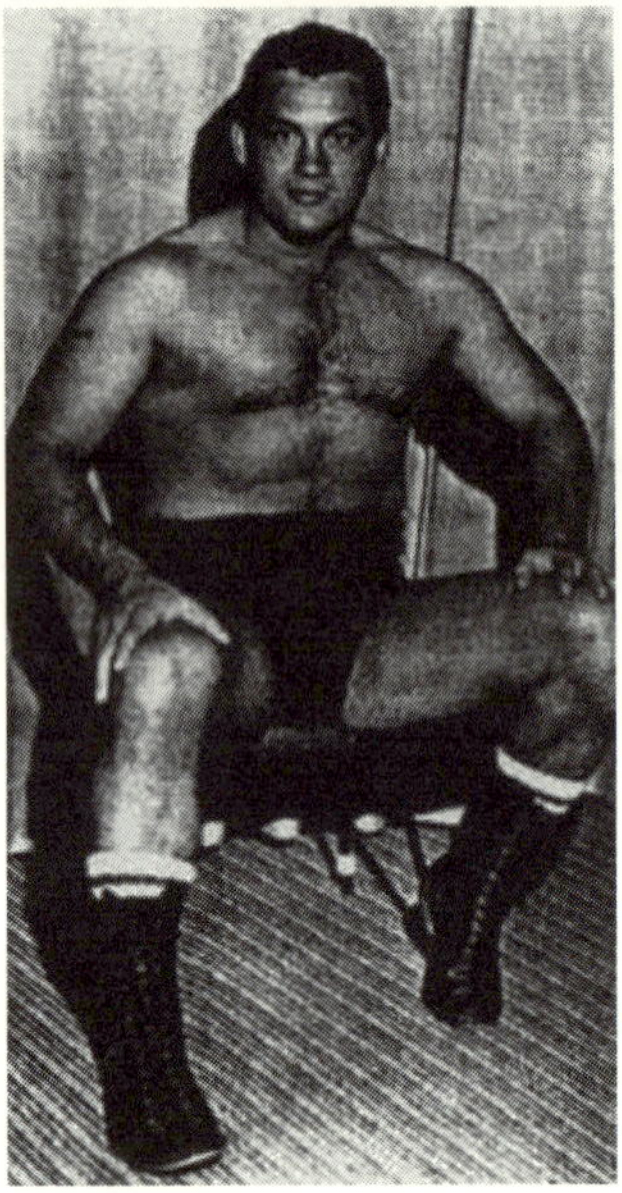

ゴッチの知られざるエピソードを語ってくれたフランキー・ケイン。唯々感謝の気持ちだけである。

よ。彼はコロンバスで亡くなった。72歳くらいかなあ。心臓発作だったよ」

30年代の新聞記事には、ウルフについて〝オーストラリア人の木こり〟という記載があったが、宣伝用のプロフィールだったのだろう。

「ゴッチがアメリカに来た時、奴はもうドイツや英国で修行をしてきた後だったな。アル・ハフトはゴッチを鍛え上げて、奴を世界王者にすることをサム・マソニックに納得させようとしていたんだ。だから、アルの指示でウルフがゴッチと練習し、指導して〝最後の仕上げ〟を施してやったんだ。ゴッチは私にこう言ったよ。〝フランク・ウルフからはウィガンのスクールも含めて、他の誰からよりも多くのことを学んだ〟ってさ。ウルフが教えたのは、私以外にはゴッチだけだな。ただし、ウルフは、アルがやれと言うからゴッチのコーチを引き受けただけさ」

——何かその時期のエピソードはありますか？

「ウルフがゴッチの指導を終えた後、どんな理由があったか知らないが、ゴッチが色々仕掛けてウルフを傷つけようとしたことがあった。でも、ウルフは易々と抜け出して窮地を追っ払った。これはアルが話してくれたんだよ。奴は安っぽいクソったれだったが、嘘つきじゃなかった。ウルフの強さの一番の証しは、ゴッチ自身の告白だよ。ウルフにやられた後、ゴッチは言ったんだ。〝あの人はダブルタフだ〟ってね。その時、フランクは55～60歳くらいだったね。大体、ゴッチっていうのは他人を褒めないだろ。そんな奴がフランク・ウルフとベニー・シャーマンのことは絶賛するんだよな。ただ、それは彼らの能力への評価ってことで、奴がふたりのことが好きだからってことではないと思うがね」

これはかなり衝撃的な話である。渡米後のゴッチには、更なる〝指導者〟が存在したのである。ケインはウルフの実力を後述するふたりより上位だと考えている。

「ウルフとジョン・ペセックがトップで、シャーマンはその次だな。ヘビー級のペセックの方が上に思うだろうが、かつてペセックのマネージャーだったアルは、ペセックでもウルフに勝てるか分からないと言ってたな」

なお、彼の写真については八方手を尽くしたが、残念ながら探し出す事が出来なかった。

ジュール〝スピーディー〟ラランス

――続いて、〝スピーディー〟の異名を誇ったジュール・ラランス（後年ローレンスと名乗る）についてもお聞きしたいんです。彼はフランス系カナダ人を名乗っていたようですね。

「スピーディーの生まれはテキサスかルイジアナのどちらかだ。多分ルイジアナだろう（1910年頃）。彼はファーマー・バーンズの元でレスリングを学んだと私に言ってたよ。今となっては、本当かどうかはわからないけどね。ただ、古いレスラーたちはいつもこう言ってた。〝ファーマーが教えてくれないって事は、そいつを自分のアスレチック・ショーに使わないってことさ〟ってね。スピーディーはファーマーの事をよく知っていて、彼のショーにも出ていた。だから、ほぼ間違いなく彼はファーマーのコーチを受けてるよ。スピーディーは酒を浴びるように飲むから、実際の歳より老けて見えた。カーニバルの生活は辛いもんなんだ。世を拗ねているように見えたね。恋愛なんて真っ平で、いつも独りだったよ」

——彼の逸話などがあれば、教えていただけますか。

「背がデカい神父でレスラーになりたがってる奴がいたんだが、アル・ハフトはそいつを煙たく思っていてね。この仕事を全く理解してない野郎で、控室にも許可なく平気で入ってくるんで、そいつはみんなに嫌われていたよ。それである日、アルがスピーディーに〝今日、ジムにひとり来てるんだが、図体はデカいが嫌な野郎なんだ。奴を痛めつけて欲しいんだ〟って頼んだんだ。その頃にはビッグ・ビル・ミラーはもうプロに転向してたんだけど、スピーディーにはミラーとハフトから頼まれた奴の区別がつかなくてね。練習のためにジムに来てリングに上がろうとしたミラー目掛けて、スピーディーが襲い掛かったんだよ。近くにいたフランキー・タラバー（ハフトの側近）が慌てて、〝おいスピーディー！　違うっ、違うよ！〟って怒鳴った時には、スピーディーはもうレッグスライドでミラーを倒して、足首に〝フック〟しかけたところだったんだ。ミラーを負傷させたなんて言う奴もいるが、その手前までだよ。ただし、スピーディーが奴を倒したのは事実だ。この事件の後、ミラーはスピーディーを全く恨む事はなかったし、却ってカーニバルの〝フック〟の技術に魅了されてしまったんだ。それに彼はスピーディーの事が好きだったからね。ミラーは夜になるとスピーディーを呼び出して、メシとビールを奢るんだ。そして、カーニバルについて色々聞くのが楽しみだったようだね」

ジムでのくだりは、〝スピーディー〟の真骨頂である。そして、この酒盛りしているミラーの傍らにゴッチがいたとしても決して不自然ではない。

余談だが、フランク・ウルフがゴッチに指導をしたり、ラランスがミラーに仕掛けた舞台となったジムは『20th・センチュリー・クラブ』なるハフトが経営するジムである。先の『トー・ホールド・クラブ』とは業務的な関係にはないが、ハフトのプロモーションが有望な若者の主要な受け入れ先のひとつであったことは間違いない。

ハフトの興行に出場していたレスラーたちの練習は

もちろん、オールドタイマー、特にカーニバルレスリング（ATショー）における〝フック〟技術を習得したラランスのようなフッカーを招いて、有望レスラーの指導にあたらせることもあったようで、他のエリアでは考えられないハフトならではのジム・システムだと言うことができよう。

ケインは言及していないが、この場所でハフトの命により、ラランスがゴッチの技術指導に当たっていた可能性は大いにあり得る。

「晩年のスピーディーはジムの辺りをフラフラしてたなあ。それでハフトが2～3ドルのレッスン料を渡すと、ジムのリングに上がるんだ。副業はしていたよ。『メイフラワー・ムーヴィング・カンパニー』で働いているって言ってたと思う。彼がいつ、どこで亡くなったのかはわからないなあ」

ジュール・ラランスの数少ない写真。「アメリカン・キャッチの祖」ファーマー・バーンズの最後の世代の弟子である。「坊主頭と暴飲のせいで実年齢より上に見えた」（ケイン）。

ベニー・シャーマンの実力

――続いて、ベニー・シャーマンについて聞かせてください。

「ベニー・シャーマンはもうひとりのタフガイだね。小柄だけど、釘みたいな強さなんだよ。彼は英国でほとんど無敵と思われてたバート・アシラティを破ったんだ（38年にロンドンで対戦。実際は引き分け）。カール・ゴッチが彼と会った場所だよ。アシラティはヘビー級で、背は低いが消火栓みたいな体つきだったね。一方のシャーマンはミドル級しかなかったんだ。私が16歳の時、『ジミー・ストレイツ』のアスレチック・ショーでニューメキシコやテキサスへ行ったんだけど、シャーマンと一緒だったよ。シャーマンはフランク・ウルフが私のコーチだと聞いて私と練習したがったんだが、彼には全く驚いた。動き出したと思ったら、目を凝らさなければならないような、とんでもない速さで挑んでくる。私は何にもすることができなかったんだよ。シャーマンとレスリングをするということは、煙を相手にするようなもんだ。手を伸ばせば、彼はもうそこにはいない。バレエダンサーみたいな動きだったな。彼との練習では、常にこちらの動きを予測させないようにしなければならなかった。そうでなければ、私が追いつけないほど彼の動きはもっと速くなっていただろうからね。さっき話したふたりと一緒で、シャーマンもワークはできなかったね。客の心理を掴もうともせず、一切アピールなんてしなかったよ」

ゴッチのレスリング人生に多大な影響を与えたベニー・シャーマン。

さて、ベニー・シャーマンについてはゴッチがビリー・ジョイス、バート・アシラティに続いて「最強のレスラーのひとり」として、その名を挙げる頻度も多い。生前には「私の親友で、何者も恐れないとても強い中量級のレスラーだった。彼はそれこそ悪魔とだって戦ったんじゃないかな。誰にも後ろを見せないんだ。強かったね」と彼について語っている。

シャーマンの経歴

ベニー・シャーマンについては、ケインの言及に続けて、そのプロフィールを紹介したい。

本名はベンジャミン・シャーマン、１９０８年7月4日、アラスカで生まれ、オレゴン州ポートランドで育つ。10代になって地元の『ムルトノマー』というレスリングジムに入り、レスリングを習得。29年にはＡＡＵタイトルを獲得している。

このムルトノマーだが、アメリカのレスリング界ではかなり名門であったようで、伝説的なアマチュアレスラーのロビン・リードや別章でビリー・ライリーとの南アフリカでの対決を紹介したボブ・マイヤースなど一流レスラーを何人も輩出している。

かつてそこでは、別章で紹介した19世紀を代表するCACCレスラーだったジョー・アクトンが指導を行っており、シャーマンやマイヤースの時代にはテッド・ザイというこれもトップレスラーだった人物が指導者だった。

ムルトノマーでは元プロレスラーのアクトンが指導していたこともあり、当たり前のようにプロの技術、すなわちサブミッションも指導していたようだ。それをアマチュアの時代から高いレベルで習得していたからこそ、シャーマンはAAUタイトルを獲得した翌30年に渡英した際、『オールイン』興行の旗揚げに向けてプロとしての技術をアシラティらに指導できたわけである。

このジムでヘンリー・アースリンガーと知り合い渡英したシャーマンは、世界各国を動き回る30年代を過ごす。32年頃には南アフリカでアースリンガーの片腕として働いているし（ライリーと友人となったことは別章で述べた）、ケインも言及するように38年には2度に亘りオールイン興行のリングで〝伝説の強豪〟バート・アシラティと死闘を演じ、引き分けている。この時の模様をシャーマンは控室でルー・テーズに会うたびに何度も次のように話して聞かせたそうである。

「あまりにも態度が横柄で生意気なことを言ってたんで、相手をしてやったんだ。アシラティなんて大したことないよ」

このシャーマンの〝アシラティ評〟が、後のアメリカでの彼の評価の〝定説〟になったとテーズは考えていたようである。

フランス、そしてもちろんアメリカ国内にもシャーマンは姿を表わす。

しかし戦争のためであると思われるが、40年代に入ると彼はアメリカ（カナダを含む）から離れることがなくなる。ハワイ、バンクーバー、シアトル、アルバカーキ辺りが主戦場で、『スカーレット・ピンパネール』なる覆面レスラーとしてホノルルの試合に出場したり、片眼鏡をつけ『ドク・ベン・シャーマン』なるリングネームを使用することもあった。

ただし、シャーマンの実力というのは誰もが認めるところであり、ハワイでは重量挙げからプロレスに転向したばかりのハロルド坂田や、プロ柔道から転向したばかりの木村政彦のレスリングコーチを務めたと伝えられる。

ここで疑問なのだが、ケインが言及するように「英国でシャーマンとゴッチが出会った」とすれば、その時期は果たしていつなのであろうか。ゴッチがウィガンへ練習で訪れた時代には、シャーマンはもうアメリカ国内の試合だけであったはずである。例によって英国の当時のプログラムを漁ってみた。

「オレゴン州ポートランドから来た優れたリングの戦術家であるベニー・シャーマンの素晴らしい技術を覚えておいでだろうが、彼は数年前、当地を訪れた。（中略）最近聞いたところでは、ベニー・シャーマンはレフェリーをしているとのことだ」（『WRESTLING REVIEW』59年）

この〝数年前〟に渡英した際、ウィガンに旧友ライリーを訪ねたシャーマンとゴッチが邂逅し、スパーリングを行ったとするのは強引だろうか。

なお、このプログラムにはシャーマンがレフェリーを行っていると書かれているが、これは事実であり、この当時からシャーマンはテキサス州アルバカーキのマイク・ロンドンというプロモーターの下でレフェリー業を開始している。これは彼ら軽量級シューターの〝着地点〟としては最高のものではないだろうか。そして、渡米後のゴッチが何度かテキサス州アマリロ地区に遠征し、アルバカーキでも試合を行っていることが判明している。『アメリカン・キャッチ』の代表格と言っても過言ではないシャーマンとゴッチの再会は会話だけではなかったはずである。

70年代になって「シャーマンにアルツハイマーの兆候が出てる」と聞いたドリー・ファンク・ジュニアは、アルバカーキのシャーマンの許を訪ねた。シャーマンがかねてから「ゴッチと自分は親友だ」とよく口にしていたことを思い出したドリーは、「ベニー、ゴッチってどんなレスラーだったの？」と彼の記憶を呼び起こすつもりで訊いてみたという。シャーマンは「今お前、誰って言った？」と答え、ドリーは彼の病状の悪化を知った（２００８年に行われた流智美氏によるドリーへのインタビューより）。そして、シャーマンは81年４月に72歳で亡くなる。

両雄の定義

最後になって恐縮だが、この『アメリカン・キャッチ』の定義、そして『フッカー』の定義をカール・ゴッチ、ルー・テーズがそれぞれ言及しているものがあるので抜粋したい。

「当初はランカシャー・キャッチと呼ばれていたんだ。それにグレコや柔術など各国の様々なスタイルが統合されてアメリカン・キャッチと呼ばれるものになったんだ」（流氏によるゴッチへのインタビュー）

「（フッカーとは）レスリング技術を最も高度な領域まで高め、さらに古いカーニバルにおける『フック技術』の多くをレパートリーに加えたレスラーである。『フック技術』は高いレベルのレスリング知識、能力、強さを必要とし、相手に、たとえそれが非常に熟練したシューターであったとしても、非常に少ない努力で重大なダメージをあたえることができるほど熟達したほんの少数の者たちだ。彼らは本当に危険な男たちで、控室とプロモーターのオフィスで最高の敬意を払われていた」（『HOOKER』Lou Thesz, Kit Bauman 共著）

後　記

本文中、発見できなかったと記したゴッチの〝もうひとりの師〟であるフランク・ウルフの写真が発見できた（写真参照）。彼は〝フランケンシュタイン〟ウルフというニックネームで呼ばれることもあり、少なくとも一時期は〝怪奇派〟のカルト的レスラーとして名を挙げたようである。

新たな術理を習得するためには相手の有名無名も厭わない。ある意味でゴッチの真骨頂とも言えるかもしれない。

発見されたフランク・ウルフの極めて貴重な写真。

第八章

史上最強の三大フッカー
―ゴッチとテーズ、ロビンソンの複雑な関係―

近代プロレス史において、カール・ゴッチに比肩しうるレスラーと言えば誰か。

もしかしたら〝鳥人〟ダニー・ホッジを想像する読者もおられるかもしれない。

だが、圧倒的に大多数の支持を集めるのは、アメリカで何度も死闘を展開した〝鉄人〟ルー・テーズであり、英国ウィガンのスネークピットにおける兄弟弟子である〝人間風車〟ビル・ロビンソンであろう事は論を俟たない。

ゴッチと彼らの間には、複雑な心模様が常に介在していた。

彼らが残した多くの言葉から、その心の内に分け入ってみたい。

テーズとゴッチの死闘
ルー・テーズの息子

近頃はカール・ゴッチのライフストーリーに関するDVD（2008年12月に㈱クエストより発売）の製作準備もあり、このDVDのプロデューサーを務める流智美氏と話をする機会が多い。

会談内容の大半はゴッチ自身の足跡に関するもので、特に79年、82年の2度にわたり流氏が自ら行った計3時間にも及ぶゴッチへの貴重なインタビューの音源を聞く機会を得られたのは大きな収穫であった。しかし、それとは別に筆者には流氏のもうひとつの顔である〝鉄人ルー・テーズの息子〟として、長年テーズの一番近い場所にいた彼にどうしても訊いてみたい積年の疑問があった。

それは、果たしてテーズはプロレスラーとして、または人間としてのカール・ゴッチをどのように評価していたのか、という部分である。本章は流氏が語ったルー・テーズのゴッチ回顧から話を進めてみたい。

ルー・テーズとカール・ゴッチ

64年5月2日、デトロイト。

同年1月にバディ・ロジャースを破り、NWA世界王座に返り咲いた〝鉄人〟ルー・テーズはこの日のリングに〝危険な挑戦者〟カール・ゴッチを迎えることになった。それまでの両者の対戦成績はテーズの2勝3分。この結果だけ見ればテーズに分があるが、彼らのこれまでの試合のいずれもが数字だけでは窺い知れない息詰まる接戦であったのは想像に難くない。

過去の対戦同様、このデトロイトでの一戦も序盤では両者の激しくもフェアな攻防が続いた。だが、テーズが〝フィニッシュ〟のバックドロップを放とうとゴッチを抱え上げた瞬間から戦局はガラリと変わった。

テーズに抱えられたゴッチが空中で咄嗟に体勢を入れ替え、全体重を預けて下になったテーズを押し潰したのだ。テーズはこの『バックドロップ潰し』でアバラを3本折り、試合後10日間の入院、1ヵ月半の長期欠場を余儀なくされた。

当然、ゴッチにもテーズの〝報復〟が待っていた。

試合中、リング下に無理やり落とされ、生還のためにエプロンに上がりかけたゴッチを襲ったのは、テーズが痛みを堪えながらも全力で放ったドロップキックだった。この一撃でリングサイドの記者デスクに頭を強く打ちつけたゴッチは、ついに立ち上がることができずリングアウト負けとなった。

59年にゴッチを見初め、彼のアメリカ入りに大いに貢献したテーズは、その実力を高く評価し自ら保持するNWA世界王座への挑戦の機会を何度も彼に与えてきた。

「世界王者はそれに相応しい実力を持つレスラーでなければならない」という持論を持ち、各地のプロモーターが推す人気だけの〝王者候補〟たちをリング上も含めて〝却下〟してきたテーズは、自分の後の世界王座には、その〝政治力〟を駆使してでも傑出した実力を持つゴッチを据えようとさえ思い描いていた。

だが、「やはり駄目だ。こんな、あとさきをまるで考えない試合をやってしまうゴッチは王者の器じゃない。私の後釜などとても務まらない」と、この日を境にテーズのゴッチに対する思い入れは跡形もなく消えた。

テーズは後日、「大変申し訳なかった。決して意図的にやったわけではないんだ」と謝罪に来たゴッチに対して、「私にだけじゃない。誰と当たっても二度とあんな試合をするなよ」という言葉しか掛けられなかった――。

このゴッチの〝掟破り〟に関して、筆者は二通りの推論を持つ。ひとつは当時オハイオ地区認定のAWA世界王者であったゴッチが、シュートマッチでテーズを倒して一気に世界王座を奪取し、〝二冠王者〟を目論んだというもの。その場合はゴッチ本人の意思ではなく、プロモーター、アル・ハフトの密命を受けての行動である公算が高い。

もうひとつは〝求道者〟ゴッチに世界王座への野望などまるでなく、あくまで発作的に「アメリカプロレス界最強のレスラーであるテーズを実力で破ってみたい」という強い衝動に駆られたというもの。筆者はこちらが真実であると、希望も含めて考えたい。

ゴッチ本人も、世界王者になってNWAに加盟する全米の各エリアで、あらゆるタイプの挑戦者を相手に王座防衛戦を連日機械的にこなす、スケジュールに追われた生活など自分に務まるわけがないことを充分承知していただろう。たとえ世界王座への憧れは心の内に秘めていたとしても、である。

鉄人のカール・ゴッチ評

テーズはこの試合の後もゴッチに世界王座挑戦の機会を3度も与えており（通算成績は9戦してテーズの5勝4分）、テーズの中で〝レスラー〟ゴッチの評価は些かも下がることはなかったようだ。後年、テーズは「ゴッチのサブミッションとグレコローマンの知識は私より上だった」と流氏に何度も話したそうである。

ただしテーズはゴッチの強さは充分に認めながらも、リング上の動きについては「柔軟性に欠け、まるでロボットのような動きだ」と常々口にしていたようである。これは筆者も頷首するところであり、ゴッチの試合と言えば、まるでコマ送りの画像を見ているようなカチカチとした動き、そして合気道の達人による

64年5月2日、デトロイトでの試合写真。テーズにダブルリスト・ロックを仕掛けるレスラーなど他に誰がいるだろうか。

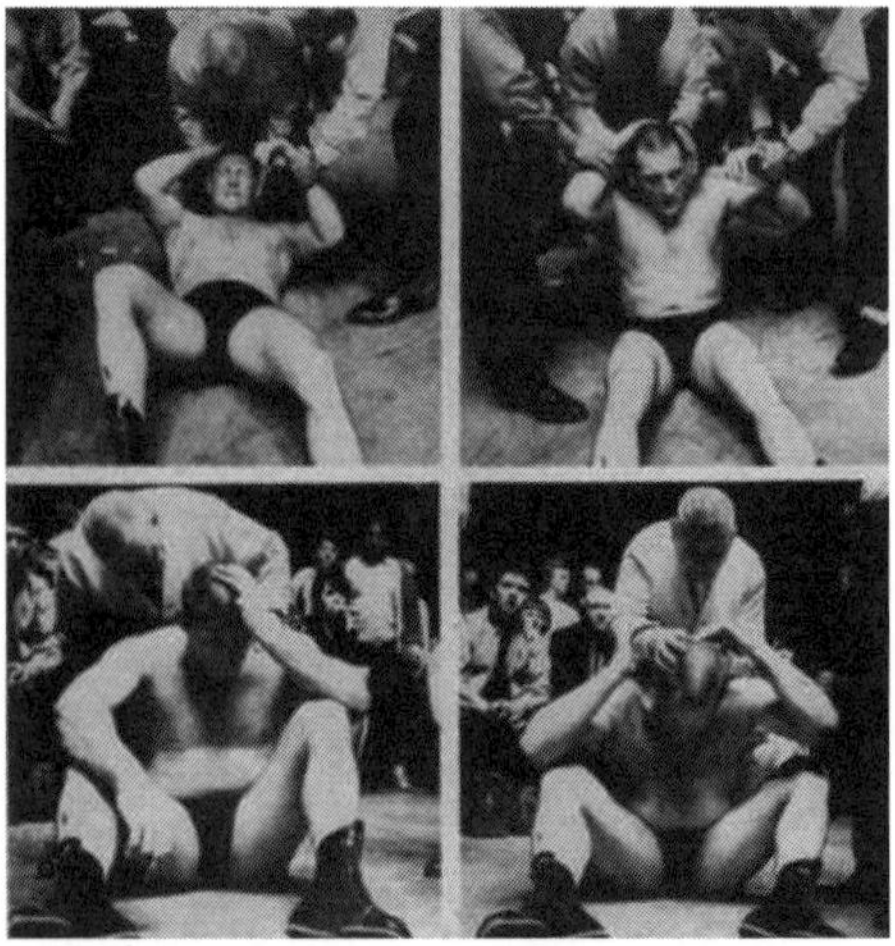

テーズ決死のドロップキックにより場外KOされたゴッチ。

模範演武にも似た、まるで対戦相手との格の違い、実力差を見せつけるかのような一方的な試合運びが強く印象に残る。それはゴッチの魅力のひとつでもあるのだが、相手をさせられるレスラーはたまったものではない。このあたりが同世代のレスラー仲間からゴッチの評判が芳しくない所以かもしれない。

テーズのゴッチ評に戻る。テーズは人間的な部分についても、融通が利かず頑固者だが、レスリングに関しては貪欲なまでの探究心を持ち、ひたむきな努力を惜しまぬゴッチが好きだった。先に述べたデトロイトの試合以外にはこの両者の関係が決定的に悪化するような事件は何もなく、定期的に会って旧交を温めるという親密さではないものの、テーズの最晩年までクリスマスカードのやり取りはずっと続いたようである。

そして自伝『Hooker』の中で、テーズはゴッチに対して次のような最大級の賛辞を贈っている。

「数少ない、純粋なフッカーの生き残りのひとり。英国ウィガンで修行を積み、この業界では世界中のベストの中のひとりとの名声を得た。プロフェッショナル・レスリングの〝パフォーマンス〟を持ち合わせてはいなかったが、この業界にコーチとして大きな影響を及ぼした。彼こそレスラーである」（『HOOKER』Lou Thesz, Kit Bauman共著）

テーズへの憧憬と批難

では、ゴッチにとってのテーズとは果たしていかなる存在であったのか。

「ルーはラッキーだよ。17歳でプロレスラーになって、若くして素晴らしいキャリアを積むことができたんだ。私など26歳での遅い転向だろ。ルーがその年齢の時には、もう世界王者も経験してるキャリア9年のベテランレスラーだよ。（中略）ルー・テーズこそは、アメリカにおける〝ショー〟ではないプロフェッショナル・レスリングのラストパイオニアだ。彼が最後に世界王者の座から降りた時からNWAという組織の失墜が始まったんだ」（79年12月に行われた流智美氏によるゴッチへのインタビュー音源）

多少の社交辞令はあるにせよ、このゴッチの発言にはテーズに対する尊敬と憧憬の念が強く感じられるが、これは年を追うごとに変化してくる。

後年のゴッチのテーズ評についてはアメリカ配信の

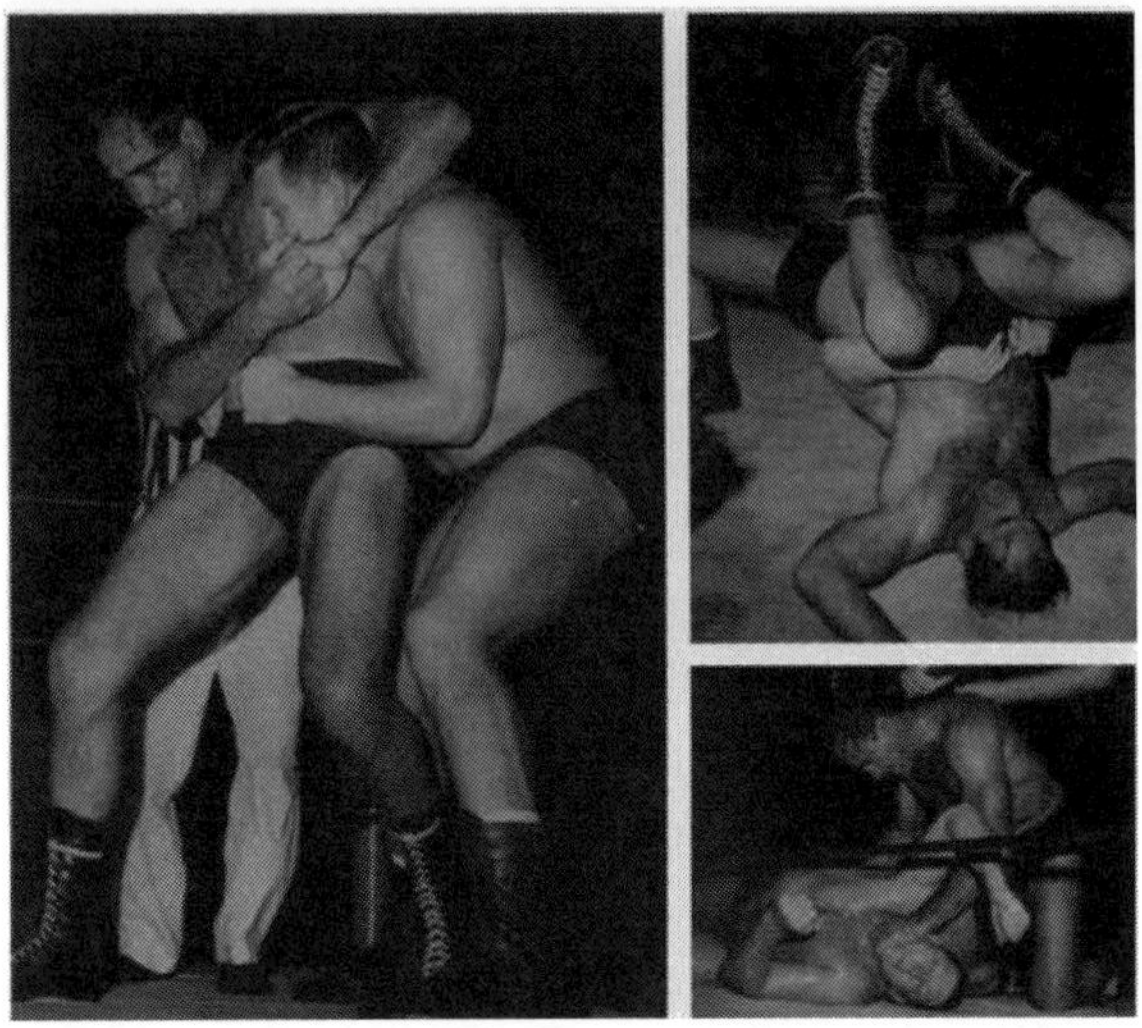

64年8月18日、タンパでの一戦。テーズの表情にご注目いただきたい。流血はもちろんだが、これほど闘争本能剥き出しのテーズの写真は見たことがない。

ものと、日本へのそれとの間には明らかなニュアンスの違いが見られる。

「(テーズとの不仲の噂を問われて)どこからそういう話が出てくるのかわからんね。我々は同じ民族のバックグラウンドを持ってるんだよ」(『Karl Gotch:The Zen Master of Wrestling』by Matt Furey 99年)

「テーズはNWAというビッグ・プロモーションに支えられていたチャンプ、サブミッションの技術もなくチャンピオンはプレゼントとして与えられたもの。(中略)テーズにしろロビンソンにしろ口だけで関節技の使い手だなんて言っているが、そうやって口だけで伝説が生まれていくんだ」(『紙のプロレス』03年№66)

後者のコメントは、その記事が出た約一年前の02年4月にテーズが逝去している事もあり、日本の古くからの良識あるファンの顔を曇らせた。何故ゴッチは〝恩人〟とも言えるテーズに対してかように悪辣な言及をする必要があったのか。

日本の〝唯一神〟ゴッチ

先に述べた流氏のインタビューの中には、レスリングコーチとしての自らの能力についてゴッチが言及している箇所がある。

「私は聞いた曲を口笛では吹けるが、楽器を使っての演奏はできない。だが、レスリングではそれが可能なんだ。単に基本に忠実であればそれでいいってわけじゃない。それぞれのレスラーの特性に合わせてレスリングを教えることができるんだ。これは私に与えられたギフトだね」

指導者としてのゴッチのプライドが充分に覗える言葉である。

さて、ここからは私見である。ルー・テーズという不世出の大レスラーが君臨していた時代のアメリカにやってきたゴッチは、自分は〝テーズ〟にはなれないと自覚する。レスリングの強さや技術なら負けない。だが、どんな相手にも柔軟に対応できる型に捉われないニュートラルな動き、そのカリスマ性、大プロモーターに対しても対等以上の交渉が出来る政治力ｅｔｃ…。どれもゴッチが持ち合わせていない才能である。

別章で筆者はゴッチを〝求道者〟と表現した。自分の生涯を賭して信ずる道を飽くことなく、極限まで追い求めたゴッチを表わす最適な言葉であると考えたからである。これは日本の歴史で言えば、〝武芸者〟という言葉に置き換えられる思う。ゴッチが敬愛してやまない剣豪・宮本武蔵がその最たる存在だろう。

だが、全国で武者修行をしながらも、それは武蔵の剣術指南役としての仕官の口を求める旅であったのもまた事実のようである。自分が追い求めてきた成果を誰かに正当に評価してもらいたい――。人間として当然の心理である。武蔵をゴッチに置き換えれば、テーズの存在はさしずめ将軍家の指南役・柳生宗矩というところか。

求道者と王者――どちらの生き方が尊いかを論じるつもりはない。ただそこには、嫉妬にも似た憧憬の気持ちが存在したであろうことは確かだろう。現役時代のゴッチは、その気持ちを恐らく押し殺していたはずだ。「私はプロレスラーとしてではなく、レスラーとして生きるのだ」と。

年老いた武蔵が長い旅の果てに得た『熊本藩の客分』という地位が彼の〝着地点〟であったとするなら、ゴッチにとってのそれは日本のプロレス界における「優秀なレスリングの指導者」ということになる。このポジションだけは、たとえテーズにさえ侵されたくないゴッチの〝聖域〟であったのは間違いない。

だが、ゴッチの遺伝子たちが作り上げた『ＵＷＦ』が三派に分かれ、その中で一番関係が密であった『プロフェッショナルレスリング藤原組』が95年に興行活動を停止すると、それまでずっと繋がっていた日本との関係がバッタリと途絶えてしまう。

そして、もう一派である『UWFインターナショナル』は、テーズを始め、ダニー・ホッジ、そしてビル・ロビンソンといったゴッチすら一目を置く実力者たちを招聘。彼らは若手レスラーの技術指導なども行うようになり、ゴッチの聖域を侵し始める。

さらには99年に設立された『UWFスネークピット・ジャパン』ではヘッドコーチに〝最後の伝承者〟ロビンソンが就任、日本に常駐して本場ウィガンのレスリング技術を指導し始める。「こと日本人レスラーのコーチということに関しては私は誰にも負けない」というゴッチのプライドはズタズタに切り裂かれたことだろう。

03年当時のゴッチは孤独であった。50年近くも連れ添った妻のエラを95年に亡くし、この年の3月には、唯一のパートナーとなっていた愛犬のジャンゴも見送った。そんなゴッチの元を久しぶりに訪れた日本のプロレスマスコミ。それまでの鬱積した思いの丈を彼らにぶちまけたとしても誰がゴッチを責められようか。

ビル・ロビンソンの回想

ウィガン時代のゴッチとロビンソンのエピソードについては、別章で詳しく述べた。また日本のリングにおけるゴッチとの5回に及ぶ対戦と〝秘密のスパーリング〟についてはロビンソン自身が自伝（『人間風車ビル・ロビンソン自伝』）等で詳しく言及しているので割愛させていただく。ここでは両者の間の知られざるエピソードについて書いてみたい。

68年4月、ロビンソンが国際プロレスの招きで初来日を果たした時、日本プロレスのコーチに就任したばかりのゴッチも東京にいた。

「それを聞いていたから、日本に着いてすぐにカールに連絡を取って赤坂のホテルで待ち合わせをしたんだ。一緒に来日したレスラーも何人か連れてね。カールも再会を喜んでくれて、私たち全員に酒を奢ってくれたよ。その中にボディビル出身のジョン・リーズという奴がいたんだが、奴はこともあろうに自分の仲間を連れてきて、そいつらの分までカールに奢らせた上に挨拶もなしに先に帰っていったんだ。カールのことは子供の頃から知っていて実の叔父のように思っていたから10年ぶりの再会で嬉しい晩になるはずだったのに、リーズの野郎のせいで台無しにされたんだ。カールに対しても申し訳ない気持ちで一杯だったよ。数日後に大阪で公開スパーリングがあったから、ここぞとばかりにリーズの奴を極めまくって散々の目にあわせてやったよ」（ロビンソン）

時は流れて76年、前年暮れのアントニオ猪木戦の後、新日本プロレスとの交渉が決裂し、ロビンソンは全日本プロレスへの転出を決めた。だが、それ以降もゴッチとの交流は以前と変わらぬものだった。両者の〝蜜月の時代〟が終わりを告げたのは、この後しばらく経ってからのことだった。

ゴッチは〝神様〟じゃない

ロビンソンに代わって両者の仲違いの原因を話してくれたのは、『UWFスネークピット・ジャパン』代表の宮戸優光である。宮戸は02年4月に亡くなったルー・テーズの葬儀に参列するためアメリカに渡った。

「テーズさんの葬儀の後、ふと〝ゴッチさんは今どうされているんだろう〟と思ったんですよ。それで急遽、予定を変更してフロリダのゴッチさんのご自宅をお訪ねすることにしたんです。突然の訪問にもかかわらず、ゴッチさんは笑顔で歓待してくれました。それでまあ色んな話をしたんですが、以前からずっと気になっていたので、〝ビリーとはいつからお付き合いがなくなったんですか？〟ってゴッチさんにお聞きしたんです。〝ビリーが酔っ払って夜中に電話をしてきたことがあったんだ。そりゃ私だって酒は好きだし飲むさ。だけど、あいつは飲んでるんじゃない、飲まれてるじゃないか。それが何度か続いたんで、二度とかけてくるなと言って電話を切った。それからビリーとは話をしていないんだ〟とゴッチさんは話して下さいました。ただ、そのあと懐かしそうに〝そうかあ、ビリー・ロビンソンかあ〟と呟かれたんです」

流氏のインタビューの中でゴッチは「ロビンソンはまあよくやってるよな。ただ、彼は私の〝コピー〟だからな」とコメントしている。ライリー・ジムから始まって、ドイツ・トーナメントへの出場とギデオン・ギダとの邂逅、そして日本、アメリカへの進出、と確かにロビンソンの歩みはゴッチの背中を追いかけているように捉えられかねない。

だが、これは英国マットがもはやロビンソンのような〝大物〟を留まらせておけなくなっていたという時

蔵前国技館の控室で談笑する両雄。75年12月、猪木対ロビンソン戦の立会人として参加した際のショットである。

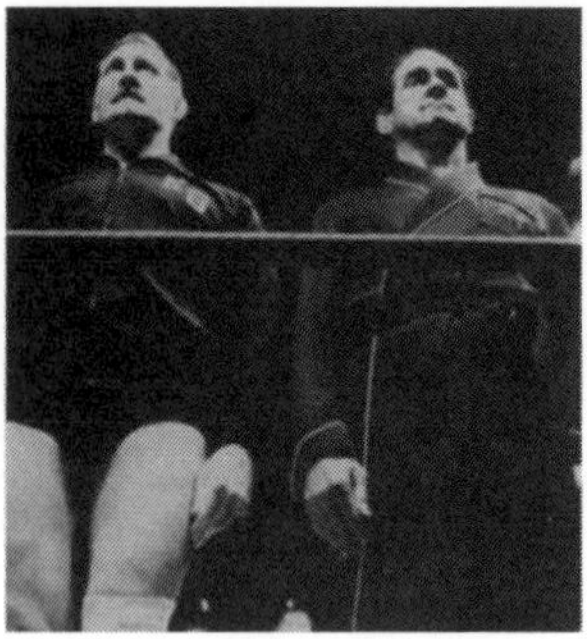

73年10月、新日本プロレスのリングで行われた「世界最強タッグ戦」でテーズとゴッチは最初で最後のコンビを組んだ。

ロビンソン初来日の頃に撮影されたゴッチとの珍しいプライベートでの2ショット。団体の壁を乗り越えて2人は交流を続けた。

71年、国際プロレスのリングでゴッチとロビンソンの対決が初めて実現した。

代背景からすれば、ロビンソンの行動がゴッチと同じ方向への歩みになってしまうのは必然とも思える。ロビンソンが当時のアメリカでAWAのエース格であったことを考えれば、ゴッチのコメントは複雑な感情の表れと言えるかもしれない。

　ロビンソンは07年のゴッチ逝去の際、次のコメントにより追悼の意を表わした。

「パワーだけでもテクニックだけでもない、そのコンビネーションにおいて最高のレスラーだった。そして、彼ほど私を笑わせてくれ、彼ほど家族思いの人はいなかった」

〝カール・ゴッチはプロレスの神様じゃない〟――ロビンソンのこの発言が誤解を生み、物議を醸したことがあった。彼の発言の裏にはゴッチへのライバル心も少なからずあっただろう。レスラーとして持たねばならない、当然の感情である。

　だが、彼の発言の真意はそこにはない。ライリー・ジム時代のふたりの近くにはビリー・ジョイスが存在した。「技術では彼の方が私よりはるかに優れている」とゴッチ自身が言及するように、さらに優れた技術を有する者が存在する以上、ゴッチが〝神〟と呼ぶべき存在であるはずがない、という思いからの発言である。

ただ取り違えてはいけないのは、ゴッチが最強レスラー候補のひとりであることをロビンソンが充分認めているということである。

「カールの動きは読める。だが彼の凄いところは、それでもその技を掛けきってしまうところなんだ。技術という部分で私が彼に負ける要素は全くないが、パワーも含めてカールが私より優れた部分を持っていた事は素直に認めるよ」

電話の相手は？

さて、宮戸によるゴッチ宅訪問のエピソードにはまだ続きがある。

「〝ビリー・ロビンソンかあ〟――ゴッチさんの呟きを聞いて、私はその場で東京にいるビリーに電話を入れ、受話器をゴッチさんにお渡ししました。30分くらいお話しされていたでしょうかね。ゴッチさんはそれは嬉しそうでした。そして、ビリーとの電話を終えたゴッチさんはまた受話器を取り、どこかに電話をかけ始めました。〝おいっ、今珍しい奴と電話してたんだよ。誰だと思う…ビリー・ロビンソンだよ！〟――電話の相手ですか？　ゴッチさんにはお聞きしませんでしたが、多分カナダにいたジョン・フォーリー（ライリー・ジムＯＢ）じゃないかなあ」

宮戸の話を聞きながら、この電話の向こう側にいた人物が〝鉄人〟ルー・テーズであって欲しかった、と心からそう思った。

後　記

本文中のルー・テーズとカール・ゴッチの通算戦績は、別章後記でも述べたように、10戦してテーズの5勝5分にアップデートされたい。

ゴッチとテーズ、そしてビル・ロビンソンとの人間関係について、本文執筆から11年が経過した現在、改めて考えているのだが、斯様な人間関係というのはプロレスに限らず、殊更特別なものではなく、そしてそれほど複雑なものではない、というのが現在の筆者の偽らざる心境である。

三者の晩年における互いへの発言が彼らの関係を歪んだものにしてしまったのは事実かもしれないが、それと相反して、彼らには蜜月の時代が確実に存在し、互いをリスペクトする気持ちはその晩年においても間違いなく不変のものであったことだろう。特にロビンソンとゴッチの関係は〝近親憎悪〟にも似て、兄弟弟子である両者にしか分かり得ないものだったように思う。

※本章の写真の一部は流智美氏提供

第九章
ふたつのリスト
―テーズとゴッチ、それぞれの最強レスラー論―

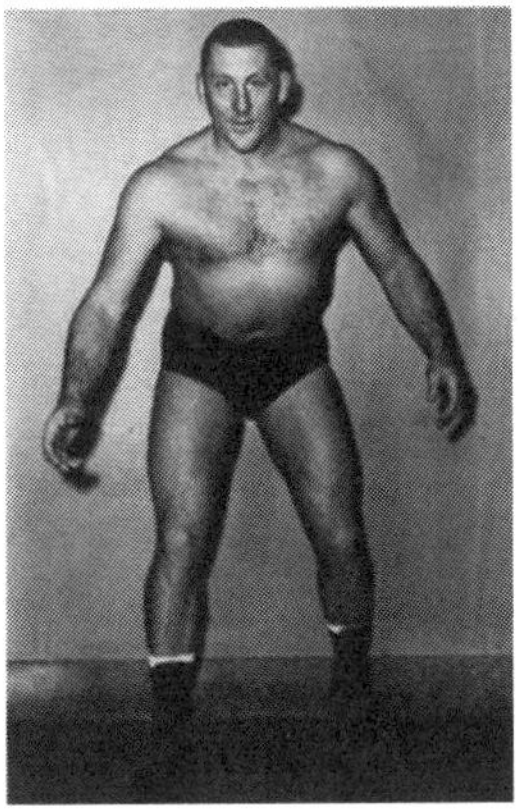

筆者のライフワークのひとつに『古今東西最強レスラー100人のリスト作り』というものがある。これはプロレスの歴史上において本当に強かったレスラー100人をあらゆる角度から検証し選出するものであり、これまで幾人かの手で作られてきたような『グレイテスト100』とは趣きを全く異にする。

この作業は困難を極める。『最強レスラー』を選出するにあたって、リング上の試合結果やタイトル歴などはあまり参考にならないからだ。この検証のベースとなるのは主にレスラーの証言、レスラー間での評判ということになるのだが、言及する人間によってその選手の〝強さ〟の評価はまちまちであり、非常に複雑な迷路に足を踏み入れてしまうのが常である。

プロレス史におけるふたりの巨人、〝鉄人〟ルー・テーズと“求道者”カール・ゴッチは、そのプロレス界における立場上、この“強さ”というキーワードでのコメントを求められる機会が多々あり、具体的にレスラーの名前を挙げることも多い。

それらを基に作成されたふたつのリストがある。これらは筆者の研究において根幹をなすものであるが、ふたつのリストを比較してみると、そこには両者の“最強レスラー”における考え方の違い、ひいては“プロレス観”の違いを垣間見ることができる。この章では、それらを検証していきたい。

テーズ・リストの特徴

まずは137ページのリストをご参照いただきたい。テーズの『最強リスト』作成にあたっては、プロレス史家であり、テーズ研究家でもある流智美氏に協力を仰いだ。それは自伝に書かれたテーズ自身の次の言葉を充分に理解した上で、彼が本当の意味で評価する正真正銘の最強レスラーたちを可能な限り客観的な部分で把握しておく必要があったからである。

「世の中の誰もが決して客観的ではない。そう努めようとはするが、結局は不可能である。私の（レスラー）評価は自らの経験に基づくものではあるが、それは（当人と）仲が良い悪いという感情、私が愛し尊敬する人物の評価、私的な事情、そしてあとから得た知識などにより真実が遮られ、判断に誤りを起こしている可能性は否定できない」

さて、テーズのリストは5つに分類する必要があると流氏はいう。

まずは彼の4人の師匠たち、エド・ストラングラー・ルイス、アド・サンテル、ジョージ・トラゴス、レイ・スティールは特別枠。そして、テーズの中でやはり特別な存在であり、不動の5人とも呼べるのがカール・ゴッチ、ディック・ハットン、ダニー・ホッジ、ジョージ・ゴーディエンコ、ルター・リンゼイである。

このゴッチやハットンたちより「やや下ではあるが紙一重の差」という存在が、ビル・ミラー以下、ビル・ロビンソンまでの8人になる。ミラーについてはテーズ自身による公での言及こそ少ないものの、流氏によれば、「テーズさんにとって、前記の5人とほぼ同等の存在であったことは間違いありません」。そして〝最後の伝承者〟ロビンソンについても、先の5人とほぼ同等の評価ではあるが、テーズとは22歳の年齢差があり、お互いのプライムタイムに対戦していないという一点でこちらの枠に入れざるを得ない。

テーズ・リストの中では最も下位にランクされるのがアール・マックレディ以下の6人であるが、それでも彼らが実力者であることに何ら変わりはない。伝説上のレジェンドであるファーマー・バーンズ以下の8人については、テーズが自ら述べるように「尊敬する人物による評価」、つまり師匠であるルイスが「あいつは強かった」とテーズに語り聞かせたレスラーであり、若き日のテーズ自身がスパーリングを行った経験を持つステッカーを除けば、これはテーズというよりもほぼ100%「エド・ルイスのレスラー評」であると断言しても差し支えないと思う。

このテーズ・リストの大きな特徴は3つ。一点目はサンテル、トラゴスというふたりの師匠と、レスラー間でのみシューターとしてその名が知れ渡っていたベニー・シャーマンを除くいずれのレスラーも、それぞれの時代を代表するトップレスラーであった事。二点目は優れたレスリング技術を持つものの、高度なサブミッション技術の取得は十分とは言えない、つまり『シューター』にはカテゴライズされる事のないレスラーに関しても、テーズは「ピンフォールを奪う技術もプロレスの有効な攻撃である」として正当に評価していた事が挙げられる。

例えば、〝不動の5人〟のひとりでテーズが大絶賛するハットンについては、2002年に逝去する直前に来日した際、「ハットンはシューターではない」とテーズ自身がはっきり明言しているし、ジャック・ブリスコ、デール・ルイスなどに関しても、決して彼らのシュート技術に対する評価ではなかったことは明らかである。

そして三点目は、先のサンテルやトラゴス、シャーマンの3人と、ジュニアヘビー級の体格ながら、〝史上最強〟の呼び声が高いダニー・ホッジ以外には中軽量級レスラーがリストに存在しないということである。

史上最年少の21歳で世界王者となり、以後VIPとして全米の大会場ばかりを渡り歩いたテーズが目にするのは、大きな興行に出場できる一流レスラーばかりであった。また、テーズは強運とも呼べる機会を得てサンテル、トラゴスというふたりのサブミッション・マスターに師事することができたが、テーズの時代でもプロの本物の技術はもはや〝無用の長物〟と化し、少なくともアメリカのプロレス界において、テーズ以降のレスラーにそうした技術の伝承がきちんとなされる場面は非常に限られていた。

そして、テーズの時代にはすでにアメリカの実力ある中軽量級レスラーたちは片隅に追いやられており、彼らがテーズが出場するような大会場でのプロレス興行に出場する機会は皆無に等しかった。これらを検証すれば、テーズ・リストの謎解きは容易いはずである。

ゴッチ・リストの特徴

ゴッチが言及する〝最強レスラー〟は、その都度大きく具体名が変わる。例を挙げれば、「史上最強は？」と問われたあるインタビューではバート・アシラティの名前を明言しているが、他の機会ではエド・ルイスであったり、はたまたフランク・ゴッチであったりと決して一定ではない。そして、前出のテーズが語った「私的な感情に伴なう評価が起こり得る」という事象は、むしろゴッチのレスラー評にこそ当てはまるものだと断言できる。前章で記した通り、テーズに関するゴッチの言及が年を追うごとにネガティヴな方向に変化した事がそれを証明している。

ゴッチの『最強リスト』は、これまで行われたインタビューで本人が言及した具体名を出来得る限り集めて作成したものである。インタビューを行った時代や状況が様々であるので、晩年のゴッチであれば言下に否定する名前も入っているであろうが、その点は今となっては確認のしようもないので敢えて留意はしない。こちらは筆者の独断で、いくつかに分類した上で説明していきたい。

欧州時代にゴッチが出会った5人の強豪、バート・アシラティ以下、ギデオン・ギダまでのレスラーについては別章で詳しく述べたのでここでは重複を避けたい。

続いてアメリカにおけるゴッチの師匠格とも呼ぶべき4人のレスラーが、シャーマン、フランク・ウルフ、ジュール・ラランス、ジョニー・デムチャックである。前者3人については別章で述べたが、最後のデムチャックに関しては後述したい。

ゴッチが同年代（テーズはやや年長ではあるが）の中で認めていた数少ないレスラーが、テーズ、ミラー、ドン・レオ・ジョナサン、ドン・カーティスの4人。そして藤原喜明は、最晩年までゴッチがその実力を認めた「最愛の弟子」という意味でも特筆すべきレスラーである。

バーンズ以下の19人は全て戦前のレスラー。ルイスに関してゴッチは欧州遠征でベルギーを訪れた際の試合を少年時代に父親に連れられて観戦したと語っており、後にオクラホマ州タルサで対面を果たしているが、59年にアメリカに渡ったゴッチが彼以外のレスラーの試合を見ているはずがない。

ゴッチに戦前の強豪たちのエピソードを話して聞かせたのは、そのゴッチを寵愛したオハイオの大プロモーター、アル・ハフトであったと筆者は推測している。ハフトは１９１０年代に『ヤング・ゴッチ』のリングネームでデビューしたウェルター級のレスラーであったが、22年に地元オハイオ州立大学のレスリング部コーチも勤めたほどの実力者であったことはあまり知られていない。

やがてジョン・ペセックのマネージャーを経て、オハイオのプロモーターとなるが、彼が〝ガチガチのシューター好き〟であった背景には、彼自身の経歴が大きく影響しているのは間違いないだろう。このような理由によりゴッチ・リストの戦前のレスラーの多くが、ハフトが選出したスペシャリストたちであると言い換えても問題ないと考える。つまりこれは「ゴッチが尊敬する人物の評価」である。

フランク・モラッシ以下の４人については、残念ながら現時点では手掛かりすら見つからず、いつの時代のどのようなレスラーであるか不明なのだが、これまで解明してきた無名のレスラー同様、おそらくハフトの傘下でリングに上がっていた軽量級の実力者ではなかったかと推測することは可能である。

ゴッチ・リストの大きな特徴もテーズ・リスト同様に３つある。一点目は、プロの技術として必須であると彼が信じて疑わないサブミッションを高いレベルで習得していること。リストの中のルイスとアシラティに関しては、サブミッションマスターというイメージが希薄であるが、ゴッチはそれをこう否定する。

「ルイスはもちろんサブミッションを使えたが、彼の得意なレスリングスタイルは別にあったんだ」

「当時の熟練した連中に比べれば、アシラティはサブミッションが得意とは言えないだろうが、ただし現在の〝自称スペシャリスト〟よりはよっぽどマシさ」

二点目はアメリカ国内でも全く語られることのない、無名な存在のレスラーの名前が多いこと。前述の技術が優れたものであれば、ゴッチは相手の格、つまり彼らがどのような境遇にいる者なのかは全く意に介さない。リストの中にはカーニバルを主な働き口としていたレスラーの名前も見られるが、むしろゴッチは彼らの持つ優れた〝フック技術〟を習得しようと自ら教えを乞うたはずである。別章でも書いたが、逆にアマレスで培った技術だけで満足しているレスラーは、ゴッチにとって軽蔑の対象でしかない。

そして3点目、これがテーズ・リストとの最も大きな相違点であるのだが、中軽量級のレスラーが多いことである。

中軽量級はシューターの証

「私がこの国に移り住んだ時、何人かの偉人に会ったんだ。驚くだろうが、軽量級から重量級まであらゆる階級にそういう奴らが揃ってたんだよ」

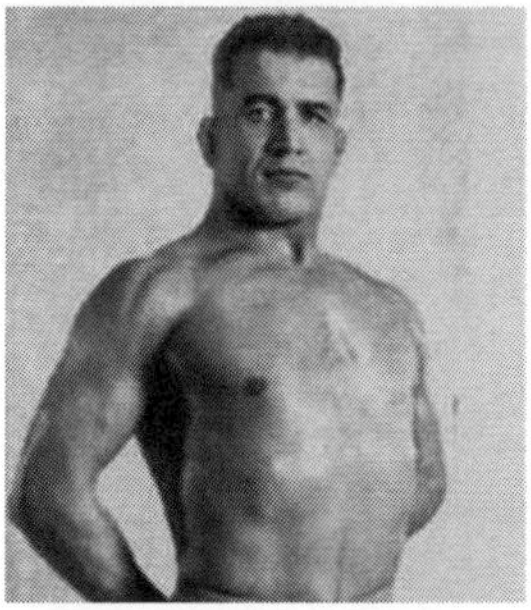

上段左）アド・サンテルは「ジュードー世界王者」の肩書で 1921 年に来日。若き柔道家たちと死闘を演じた。後年、テーズに自らの「フック技術」の多くを伝授している。

上段右）エド・ストラングラー・ルイスは「史上最強レスラー」候補の筆頭格。戦前、プロレス界の帝王の座に長く君臨し続けた。

中段左）レイ・スティールはテーズの師匠格のひとり。エド・ルイスとテーズの時代をつなぐ役割を担った実力派で、STF の考案者としても知られている。

中段右）ジョージ・ドラゴスはテーズという「原石」を見出し、磨き上げた人物である。「アイスウォーター」の異名を持ち、冷徹なファイトスタイルで有名であった。

下段左）ジョージ・ゴーディエンコはカナダ人でありながら主に欧州を主戦場にしたレスラー。「あのスタミナとパワーは驚異的であった」(テーズ)。

下段右）ディック・ハットン。テーズをして「寝技ならハットンが史上最強」と言わしめた。57 年にコブラツイストでテーズを破り、NWA 世界王座を獲得。

「この国（アメリカ）のプロレスリングは回帰する必要があるな。一時的に観客の批判を浴びたとしても、もっと中軽量級のレスラーをリングに上げるべきだよ。素晴らしいレスラーは今でもたくさんいるはずだ」

このふたつは別々に行われたインタビューであるが、ゴッチがアメリカに来て中軽量級のレスラーたちの技術に刮目し、ずっと後年まで彼らの存在価値を訴えていたのがよくわかる。

ここからは筆者の私見であるが、「プロレスリングにおける〝シュート〟の技術は中軽量級のレスラーにこそ必須なもので、ヘビー級の体躯に恵まれたレスラーには基本的には不必要」だったのではないだろうか。

ボクシングを例に挙げれば、肉弾相打つKOが身上のヘビー級ボクサーと比較して、卓越したテクニックとスピードを持つのは主に中軽量級ボクサーである点からも明らかだ。モハメッド・アリが偉大である最も大きな理由として、ヘビー級のボクシングにミドル級のテクニックとスピード感溢れるフットワークを導入したことが挙げられるだろう。プロレスに話を戻せば、充分なヘビー級の体躯でありながら、〝フック〟の技術を高いレベルで習得したテーズやゴッチ、ロビンソンが特別な存在であるとも考えられるのだ。

大きな肉体がそのまま売り物になるヘビー級と異なり、中軽量級のレスラーはプロならではの技術を身に付け、それを売り物にしなければならない。その技術とスピードさえあれば、充分ヘビー級のレスラーにも対抗することができる、そういう〝プロの技術〟だ。

筆者の私見を後押ししてくれるのは、プロレス史上に残る優れた技術を持つ偉大なレスラーたちの存在である。ウィガンからアメリカに渡り、キャッチ・アズ・キャッチ・キャンの普及に大きく貢献したトム・コナーズや、その教え子であるバーンズも軽量級であったし、蛇の穴の総師ビリー・ライリーもミドル級王者である。

そしてヘビー級世界王者テーズの〝フッカー〟としてのふたりの偉大な師、トラゴスはミドル級、サンテルもライトヘビー級の体躯であった。これらの理由から、あながち暴論とも思えないのだが如何であろうか。

上段左）ビル・ミラーはアマレス「ビッグテン」王者の肩書を引っ下げてプロレス入り。ゴッチの親友であり、テーズもその実力を高く評価した。

上段右）ルター・リンゼイは170センチに満たない体格ながら、テーズの世界王座を何度も脅かし、彼にとって特別な存在のひとりになった。

中段左）ドン・カーティス。ミラーと並び、テーズとゴッチが共通して高く評価する数少ないレスラーで、スリーパーホールドの名手としても有名であった。

中段右）ジム・ブロウニンはルイスにその実力を高く評価されながら、トラコーマにより若くして引退を余儀なくされた不運のレスラーであった。

下段左）マリン・ブレスティナは「トラストバスター」のもうひとりの雄。柔術家とミクスドマッチで対戦した経験もある。

下段右）フレッド・グラブマイヤーは20年代に存在した「トラストバスター」の代表格のひとり。かなり後年まで現役を続けた。

テーズの師匠たちへの嫉妬

先に述べたように、テーズは中軽量級レスラーを評価の対象からほぼ除外しているが、師匠であるトラゴス、サンテルは別格である。ルイスへのリスペクトに勝るとも劣らないレベルと伝えられるが、評価していたようだ。

ギリシャ代表としてオリンピックに出場を果たしたプロレスラーとしてのトラゴスは「テーズの師匠」という肩書きしかプロレス史の上では残されていない。サンテルにしたところで1921年に〝ジュードー世界王者〟として日本に乗り込んで若き柔道家たちと死闘を展開したエピソードは現在でもよく知られているが、もしそのフィルターを外した場合、歴史から姿を消していた可能性すらある。それでも両者はテーズにとって特別な存在であった。生前のテーズは流氏に次のように話したそうである。

「ルイスやスティールには、よく言われたもんさ。〝お前、どんなことがあってもトラゴスの許を離れちゃダメだぞ〟ってね。このふたりが口を揃えるほど、トラゴスの技術が高かったということさ。だが、私がサンフランシスコでサンテルからフック技術を習得し、セントルイスに戻って久しぶりにトラゴスと練習した時には、〝おい、俺はこんな技をお前に教えてないぞ〟と彼は驚いた顔をしていた。私がサンテルのことを伝えると、納得した様子だったよ」

そして、ゴッチもまたこのテーズの師匠たちについて、次のように言及している。

「私はルーにひとつだけ嫉妬があるんだ。それは彼がトラゴス、サンテル、ルイス、そしてスティールのコーチを受けていることだ」

そして、このインタビューでは、続けてゴッチがこの4人の本名を含む詳細なプロフィールを説明している。彼の〝嫉妬〟は本心であったようだ。

伝説のレスラーたち

それぞれのリストにあるレスラー全員を、ここで詳しく説明することはページの都合もあり難しいが、数人の特記すべきレスラー、特にテーズとゴッチのリストに共通して名前が記されているレスラーについては是非紹介しておきたい。ただし、ファーマー・バーンズやフランク・ゴッチなど、明らかに「歴史上のレジエンドに対するリスペクト」という意味合いで両者が言及したレスラーはここでは省略する。

　まずはエド・ストラングラー・ルイス。20年にジョー・ステッカーを破って世界王者となり、以後戦前のアメリカにおける〝プロレスの帝王の座〟に長く君臨し、そしてプロレス興行における数多くの〝仕組み〟を作ったのも彼だと伝えられる。

　戦後はテーズやホッジのマネージャーとなり、この両者に大きな影響を与えた。晩年は現役時代に患ったトラコーマの影響で盲目となり、76歳で逝去。その実力はテーズ、ゴッチが揃って「史上最強」の候補に挙

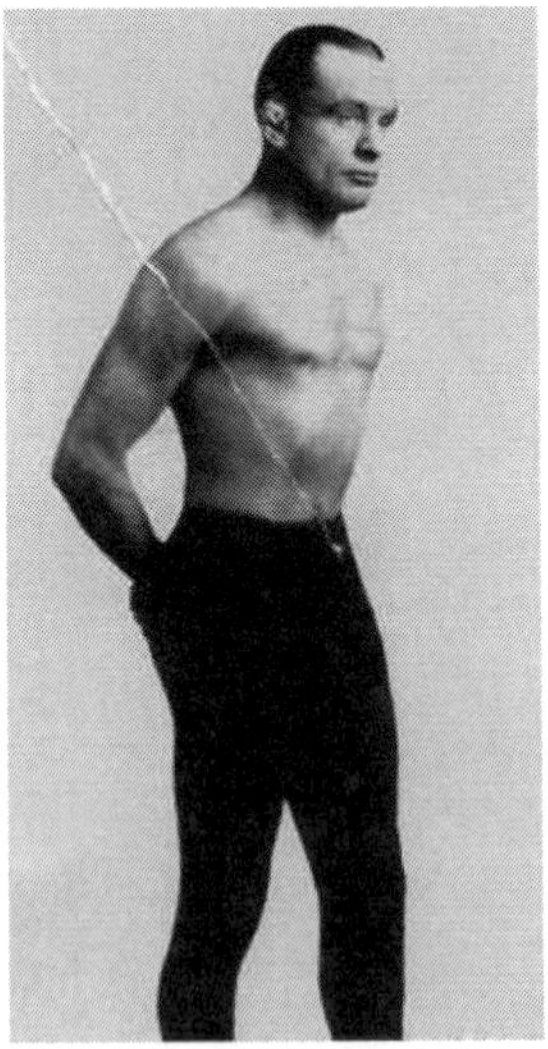

左上）チャーリー・フィッシャー。「ミゼット」の異名を持つ体格ながら、ライトヘビー級、ミドル級の世界王座を同時に制覇した。
右上）トーツ・モントはファーマー・バーンズに学び、長くエド・ルイスの「ポリスマン」の役割を担った。後に大プロモーターとなり、現在のWWEの誕生にも深く関わっている。
左下）ジャック・レイノルズ。マティ・マツダなど強豪ひしめく20年代から30年代にかけて、ウェルター級で最強王者の座に君臨した。
右下）ジョン・ベセックは「ネブラスカ・タイガー」の異名を持つ伝説の強豪。史上最強に推すプロレス史家も多い。

げていることからも明らかである。

そのルイスをして、「もし彼が目を病んでいなければ、我々のレスリングの歴史は違ったものになっていただろう」と言わしめたのがジム・ブロウニンである。トラコーマで若くして引退し、その直後に33歳で急逝。テーズは対戦経験こそないが、ルイスからその強さについて何度も聞かされたそうである。

前号で詳しく述べたベニー・シャーマンについてはゴッチとの結びつきがあまりにも強く、中軽量級のレスラーでもあったので、筆者はテーズの評価対象からは当然外れると考えていた。だが、流氏によればテーズのシャーマンへの評価は、彼の師匠4人に迫るほど高いものであったという。以降はテーズ自身の述懐である。

「シャーマンとはホノルルやオレゴンなどの会場で何度も顔を合わせたが、彼が前座で出場している興行でメインを張るのは楽しみだったね。あの偉大な先輩が控室から私の試合を見守ってくれているんだ、という気概すら感じたものだよ」

続いては、今年逝去したドン・カーティス。2年前に来日したドッティ夫人が次のような彼とテーズとのスパーリングにおけるエピソードを披露してくれた。

「主人は当時バッファロー大学の学生で、アマレスの強豪選手でした。地元のプロモーターであったエド・ダン・ジョージは卒業後には主人を是非プロレスラーにしたいと考えていて、主人にどのくらい実力があるのか試そうと、当時の世界王者で仲の良かったルーに頼んでスパーリングをさせたんです。当初はアマレススタイルで進めていたスパーリングでしたが、時間が経つうちにルーも彼を攻めあぐねてしまい、突然クロスフェースを仕掛けて対戦を終わらせました。〝君たちのルールにはないだろうが、我々にとっては大したことじゃないリーガル（合法）な攻撃なんだよ〟とルーは主人に言ったそうです（笑）」

テーズが後年まで彼の実力を高く評価していたのも納得できるエピソードである。またカーティスに関しては、ゴッチもアメリカのアマレス出身のレスラーの中で、ビル・ミラーと並んで高い評価を与えている数少ないレスラーであることも特筆しておきたい。

トラストバスターとポリスマン

ゴッチ・リストにあるフレッド・グラブマイヤーとマリン・プレスティナは、20年代初頭に存在した『トラストバスター』を代表するレスラーである。

この単語については、少々解説が必要だろう。20年代のアメリカは第一次大戦が終結し、またプロレス興行が徐々に活気を取り戻してきた時代、そしてプロモーターたちが強力な権力を持ち始めた時代であった。

彼らは自分達の利権を守るべく、テリトリー、ルール、そしてレスラーたちへの〝拘束力〟などを強めるため、ある種の協定（トラスト）を作り上げる。

ほとんどのレスラーは生活の糧を得るためにはやむ無しと、このトラストに従属するが、中にはそうしたプロモーターたちの傘下に身をおく事を潔しとせず、自らの力、技術で対抗しようとした名うてのシューターたちが存在した。

彼らは『トラストバスター』と呼ばれ、全米各地のテリトリーに入っては地元マスコミを扇動、チャンピオンクラスのレスラーを挑発し、挑戦を受けざるを得ない状況に追い込み、対戦して倒す。それを全米各地で敢行し、潰されないだけの実力が彼らには備わっていた。

また、プロモーターサイドには、彼らからテリトリーを守る『ポリスマン』が存在した。〝ネブラスカ・タイガー〟の異名を持つジョン・ペセックや、ルイス専属のポリスマンだったトーツ・モントがこれに該当する。20年代のアメリカ・マットは、こうした『プロモーター対トラストバスター』の争いの時代であった。

だが30年代に入る前には、この争いはプロモーターサイドの勝利という形で終結する。

このペセックに関しては、正統と伝えられてきた世界王者の系譜にその名前がないため日本では長い間あまり知られた存在ではなかったが、アメリカのプロレス史家の間での評価は圧倒的に高く、「史上最強のレスラー」に強く推す者もいるほどだ。おそらくゴッチはペセックのマネージャーであったハフトから、20年代に繰り広げられた彼の壮絶な闘いについて何度も聞かされたはずである。

テーズは意外にもペセックについては、あまり高い評価を与えていないようだ。これはテーズ自身と言うよりも、師匠であるルイスがペセックとライバル関係にあり、彼からペセックの高い評価を聞かされていなかったことが原因であったことは想像に難くない。

逆にテーズは、現役時代にNWA反主流派のプロモーターの代表格であったモントに対して憎悪の感情すら持っていたにもかかわらず、「最強レスラーのひとり」として言及している。その理由は、やはりかつてモントの盟友であったルイスがその実力を高く評価していた、という一点に尽きるだろう。

身体の小さな巨人たち

ジョニー・デムチャックはオハイオの『トー・ホールド・クラブ』（別章参照）におけるもうひとりのレスリングコーチである。ロシア出身で戦前は英国の『オールイン』興行で活躍していたが、第二次大戦直前に渡米し、オレゴンやバンクーバーあたりを主戦場に活躍していたようだ。

ゴッチとの対戦記録もあるが、そのゴッチが無名である彼の名に言及したことを考えれば、デムチャックからも何かしらの技術の伝承があったものと推測できる。

「あなたが最も強いと思った日本人レスラーは？」という問いに対して、テーズとホッジが異口同音に名前を挙げたのがヒロ・マツダであった、と流氏は語る。

テーズに関しては即答であり、ホッジは実直な性格の通り、熟考した上での返答だったそうだ。ゴッチは後年の不仲が原因でマツダについて高い評価を与えることはなかったが、忘れてはならないのはマツダがゴッチにとって最初の日本人の弟子であったことである。

さて本章の最後に〝最強のジュニアヘビー級レスラー〟ダニー・ホッジを紹介したいのだが、テーズのホッジへの言及は、これまでに何度も活字になっているので敢えて省略させて頂く。ここではホッジとゴッチの邂逅について述べてみたい。05年の来日時にホッジが語ったエピソードである。

「ゴッチとは一度オクラホマのレストランでばったり会ったことがあるんだよ。〝君と私の対戦を楽しみにしてる人が大勢いるらしいから、ぜひ一度試合をしてみたいもんだね〟と言い合って別れたんだが、結局一度も対戦しなかったなあ」

メルボルン・オリンピックで銀メダルを獲得したアマレスでの優れた実力と人間離れした身体能力を誇るホッジは『史上最強レスラー』の最有力候補であるが、テーズやゴッチ、ロビンソンとは異なり、『フッカー』のカテゴリーには属さない。

もちろんホッジもルイスに師事し、サブミッション技術の習得を目指した時期があるのは間違いないが、彼にはプロのフック技術を時間を掛けて習得する必要がなかった。それが一番の大きな理由である。だが、それにもかかわらず不思議なことにゴッチはホッジに限り決して悪口を述べた事がなかった。

筆者の『最強レスラー』の探求はまだ道半ばである——。

ルー・テーズとダブルタイトルマッチを行ったダニー・ホッジ。ジュニアヘビー級でありながら、ヘビー級世界王座への挑戦資格に異を唱えた者は皆無だった。

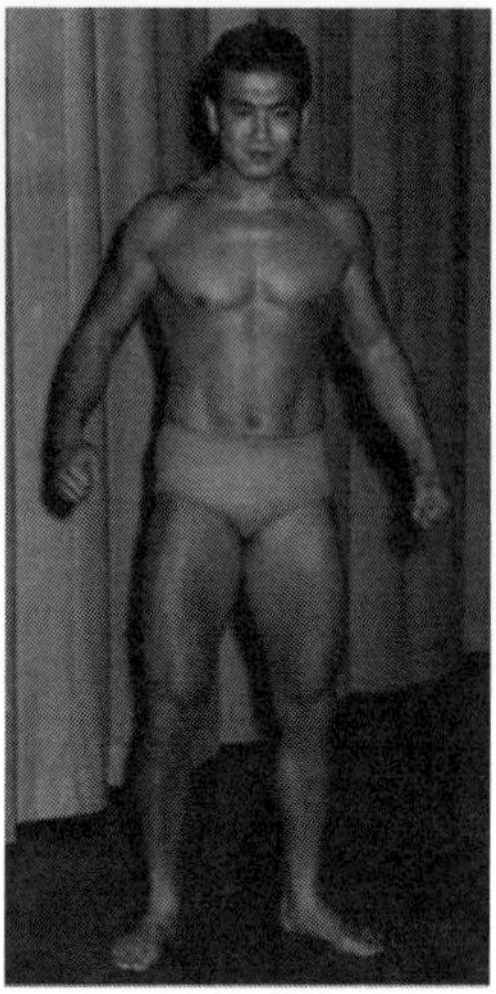

テーズとホッジが「最強の日本人」と認めたヒロ・マツダ。ゴッチにとって最初の日本人の弟子でもある。

ジョニー・デムチャックはロシア出身で、戦前はイギリスマットで活躍。ゴッチのアメリカにおける師匠格のひとりであると推測する。

■カール・ゴッチが選ぶ最強リスト

バート・アシラティ
ビリー・ジョイス
ジョー・ロビンソン
デヴィッド・アームストロング
ギデオン・ギダ
ベン・シャーマン
フランク・ウルフ
ジュール・ラランス
ジョニー・デムチャック
ルー・テーズ
ビル・ミラー
ドン・レオ・ジョナサン
ドン・カーティス
藤原喜明
ファーマー・バーンズ
フランク・ゴッチ
アール・キャドック
ジョー・ステッカー
エド・ストラングラー・ルイス
ジョン・ペセック
レイ・スティール
トーツ・モント
ジム・ブロウニン
マリン・プレスティナ
フレッド・グラブマイヤー
アド・サンテル
ジョージ・トラゴス
ジャック・レイノルズ
ワイノ・ケトネン
クラレンス・イークランド
チャールズ・フィッシャー
ジョニー・マイヤース
ジョー・ボナンスキー
フランク・モラッシ
トニー・モラリー
エンリケ・トルマー
ピート・ハワード

■ルー・テーズが選ぶ最強リスト

エド・ストラングラー・ルイス
アド・サンテル
ジョージ・トラゴス
レイ・スティール
カール・ゴッチ
ディック・ハットン
ダニー・ホッジ
ジョージ・ゴーディエンコ
ルター・リンゼイ
ビル・ミラー
ベン・シャーマン
バーン・ガニア
ティム・ウッズ
ドン・カーティス
パット・オコーナー
ジャック・ブリスコ
ビル・ロビンソン
アール・マックレディ
レイ・ガンクル
ゴードン・ネルソン
デール・ルイス
ヒロ・マツダ
ボブ・ループ
ファーマー・バーンズ
フランク・ゴッチ
ジョージ・ハッケンシュミット
アール・キャドック
ジョー・ステッカー
スタニスラウス・ズビスコ
トーツ・モント
ジム・ブロウニン

共にアメリカで活躍していた時代に撮られたダニー・ホッジ（左）とカール・ゴッチのツーショット。両者は遂に対戦することなく現役生活を終えた。

第十章

20世紀のパンクラティスト
―ダニー・ホッジ回想録―

格闘技マニアがプロレスラーについて論ずるとき、“求道者”カール・ゴッチと並び俎上に載せるもうひとりの男がダニー・ホッジである。

なぜ今彼が脚光を浴び、その存在が見直されているのか。

それは格闘技の二大要素である“組討”“打撃”それぞれの世界の頂点を、たったひとつの肉体で極めた男こそダニー・ホッジであるからだ。

ゴッチに引き続きホッジの足跡を、彼自身の肉声から辿ってみたい。

この回想録について

「史上最強」を表題にするプロレス記事でダニー・ホッジを取り上げないのは納得がいかない——。

筆者が執筆した『史上最強の三大フッカー』に対して、読者の方より多く寄せられたご意見である。

件の拙稿は「史上最強」という形容詞よりも「フッカー」という部分に重きをおいて執筆したものであり、それはホッジが「フッカー」にカテゴライズされるレスラーではないという、筆者の見解に基づくものである。ただし、ホッジが史上最強レスラー候補の筆頭であるというのもまた、紛うことなき事実である。

フッカーではない史上最強のレスラー。この一見矛盾とも思える持論の根拠を、彼の足跡を辿ることで検証していきたい。

なお、本章は雑誌のインタビューや自伝、また来日時のトークショーで語ったホッジ自らの「回想」に多少の補足を加えるという形式をとるが、時系列に沿って書き進めていく都合上、同じキーワードに関しては異なった場所で発言したものを、ひとつのコメントとしてまとめて書かせていただくことを先にお断りしておく。彼の発言は時代によるブレがほぼ皆無であり、そのレスリング観が終始一貫していることを確信した上での措置である。ご了承いただきたい。

レスリングとの出会い

ダニー・ホッジ（本名ダニエル・アレン・ホッジ＝Daniel Allen Hodge）は1932年5月13日、オクラホマ州ノーブル郡の小さな田舎町ペリーで生まれた。

生まれた日は金曜日だった。何故覚えているかって？〝13日の金曜日〟だからさ（笑）。8歳の頃に家が火事に遭い、大やけどを負った母は長期の入院が必要になった。それから私は祖父や親戚の間をたらい回しにされたんだ。祖父は厳しい人でね、私はよく殴られたもんさ。だから、あまり馴染めなかったよ。

2年半経って母がやっと退院した頃には、父はとうにどこかへ蒸発してしまっていたし、家族はすでにバラバラになっていた。母も間もなく再婚してニューメキシコへ行ってしまい、私はひとりぼっちになった。

なお巷間伝えられる、ホッジの出生に関するエピソードには敢えて触れない。彼自身が公の場で一切コメントしていない、ホッジのプライバシーに関わるものであるし、筆者の考える本章の趣旨にもそぐわないものであるからだ。ただし、ホッジが幼い頃より両親の愛情に恵まれない、不幸な環境の中で育ったことは紛れもない事実である。

さて、中学生となり兄のビルが勤務する消防署に居候することになったホッジは、地元のスポーツジムへ通うようになる。

それは私が8年生（中学2年生）の時だった。ある日ジムの前に着くと、地下からドタンバタンと物音が聞こえてきた。ジムは地下にあったからバスケットでもやっているのかなと思って降りていくと、そこでレスリングの練習をやっていたんだ。私はそれを眺めていたんだが、練習が終わるとコーチが私の肩を持って「お前さんもやってみたいかい?」と声を掛けてきた。それで私は着ていたシャツと靴を脱いで上は裸、下はジーンズという格好でスパーリングをすることになった。

相手はふたつ年上の高校生で、私はあっさりと倒されてバックを取られてしまった。私は何もすることが出来なかったんだ。「おい、どけよ！　どかないと何するかわからないぞ!!」と私は叫んだ。その後の記憶は全くないんだが、気がついた時には私はクロスボディーの体勢から脱け出していた。それ以来、私は相手に決してバックをとらせないというのが身についた。人が私の背後にくるのが凄く嫌なんだ。

その日初めて目撃した競技でキャリアのある、しかも年長者の攻撃から〝無意識に〟脱出してしまう。ホッジが生来持っていた異常な身体能力の高さを物語るエピソードである。

この日からホッジはレスリングの練習を開始、その年（中2）に行われた州選手権で3位、翌年（中3）には優勝という、わずかな練習期間にもかかわらず驚異的な成績を収める。

やがてホッジは地元のペリー高校へと進学。平日は学校へ通い、放課後はレスリングの練習、週末は生活費捻出のために近所の自動車修理工場で朝から晩まで

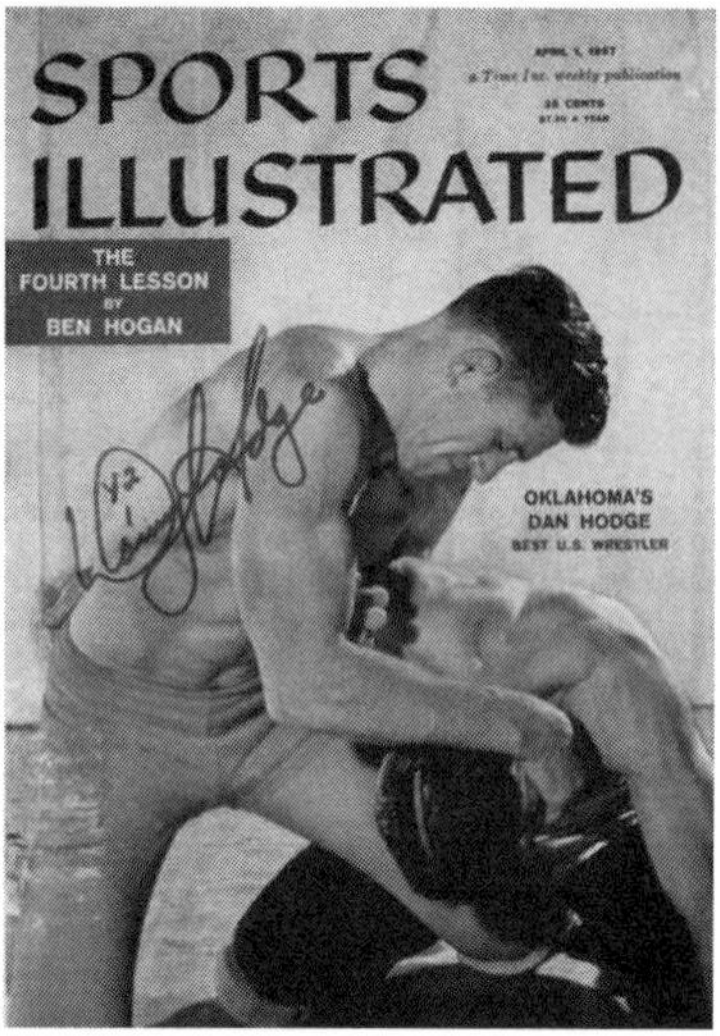

ホッジが表紙を飾った『スポーツ・イラストレーテッド』誌57年4月1日号。「BEST U.S WRESTLER」の文字が見える。

アマチュアレスラーとして数多くの輝かしい記録を打ち立てたホッジ。

働くという多忙な日々を送る。

そして、高校のレスリング部では親代わりとも呼ぶべきコーチ、ジョン・ディヴァイン氏との出会いがあった。

高校3年生のシーズンに、タルサでレスリングの試合があった。その時の私はパイとアイスクリームをやっと買える金しか持ってなかったんだ。店でそのふたつを買って金を払おうとしていたら、ディヴァイン・コーチが現われて私からパイとアイスクリームを取り上げ、私の見てる前で平らげてしまった。そして彼は「レスラーがパイやアイスクリームなんか食ってちゃダメだろ」と言った。無一文になった私は空腹のままベッドに入るしかなかったよ。

後からそれを知ったコーチは、「シーズンが終わったら、お前にパイを丸ごと食わしてやる。アイスクリームも半ガロン買ってやるからな」と私に言った。実際彼はその約束を守り、ディヴァイン夫人は私のためにチェリーパイを焼いてくれた。そりゃ感激したよ。

ただしディヴァイン・コーチは全くと言っていいほど、私にレスリングの指導をしてくれなかった。ある時、「いつになったら私にコーチしてくれるんですか？」と訊ねたら、彼は「お前がステート（州）チャンピオンになってからだ」と答えたんだ。だから高校3年（51年）でチャンピオン（165ポンド＝約75キロ）になった時に「これでコーチしてもらえますね？」と言ったら、さすがに気まずそうな顔をしていたよ（笑）。

ホッジの言葉を聞く限り、ディヴァイン氏に対する彼の思いは、通常スポーツ選手がコーチに払う敬意とはかなり異なるものだと思われる。彼の自伝にはディヴァイン氏だけでなく夫人の写真までもが掲載されており、そこからはこの夫妻に対するホッジの、両親への慕情にも似た思いさえ感じ取ることが出来る。

それにしても高校時代の3年間、コーチからほとんど指導を受けることもないまま州王者にまで上りつめてしまう、ホッジのアスリートとしての能力の高さを、筆者はここでも感じずにはいられない。おそらく彼はどのようなスポーツの世界に身を置いたとしても、その身体能力を最大限に発揮できる稀有な人間なのだろう。ちなみにホッジの高校3年間の通算成績は、50勝3敗であったと伝えられている。

海軍入隊からオリンピック出場へ

私が高校を卒業する頃は、ちょうど朝鮮戦争（50〜53年）の真っ只中だった。私は海軍を志願し、卒業と同時にオクラホマ州スティルウォーターの海兵隊予備軍へ入った。そして51年8月30日にイリノイ州グレイトレイクの基地に入る直前の8月2日に、高校時代からの恋人だったドローレス・ブラッドショウと結婚したんだ。

朝鮮への出兵が決まっていたんだが、その直前に軍のレスリングチームから誘いがあった。だから私は結局出兵することもなく、基地ではずっとレスリングばかりしていたよ（笑）。軍のチーム『ブルーホーク』では218ポンド（約99キロ）のヘビー級のクラスで試合をしていたんだ。

優秀なチームだったんだが、翌年に軍からチーム解散の命令が下った。随分交渉はしたんだが、聞き入れてはもらえなかった。そんなところへ「オリンピックへ出場できるか試してみてはどうか」という勧めがあったんだ。

全米の中でもレスリング王国として名高いオクラホマで高校の州選手権を獲得した選手ともなれば、おそらく多くの大学からスカウトの手が伸びたであろうことは想像に難くない。だがホッジは新婦ドローレスとの新たな生活のため、職業軍人としての道を選択する。肉親の愛に恵まれなかったホッジが何にも増して欲したもの、それが「家族」であったのは言うまでもないだろう。

ただし結果的にホッジは出兵を免がれ、大学のレスリング部と同等か、それ以上のレスリング三昧の日々を送り、生活に何の不安もなく練習だけに没頭することが出来た。この基地内での幸運とも呼ぶべき練習漬けの日々が、その後の彼の人生の大きな力になったことは間違いない。そしてホッジは兵役中であった52年に、シカゴで開催されたヘルシンキ五輪の選考会（トライアル）予選に出場する。

実はそれまで海軍でもカレッジエイトしかやったことがなくて、その日会場で見るまでフリースタイルというのを全く知らなかったんだ。「ああ、目新しいスタイルだなあ」というのが印象だったね。周りを見るとみんなＮＣＡＡが何だのって凄い肩書きを持った連中ばかりで、ダニー・ホッジなんて誰も聞いたことがない無名の存在だった。やっぱり大学へ行けばよかったかなあ、なんてその時は思ったよ（笑）。

初戦は判定で敗れた。会場には妻とその父親が観戦に来てたんだが、「これからの試合を全部勝たなくちゃ（トライアルへの）出場権は獲れないから、ミルクシェイクでも飲みに行こうぜ。どうせ無理なんだから」なんて言ってたんだ。だが私には世界をこの目で見てみたいという強い希望があった。シェイクとハンバーガーのせいで腹は重かったけど、何とか残りの3試合全てに勝利を収めることが出来たよ。

ここでホッジが語った『カレッジエイト』というスタイルについて簡単に説明しておく。これはフリースタイルを改良したアメリカ独特のアマレスのスタイルで、『フォークスタイル』と称されることもある。フリースタイルとの一番大きな違いは、寝技の優劣により重きがおかれ、勝敗の行末をほぼ決する点である。

ただ単に相手を投げただけではポイントにはならず、そこから抑え込んで初めてポイントになること、またスタンディングでの攻防のあとにパーテール・ポジション（片方が四つん這いになり他方がバックを取った姿勢）からの攻防を相互に行い、攻撃側に1ポイントも取られず逃げ切る、またはエスケープできた場合には逆に守備側にポイントが加算されることなどがその一例である。

さて、予選を勝ち抜いたホッジは、後日アイオワで行われたトライアル本選でも同年のAAU王者シェファード・スウィフトを含む対戦者を破り、晴れてレスリングにおける史上最年少の19歳、しかも史上初の高卒レスラーとしてヘルシンキ五輪のアメリカ代表選手となる（ミドル級フリー・174ポンド＝79キロ級）。

その頃はアメリカからフィンランドへの直行便の飛行機などなくて、いろんな国を経由して、やっと現地に辿り着き、試合に臨んだよ。

ソ連代表との試合では、途中まで私がポイントで大差をつけて優勢だった。そして相手のバックを取ってローリングした後、レフェリーが私の肩をポンポンと叩いた。私は自分がピンフォールで勝ったと思ったんだが、レフェリーは「ローリングした時、マットに肩が触れたので君のフォール負けだ」と言った。

続くスウェーデン代表との対戦でも、テイクダウンも奪ったしグラウンドでもコントロールしたが、向こうの方が大会ルールを熟知していたんだろうね。私の判定負けだった。

オリンピック公式記録によるホッジの本大会における闘いの詳細を記す。1回戦はエジプトのモハメド・フセインに9分1秒フォール勝ちを収めるも、2回戦でこの大会で金メダルを獲得したソ連のデヴィット・チマクリゼに5分58秒フォール負け、入賞を賭けた3

無敵の快進撃を続けるホッジの行く手を阻んだビル・スミス。ヘルシンキ五輪の金メダリストであり、後年にはアメリカ・ナショナルチームの監督を務めた。

回戦ではスウェーデンのベント・リンドブラッドに2―1のスプリットディシジョンで判定負けを喫し敗退する。

2回戦でのフォール負けに関して詳細は不明だが、「例え自らの攻撃であっても、肩が相手より先にマットに着いてしまったらフォール負けとなる」という当時の大会ルールによるものであったらしい。3回戦の判定に関しても、開催国と同じ北欧代表選手に対してやや有利な判定が下されたのではないか、と筆者は邪推をしてしまう。

なお、この大会のホッジの成績に関して「5位入賞」という記述が散見するが、6人が勝ち残る4回戦に進出できず敗退した者が入賞を果たす筈もなく、本大会でのホッジ入賞の事実はないことは補足しておきたい。

〝ダイナマイト〟ダン

オリンピックの翌年（53年）に兵役を終えて（※同年に朝鮮戦争は終結）グレイトレイクの基地を離れたが、2年間の海軍勤務が評価されスカラシップ（奨学金受給資格）を得られることになり、私は大学へ進むことにした。当初はイリノイのノースウェスタン大学でほぼ決めていたんだが、オクラホマ大学のレスリングコーチだったポート・ロバートソンの熱心な勧誘もあって、そちらに入学することにしたんだ。

NCAAのトーナメントに出場できるのは大学4年間のうち3年間だけなので、フレッシュマン（1年生）は出られないんだが、ソフモア（2年生）、ジュニア（3年生）、シニア（4年生）のシーズンには3年連続（55〜57年）で優勝することが出来たんだ（177ポンド＝80キロ級）。

さて、話はアマレスラー・ホッジのハイライトとも言うべき大学時代へと突入する。まずはその驚異的な記録の数々をご紹介する。

・NCAAトーナメント（ディヴィジョンI）において、55年から57年まで3年連続優勝（フリー・177ポンド級）。
・ビッグセブン・カンファレンス・レスリング・トーナメントにおいて、55年から57年まで3年連続優勝

（フリー・177ポンド級）。
・AAU選手権において、海軍時代の53年（フリー）と大学に入学後の54年（フリー）、56年（フリー、グレコローマン両種目）と通算4回優勝（174ポンド級）。
・NCAA（ディヴィジョンI）において、最も傑出したレスラーに贈られる『レスラー・アワード』を56、57年の2年連続受賞。
・ヘルシンキ五輪に続き、メルボルン大会（56年）に連続出場（ミドル級フリー・174ポンド＝79キロ級）し、銀メダルを獲得。
・NCAAにおける通算成績は46戦全勝でうち36のフォール勝ち。3年間のNCAAの公式戦にあっては、スタンディングの体勢からただの一度もマットに倒されたことがない、つまりテイクダウンを一度も奪われないという、俄かには信じ難い記録も打ち立てた。

以上の記録をご覧頂くだけで、ダニー・ホッジという男が当時の全米アマレス界において、如何に特別な存在であったかがおわかり頂けるだろう。ここでホッジが大学時代に獲得した各タイトルについて、若干の説明をしておきたい。

NCAA（全米大学体育協会）

文字通り全米中の大学を対象とした各アマチュアスポーツ大会の運営組織で、その大学のレベルによってディヴィジョンIからIIIまでランク付けがなされている。

開催される各スポーツ大会はいずれも大学対抗戦という形で行われるが、団体の成績に加えて選手の個人成績にも注目が集まる。一般的な認知度も高く、多くの大会がテレビ中継されるなど、アメリカにおけるアマチュアスポーツの花形大会とも言うべきものである。

AAU（全米体育協会）

大学に限定しない全米のアマチュアスポーツ大会を運営する組織であり、プロレスラーのプロフィールに記載される頻度が高いことから、日本のプロレスファンの間での認知度は高い。

長い伝統と格式を持つが、大学リーグがアマチュアスポーツの花形であるアメリカでは、ＮＣＡＡの下位にランクされてしまうのは如何ともし難く、大学のレスリング部で活躍した経験のあるレスラーたちは、例外なくＮＣＡＡタイトルにより重きをおく。

なおホッジがＮＣＡＡよりも先んじてＡＡＵタイトルを獲得（53年）したのは言うまでもなく、彼が大学入学以前に海軍に在籍していたためであり、非常に稀なケースと言えよう。

ビッグセブン・カンファレンス

ビッグテン・カンファレンスと並び、全米中の大学の中で最も格式と高いレベルを持つスポーツリーグであり（日本の東京6大学リーグを想像して頂ければ分かり易いだろうか）、ＮＣＡＡのディヴィジョンⅠにランクされる。

主に中西部の大学を中心に構成されており、一般的には『ビッグテン』の方が有名だが、オクラホマやアイオワ、ネブラスカなどレスリング王国と呼ばれる州内の強豪大学で構成されている『ビッグセブン』が、レスリングに限れば上位にランクされるかもしれない。

ちなみに『ビッグセブン』とはホッジがアマチュアだった時代のカンファレンス名であり、のちに『ビッグエイト』となり、現在は大学数も増え『ビッグトゥエルブ』に改称されている。いずれのカンファレンスもＮＣＡＡの管理下におかれ、大会も同組織により運営されている。

ホッジの大学時代に話を戻そう。大学時代全般に亘り輝かしい成績を収めたホッジだが、さらにそのピークを1年に限定するならば、それは彼のジュニア・シーズン（3年生）でありオリンピック・イヤーでもあった56年である、と断言できよう。

この年のホッジの成績は凄まじい。3月の短期間に開催された4つの主要大会、ビッグセブン・トーナメント、ＮＣＡＡトーナメント、ＡＡＵのフリー、グレコ両種目の選手権の全てに優勝したばかりか、何と4大会計16試合全てにフォール勝ちを収めるという前人未到の快挙を成し遂げたのだ。文字通りホッジは無敵の状態にあった。

そしてホッジは、レスラーたちの間で畏怖の念を持ってこう名付けられた。〝ダイナマイト（爆弾）〟ダンと。

屈辱と栄光

　されど好事魔多し。ＡＡＵ選手権のあとに開催された、メルボルン行きを賭けたオリンピック・トライアル（前記の驚異的な成績を収めたホッジですら、そのままますんなりと代表に選出されないところに、当時の米アマレス界の選手層の厚さを痛感する）に出場したホッジの前に、思わぬ強敵が立ちはだかる。前回のヘルシンキ大会においてホッジと共にアメリカ代表となり、ウェルター級（フリー・１６０ポンド＝72キロ級）で金メダルを獲得した強豪ビル・スミスが階級をひとつ上げ、ホッジと同じミドル級にエントリーしてきたのだ。

　両者は決勝戦で相まみえた。この試合でどうやらホッジはレッグダイブを仕掛けようとして失敗、そのままスミスに抑え込まれマットに肩を着けてしまったようである。当事者であるスミス本人も後年「ホッジは技を仕掛ける途中で体とマットの間に頭が入ってしまった」と述懐している。ホッジは気づかずにそのまま試合を続けようとしたが、レフェリーはタッチフォールを宣言した。

　弁解はしないよ。スミスは確かに私を抑え込んだ。それが全てさ。例え誰であっても、そしてその日がどんなに特別な日であっても負けることはあるさ。私は試合の途中でよろけてしまって、冷静に対処することができなかったんだ。スミスは立派なスポーツマンで本物のチャンピオンだよ。あの試合の彼は素晴らしかった。レフェリーが彼の手を挙げた時、スミスは私の手をとって一緒に挙げてくれたんだ。本当に立派な男だよ。

　フリー代表にはなれなかったホッジだが、続いて行われたトライアルのグレコローマン部門の決勝でジム・ペッカムを破り、グレコでのアメリカ代表としてメルボルン行きの切符を手にした。だが、フリー代表となったスミスがレスリングコーチとして報酬を得ていたことが後日発覚し、当時の厳しいアマチュア規定に抵触、代表権を剥奪されるという事態が起こった。

　その結果第２位であったホッジが繰り上がり、グレコに続きフリーの代表にも選出され両種目の代表とし

メルボルン五輪決勝でスタンチェフをリフトアップするホッジ。この試合がホッジ優勢で展開していたことを物語る一枚である。

会場で愛息を抱き、試合を観戦するホッジ。ドローレス夫人との間に二男一女をもうけた（『Two Guys Named Dan』より）。

てメルボルン入りしたものの、グレコ部門に関してはホッジに次ぐ第2位のペッカムが出場することに急遽決まった。ちなみにスミスは後年、アメリカのアマレス・ナショナルチームの監督を務めた人物でもある。

残念ながら、この大会に関してのホッジの口数は何故か少ない。そこでやはり公式記録から、彼の試合を詳細に記してみる。1回戦は英国のジョージ・ファーカーを4分15秒フォール、2回戦はフィンランドのヴィリオ・パンカリに判定勝ち、3回戦はオーストラリアのウィリアム・デイヴィスを4分45秒フォール、4回戦はイランのアバス・ザンディを13分15秒フォールと順当に駒を進めるも、決勝戦でブルガリアのニコラ・スタンチェフに11分ジャスト（11分58秒という説もあり）でフォール負けを喫し、金メダルを逃す。

そのあとに行われたソ連のジョージ・スヒルトラーゼ戦で、これも11分ジャストにフォール勝ちして銀メダルを獲得するが、「金メダルは確実」という前評判が高かったため、アメリカ国民の落胆は大きかった。ホッジのアマチュア時代の大事な試合に関しては、判定を巡って物議を醸す場面が非常に多いが、この決勝戦についても例にもれずフォールの判定が問題視されたようである。

「このフォール裁定は、マットサイドで見ていた者にとって不可解なものだった。スタンチェフにリフトアップされたホッジはマットに仰向けに倒されたが、両肩がマットの最端部に着く瞬間に体を回転させた。同時に試合終了のベルが鳴った。ポイントはホッジがリードしており、勝利は彼のものとなるはずだった」(『Two Guys Named Dan』by Mike Chapman)

余談だが、このフリーのミドル級には日本の代表選手もエントリーしており、2回戦でこのスタンチェフにフォール勝ちを収め5位に入賞している。翌年、プロ野球の『国鉄スワローズ』に入団して話題を集めた橋本和夫氏である。日米のマルチな才能を持つ人物が、同じ階級の競技に出場していたというのも奇しき偶然である。

新たなるチャレンジ

メルボルンから帰国したホッジは翌57年のシニア(4年生)のシーズンもNCAAでの優勝を果たし、オクラホマ大学での輝かしいレスリング生活を終える。

金メダルを逃したとはいえ、アメリカを代表するトップアスリートとなったホッジに世間の注目が集まった。同年4月に発売されたアメリカで最も権威あるスポーツ誌『スポーツ・イラストレーテッド』にホッジが表紙として登場したことでも、その人気の高さが伺える。

そして大学を卒業したホッジの去就についても人々の関心は高まるが、何とホッジは、オクラホマ大学レスリング部の先輩アート・フリーマン氏が経営するカンザス州ウィチタの独立系石油採掘会社へ就職し、世間を驚かせる。大学を卒業し奨学金もなくなったホッジにとっては、家族を養うことが最も大切なことであり、この時点ではレスリングを継続していくという選択肢はなかったのだ。

だが『格闘の神』は、ホッジがこのまま闘いの世界からフェードアウトしていくことを、決して許さなかった。

フィスト・オア・ツイスト

アメリカには昔から格闘技好きの間で議論の的にな

る、ひとつのテーマが存在する。

フィスト・オア・ツイスト――拳か捻り（ひねり）か、打撃（ボクシング）と組討（レスリング）、ふたつのジャンルの強者が対戦した場合、果たしてどちらが強いのか――。

このテーマに結論を出すべく、これまでに幾度となくボクサーvsレスラーの対戦が行われてきたが、未だこの結論を出すまでには至っていない。もしこの結論に最も近いものがあるとすれば、おそらく次のようなものであろう。

「ひとりの秀でた人間がそれぞれの競技を高いレベルで習得し、その経験から彼自身が導きだしたもの」

ボクサー時代のホッジ。レスリング王者のボクシング転向は世間を驚かせた。

それがもし可能であれば、両競技を比較するにあたっての最も有効な実証となり得るが、それぞれの競技を行う上で理想的とされる体型や、鍛錬により発達させる筋肉部位の違いなど、ボクサーとレスラーの身体的特性には大きな相違点があり、この点からたったひとつの体でこの両競技を高いレベルで実践するのは、ほぼ不可能に近いと思われる。

だが、ＭＭＡ（総合格闘技）と呼ばれるものがこの世に登場するはるか以前に、これを実践してのけた男がたったひとりだけ存在する。

本稿の主人公、ダニー・ホッジである。

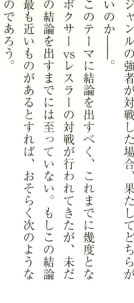

『格闘の神』は再び彼に語りかけた

1957年5月に輝かしい栄光の日々を送った大学生活を終え、カンザス州ウィチタにある石油採掘会社へ就職したホッジは、レスリングとは無縁の生活を始めるが、それもほんのつかの間のことであった。

ある時、上司のひとり（前述したアート・フリーマン氏であろう）から「今度はボクシングをやってみてはどうか」という勧めがあって、ジムへ通い始めたんだ。もっともボクシングをやり始めた一番の動機は、まだ学生の頃に「レスラーというのはどんなに強くたってファイト（殴り合い）なんかできない人種なんだろ？」なんて、からかわれるのが凄く嫌だったってことだね。

ボクシングのグローブを着けたのはそれが最初だったんだが、やり始めたら面白くてね。やがて私は193ポンド（約87キロ）のヘビー級ボクサーとして、アマチュアの試合に出場するようになった。週に2、3回はリングに上がってたよ。

ボクシングの練習を始めた時期について、ホッジ自身は言及していないが、57年9月あたりのようである。

フリーマン氏はおそらくアマチュアスポーツ界のスーパースターであったホッジを〝広告塔〟にする目的で自社に迎え入れ、彼にボクサー転向を勧めたのだろう。

彼の思惑通り、ホッジのボクサー転向は大きな話題となり、『スポーツ・イラストレーテッド』誌が再び彼の特集記事を組むほどであった。だがホッジのボクシングの才能は、彼の予想をはるかに上回るものだった。

4ヵ月半でカンザスの州タイトルを獲得した私は、シカゴで開催されたトーナメントで優勝して、栄誉ある『ジョー・ルイス・スポーツマンシップ・アワード』を獲得した（58年3月5日）。そして、ニューヨークのMSGで開催されたその年の『ゴールデングローブ選手権』で優勝したんだ（58年3月24日）。アマチュアでは一度も負けたことがなかったね。34戦して28KO勝ちだったよ（17戦全勝＝12KOという説もあり）。

ボクシングの練習を開始してから、わずか半年足らずでの快挙である。驚異的な能力と言うほかはないが、ただし「ホッジがレスリングとボクシングの両種目で全米選手権を獲得したの選手」という、これまでの記述は実は正確とは言えない。

ホッジの快挙からちょうど35年前の1923年に、ポール・バーレンバッハは同じ週末に開催されたレスリングとボクシングのAAU選手権に出場、いずれも優勝し「両種目同時制覇」という偉業を成し遂げている。もっともホッジが現役の頃とは比較にならないほど競技人口が少ない時代のエピソードであり、ホッジの快挙が決して色褪せるものではない。

あまりにも短いプロボクサー時代

ある日、私の元に28ページの（プロボクシングの）契約書が送られてきたんだ。それで私はプロボクサーになることを決心した。自信もあったしね。もちろん次のオリンピック（ローマ）への出場も考えたよ。レスリングのフリーとグレコ、それにボクシングでの3種目同時出場を目指そうか、とね。だが私には家族がいたし、収入のことを考えなければならなかった。世界チャンピオンになれば全て解決だからね（笑）。

レスリングのフリーとグレコ、ボクシングの3種目でのオリンピック同時出場――。それまでのホッジの実績を考えれば、決して無謀なチャレンジではない。もっともその偉業を成し遂げるためには、ボクシングの国内予選において〝不世出の天才ボクサー〟カシアス・クレイ（のちのモハメド・アリ、ローマ五輪で金メダルを獲得）に勝利を収めるという難関はあったわけだが…。

鳴り物入りでプロボクサーとなったホッジには、〝ミドル級史上最強〟と謳われたシュガー・レイ・ロビンソンの参謀として名高いジョージ・ゲインスフォードがトレーナーに就任するという破格の待遇が用意されていた。そしてデビュー戦の相手が検討される中、ホッジに対して驚くべきオファーがあった。

「25万ドルのファイトマネーを保証する。フロイド・パターソンの世界タイトルに挑戦してみないか」

〝デビュー戦でいきなり世界王座挑戦〟という、ホッジにとって千載一遇のチャンスではあったが、ホッジの関係者はこのオファーを断った。忌まわしい前例があったためである。

ホッジも出場したメルボルン五輪での金メダルなど、アマチュアボクシングでの数々の栄冠を引っ提げプロ入りしたピート・ラーデマッヘルは、57年のデビュー戦がパターソンとの世界タイトルマッチという前代未聞の機会を与えられ、2Rに王者からダウンを奪うもそのあとは防戦一方、結局6Rでマットに沈んだ。

この一戦が世間の注目を集めたため、王者サイドが〝二匹目のドジョウ〟としてホッジに白羽の矢を立てた

「史上最強のミドル級」シュガー・レイ・ロビンソンをパートナーにサンドバッグを叩くホッジ。貴重な一枚である。

レスリング、ボクシングの両方で全米選手権者となったもうひとりの男、ポール・バーレンバッハ。後にプロボクサーとなり、世界ライトヘビー級王者となった。

■ダニー・ホッジのプロボクシングにおける試合記録

■1958年6月10日・ペンシルバニア州スクラントン（8回戦）
○ホッジ（1R1分 12 秒・KO）ノーマン・ジャクソン●
■1958年7月 14 日・カンザス州ウィチタ・ウィチタ大広場（10 回戦）
○ホッジ（3R2分3秒・KO）ドン・ジャスパー●
■1958年8月6日・イリノイ州シカゴ・シカゴ・スタジアム（6回戦）
○アート・ノリス（4R 33 秒・TKO）ホッジ●
■1958年9月 18 日・カンザス州ウィチタ・ウィチタ大広場（10 回戦）
○ホッジ（判定）アート・ノリス●
■1958年 10 月7日・オクラホマ州ペリー・ジョン・ディヴァイン・ホール（10 回戦）
○ホッジ（2R1分 15 秒・KO）モーリス・グリーン●
■1958年 11 月6日・カンザス州ウィチタ・ウィチタ大広場（10 回戦）
○ホッジ（5R2分 45 秒・TKO）テッド・プール●
■1959年1月 29 日・カンザス州ウィチタ・ウィチタ大広場（8回戦）
○ホッジ（判定）ルー・ベイリー●
■1959年2月 24 日・フロリダ州マイアミ・マイアミビーチ・オーデトリアム（10 回戦）
○ホッジ（8Rタイム不明・KO）ガーヴィン・ソーヤー●
■1959年4月 28 日・カンザス州ウィチタ・ウィチタ大広場（10 回戦）
○ニノ・ヴァルデス（8R1分 31 秒・TKO）ホッジ●

※ホッジ本人によれば「8勝2敗だった」とのことで、プロボクシングのリングで全 10 試合行ったことになるが、残り1試合の詳細は不明である。

のは誰の目からも明らかだった。世界タイトルはキャリアを積んだ上で実力で勝ち取るもの、焦らなくてもホッジはあとから我々をもっと潤わせてくれる——。ホッジ・サイドの選択は賢明であった。ちなみにホッジのデビュー戦の相手としてこのラーデマッヘルも候補にのぼったようだが、彼の再起戦が先に決まっており、メダリスト対決は幻となった。

58年6月10日、ペンシルベニア州のリングでノーマン・ジャクソンを1RKOに葬りデビュー戦を飾った〝金のなる木〟ホッジのために、ホームリングのウィチタでは試合がハイペースで組まれていく。その中でホッジは着実に実績を積み上げる。アート・ノリスには初戦で4RTKO負けを喫するも、再戦では判定勝ちで雪辱を果たす。〝ゴールデングラブ対決〟となったガーヴィン・ソーヤー戦もKOで勝利を飾る。そして、59年4月28日のリングに最大の敵、ニノ・ヴァルデスを迎える。

ヴァルデスはキューバ革命前の同国王者であり、長いリーチ（203センチ）を生かしたアウトボクシングが身上、世界ヘビー級ランキングの上位を常にキープしていた超一流のボクサーであった。試合はヴァルデスのパンチが着実にヒットする一方で、ホッジの拳は相手に届かずワンサイドの様相となりホッジが流血、8Rにレフェリーは試合を止めた。

この試合の後もホッジの再起は期待されたが、2ヵ月後の7月9日にホッジは突如声明を出し、「プロボクシングからの引退」を発表した。ボクシングの練習を開始してからわずか2年足らず、前年6月のデビュー戦から4月まで10ヵ月間で10試合というハイペースの中、8勝2敗は驚くべき戦績である。

ボクサーvsレスラー、果たして

当初この日の試合は、ウィリー・パストラノ（のちの世界ライトヘビー級王者）と対戦の予定だったんだが、どういうわけか急に相手がヴァルデスに変更になったんだよ。ヴァルデス戦のTKO負けが引退の理由かって？　そうじゃないよ(笑)。誰だっていつも最高ってわけじゃない。勝つ時もあれば負ける時だってあるさ。

引退した理由はプロボクサーになって以来、ただの一度もファイトマネーってものをもらえなかったことさ。マネージャーが悪かったんだろうね。故郷のオクラホマに戻ってボクサーを続けていくことも考えたんだが、地元のプロレスのプロモーターだったリロイ・マクガークに熱心に誘われてね。それでファーストラブだったレスリングの世界に戻ることにしたってわけさ。

さて表題のテーマについて、ふたつの世界の頂点を経験したホッジはどのような解答を持っているのだろう。ボクシングか、それともレスリングか――。

全く疑うことなくレスラーの勝ちさ。そりゃ最初のラッキーパンチがアゴにクリーンヒットすればボクサーが勝つだろうが、アゴを締めてかかれば何の問題もない。クリンチした一瞬で勝負は決まるよ。

史上最強のジュニアヘビー

「UWFインターのリングではついに実現することが叶わなかったダニー・ホッジvsビル・ロビンソンを、もしご本人たちが同意されるのであれば、本日このリングで行いたいと思います」

２００５年10月15日、ダニー・ホッジ夫妻を日本に招聘し、東京・高円寺の『UWFスネークピット・ジャパン』におけるトークショーを実現させた宮戸優光氏の言葉が通訳を介して伝えられた途端、それまで参加者からの熱心な質問にひとつひとつ丁寧に答えていたホッジの柔和な顔つきが一変した。

まずはロビンソンが応じた。

「私たちは戦いを求められて、そこから逃げることはできない性分なんだ。きっとテーズやゴッチも同じだったろう。チャレンジされたら、戦うだけさ」

続いてホッジも応える。

「私は引退試合というものをすることができなかった。だからこの歳になって、今日ここでリングに上がって試合ができるなんて願ってもないことだ。そして、やる以上は勝つよ」

ロビンソンが声を上げて笑った。それを鋭い目で睨みつけるホッジ。

ホッジ73歳、ロビンソン67歳。

腕時計をはずしたホッジは、待ち切れないと言わんばかりにリング上で飛び跳ねてみせた。

そして、開始を告げるゴングが鳴った――。

プロレスデビュー

1959年7月にプロボクサーを引退したホッジは、一時はレスリングコーチに転身する道も考えたようだが、故郷オクラホマのプロモーター、リロイ・マクガークの熱心なスカウトを受け、プロレスラーに転向する。

実はリロイはね、私のアマレスの試合を会場までよく観戦に来てたんだ。ほとんど盲目に近い人が最前列に座っているのが、凄く不思議な気がしてたね。言葉を交わしたわけではなかったが、そのうち彼が私にずっと注目しているのを強く感じるようになった。

リロイ・マクガークは元々プロレスラーであり、幼い頃に病気で右目の眼球を摘出するというハンデがありながらも、39年から50年まで11年間の長きに亘り世界ジュニアヘビー級王座を保持していた。だが、交通事故で左目の視力も失い、王者のままレスラーを引退。その後、オクラホマでプロモーターとなった。NWAはその現役時代の功績を称え、彼にジュニアヘビー級の世界王座に関する全権と管理を委託していた。オクラホマの「虎の子」ともいえるそのベルトの価値を高め、マクガークが活躍したジュニアヘビー級という「ジャンル」を託せるだけの実力と人気を持つレスラー――。彼がホッジに注目し、自分の後継者にすべくスカウトに動いたのは必然と言える。

リロイは私にこう言ったんだ。「オクラホマのような田舎には、ヘビー級の世界チャンピオンはめったに来てくれない。だから、私はジュニアヘビー級で革命を起こしたい。ジュニアでヘビーに負けない戦いを見せたいんだ。そのためには君の力が必要なんだ」ってね。

プロ入り当初は、リロイが自らプロのテクニックを私に手ほどきしてくれたんだよ。

そして同年10月2日、オクラホマのリングでサーシャ・ザ・グレートと対戦。ホッジは勝利をあげ、デビューを飾る。だがその年の暮れ、NWA世界ジュニアヘビー級王者アンジェロ・サボルディとの一戦で負傷、

エド・ストラングラー・ルイス、ルー・テーズと写真に納まるオクラホマの盲目の大プロモーター、リロイ・マクガーク(中央)。自らも長きに亘り、ジュニアヘビーの世界王者だった。

長期の欠場を余儀なくされた。マクガークはこの負傷を怨恨にした、サボルティとホッジの抗争を思いつく。

サボルティとの抗争はどんどんエスカレートしていって、とうとうボクシングマッチまでやる羽目になった。リロイには本当に色んなことをやらされたよ。女子レスラーやミゼットレスラーと試合したこともあるし、熊ともやらされたしね（笑）。

そのボクシングマッチで事件が起きた。私の劣勢という場面になった時、ひとりの観客がリングに駆け上がりサボルディをナイフで刺したんだ。その男の顔を見たら、なんと私の父親じゃないか！　父はすぐ仲間のレスラーたちに取り抑えられたが、その中のひとりが馬乗りになって父を殴りつけていたんだ。私は頭に血が上ってしまって、そのレスラーを思わず殴ってしまった。

サボルディは背中と腕を刺され重傷を負い、ホッジの父親であるウィリアムはその場で逮捕された。60年5月28日の出来事であった。あまりにも痛ましい事件ではあるが、家族を捨て家を出た父親にも我が子を思

う心が残っていた、という思いも同時に抱いてしまう。

私はオクラホマシティのストックヤード・コロシアムでサボルディを破り、NWA世界ジュニアヘビー級王座を獲得した（同年7月22日）。そして、このチャンピオンベルトはそれから15年間、私のものとなった。

ヘッドロック・マシーン

私の師匠？　それはもちろんエド〝ストラングラー〟ルイスだよ。私のマネージャーとして2年半、一緒に旅をして常に私のそばにいてくれたから、その間に彼から様々なプロの技術を吸収したんだ。

彼から教わった中で一番大切なもの、それは「テコ」だね。これの応用で何の変哲もないホールドが、相手を屈服させる強力なサブミッションに変わるんだ。

ある日ルイスの自宅を訪ねたんだが、居間にあの有名な「ヘッドロック・マシーン」が飾ってあってね。私がしげしげと眺めていたら、ルイスが「お前、これを絞めてみたいんだろ。お前なら出来るかもしれない。やってみろ」と言って、そのマシーンを私に手渡したんだ。

ルイスについては別章で詳しく述べたので重複は避けるが、この時代はルー・テーズのマネージャー業を終えたばかりで、オクラホマの自宅で隠居生活に入ったところだった。おそらくマクガークの要請で、ホッジのトレーナー兼マネージャーを引き受けたのだろう。

この期間に、彼がルイスから多くのプロの技術を貪欲に吸収したのは間違いない。その中には、もちろんサブミッションも含まれるだろう。それでもホッジは「フッカー」にはカテゴライズ出来ない。何故か。それは、自分のレスリングをほぼ完成させていたホッジにとって、プロの技術とはそれを１００％に近づけるための〝プラスアルファ〟に過ぎなかったと筆者が考えるからである。

ただ、お断りをしておきたいのは、「フッカー」と「最強」は必ずしも同義語ではないということである。ホッジの言う「何の変哲もないホールド」も強力な握力を持つホッジが行えば、それは「サブミッション」へと変化する。彼に限っては、それが長い時間を経て初めて習得可能となる高度なものである必要はない。

筆者は彼のアマレス時代の映像を目にしたことがあるが、彼に体の一部を掴まれた対戦相手はそこから脱出することが出来ず、ホッジにコントロールされるがままフォールへと導かれていた。ルイスからの「テコの応用」の習得は、ホッジの「身体能力に依存したレスリング」に初めて「科学」が加わった瞬間であった、とは言い過ぎであろうか。

ただし、現役時代に彼がリング上でみせたオクラホマ・ヘイライドや、アブドミナル・ストレッチ（コブラツイスト）を始めとするホールドのほとんどが「アマレス技の応用」であったのは事実である。

さてホッジが語った「ヘッドロック・マシーン」については、若干の説明が必要だろう。これは木製のふたつの分厚いプレートの間に強力なバネが内蔵してあるもので、絞め上げるとそのプレートがピッタリと閉まる構造になっており、現役時代のルイスが開発し、ヘッドロックの練習用に用いたことで有名であった（人の顔が描かれたバージョンも存在した）。

（上、中）ルイス愛用の「ヘッドロック・マシーン」を譲り受け、鍛錬に励んだホッジ。彼のパワーは決して握力だけではない。
（下）NWA 世界王者同士の対決。テーズのヘビー級タイトルに挑戦したホッジ（64 年＝エルパソ）。テーズとは日本も含めて 20 数回対戦している。

それは相当力が強い者が全力で絞めても、絶対に閉まらないことで有名だった。ルイスに促されて私もやってみたんだが、汗で滑ってなかなか閉まらない。それで着ていたものを脱いで裸で再びトライしたら、今度はピッタリと閉まったんだ。そしたらルイスが「これはお前にやるよ」と言って、私にプレゼントしてくれたんだ。

彼の恐るべきパワーが、後述する握力だけでないことを示すエピソードである。

脅威の握力について

ホッジは自分の驚異的な握力に関して、次のように語る。

中学生の頃、試合に負けて悔しくて、思わず新聞紙を鷲掴みにしたら手の中に納まってしまってね。それで自分の握力の強さに初めて気が付いたんだ。小さい頃から牛の乳絞りとか農業の手伝いとかやらされていたから、その頃に鍛えられたんじゃないかな。17歳の頃にはもうペンチを握り潰すことが出来るようになって、よく消防署のペンチを壊してイタズラしたもんさ(笑)。

どれぐらい握力があったかって？　さあ、計ったことがないから、わからないよ。数値的な興味なんてアメリカ人は誰も持たないし、そもそもオクラホマみたいな田舎に当時、握力計なんてなかったよ（笑）。

『リンゴ潰し』は手を怪我した時に、ナイフでリンゴの皮が剥けなくて悔し紛れに強く握ったら、ふたつに割れたんで、「これはパフォーマンスで使えるかもしれない」って思い付いたんだ。だから、握力を鍛えるのにリンゴも使ったし、昔のブリキで出来たジュース缶もよく潰してたよ。

その強力な握力を使って、クロー技などは考えたことはなかったのか。

（フリッツ・フォン・）エリックとは試合したことがあるので、クローがどんな技なのかは知ってるけど、私にはもっと強力なホールドがあったからね(笑)。私は自分のレスリングを観客に見てもらいたかったんだ。

ルー・テーズとヒロ・マツダ

最も強かった相手？　うーん、難しいな（笑）。色んな思いがあるからなあ。ヘビー級では、まずルー・テーズだね。ひと言で言えば、まるで猫のように素早い動きをするレスラーだった。コンディションも万全で、技術的にも素晴らしかった。

ルーと初めて対戦したのは確か61年、テキサス州オースチンのTVマッチだったと思う。ルーにアームシザースを掛けられたので、回転して脱出しようとしたら、元の体勢に戻された。2、3回同じ攻防があって、最後はルーの体をそのままリフトアップしてコーナーポストの上に乗せたんだ。ルーは「この痩せっぽちが何でこんなにパワーがあるんだろう」って不思議がってたよ（笑）。

ルーとは日本での試合で、彼に勝ってタイトル（TWWA世界ヘビー級＝68年）を獲ったのが思い出深いね。本人からも試合後に「よくやった」って褒められたよ。

テーズとホッジはルイスという同じ師を持つ兄弟弟子であり、実際にもテーズは実の弟のようにホッジに接し、ホッジもテーズを兄のように慕った。そして、テーズの晩年までその親交は変わらなかった。

テーズはホッジについて、そのボクシングの実力や性格も含めて「野獣のようにタフな男、そしてナイスガイだ。彼の存在は、アメリカと日本においてプロレスリングに多大な信頼をもたらせた」と評しており、お互いをストレートに認め合う、ナチュラルな形での「主従関係」にあったようだ。

ジュニアヘビーでは、文句なくヒロ・マツダだね。私はスピード、スタミナ、テクニック、パワー、レスリングのどの要素をとってもヘビー級レスラーにだって負けない自信があったんだが、マツダはいずれの部分でも私を脅かす存在だった。ジュニアヘビーなのに、(私同様に)ルーと何度も対戦していた。これは本当に凄いことなんだ。彼との出会いは、私のレスラー生活を大いに充実させてくれたよ。

ホッジを語る上で欠かせないのが、〝一匹狼の日本人レスラー〟ヒロ・マツダの存在である。手元にある資料では、両者の初対決は62年3月のオクラホマ州オーロラでの対戦（結果はドロー）であるが、実際にはこれよりも少し早い時期であったかもしれない。いずれにせよ、この年からホッジが引退する76年までの14年の長きに亘って、両者は世界ジュニアヘビー級王座を巡ってライバル関係を構築していった。

扱いづらいレスラー

実はプロレスラーとしてのダニー・ホッジの活躍については、有り体に言えばそれまでの時代に比べて、これといった輝かしいものがない。アマレスにおける全国区のスター選手であった彼のネームバリューは大変なものであるし、その実力もこれまで書いてきたとおり驚異的なものだが、それに見合った活躍の場が与えられていたとはとても言い難い。

現役生活全体を見廻してもホームリングであるオクラホマ以外へのサーキットは、フロリダ、テネシー、テキサス、セントルイス、ミネアポリス、デトロイトなどごく限られた地区のみであるし、海外遠征は日本とメキシコだけである。

さらにトップレスラーたちとの対戦も、先に述べたテーズやマツダの他はパット・オコーナー、ビル・ミラー、ドン・カーティス、マッドドッグ・バション、ドリー・ファンク・ジュニア、そしてジャック・ブリスコとほぼ全員の具体名を列記できるほど限られている。また、そのほとんどがレスリングマッチが行える本格派のレスラーばかりである。その理由について筆者が推測するものを、いくつか挙げてみたい。

まずはホッジがジュニアヘビー級であること、これが最大の要因だろう。自身がジュニアヘビー級の世界王者であり、そのベルトの管理を託されていたマクガークの元では、地元が生んだヒーローでもあるホッジは当然メインエベンターを務められるが、他の地区ではそうはいかない。

例え「世界選手権試合」であっても、その上に「ジュニアヘビー級」という但し書きが付けば、観客動員に結びつかず、メインイベントにはなり得ない。ヘビー級が主体であるアメリカマットの中での『NWA世界ジュニアヘビー級王座』とは、実のところオクラホマ周辺やフロリダなど特定の地区のみ有効な『地域限定タイトル』であった。だからこそ、NWAはそのタイトルの管理をマクガークという「個人」に委託したのである。

アメリカマットのトップレスラーは、ジュニアヘビー級というジャンルにおいてはホッジ以外皆無に等しく、同階級でライバルと呼べたのは唯一、ヒロ・マツダだけであった。もちろんホッジにとっては体重差など関係なく、ヘビー級相手であっても十二分に試合は成立するだろうが、相手レスラーはたまらない。勝って当たり前、敗れれば「ジュニアのレスラーに負けた」というレッテルを貼られることになり、リスクが大き過ぎる。しかも相手は実力者ホッジなのである。

次の理由は彼が「絶対的ベビーフェース」であった点である。他の場所からやってきて反則を繰り返すヒールを地元のヒーローが撃退する――。これが日米で共通する70年代までのプロレスのセオリーであった。だが、彼が生来持つ実直な性格とレスラーとしてのプライドによって、遠征先と言えどもこのセオリーに従いヒールを演じることが、ホッジには難しいことであったに違いない。

では、遠征先の相手がヒールのエースであればどうか。当時のアメリカマットにおいて、ホッジに対して過激なラフファイトを仕掛けることが如何に無謀なことであるか、知らぬ者はいなかったはずだ。

ホッジの試合ぶりが常に地味であり、そして彼が常に「本気」であることも、その理由として挙げられるだろう。彼の試合を当時観戦した日本のオールドファンは、「観ていて強いのはすぐにわかるが、アマレス主体の地味な技が多くて試合に派手さがなく、正直に言えば退屈だった」と異口同音に語る。これはアメリカでも同様であったと思われる。

そして、「競技としてのレスリング」の頂点まで上りつめたホッジにとって、レスリングにプロ、アマの区別はなく、あくまで「勝つか負けるか」が重要であり、真剣に相手をいかにして倒すかがリング上の全てであったのではないか、と筆者は考える。

プロモーターにとってこれほど扱いづらいレスラーは、ホッジ以外にはカール・ゴッチくらいではなかったか。ただし、ゴッチがプロレスを単なる「生活の糧」と割り切っていたのに対して、ホッジにはレスリングを「職業」にできた喜びがあった。この違いは大きい。

日本遠征、そして早すぎる引退

日本へはリキドウザンの生前、62年頃に遠征の打診があったんだが、彼が亡くなったことでいつの間にか立ち消えになっていた。私が日本へ行くことが出来たのは、マツダがチャンスを作ってくれたからなんだ。

67年の初来日では、こんなことがあったよ。地方の試合で、日本の若いレスラーが私にラフファイトを仕掛けてきたんだ。彼の脳天へのチョップで目は廻るし、観客は笑うしで、どうしようかと思ってね。私は彼に「これ以上続けるんだったら、私も考えるよ」と忠告したんだが、攻撃をやめないんで私も仕方なくパンチで彼をノックアウトした。その若者がイノキだったんだ(笑)。

日本での試合の思い出は（前述の）テーズ戦の他には、（ウィルバー）スナイダーと組んで、ババとイノキからタッグタイトルを奪った試合も忘れられないね

上）アントニオ猪木との攻防。「若獅子」時代の猪木との対戦は意外に多い。国際プロレスのリングではパンチで猪木を KO したこともあるという。
中）ウィルバー・スナイダーとのタッグで、無敵といわれた BI 砲からインターナショナルタッグを奪取（69 年 1 月 9 日・広島）
下）日本における“求道者”カール・ゴッチ（中央）との貴重なショット（69 年）。左はスナイダー。

（69年1月9日＝広島）。プロモーターと観客に関しては、日本が世界でも最高だったね。

ホッジは67年1月の初来日から、国際プロレスに2回、日本プロレスに4回、そして74年7月の全日本プロレスにおける現役最後の来日まで通算7回の日本遠征を経験している。

ホッジの試合記録を調べると、驚くことに日本でのシングルマッチにおいてピンフォールによる完敗が一度もない。おそらく来日した当時のトップレスラーでは、ホッジひとりだけが持つ記録ではないだろうか。

引退後に出版されたホッジのクッキング・レシピ本。いわゆる珍書のひとつではあるが、巻末には彼自身の手記と多くの写真が掲載されており、筆者にとっては貴重な資料である。

ホッジが長期間保持していたＮＷＡ世界ジュニアヘビー級王座は、ヒロ・マツダが64年7月11日にフロリダ州タンパでホッジを破り初戴冠したのを皮切りに、ロレンゾ・パレンテ、スプートニク・モンロー、ロジャー・カービー、ケン・マンテルがホッジから一時的に預かることはあっても、少なくとも72年まではホッジの独占タイトルであった（※非公式ではあるが、上田馬之助、松岡巌鉄がそれぞれホッジから奪取。また、マティ鈴木も「短期間だが、ホッジから獲った」と述壊している）。

そして76年3月2日にマツダを破り4年ぶりに王座に返り咲いた直後、3月15日早朝のことだった。

その日は夜に試合があるんで、私は（オクラホマ州）モンローへ向かって車を走らせていた。寒い朝だった。ヒーターの暖房が効きすぎたのか、私は居眠りをしてしまった。車が橋に激突して、そのまま滑るように川へ転落していった。私は首の骨と歯が全部折れたのをはっきりと感じたよ。

沈んでいく車のフロントガラスのわずかな隙間から私は外に出て、岸まで泳いだ。首をしっかり片手で抑えながらね。偶然そこへトラックが通りかかって無線で連絡を取ってくれたんで、すぐに救急車が来て私は助かったんだ。

幸い大きな障害は残らなかったが、レスラーは諦めなければならなかった。実はだいぶ回復したんでカムバックして2、3試合やってみたんだが、やはり無理だった。それで私は引退を決めたんだ。

引退後のホッジ

引退後、ホッジは調理器具の販売会社に入社。料理レシピ本の出版などユニークなセールス活動をしながら、時折はプロレスのリングにもレフェリーとして登場したりアマレスコーチとして後進の指導にあたるなど、レスリングとの関係は保ちながらの生活を送る。

85年6月には新日本プロレスの招きで11年ぶりに来日、藤波辰巳vsハルク・ホーガンのレフェリーを務めた。

そして、92年5月にUWFインターナショナルで企画されたロビンソンのエキシビションマッチの対戦相手としてホッジの名前が浮上し、テーズに打診するも、「ダニーは体調不良で試合は難しい」という回答もあって見送られた。その代わりに92年9月から95年4月までタイトルマッチ立会人として、テーズ、ロビンソンと共に何度も来日し、元気な姿を見せてファンを喜ばせた。

本国でも95年にNCAAは『ダニー・ホッジ・アワード』を制定、年間最優秀選手に彼の名が付けられた賞が送られることとなり、2005年にはオクラホマ州ボクシングコミッションが毎年3月29日を『ダニー・ホッジ・デー』とすると発表した。2009年現在、ホッジはオクラホマ州のボクシング、レスリング、そしてMMAのコミッショナーの要職にある。

スペシャルマッチの行方

さて、冒頭に記したホッジとロビンソンの戦いに話を戻す。ロックアップでスタートした試合は、ホッジがリストロックを決めた後、激しい腕の取り合いとなる。ホッジのネクタイが外れた。ロビンソンがホッジをかんぬきに決め、そこから強力なヘッドロック。ホッジの顔面に拳をグリグリと押し当てる。ホッジがアームブリーカーで反撃、ロビンソンの顔が苦痛で歪む。誰がこのような展開を予想しただろう。宮戸氏でさえ、ふたりがリング上で組み合ってくれさえすれば、それで満足だったのではなかったか。終了のゴングが打ち鳴らされても、両者は組み合ったまま。宮戸氏がふたりの間に割って入り、試合を止めた。両者の手が挙がったが、ホッジがロビンソンを睨みながら、指を差し挑発した。閉会のあいさつの途中で、宮戸氏は言葉を詰まらせた。

後日、ロビンソンは我々にこう語った。

「もしダニーが現役の頃、欧州に遠征して各国のレジェンドたちと対戦したら？　ダニーなら、おそらくギデオン・ギダを倒すだろうね。スープレックスを始めとするギダのグレコローマンの技術は確かに脅威だけど、サブミッションに関してはそれほどのレベルではなかったからね。グラウンドの展開になった時点で、ギダではとても手に負えないよ。ダニーでもビリー・ジョイスなら楽勝だろうって？　おいおい、ダニー・ホッジを簡単に倒せる人間なんて世界中のどこにもいないさ（笑）」

パンクラチオン、あるいはMMA

不完全なレスリングと不完全なボクシングがひとつになった競技である――。

哲学者プラトンの言葉である。彼の時代、紀元前の古代ギリシャに『パンクラチオン』と呼ばれる壮絶な格闘技があった。打撃やサブミッションはもちろん有効であり、禁止事項は「目をえぐること」「噛み付くこと」の2点のみで金的への攻撃さえ認められていた。勝敗は本人の意思表示のみ、死をもって勝敗が決するケースも日常であったと伝えられる。

古代オリンピックにおいて、この過酷な競技を勝ち抜き優勝した者は英雄となった。そして、人々はマルチな才能を持つ人物を尊敬の意味も込めて『パンクラティスト』と呼んだ。

20世紀末にパンクラチオンに酷似したスタイルでスタートしたMMA（総合格闘技）は、わずかの間にルールも整備され、一競技として確立しつつある。現在のこの競技が果たして「完全なもの」であるのかどうかは、筆者の論ずるところではない。のちの世の人々が冷静な目で判定してくれるだろう。

「もしプロレスの長い歴史の中から、MMAのリングに自信を持って送り込める人間をひとりだけ選ぶとしたら誰か」とプロレスに関わる者に尋ねたら、おそらく9割を超える人がダニー・ホッジの名前を挙げるだろう。彼こそが20世紀で唯一『パンクラティスト』と呼べる存在であるからだ。

だが、この言葉をホッジに投げかけたら、彼はきっと不思議そうな顔をしてこう答えるだろう。


誰がパンクラティストだって？　私はただのレスラーだよ。

後記

2019年現在、ダニー・ホッジは87歳になる。兄のように慕ったルー・テーズの没年を超える年齢となった。身体は至って健康そのものであり、ドローレス夫人と共に静かに暮らしているようである。

カール・ゴッチと同様「レスリングに奉じた人生」を一日でも長く歩んでほしいとただ祈るのみである。

第十一章
世界各国の戦前レスリング稀覯《きこう》本

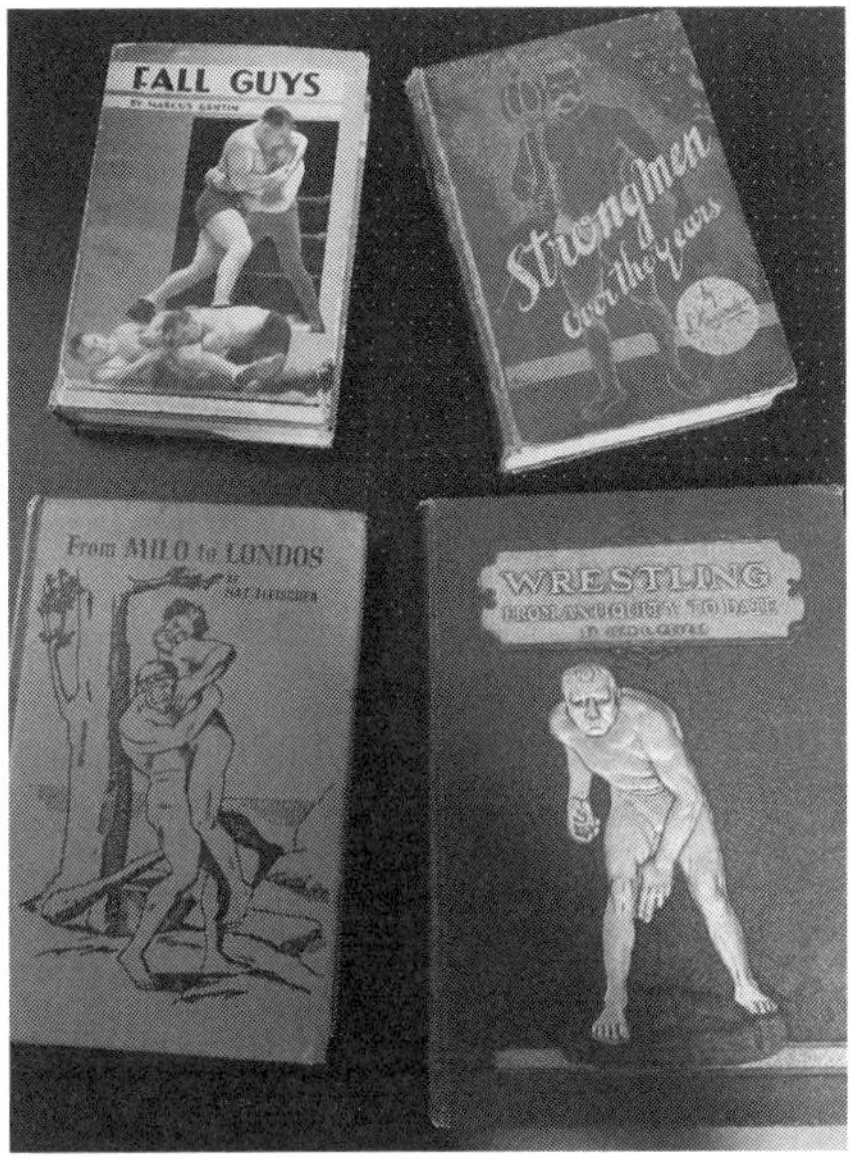

以前から、プロレスの世界ではマニアや研究家が存在していたが、最近では総合格闘技やキャッチレスリングの影響から、「戦前のレスリング」に興味を持つファンも少なくないようだ。そんな方々に向けて、いくら古書店に通いつめても絶対に手に入らない超貴重な「教科書」の数々をご紹介しよう。

欧米諸国からインドまで、レスリング探求の旅はまだまだ終わらない——。

『FROM MILO TO LONDOS』
NAT FLEISCHER著　1936年　アメリカ

当時の『リング』誌主幹、ナット・フライシャー氏の手による、あまりにも有名なプロレス歴史書。近代のプロレス史に重きを置いているのは致し方ないにしても、文字通り古代ギリシャのミロンから、出版当時のトップレスラーであったジム・ロンドスの時代までのレスリングの歴史が記されており、後年日本で書かれたプロレス史記述の多くは、この本を根幹にしていると言っても過言ではない。1000冊限定で出版され、1冊ごとにシリアルナンバーとフライシャー氏の直筆サインが入っている。

『LIFE WORK OF FARMER BURNS』
MARTIN BURNS著　1911年　アメリカ

19世紀末から20世紀初頭のアメリカン王者で、指導者としてもフランク・ゴッチをはじめ多くのプロレスラーを世に送り出した〝ファーマー〟マーチン・バーンズの自伝。アメリカプロレス史のキーマンであるバーンズが、自らのレスラー人生を振り返るだけでも価値ある史料となり得る。

後半はレスリング技術書になっており、バーンズ自身や弟子のゴッチも解説写真に登場している。なお、コーチとしても著名であったバーンズには、他にもレッスン用テキストなどの著作がある。

『WRESTLING FROM ANTIQUITY TO DATE』
JOHN C. MAYERS著　１９３１年　アメリカ

往年のトップレスラー、ジョン・マイヤースが製作したもので、自費出版のようである。浮彫調に仕上げられた、他に類を見ない豪華な装丁で、「古代から現代まで」の副題通り、内容はまずレスリング史の詳細な記述がある他、技の解説、レスラー名鑑と多岐に亘り、さながら「プロレス百科事典」の様相を呈している。現在入手は難しく、日本にはおそらく数冊しか存在しないはずである。

『GOTCH WORLD'S CHAMPION WRESTLER』
GEORGE S. ROBBINS著　１９１３年　アメリカ

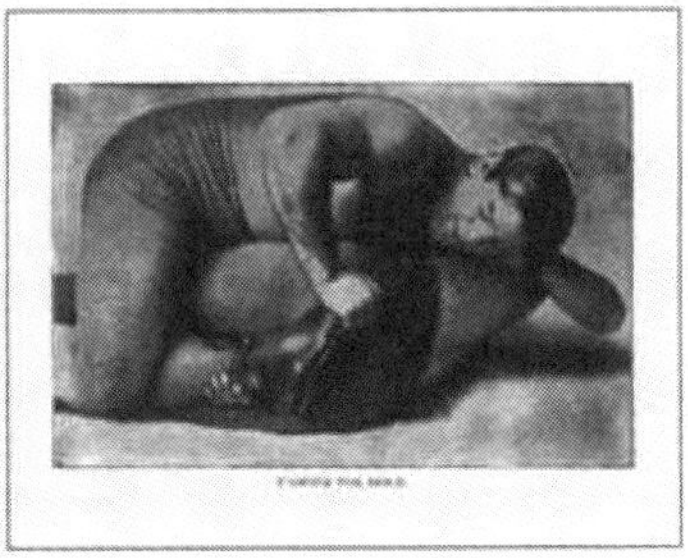

20世紀初頭の世界王者として有名なフランク・ゴッチの評伝。ゴッチに関する出版物は多数存在するが、その生前に出版された評伝はこの本のみであり、彼本人のコメントや、当時の新聞記事とイラストの抜粋は秀逸である。後年のゴッチ関連本の多くの記述はこの本に負うところが多く、ゴッチ研究には欠かせない教科書的一冊。バーンズの自伝同様、後半はゴッチ自らの写真を多用したプロレス技の解説となっている。

『ON THE MAT AND OFF』
HJALMAR LUNDIN著　１９３７年　アメリカ

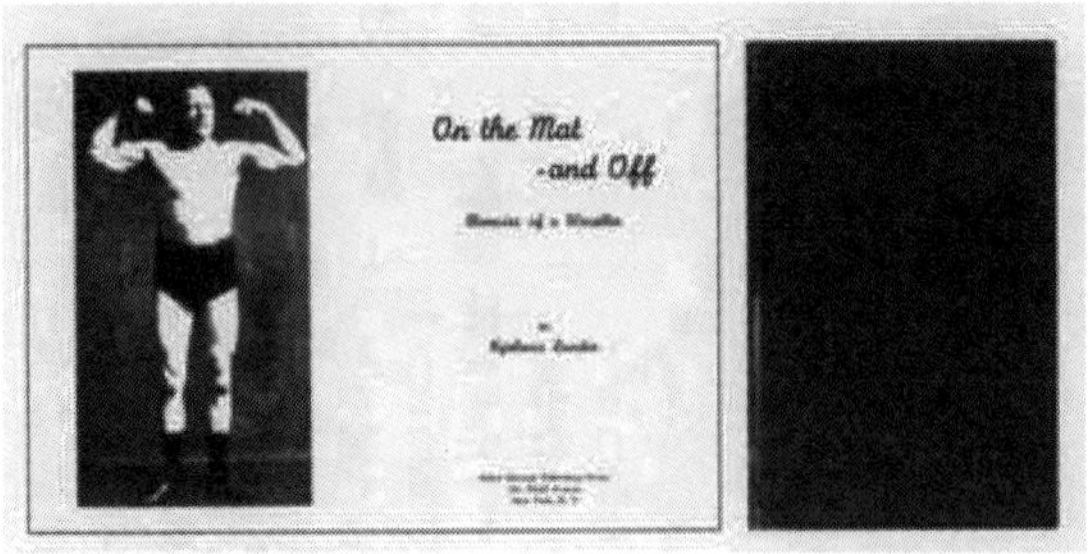

20世紀初頭のトップレスラー、ヒャルマー・ランディンによるレスラー回顧録。彼がそのレスラー人生において出会った数多くのレスラー、ファーマー・バーンズ、フランク・ゴッチ、エド・ルイスから、ジャック・シェリー（戦前の英国版世界王者）やレン・ホール（１９５１年にボビー・ブランズらと共に来日）らについて、レスラーならではの視点で述懐しており、とりわけ１９０９年にメキシコで対戦したというコンデ・コマこと前田光世戦のエピソードは、格闘技史的にも貴重な証言であると言えよう。

『FALL GUYS』
MARCUS GRIFFIN著　１９３７年　アメリカ

１９１０年代から１９３０年代のプロレスの裏面史を描いた、元祖「暴露本」というべきものである。エド・ルイスとポリスマンのトーツ・モント、マネージャーのビリー・サンドウの通称『ゴールドダスト・トリオ』を中心人物に、その暗躍と、当時のプロレス界に存在した『トラストバスター』と呼ばれたシューターたちとプロモーターの闘争の歴史も窺い知ることができる。作者はマーカス・グリフィンとあるが、これが当事者のひとり、ビリー・サンドウの別名であるという説も一部には存在する。

『MODERN ATHLETE』
TOM CONNORS著　1890年 カナダ

英国、アメリカを股にかけて活躍したキャッチ・アズ・キャッチ・キャンのトップレスラー、トム・コナーズの自伝及びレスリング解説書。まず自伝の項目があり、各種レスリングスタイルとルールの説明、レスリング技のイラスト入り解説へと続く。当時、現役プロレスラーによる自伝は大変珍しく、19世紀末のプロレスの状況を知る史料が乏しい中で、レスラーが自ら記したこの一冊は実に貴重である。

『JU-JITSU WHAT IT REALLY IS』
APOLLO著 1904年 英国

英国における柔術、柔道普及の最大功労者である谷幸雄のマネージャー、アポロことウィリアム・バンキアが記した谷のエピソード録及び柔術技解説書。この本がなければ、谷の名前が現在まで伝わる可能性は低かったはずである。本の中には谷ともうひとりの在英柔術家、上西貞一の柔術技の写真が多数ちりばめられており、彼らの技術の断片を垣間見ることができる。ちなみに、谷には三宅多留次（タロー・ミヤケ）との共著による英文の柔術技術書が存在する。

『COMPLETE SCIENCE OF WRESTLING』
GEORGE HACKENSCHMIDT著　1909年　英国

〝ロシアのライオン〟ジョージ・ハッケンシュミットによるレスリング技術書。グレコローマンスタイルがベースであるハックだが、キャッチ・アズ・キャッチ・キャンの技の解説もある。左写真は、1920年代に出版されたセカンド・バージョン。ゴッチ同様、ハックに関する本は他にもいくつか出版されており、中央は本書初版本とハック自伝『THE WAY TO LIVE』(1908年)、左は1968年にハックが逝去後、ロシアとエストニア両国で出版された彼の評伝である。

『VINGT ANS DE LUTTE』
PAUL PONS著　1909年　フランス

19世紀末から20世紀初頭に欧州各地で頻繁に開催されていた、グレコローマン・トーナメントで大活躍したフランスの伝説の強豪、ポール・ポンの自伝。ポンがフランスで対戦したトルコのユーソフ・イスマイロを始め、各国のレスラーについても詳しく書かれており、当時の英米以外のプロレスの状況を知る上でも貴重な文献である。

『SUOMALAISIA MESTARIPAINIJOITA』
CARL ALLENISTA／VAINO KOKKISEEN 共著
１９３９年　フィンランド

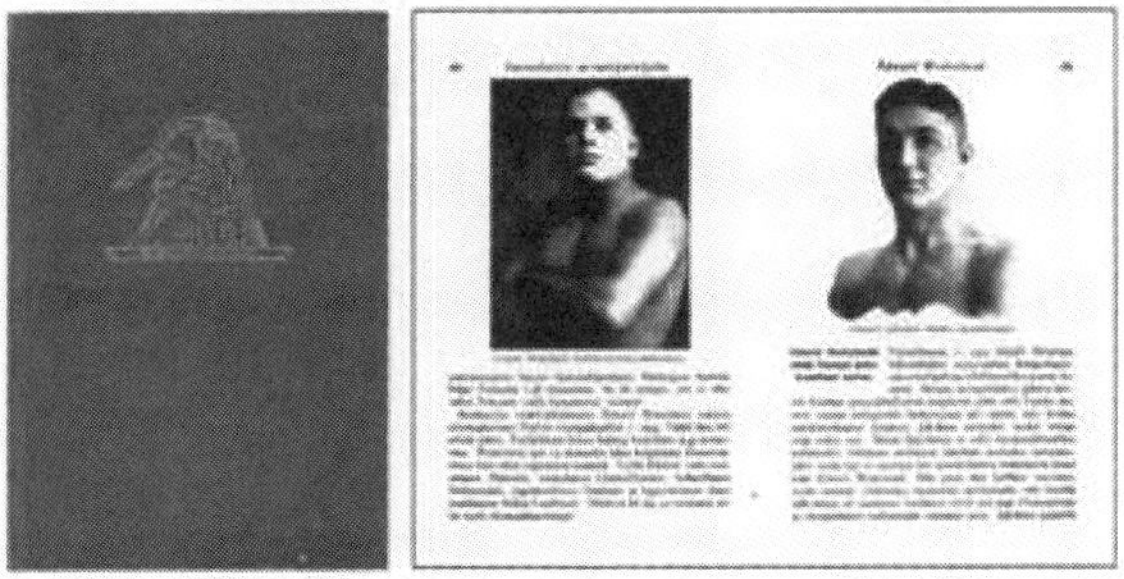

「フィンランドの優勝レスラーたち」というタイトル通り、本国におけるレスリング大会の歴代優勝者に関して書かれた本のようである。一見するとアマレスと感じるが、ハッケンシュミットやズビスコらプロレスラーの写真があることから推測するに、フィンランドには当時グレコローマンのプロレスが存在したようである。いずれにせよ、北欧のレスリング史を知る貴重な文献である。

『STRONG MEN OVER THE YEARS』
S. MUZUMDAR著　１９４２年　インド

レスラー、ストロングマンなど、インドにおける伝説の強豪に関して、英文で詳細に記された本書は、グレート・ガマの存命中に彼と非常に近い人物の手で書かれているので、ガマに関する記述の正確さは他に類を見ず、ガマ研究に必須の書である。それにもかかわらず、作者がインド史上最強のレスラーを自分と近しいガマではなくグーラムとしているところが興味深い。日本にはおそらくこの一冊しか存在していないはずである。

『EN MESHUR TURK PEHLIVANLARI』
M. SAMI KARAYEL著 1941~1945年 トルコ

トルコの歴史上の強豪レスラーたちの伝記シリーズ。レスリング大国であるトルコでは、これまで出版されたレスリング本の数も多い。とりわけこのシリーズ本は国内でも希少で珍しいようである。このシリーズはさらに続くはずだったが、作者の急死で絶筆となり、結局全16巻、14冊が出版された。写真はユーソフ・イスマイルとカラ・アーメットの巻。ちなみにトルコではユーソフを『KOCA YUSUF』（コジャ（偉大な）・ユーソフ）と呼び、尊ばれているようである。

『EIN LEBEN AUF DER RINGER MATTE』
FRANZ DOBERL著 1948年 オーストリア

オーストリアのプロレスラー、フランツ・ドバールによるレスラー名鑑。20世紀前半に欧州で活躍していたレスラーが主だが、中にはフランク・ゴッチやスタニスラウス・ズビスコらに関する解説もある。後半のページには技の解説があり、キーロックの写真もあるところから、20世紀前半の時点で現地のプロレスがグレコローマンではなく、キャッチ・アズ・キャッチ・キャンであったことが窺える。

『GUIDE TO WRESTLING』

N.Z. SPORTING LIFE編　1930年代-1950年代　ニュージーランド

第二次大戦を挟んだ約20年間に亘り、ニュージーランドで発行されていたプロレスガイドブック。ある年はレスラー名鑑、またある年は技の写真解説と、発行年ごとに内容は一新されており、おそらくこのような形式のファン向けガイドブックの発売は、アメリカよりもニュージーランドの方が早かったと思われる。毎号のように、当時のトップであったロフティ・ブロムフィールド、アール・マックレディが大きく扱われているが、戦後の号に〝地元のホープ〟パット・オコーナーが登場してくるのが嬉しい。

『MODERN WRESTLING HOLDS』

E.R. VOIGHT著　1933年　オーストラリア

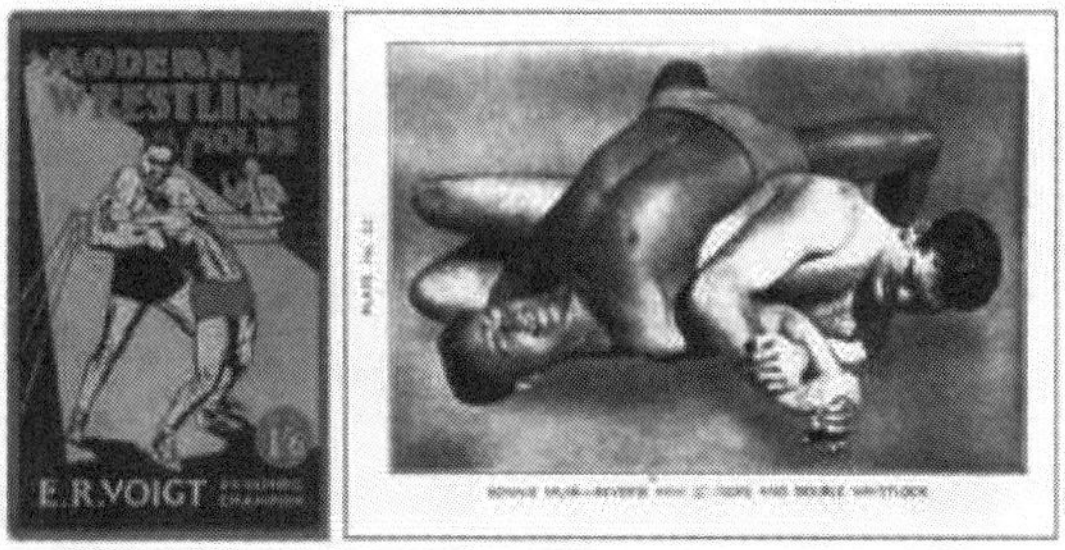

当時の豪州マットで使われていた主要なプロレス技の写真入り解説書。ひとつひとつの技について見開き2ページ、写真を使って丁寧に解説が施してある。その技の多くはサブミッションであるが、20世紀初頭の英米の技術書と比較すれば、技そのものが大分ダイナミックかつ複雑になっており、ショー・ホールドがその中核をなしてきたことがわかる。オーストラリア、ニュージーランドもまたプロレス本の意外な宝庫である。

『A HAND-BOOK OF WRESTLING』

HUGH F. LEONARD著　1897年　アメリカ

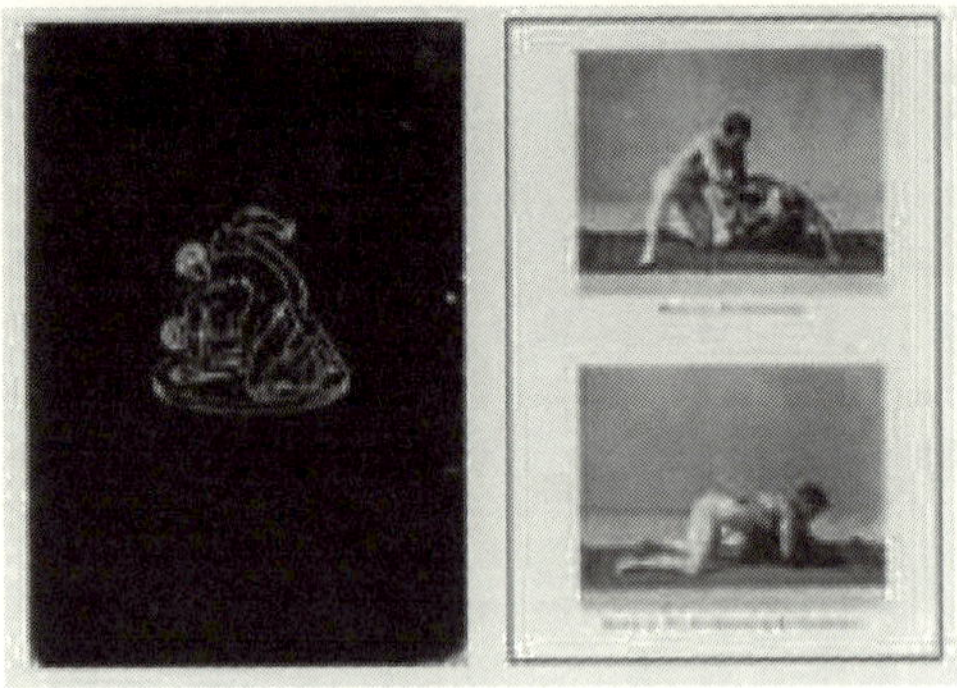

プロレスラーとして著名なレスリングトレーナーでもあったヒュー・レナードのレスリング、特にキャッチ・アズ・キャッチ・キャンの技術書。レナード自身がインストラクターを務め、写真とわかりやすい文章で各技術の解説がなされており、ハンマーロックやストラングルホールドなど、いくつかのサブミッションも紹介されている。19世紀末のレスリング本だが、その技術は我々の目から見ても秀逸なものである。

『WRESTLING』

WALTER ARMSTRONG著　1900年　英国

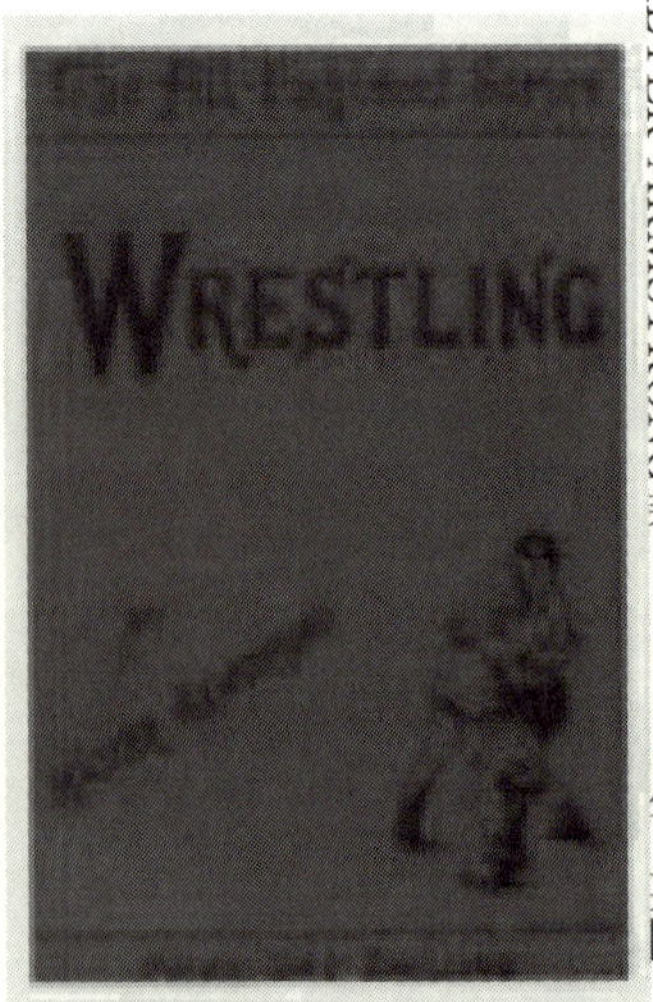

レスリング研究家で、自らもカンバーランド・ウェストモーランドスタイルのレスラーであったウォルター・アームストロングによるレスリング解説書。厳密に言えば「プロレス本」には該当しないが、当時の英国における各種のレスリングスタイルについて詳しく書かれており、プロレス史研究にとっても貴重な資料と言える。特筆すべきは「キャッチ・アズ・キャッチ・キャン」と「ランカシャースタイル」を別の競技として紹介してある点で、この書だけに見られる興味深い記述である。

『MANUAL OF WRESTLING』
WILFRED E. CANN/WN.W. HASTINGS共著　1912年　アメリカ

著名なアマチュアレスラーで、レスリングトレーナーでもあったウィルフレッド・カンによる技術書。各種レスリングの当時のルールについて多くのページを割いている点、各種技術解説の項目に「アマチュアでは禁止だが、プロではしばしば用いられる」といった記述がある点が興味深い。この当時のレスリングにおけるプロとアマの一番大きな相違点が、使用できる技の範囲であったということがこのことから推測できる。

『MODERN WRESTLING』
J.W. McWHINNIE著 発行年不明 英国

おそらく1900年代に発行されたプロレス技術書。スタニスラウス・ズビスコ、トム・キャノン、ジョー・キャロルなど、当時のトップレスラーたちがインストラクターを務めている。グレコローマン、キャッチ・アズ・キャッチ・キャンの項目に分類されているが、惜しむらくは解説のみで写真のない技が多数ある点。全ての技の写真が掲載されていれば、当時の英国のプロレス技術の多くが明らかになったはずである。

『DER FREIE RINGKAMPF（CATCH-AS-CATCH-CAN）』

VON ALBERT STOLZ著　１９０９年 ドイツ

ドイツ版キャッチ・アズ・キャッチ・キャンの解説書。「フリーのレスリング」としてキャッチ・アズ・キャッチ・キャンの技が写真入りで紹介されており、おそらくグレコローマンが主流であったであろうドイツで、この本が発行された点が興味深い。中には当時の英米の技術書にはない技も多数あり、その点でも貴重な史料である。

『WRESTLING CATCH-AS-CATCH-CAN』

E. HITCHCOCK／R.F. NELLIGAN共著　１９１１年 アメリカ

スポーツ用品メーカー、スポルディング社発行のシリーズ本の一巻。このシリーズ本は後年まで定期的に発行されており、ハッケンシュミットやジョージ・ボスナーなどトップレスラーたちがインストラクターを務める版も存在する。写真は１９１１年発行の版だが、別記のヒュー・レナードの技術書の参考文献として本書の名前があることから、初版は19世紀末のようだ。特筆すべきは「For punishment（痛めつける目的で）」と解説された技が、写真入りでいくつも紹介されている点である。

第十二章
恐怖のトルコ人
―コジャ・ユーソフとトルコレスリング―

読者の方々は「トルコのレスリング」と聞いて、どのようなものを連想されるだろうか。

“求道者”カール・ゴッチにも影響を与えた『ギュレシュ』と呼ばれるレスリングの歴史と実態、さらにかの国が生んだ“偉人たち”の足跡を辿ってみたい。

19世紀末のフランス、そしてアメリカのプロレスマットに突如出現し、当時の名だたるトップレスラーたちをことごとく撃破、その驚異的な強さから、畏怖の念を込めて“テリブル・ターク（恐怖のトルコ人）”と呼ばれたレスラーが存在した。予期せぬ大津波のように相対する者全てをあっという間に飲み込んだその男は、人々を恐怖に至らしめ、また海へと戻っていった。

男の名はユーソフ・イスマイル。現在でも母国トルコでは英雄“コジャ（偉大なる）・ユーソフ”と崇められ、その非業の死を含めた彼の伝説は欧米のプロレス史家の間で語り継がれている。

そこで本稿ではユーソフの生涯と、“テリブル・ターク”を生み出したトルコのレスリングについて詳細に綴ってみたい。

世界最長のレスリング大会

ダウル（太鼓）とズルナ（笛）による勇壮な音楽が鳴り響く中、全身油にまみれた男たちの戦いが今年も始まった――。

毎年6月下旬から7月初旬の3日間、オイルレスリングの祭典『クルクプナル』（Kırkpınar）が開催される。その歴史は古く、第1回大会は今から660年前の1349年に催されたとされており、今年で648回を数える。19世紀後半から20世紀前半にかけて幾度かの戦争で中断された時期もあったが、国家が「王朝」から「共和国」へと変貌を遂げてもクルクプナルが途絶えることはなかった。

ちなみにクルクプナルは、「世界で最も長く続けられている競技大会」としてギネスブックにも記載されている。トルコ国内では、主要なものだけで年間に約40、マイナーなものも含めれば300前後のオイルレスリングの大会が開かれるようだが、このクルクプナルが伝統、格式、規模、どれをとってもトルコ最大の大会である。

その名の由来に関しては、こんな伝説がある――。

1346年、オスマン帝国（現在のトルコ）の初代スルターン（イスラム教国の君主の称号）、オルハン・ガジに率いられた軍隊はビザンチン帝国領ルメリアを制圧、王子スレイマン・パシャに統率され大いなる活躍をみせた前衛部隊40名も本国に帰還することとなった。

途中サモナという地において休息をとった兵士たちは、余興にレスリングを始める。取り組みは、アリとセリムという兄弟の番となった。両者は実力伯仲で、戦いは夜を徹しても決着がつかず、最後は体力が尽きてふたりとも絶命する。

兵士たちはふたりの死を悼み、その戦いの場所にイチジクの木を植え、パシャから勝者に与えられる約束であった皮のパンツの絵をその木に彫り刻み、僚友の亡骸を葬った。それから数年が経ち、兵士たちが再びその地を訪れると、そこにはいくつもの泉が湧き出していた。彼らはその地を兵士の数40（クルク）と泉（プナル）にちなんで『クルクプナル』と名付けた――。

クルクプナルにおける男たちの戦いが始まった。初戦ではフィールドのあちこちで戦いが繰り広げられる。
大和田国男氏提供

大変美しい伝説だが、おそらくクルクプナルを神聖化させるために、ずっと後年に作られた「民間伝承」だろう。「クルク」とは「40」を表わすトルコ語だが、同時に「無数の」という意味合いもある。よってこの伝説で用いられる「クルク」も「無数の、沢山の」と解するのが正しいようである。

クルクプナルの開催地はその長い歴史の中で何度か移転しているが、共和国となった1923年以降はギリシャ、ブルガリア両国との国境にほど近いトルコ最北西端の都市で、かつては首都でもあったエディルネで行われている。現地では地元の一大イベントとして、毎年総力を挙げて大会の運営にあたり、最終日にはトルコ大統領も出席、優勝者に「金のベルト」を授ける。

試合会場であるサライチ・アリーナは、毎年数万人規模の観客で埋め尽くされるが、現地の女性は「イスラムの教え」によりスタジアムでの観戦を躊躇する。元々高さ20～30センチの草が生い茂った牧草地であった場所を観客席で囲んだ形式の、サッカー場よりやや小規模のレスリング専用スタジアムで、会場には彼らのために数トン単位のオリーブオイルが用意される。彼らは全身くまなくこのオイルを浴び、戦いに臨む。

ペフリヴァンは「勇者」の意

トルコではレスラーを『ペフリヴァン』（pehlivan）と呼ぶ。これは「勇者」「英雄」を示すペルシャ語を語源とし、トルコでは当初勇敢な兵士や武功のあった射者などにこの単語を用いていたそうだが、やがてレスラーを指す言葉となったようだ。一説には、先に述べた伝説の兄弟が弓の名手であったことに起因しているとも言われている。またインド、パキスタンではレスラーの呼称として『パールワン』（pahalwan）という単語が用いられるが、ルーツは同じと考えて間違いないだろう。

クルクプナルに出場するペフリヴァンたちは全国各地から集まった強豪揃い、年齢や身長別に全部で13階級に分けられている。「体重」ではなく「身長」である点が特徴だが、これは「組み合った時にバランスが取れて美しいから」というのがその理由らしい。ただし最上級クラスの『バシュ・ペフリヴァン』（baspehlivan）と、その次のクラスである『バシュ・アルテ』のトーナメントに関しては、あくまで無差別級となる。

「バシュ」とは「頭」を表わすトルコ語で、『バシュ・ペフリヴァン』とはつまり「チャンピオンレスラー」の意味。このバシュ・ペフリヴァンのトーナメントに出場するためには前途の主要40大会のいずれかで優勝を収める必要があり、またアルテクラスからバシュクラスに昇格するには、前記大会のいずれかに3年連続で優勝しなければならないという難関が待ち受けており、まことに狭き門である。ただし、近年はアルテクラスで表彰台に立った4人が自動的にバシュ・ペフリヴァンに昇格するようである。

各クラスの優勝者には賞金の他に金メダルが用意されているが、バシュ・ペフリヴァンとなった者には「金のベルト」が授与される。これはエンブレムの部分に850グラムの22金を使用した、金額にして5万トルコリラ（日本円で約310万円。金相場により変動する）もする豪華なものである。このベルトは翌年の大会時に主催者に返還されるが、3年連続でバシュ・ペフリヴァンとなった者にはこのベルトの永久所持が許される。

王政であった時代には君主の庇護の元で行われたク

ルクプナルだが、共和国となり開催地が定まってからは、毎年エディルネ市の主催で行われている。

大会運営に関する全ての費用であるが、以前は地元の金持ちがたったひとりで賄うことになっていた。大会スポンサーとも言うべきその者はアー（aga）と呼ばれ、前年の大会最終日に一匹の「子羊」をオークションに掛け最高値で落札した者が選ばれる。アーに選ばれることは地元民にとって金額には換えられない大変な栄誉であり、授賞式にはバシュ・ペフリヴァン同様、アーにも金のベルトが授与される。もっとも、近年になってアーによる大会の全費用負担の制度は撤廃され、アーによるその負担額の割合も年々縮小の傾向にある

そのクルクプナルも全国区の人気を誇るかと言えば、近年では大会の模様も全国紙には載らず地方紙に掲載されるのみであり、観客の大半は中高年層で占められる。日本で若者たちがサッカーのワールドカップだ、総合格闘技だと熱狂し、大相撲ファンの年齢層が年々上昇しているのと同様に、トルコでも若者人気はダントツでサッカーであり、クルクプナルを含めたレスリング人気は下降の一途を辿っているのが実状。また様式美を残す一方で、時間制限やポイント制、ドーピング検査の導入など競技そのものも近代化の様相を呈している。少しずつではあるが年々その伝統的スタイルを崩しつつあり、猛々しい格闘技であったかつてのスタイルを懐かしむオールドファンも多いという。

ヤール・ギュレシュ

「54年はトルコで戦った。二種類のレスリングがあって、関節技なしのフリースタイルに近いカラクジャクと、全身に油をぬり、皮のトランクスを着用して対戦するヤングレシュだ。笛や鐘、ドラムの演奏にのってファイトするんだ」

〝求道者〟カール・ゴッチの回想である。謎の多いゴッチの「レスリング武者修行」だが、斯様に詳細に述べていることから、まだイスタスと名乗っていた時代のゴッチがトルコを訪れたのは間違いなさそうだ。前記のごとく狭き門であるクルクプナルに出場したとは考えにくいが、あのゴッチのことだ、ローカルの大会に飛び入り出場くらいは果たしたかもしれない。

ゴッチの語る「油を塗って行うレスリング」は正確

には『ヤール・ギュレシュ』（Yağlı güreş）と呼ばれる。「ヤール」とは「油」の意であり「ギュレシュ」とはレスリングを指す、文字通り「オイルレスリング」のことだ。改めて説明する必要もなくクルクプナルで行われるレスリングであり、国技とも呼ばれるトルコで最も主要なスタイルである。

ヤール・ギュレシュのペフリヴァンたちは、上半身は裸、素足に「キスベット」と呼ばれる水牛または雄牛の皮で出来た黒いロングパンツを装着したスタイルで登場する。対戦相手が決まるとお互いに手伝いながら体中にオリーブオイルを塗り、横一列に手を交差するように繋ぎ、『ジャズグル』の登場を待つ。ジャズグルとは試合前のセレモニーを司る「リングアナウンサー」「呼び出し」であり、独特の節回しでイスラムの講話を織り交ぜながら「神の名において」ペフリヴァンたちを讃え、そして試合開始の合図を告げる。

開始が告げられると彼らは一斉に太鼓のリズムに乗り、対戦相手と交差する形で大股の行進を始める。時に手を大きく広げ、時に対戦相手と体をぶつけ合い、抱擁し讃え、時に挑発もする。そして時に跪いてアラーの神への祈りを捧げる。この「舞」は『ペシュレフ』と呼ばれ、これから始まる自らの戦いを鼓舞する重要な儀式である。

このすれ違いを何度か繰り返した後、最後は互いにロックアップに近い体勢で組み合い、本来の試合がスタートする。これら一連の様式が、日本の大相撲やムエタイに相通ずる部分が多いことに驚かされるが、そのいずれも「それぞれの宗教に根ざした格闘技」である点を考えれば、なるほどと合点がいく。

勝敗は、かつては次の3点の方法により決せられていた。

・相手の体を頭上へ持ち上げ、数歩歩く。
・相手の背中を地面に押し付ける。
・相手が自ら敗北を宣言する。

近年になってさらにルールが改正され、これに40分の試合時間で勝敗が決しなかった時のみ「5分間のポイント戦による優勢勝ち」が加わったが、高い位置から双眼鏡を覗き込む主審の主観によるところが多く、遠い観客席からはいかなる攻撃によりポイントが加算されたかが伝わりづらいため評判はあまり芳しくな

ヤール・ギュレシュにオリーブオイルは欠かせない。対戦者同士が互いに協力して、体中に満遍なく塗り合う。

ペフリヴァンたちの雄々しい舞「ペシェレフ」。ヤール・ギュレシュには欠かせない大切な儀式である。

大和田国男氏提供

い。以前は審判を置かず、対戦者同士の意思表示のみで勝敗を決したといい、また試合時間も近年になるまでは無制限で行われていたとも伝えられる。

近年は決着法にも改正が重ねられ、それまでは5分のポイント戦で3ポイントの差が付かなければ、時間無制限のサドンデス方式に移行することになっていたが、この時間延長も5分と定められ、試合時間は最大でも50分間ということになった。それでも決着が付かなかった場合には、勝者をなんとくじ引きで決めるようである。

試合は広いフィールドの中のどこで行っても良く、相手のパンツの中に手を入れて掴むのもルールの範囲内であるが、オイルで滑りやすいので深く手が入った状態で不測の体勢になると、パンツがテコの役目を果たし骨折や脱臼する場合もある。また相手の指が滑って目に入った場合には試合を中断し紙で拭き取る時間が与えられるが、対戦者のスタミナ回復を恐れ、片目で戦いを続けるペフリヴァンも珍しくないという。そして、この競技の演奏専門の楽団が奏でる雄々しい響きは戦いの間ずっと続き、決して鳴り止むことはない。

彼らは「プロレスラー」か？

ヤール・ギュレシュの試合形式は国際式の「グレコローマンスタイル」に近いが、オイルを用いることで試合の様相はまったく異なったものになる。その試合の多くは背中を地面に押し付ける「ピンフォール」で決せられるようであり、オイルで滑りやすい状態の体を掴むのは大変困難なため、相手を持ち上げるには並外れた腕力、握力が必要とされる。そして、長丁場の試合を戦い抜くには驚異的なスタミナも要求される。

大抵のペフリヴァンの体つきは決して筋骨隆々と呼べるものではなく、どちらかといえば腹回りに脂肪を蓄えた所謂「アンコ型」である。これはインド、パキスタンのパールワンたちにも言えることだが、彼らを「西洋プロレス的見地」で考えてはならない。大相撲を見れば一目瞭然、それぞれの格闘技に見合った「理想的体型」というものが存在するのだ。

ここでひとつの疑問が生ずる。それはヤール・ギュレシュで活躍する彼らペフリヴァンが、果たしてそれを「生活の糧」とする「プロレスラー」であるのかどうか、という点である。結論から言えば、彼らは間違いなく「プロレスラー」である。ただし、それは我々が考えているものとは一線を画す。

クルクプナルを始めとする幾多のヤール・ギュレシュ大会で常に上位入賞を果たす実力者であれば、賞金を手にすることができ、個人的スポンサーも付くが、あまり入賞が望めない中堅以下の者たちは、ヤール・ギュレシュだけでは生活が成り立たず、コーチ業その他の副業で口に糊する生活を余儀なくされる。これはトーナメントで入賞をなかなか果たせなければ、「レッスンプロ」という名のコーチ業で主な収入を得るしかない、日本のプロゴルファーを想像して頂ければ良いだろう。

ちなみに近年アマチュアスポーツにおいてプロ選手の参加資格が緩和されたことにより、国際式の有名アマチュアレスラーたちがクルクプナルに出場する機会が増えている。これはトルコレスリング連盟が特別に認めた場合に限られるようだが、彼らには「主要トーナメントに3年連続優勝」というバシュ・ペフリヴァン・トーナメント出場の条件が免除される。例えば昨年まで計3回バシュ・ペフリヴァンの座に就いたレジェップ・カラは、国際式レスリングのナショナルチームの一員である。アマチュア資格が厳しかった時代には、このようなクルクプナルとオリンピックの掛け持ちなど許されなかったことだろう。

「オイル」と「ドライ」

トルコではヤール・ギュレシュと呼ばれるオイルレスリングの歴史は古く、紀元前２６５０年頃の古代エジプト、あるいは同時代のメソポタミア（現在のイラク）まで遡る。これらの地域から出土した青銅板に描かれた絵画などから、この時代すでにこれらの地の人々がオイルレスリングに興じていたことが証明されている。時代は下って紀元前11世紀のペルシャ、ここには対戦相手を自分の息子とは知らずに死に至らしめた〝オイルレスリングの英雄〟ロスタムの悲しい物語が伝わる。

古代ギリシャの遺跡からは、レスリングに興じた後、油と泥を落とすための「ヘラ」が必ず出土するという。同じくギリシャで紀元前９世紀から始まった古代オリンピックでは、紀元前７０８年の第18回大会からレスリングが採用されるようになったが、レスラーたちは全身に油を塗った後、サッと砂をかけてから戦いに臨んだと伝えられている。

オイルレスリングがペルシャからトルコに導入されたのは、10世紀頃という説が有力だが、それ以前からギリシャ、ローマを含め人々の往来や文化交流は当然あったはずで、実際の導入時期に関してはもう少し古い時代まで遡れるかもしれない。そして、クルクプナルが開かれて間もない15世紀には、テッケ（tekke）と呼ばれるヤール・ギュレシュの養成所がすでに存在したようだ。ここは単に技術面の指導ばかりではなく、信仰を含む精神面の教育も行っていたようである。

ところで、オイルレスリング圏外の誰もが抱く「なぜ全身にオイルを塗るのか」という素朴な疑問については様々な説がある。

・体が滑りグラップリングが困難になることで、より力強く豪快な攻防が繰り広げられ、それが猛々しい男を理想とするトルコの国民性と合致した。
・オイルを塗ることで、より肉体が美しく見える。また夏のシーズンに昼間の屋外、太陽の照りつける中で行われるのが原則の競技であり、日焼けを避ける意味もあった。

・日本における「塩」のように、オリーブオイルが神聖な「儀式の場」で身を清める役目を果たす。

以上の説の他、トルコレスリングに関するサイトを運営されている大和田国男氏は、「古代においても大変貴重であったオリーブオイルを意味もなく使用したとも思えず、これは蚊が介在し蔓延する恐れのあるマラリアの恐怖から裸の身を守る役割を果たしていたのではないか」という説を唱える。

ところでゴッチも述べたように、トルコにはヤール・ギュレシュの他にも、何種類かのローカルレスリングが存在する。判る範囲でそれらを簡単に紹介しておく。

まずはカラクジャク・ギュレシュ（karakucak güreş）と呼ばれるオイルを用いないレスリングがあり、欧米の一部ではオイルレスリングに対し、「ドライレスリング」と呼ばれることもある。「カラクジャク」とはトルコ語で「黒い懐」を意味するが、その語源は判然としない。ヤール・ギュレシュ同様に屋外の草地で行われ、こちらは皮ではなく明るいグリーンのロングパンツを装着する。ルールの詳細は不明だが、おそらくヤール・ギュレシュに準じたものだろう。一説にはプロであるヤール・ギュレシュに対し、カラクジャク・ギュレシュのペフリヴァンはアマチュアで、この競技からヤール・ギュレシュに転向する者、国際式に転向する者に分かれるとも言われるが、やや根拠に乏しい。

またアバ・ギュレシュ（Aba güreşi）という名の着衣レスリングもある。「アバ」とは「厚手の織物」を指し、上は袖のないジャケット、下は短いパンツを着用。柔道のような着衣を利用した投げ技を用いるが、映像を見る限り寝技は無いようである。他にもシャルヴァー・ギュレシュ（Şalvar güreşi）と呼ばれるレスリングもあるようだが、これは着衣が若干異なるだけでスタイルとしてはカラクジャク・ギュレシュに酷似したレスリングのようである。

ヤール・ギュレシュの偉人たち

近代におけるヤール・ギュレシュの第一人者は、何と言ってもアフメット・タシュチュ（Ahmet Taşçı）である。彼がクルクプナルにおいて初めてバシュ・ペフリヴァンとなったのは１９９０年、33歳の時であるが、それから２０００年までの11年間で9度この栄冠を掴み、３年連続で王座に就いた者だけが所有することができる「金のベルト」を2本、自らの手中に収めるという快挙を成し遂げた。これはトルコが共和国となって以来、初の偉業であった。

そして、47歳で迎えた04年の大会でも準優勝を成し遂げ、その鉄人ぶりを見せ付けた。翌05年には、会場周辺の広場にそびえ立つ歴史上の偉人たちの胴像と並んで、現役レスラーであるタシュチュの銅像が建立されたが、これはクルクプナル史上初の出来事であった。

これまでに銅像となり大会を見守っているのは、クルクプナルの歴史の中で輝かしい活躍をみせたバシュ・ペフリヴァンばかりである。１８６１年から26年の長きに亘り、バシュ・ペフリヴァンの座に君臨し続けたガッダー・ケル・アリチョ（Gaddar Kel Alıço）、そのアリチョの愛弟子で、19世紀末から20世紀初頭にかけて18回バシュ・ペフリヴァンになったと伝えられるアダル・ハリルといった伝説上のレスラーたちの立像が並んでいる。

その中でもひと際異彩を放つのが、初代〝テリブル・ターク〟の異名で当時の欧米マットを震撼させたユーソフ・イスマイル（Yusuf Ismail）である。これまで語られてきたユーソフの逸話については欧米発信のものが全てと言っても過言ではなく、トルコ国内での彼の活躍、評価については全く知らされることがなかった。引き続いてユーソフの出生から逝去までをトルコ側の資料も併せて、出来る限り探ってみることにする。

なおトルコ語の発音に忠実であるならば、彼の名前は「ユースフ」、または「ユスフ」ということになろうが、本稿ではこれまでの表記に倣い「ユーソフ」という呼び名で統一させて頂くことを先にお断りしておく。また共和国になる以前のトルコの歴史に関しては、公用文字をアラビア文字からアルファベットに変更したことで、美化された口頭伝承がそのまま文字になったケースも多々あり、その事実関係の検証が非常に困難である点もご了解頂きたい。

渡仏までのユーソフ

トルコの文献によれば、ユーソフは１８５７年にブ

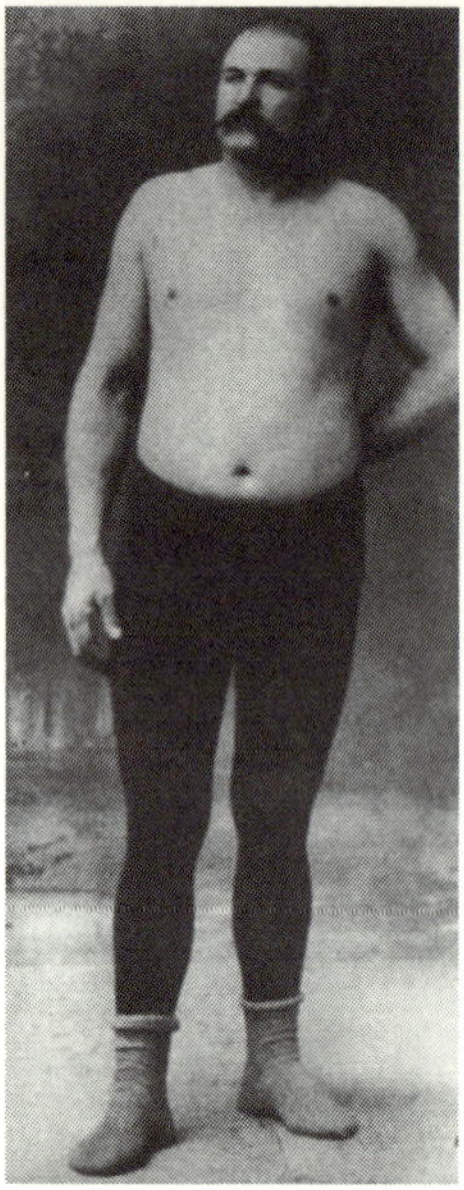

‘テリプル・ターク‘ユーソフ・イスマイルの雄姿。「史上最強レスラー」に推す声もあるが、19世紀末の世界最強レスラーであったことは断言できる。

9度もバシュ・ペフリヴァンの座に就き、「金のベルト」も2本所有する、近代クルクブナルの英雄アフメット・タシュチュ。

大和田国男氏提供

ルガリア北東部のシュメンで農民の子として生まれたとある。

〝テリブル・ターク〟のルーツがブリガリアと聞いて意外に思われる方もおられるかもしれないが、1878年にオスマン帝国がロシアとの戦争に敗れて〝サン・ステファノ条約〟を受け入れ自治公国となるまで、ブルガリアは500年の長きにわたってスルターンの支配下に置かれていた。中でもユーソフが生まれたデリオルマン地区と呼ばれる森林地帯は、トルコ系住民たちの居住区として知られていた。

余談だが、オスマン帝国の統治を受けていた時代のブルガリアには、様々なオスマン帝国の言語や風習、そして文化が取り入れられていたことは想像に難くなく、ヤール・ギュレシュも当然「輸出」されている。これはブルガリア独自の形となり、現在も大会が開かれているようだ。

少年となったユーソフの最初のレスリングコーチは父親、そして祖父であったと伝えられる。彼がどの時代にトルコに移ったかについては判然としないが、ブルガリアが公国となる1878年より以前のことと思われる。

トルコに移ったユーソフは、18歳で先に述べたケル・アリチョの弟子となったようだ。当時バシュ・ペフリヴァンとして無敵の快進撃を続ける全盛期の最中、時のスルターンの庇護下にあったアリチョの元には沢山の弟子がいたはずである。ユーソフもそんな中のひとりであった。

ユーソフが一介の弟子の身分から一躍その名を国内に轟かせたのは、1887年に行われたクルクプナルの舞台である。アダル・ハリルら強豪を破り決勝まで勝ち進んだユーソフの前に立ちはだかったのは、27回目の栄冠を狙う師のアリチョだった。当時の彼はすでに42歳、すでに下り坂であった。30歳になったばかりのユーソフは師を破り、バシュ・ペフリヴァンの座に就く。

それにしてもユーソフほどの実力者が、30歳になるまで全くの無名であった事実には驚くほかないが、おそらく彼の実力を恐れたアリチョが、弟子の出世の機会をことごとく奪っていたのではないだろうか。ただし、これはモハメド・アリのスパーリングパートナーを長く務めたラリー・ホームズが、アリ引退の直後にあっさりと世界王者に昇り詰めたエピソードと照合して出した、筆者の勝手な憶測である。

ちなみにアリチョはこの敗戦をキッカケに第一線を退き、翌年から弟子となったアダル・ハリルの指導を始めるが、70歳となった1915年、突然弟子のハリルに挑戦。結果的には敗れるものの、「俺があと25歳若かったら、お前になんぞ楽勝だよ」と怪気炎を上げたと伝えられる。

ユーソフの生涯唯一の敗北は、1894年のことであったとされる。相手はチョラク・ミュミン（Çolak Mümin）というレスラーであったようだ。また、ユーソフの戦歴として「1887年から1897年までの11年間、バシュ・ペフリヴァンの座に君臨し続けた」とする資料も存在するが、彼の渡仏した時期と重なり、その信憑性は薄い。

無敵のアリチョを破りバシュ・ペフリヴァンの座を奪った〝彗星〟ユーソフが、当時のスルターン、アブデュルハミト二世の「お抱え力士」としてその庇護の下にあったのは間違いないところだが、それにしても戦績として残っているものが少ないことには首を傾げるしかない。

強すぎるが故に対戦相手に敬遠されたのか、それとも彼のトルコ国内のエピソードそのものが後から作られた「御伽噺」なのか……。

いずれにせよ次にユーソフの姿を見つけ出すには、彼がフランス遠征を敢行した1895年まで待たねばならない。

テリブル・ターク・イン・パリ

1894年、フランスのグレコローマンスタイルのプロレスラー、ジョセフ・ドゥブリエはトルコへと旅立った。その目的は自分を敗北へと追いやったサベに雪辱するため、かの国のレスラーの中でも名うての強者を発掘することにあった。

やがてドゥブリエはフィリベリ・カラ・オスマン(Filibeli Kara Osman)、2メートル2センチの大巨人フィリズ・ヌルッラー(Filiz Nurullah)、そしてユーソフ・イスマイルという3人の男を見い出した。3人はそれぞれ「クルクプナル」と呼ばれるオイルレスリングの大きな大会のチャンピオンレスラーであるという。ドゥブリエは自分とフランスへ同道してくれるよう、3人をかき口説いた――。

ジョセフ・ドゥブリエ(中央下)に招かれ、フランスに渡ったペフリヴァンたち。左からフェリベリ・カラ・オスマン、フィリズ・ヌルッテラー、そしてユーソフ。

師であるケル・アリチョ(左)と組み合う若き日のユーソフの珍しい写真。1887年のクルクプナルの際に撮影されたものと思われる。

ユーソフがフランスへ渡るキッカケとなったエピソードである。ただしユーソフらトルコレスラーたちが渡仏したのは、どうやら翌1895年のことであったようだ。ユーソフのフランス第1戦は、同年3月26日に行われたデュモント戦で、結果は不明だが、はっきりしているのはこれがグレコローマンスタイルで行われたこと、そして少なくともユーソフの敗戦はなかったであろうことである。

ドゥブリエの雪辱戦とも言えるサベとの試合は4月に2度にわたり行われ、1戦目はノーコンテスト。2戦目はサベが腰を取りにくるところを堪えたユーソフが、片手で相手の首を掴んで力一杯マットに打ち据え、たった4秒でピンフォール勝ちを収めてドゥブリエの溜飲を下げた。

この月の26日には、ユーソフは早くも当時のフランスのトップであったポール・ポンと対戦した。ポンは3年後の1898年にフランスで開催されたグレコローマンスタイルの世界選手権で優勝を飾り、1907年までの間に少なくとも通算4回の優勝を果たした欧州プロレスの第一人者であった。初戦は50分を戦い引き分けに終わったが、両者は1895年だけでも数度（判明しているだけで4回）にわたって対戦しており、その内の何度かはユーソフが勝利を収めているようである。

この他にもユーソフは翌年までのフランス滞在中に、ベルギーのベック・オルセンといった当時の欧州におけるトップレスラーとも対戦しているが、この時期の彼の最も凄惨な試合が同じトルコ人レスラー、イブラヒム・マフムット（Ibrahim Mahmut）との一戦である。両者の身長はほぼ同じであったが、体重ではユーソフが大きく上回っていた。

試合開始と同時にお互いの激しい攻撃が続き、予想以上の抵抗を見せるイブラヒムに対してユーソフは怒りを募らせ、その攻撃は相手のアバラを折り、鼻の穴を引き裂き、両腕の関節を外すという容赦ないものとなった。だが、イブラヒムは血みどろになりながらも戦いの姿勢を崩さない。観客がすでに正視できない事態になったと判断したレフェリーのトム・キャノン（英国のキャッチ・アズ・キャッチ・キャンの第一人者）は両者の間に割って入ったが、ユーソフの攻撃は止まらなかった。

キャノンは棒でユーソフを殴りつけ、数人の観客と警官6人でやっと両者を引き離した。戦ったふたりは警察に連行され、警官はイブラヒムに告訴の意思があるか確認したが、彼は「告訴だって？　そんなことする理由がない。我々はただレスリングをしただけだ」と平然と答えたという。

一説には、実はこの日のユーソフの対戦相手は当初カラ・アフメット（Kara Ahmet）が務める予定であったが、自分に対して私怨を持つユーソフが密かに試合にことよせて殺そうとしているという噂を耳にして試合をキャンセル。イブラヒムはその代役だったと言われている。そのような理由でユーソフの怒りの矛先は、イブラヒムに向けられたのだろうか。

上左）軽量級ながら、アメリカに来襲したユーソフに果敢に挑戦したジョージ・ボスナー。日本人柔術家ヒガシとの一戦は有名である。
上右）ユーソフと対戦したポール・ポン。グレコローマンの世界選手権を何度も獲得した、当時の欧州におけるプロレスのトップ中のトップであった。
右中）グレコローマン全米王者アーネスト・ローバー。２度にわたりユーソフと対戦するも惨敗。王者の名声を自ら地に落とした。
下左）アメリカにおけるキャッチ・アズ・キャッチ・キャンの雄エヴァン・ストラングラー・ルイス。全米きっての実力者でもユーソフの牙城を崩すことはできなかった。

１８９７年のフランスにおけるユーソフの試合については、残念ながら記録を見つけ出すことが出来ない。稼いだ金で放蕩三昧の生活をしていたのかもしれないし、あるいはトルコに帰国していたのかもしれない。

アメリカ遠征とその最期

１８９８年2月、ユーソフは今度はアメリカに出現する。フランスで知り合ったプロレスラーのアントニオ・ピエリの誘いで、引き続き後見人を務めるドゥブリエと共に、彼はニューヨークへ向かう。そして、ロンドン劇場で「彼との試合で15分持ち堪えたら１００ドル進呈」という宣伝文句で対戦者を募った。

それにただ一人応じたのが、当時ライト級の世界王者であったジョージ・ボスナーである。対戦の申し込みにオフィスを訪れたボスナーに対して、彼の顔を知らないスタッフが皮肉な笑顔を向けてたしなめたほど、１８７センチ、１１０キロの当時としては超ヘビー級のユーソフと、ライト級のボスナーの体格差は激しいものだった。ボスナーはスピードでかく乱する作戦を立てていたようだが、ユーソフの動きは彼の予想より遥かに速く、すぐに捕らえられて放り投げられ、完敗を喫した。

3月に入ると、ユーソフの元へ全米グレコローマン王者であるアーネスト・ローバーとの対戦の機会が舞い込んでくる。両者の対戦は3月3日のマジソン・スクエア・ガーデン、４月30日のメトロポリタン・オペラハウスと2度行われているが、先の名王者ウィリアム・マルドーンの「傀儡王者」であったローバーではユーソフの相手にならず、初戦はリングから放り投げられて肩を負傷しレフェリーストップ、２戦目も散々弄ばれた挙句、警察の介入によるノーコンテストといずれも王者の面目は潰される結果となった。

５月４日にはクリーブランドで後の全米王者トム・ジェンキンスと対戦、これを破る。そして迎えた6月20日、シカゴにおいて元全米キャッチ・アズ・キャッチ・キャン王者であり、当時の全米ナンバーワンの実力者であるエヴァン〝ストラングラー〟ルイスと対戦。新聞記事を見ると、「ノー・ホールズ・バード」とあり「何でも有り」の試合であったことがわかる。試合には２５００ドルと、なぜか「世界選手権」が賭けられた。

１本目にユーソフがルイスの喉を絞めるという反則

を犯し、レフェリーは試合をルイスの勝ちとしたが、観客が収まらず協議の結果、ルイスが1本目を先取したこととして再開。ユーソフはその後の試合を慎重に進め、残りの2本を奪って勝利を収めた。試合後の控室でルイスは、「ナメられちまったなあ。大したもんだよ、あのトルコ人は」と語ったと伝えられる。

ユーソフは6月いっぱいまで試合をこなした後、フランスへ戻ることになった。全米の実力者たちを総ナメにした上に金もたんまりと儲け、彼は意気揚々と客船に乗り込んだことだろう。だが、そんな絶頂の彼を悲劇が襲う。

1898年7月4日の午前中であった。ユーソフを乗せたフランスの客船『ラ・ブルゴーニュ号』は大西洋航海中に沈没。約600名の死者を出したが、その中のひとりがユーソフであった。ユーソフは金で出来たベルトを装着しており、その重みで溺れ死んだので

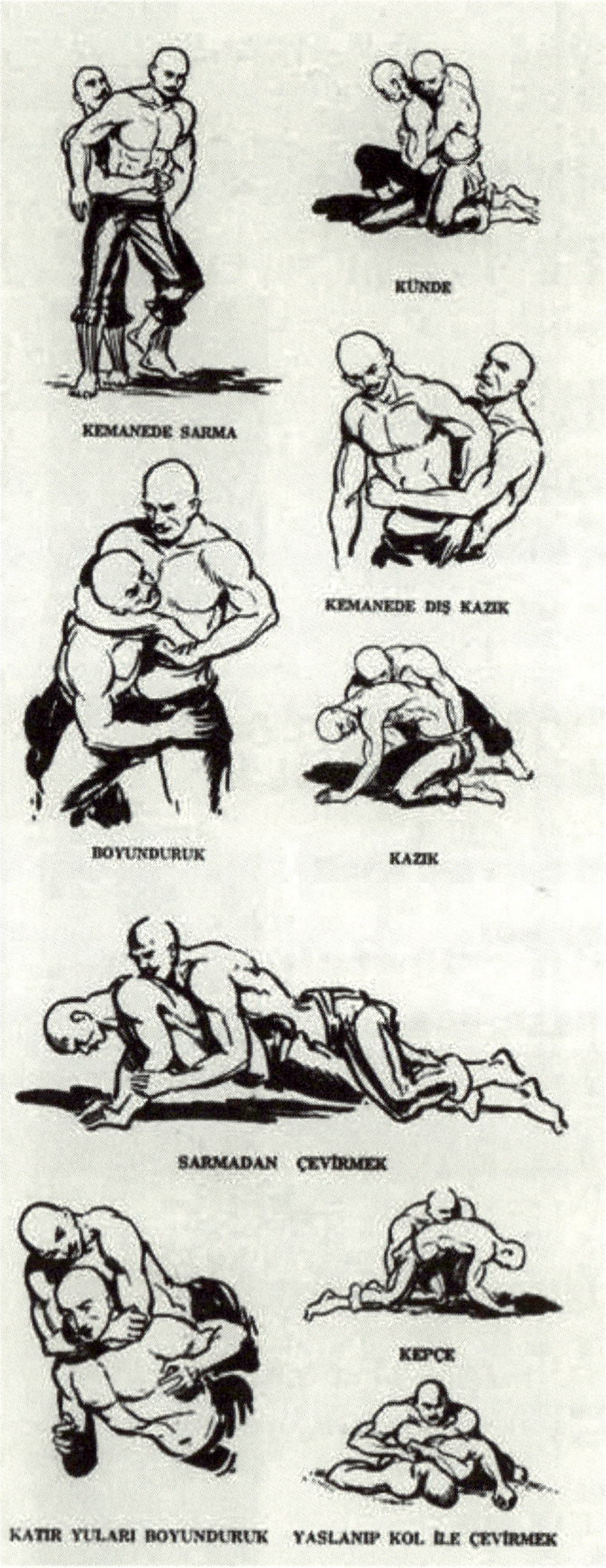

ヤール・ギュレシュの主なテクニックの図解。グレコローマンスタイルと似ているが、独自の技術もあるのがわかる。

はないかと客船の乗組員は話したと伝えられ、これが未だに語られる彼の伝説の起因になっているようである。

その後のテリブル・タークたち

「トルコ人は金になる」と踏んだアメリカのプロモーターたちは、ユーソフ逝去の2ヵ月後にはトルコからアダル・ハリルを呼び寄せ、「もうひとりのテリブル・ターク」として売り出す。ハリルは1901年までアメリカで試合をしていたが、帰国後はヤール・ギュレシュに専念し、バシュ・ペフリヴァンを何度も獲得、英雄のひとりとなる。

カラ・アフメットは1898年とその翌年にグレコローマンスタイルの世界選手権でトルコ人でただひとりの優勝を果たし、その後もトーナメントの常連として活躍した。その他にもジョージ・ハッケンシュミットと対戦したマドラル・アフメット（Madrali Ahmet）などが、真の「テリブル・ターク」と呼ぶに相応しい存在だろう。

冒頭で述べたように、ユーソフはトルコ国内では「コジャ（偉大なる）・ユーソフ」と呼ばれ、人々の尊敬を集めている。だが、それは彼のトルコ国内における活躍の評価ではなく、海外で当時の並みいるトップレスラーを倒した圧倒的な「強さ」に対する憧憬である。

後　記

本文を書くにあたっては、トルコレスリングに関する詳細なるウェブサイトの運営者である大和田国男氏に写真提供を含む協力と監修を依頼した。氏の快諾なくしては本文の完成は為し得なかったと言っても過言ではない。改めて、ここに感謝の意を示したい。

〝テリブル・ターク〟ユーソフのその死を含めた怪物譚は、田鶴浜弘を始めとする日本のプロレス史家も古くから数多く取り上げており、その物語は半ば「古典」とも言えるものだが、その多くのエピソードは西洋側からの視点であり、彼の母国であるトルコサイドの情報はあまり伝えられていなかった。本文は、トルコに残された多くの文献からユーソフと彼を生み出した土壌について多くのページを費やしたものである。

第十三章

戦前の英国プロレス盛衰記

―「白紙の20年」とオールイン・レスリング―

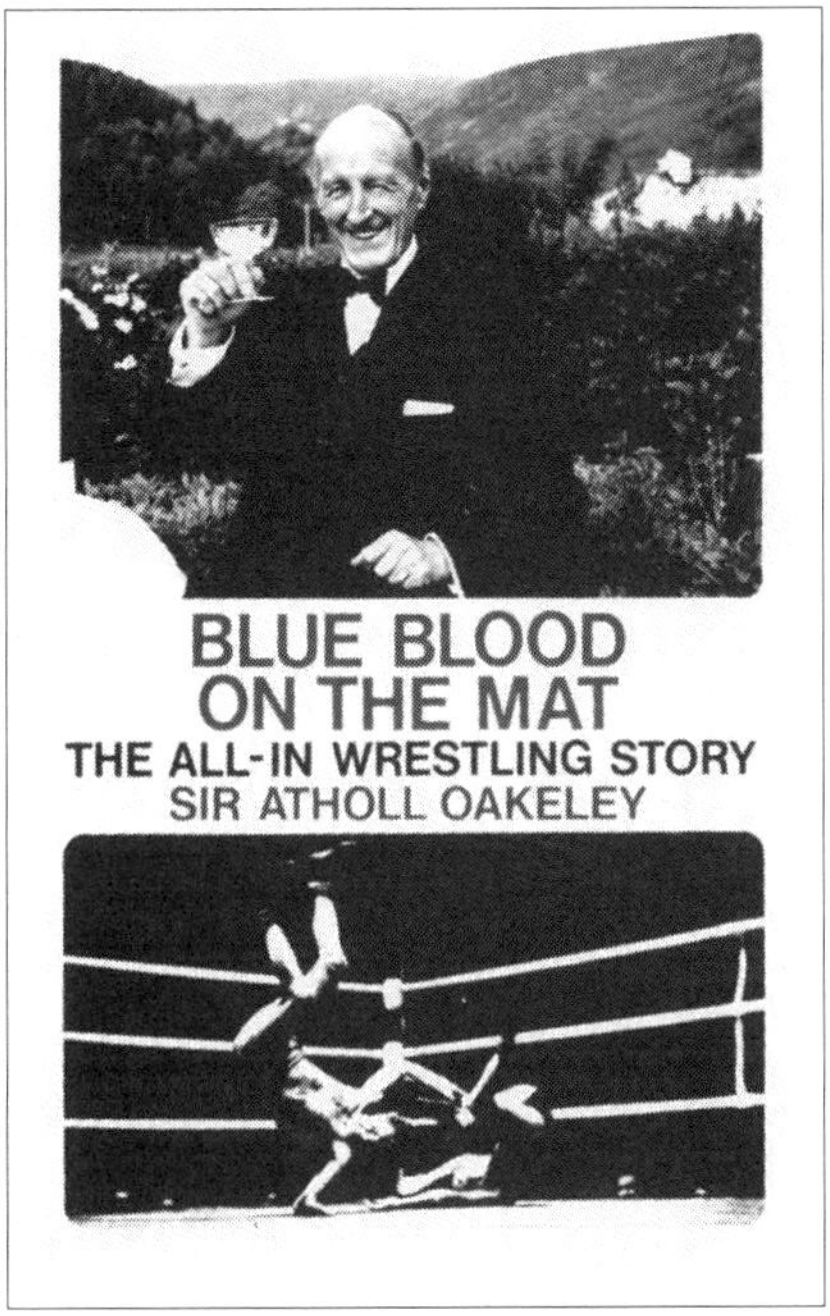

「英国のプロレス」と言えば、オールドファンの多くはビル・ロビンソンやアルバート・ウォールを輩出した一大組織『ジョイント・プロモーション』を思い出されることだろう。

だがジョイント・プロ誕生以前の英国プロレスの歴史については、これまであまり語られることがなかった。

そこで今回は、20世紀初頭からおよそ半世紀にわたる戦前の英国プロレス史を紐解いてみたい。

あらすじ

別章『危険で野蛮なレスリング』及び『JIU-JITSUは果たして敵なのか？』において、20世紀初頭までの英国プロレス史を私見を交えて綴った。未見の読者のために、この時代までの大まかなあらすじを述べる。

19世紀後半まで「危険で野蛮である」という理由から本国では決してメジャーな扱いを受けてこなかった『キャッチ・アズ・キャッチ・キャン』（以下CACC）は、ランカシャー地方出身のレスラーたちの手によって大西洋を渡り、米国で大人気となった。

それまでの『カラー・アンド・エルボー』、『グレコローマン』を押しのけ米国のプロレスにおける主流スタイルとなったCACCは、やがてコーニッシュ系米国人ジャック・カーキークによって英国へ逆輸入を果たす。そして母国でも人気を博し、CACCのレスラーたちもついに脚光を浴びることとなった。

ほぼ同時期、1899年に鉄道技師バートンライトの招きで渡英した不遷流の柔術家である谷幸雄は、バートンライトの道場の指導員となり、やがてストロングマン（怪力男）のアポロをマネージャーに、ミュージックホールを舞台とした「チャレンジマッチ」を開始する。

これは挑戦者を募り双方が道着を着用、決着はギブアップのみとし、もし15分間谷からギブアップを奪われることがなければ20ポンド、さらに谷から勝利を収めれば100ポンドを進呈するという形式で行われた。この試合形式で谷がギブアップ負けを喫することは一度もなく、身長160センチ足らず、体重も60キロに満たない谷は「スモール・タニ」の愛称で大人気となった。

CACCの一般普及を目的とし安全性を優先するがゆえに、この時代には通常の試合での使用が禁じられていた多くのサブミッションは、谷や同じく不遷流の三宅多留次ら日本の柔術家との対戦を機に、再び陽の目を見ることになったのではないか。またこの柔術との邂逅は、CACCにとって技術の幅を拡げる大きな契機になったのではあるまいか――。

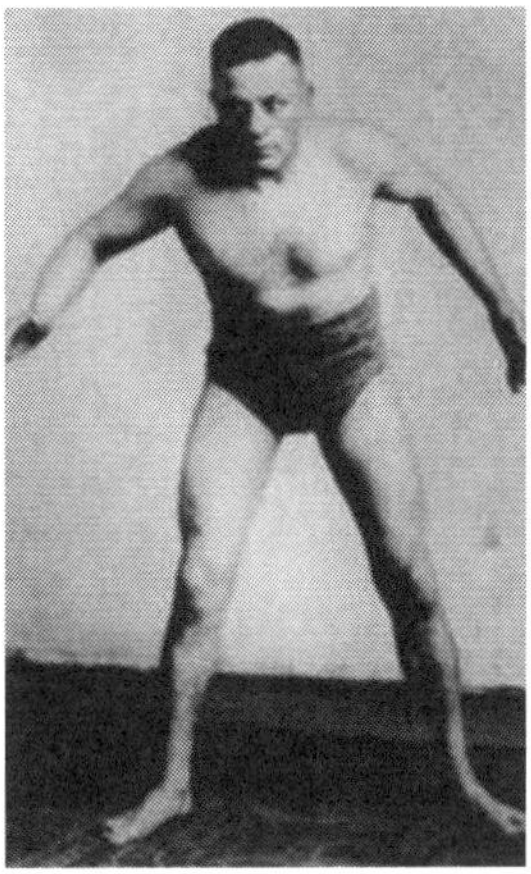

アメリカンスタイルの新しいプロレス「オールイン」を英国にもたらしたヘンリー・アースリンガー。1908年のレスリング・トーナメントでは、前田光世をピンフォールで破った。

海外における最強の日本人柔道家「コンデ・コマ」こと前田光世。CACCとの邂逅は、彼の格闘技人生に大きな影響を与えたことは間違いないだろう。

「スモール・タニ」こと谷幸雄（左）と盟友であった「RAKU」上西貞一。「JUJUTSU」の名を英国中に広めた谷の功績は多大である。

最後の一文はあくまで推論であることをお断りしておくが、これらの検証は筆者のライフワークのひとつとなりつつあり、いずれその成果を発表させて頂く所存である。話を本編の英国プロレス史に戻す。

アルハンブラ・トーナメント

１９０８年（明治41年）１月28日から１週間の日程で、ロンドンのアルハンブラ劇場でＣＡＣＣスタイルの一大トーナメントが開催された。プロアマを問わないこのオープントーナメントには、欧州各国からグレコローマンを始めとする様々なスタイルの著名レスラーを含む、総勢２００名以上が参加した。谷に遅れること８年、１９０７年２月に米国から英国に渡ってきた講道館出身の柔道家、コンデ・コマこと前田光世もそのひとりであった。この出場には、谷のマネージャーであったアポロの強い推薦があったようである。

ルールは、もちろん着衣なし、ピンフォールのみによる決着であり、日本を発って以来、数十回に及ぶ賞金試合を勝ち抜いてきた彼にとっても、海外に出て初めて道着を脱いで臨む純粋なレスリングの試合であった。それでも順調に勝ち進んだ前田だったが、ミドル級ではオーストリアのヘンリー・アースリンガーにピンフォール負けを喫し入賞を逃す。そのアースリンガーも決勝前に敗退し、結局ミドル級で優勝したのはウィガン出身のジョー・キャロルという、当時のCACC中量級のトップレスラーであった。

実はキャロルと前田は、前年暮れに道着着用、ギブアップ決着のみの「賞金マッチ」で対戦しており、14分過ぎに前田が腕ひしぎ逆十字でギブアップ勝ちを収めたが、キャロルが規定の10分を持ち堪えたため、前田から賞金をせしめている。

ちなみに彼は谷幸雄とも1904年12月にブリクストンのエンプレス劇場における「チャレンジマッチ」で対戦しており、試合中に歯が折れたことで谷が試合の続行を拒否、キャロルは棄権勝ちを収めている。おそらくキャロルは、谷の「チャレンジマッチ」において勝利を収めることができた唯一のレスラーだと思われる。

前田は講道館の同胞である大野秋太郎の代わりに出場したヘビー級で上位3人に勝ち残り、大会運営者のひとりであったアポロの強引な提案で実施されたくじ引きによる抽選の結果、スコットランドのジミー・エッソンと決勝を争うことになった。前田は善戦するも及ばず、結局エッソンにピンフォール負けを喫してしまう。ちなみに彼の欧州時代の敗戦は、同大会におけるこの2試合のみであった。

高い技術で前田を感嘆せしめ、棄権勝ちながらも谷を破ったジョー・キャロル（右）。当代のCACCの中量級トップレスラーであった（左はスタニスラウス・ズビスコ）。

さて前田の海外からの書簡を基に、同郷の友人である作家・薄田斬雲が記した『世界横行・柔道武者修業』には、この大会における前田の戦いぶりについて興味深い記述があるので、その部分を抜粋してみたい。

「例のハンマロックと云ふ逆手で前田氏は攻め立てる。（中略）巧く捕らへると、一番効力がある。（中略）

併し規則として急に強く手を引く事はならぬ。と言つて静かに引いては逃げられる。で、規則も構はず急に引いた。（中略）審判者も黙つて居るから、其儘強く上の方へ引き上げ、左手で（中略）首を引いて押へ付けた」

このような戦法で前田は黒人レスラーに勝利を収めたが、ハンマーロックというＣＡＣＣの逆手（関節技）をうまく利用してピンフォールを奪った点がキーポイントである。

要するに当時でもＣＡＣＣのサブミッションが存在し、ピンフォールを奪う戦術として利用されていたということである。

コンデ・コマのＣＡＣＣ観

さて斬雲による『世界横行　柔道武者修業』及び『世界横行第二　新柔道武者修業』には、他にも前田が体験した当時のＣＡＣＣに関する記述が多く見られるので、やや脱線するがその部分を抜粋してみたい。

「英国中でも一番角力が流行るのは、ランカシャー地方で、八九歳の幼時から稽古する。勝負は屋外と定ったもので、屋内ですると、八百長と見られる」

「全身を自由に用ゐ、柔道の乱捕に似て居る。投業には、手業、足業、腰業、捨身業があり、絞、逆、押へなどもある。裸体で組合ふのだから、投げ、締め、逆なども余り進歩はして居ないが、押へる事だけは決勝点だから柔道以上にも進歩して居る。絞は、裸体だから、抱き首、後ろ絞め、裸絞め、胴絞などだ。逆は柔道程には術数はないが、ハンマロックと言つて、警官が乱暴者を押へる時能くやる、腕を後へ捻上げるのや、足の親指を捻ぢるの、足の甲を全体に捻ぢるのや、脚を逆に関節を痛めるのもある。けれども目的は両肩を床に付ける為めの手だから、単に夫れ一つでは完全な業にならぬ。併し柔道家に取ては侮りがたい敵だ」

「さて柔道と勝負の時は何んな条件でやるかと云ふ問題だが、第一には相手にも稽古着を着けさせる事、そして一方が降参する迄と云ふ簡単な条件だ。（中略）僕が若し角力側であつたら、之を完全に公平な条件とは認めぬが、併し他流試合だから、右の条件でなくてはやれぬのだ」

「裸体でやつた所で負ける心配はないが、勝つ事も容易ではない。角力の巧みな者になると、裸体では殆ど

10年に行われたズビスコとグレート・ガマの「世紀の凡戦」。この一戦が英国プロレス史に「白紙の20年」を生んだ一因であるのは間違いないだろう。

勝てぬと言ってもよい。それなら負けるかと云ふと負けるとも思はない」

　少々長くなったが、当時のCACCに関して日本語による、しかも自ら体験した者が言及する、おそらく唯一の貴重な資料なので、可能な限り抜粋した次第である。柔道の好敵手として、前田がCACCの技術を十分に研究していたことを文面から読み取ることができるだろう。また余談だが、文中で前田は自らの体術を一貫して「柔道」としていることも特筆すべき点である。

　なお、アルハンブラ大会のミドル級部門で対戦したヘンリー・アースリンガーとは翌2月にミクスドマッチで再戦。1本目のCACCスタイルではピンフォール負けを喫するものの、2本目の柔術スタイルで裏投げを決め、アースリンガーが負傷、3本目は試合続行不能となり2度目の対決は前田が勝利する。このアースリンガーがその後20年以上の時を経て、英国プロレス史に大きくその名前を刻むことになるのだが、それは後から述べることにする。

白紙の20年間

『アルハンブラ・トーナメント』が開催された1908年1月のロンドンでは、もうひとつプロレスの一大イベントが行われた。ロシアのイワン・プドヴニーとポーランドのスタニスラウス・ズビスコという、当時のグレコローマンスタイルのトップ同士による『世界王座決定戦』である。

　いずれも当時、欧州で頻繁に行われていたグレコローマン・トーナメントの優勝経験者。ズビスコは後年の米国マットでも世界王者となっており、プドヴニーも母国では〝ロシアのライオン〟ジョージ・ハッケンシュミットを遥かに凌ぐ英雄である。レフェリーは、そのもう一人の雄であるハッケンシュミットが務

アースリンガーと並んで、近代英国プロレス史の功労者となったベニー・シャーマン。プロレス史の様々な場面で登場するが、中量級であるがゆえ、その実力に見合った評価を得ていない。

アソール・オークリー。初代大英帝国ヘビー級王者で、「オールイン」の興行をアースリンガーより引き継ぎ、戦前の英国で大ブームを巻き起こした。

めた。試合は好勝負となったが、最後はプドヴニーが足を使用したことで反則を取られ、ズビスコの勝利となった。

さらにこの年の4月3日には米国シカゴにおいて、ハッケンシュミットとアメリカン王者フランク・ゴッチの「世紀の一戦」が予定されていた。すでに05年にニューヨークのMSGにおいて当時のアメリカン王者トム・ジェンキンスを破り、世界王者となっていたハッケンシュミットにとってはその防衛戦であり、英国のファンは彼による「真の世界統一」の夢を抱いた。英国のプロレス界が迎えた初めての絶頂期は、間違いなくこの1908年である。

だが、不思議なことに英国プロレス史に関する如何なる文献を紐解いても、1910年から30年までの20年間のページは白紙である。何故このようなことが起きるのか全くもって謎である。

1908年と11年にいずれもシカゴで行われた、ゴッチとの世界タイトルマッチにおけるハッケンシュミットの連敗とその直後の引退は、大西洋を越えた英国でも多くのファンたちを落胆させただろう。しかし、ハッケンシュミットは英国のスーパースターではあったが、言ってしまえば彼はエストニア人である。この試合の勝敗の結果がもし逆であったとしても、この白紙の20年間のページの原因とするのは難しい。『野蛮で危険なレスリング』というＣＡＣＣのイメージは、20世紀最初の10年間で払拭されたはずである。柔術という、極東の遠い国で育った兄弟とも言えるスタイルが人気を博したことで、今後どのような方向に歩めば良いか掴みかけた矢先のことであった。

退屈な大試合

英国におけるプロレスマスコミのオーソリティー、チャールズ・マスカルの著作に、英国プロレス史を詳細に書き綴った小冊子があるが、やはり「白紙の20年間」は存在する。ただし、その直前の１９１０年に起こった注目すべきエピソードについての記述を見つけることができた。

10年9月12日、ロンドンで行われた試合は3時間45分の間、ポーランド人のスタニスラウス・ズビスコとインドから来たグレート・ガマはいずれもピンフォールやギブアップを奪うことができなかった。膠着した退屈な試合で、観衆を喜ばせるものではなかった。そして彼らはその試合に（退屈を示す）遅い拍手を与えた。ガマはその貧相な外見にもかかわらず、どんなレスラーと比べても同じくらい強いことを示そうとした。ズビスコはとても力強く、ひとたび彼がマットに四つんばいになれば、ガマは彼を動かすことができなかった。そしてズビスコも様々なことを試みるものの、ガマをピンフォールすることができなかった――。

写真を見る限り、グレコローマンの試合のようである。屋外のかなり大きな試合会場であることも見てとれる。そのような中で膠着した、動きのないレスリングを4時間近くも見せられた観客の怒りが如何ほどのものか手に取るように分かる。この前時代的な退屈な試合が、観客を会場から遠ざけるきっかけとなり、ハッケンシュミットの統一戦での連敗への落胆も加わった。そして何より14年に第一次世界大戦が勃発し、もうプロレス観戦どころではなくなった、というのが真実に近いのではないだろうか。

ところで、この20年間ＣＡＣＣスタイルのレスラーたちは何をしていたのだろう。筆者は彼らはまた元の「プライズファイト」の世界に戻ったのだと見ている。20世紀初頭の10年間のCACCのブームにより、強いレスラーにはパトロン（後援者）のなり手もあったはずだ。さらに、その長い期間の間に年老いてしまった彼らの中には、次の世代に自らの技術を伝承するためのレスリングクラブを開く者もあった。ある者は昔から伝わる伝統的なCACCスタイルを、別のある者はアマチュアのフリースタイルを有望な若者に伝えていった。

そして、白紙のページに辛うじて書かれた、たった数行の記述はCACCのメッカであるウィガンのひとりの若者に関するものだった。

当時の人たちはみな、新たに現われたビリー・ライリーという、ウィガンの若いレスラーについて話をしていた。1910年に弱冠14歳で初めての賞金マッチを行い、19年には100ポンドを賭けて、23歳の彼はスプリングフィールド公園でボルトンのビリー・ムーアズと大英帝国ミドル級タイトルを獲得すべく戦った。彼は勝利し、そしてこの顕著な選手権試合を見るために、約4000人のファンがなけなしの1シリングを支払ったというエピソードは、特筆すべきものであった。

この英国北部の小さな炭鉱町に住むひとりの若者が、数十年後の英国マット界のみならず、世界にその名を轟かす名門ジムの指導者になるとは、この時には誰も予想だにしなかった。

オールイン・レスリング

30年の春、ロンドンの名門レスリングクラブ『アッシュダウン』に通うアマレスラー、アソール・オークリーは友人ビル・ガーノンの訪問を受ける。ガーノンも『アッシュダウン』のレスラーだったが、その日クラブを訪れたふたりの男のひとりとスパーリングをして惨敗したという。翌日オークリーはそのふたりの宿を訪ね、昼食を共にした後、ガーノンを破ったという男と庭でスパーリングをすることになった。

勝負は一方的なもので、男のサブミッションにオークリーは防戦一方だったが、30分が過ぎた時、その男は「タフな野郎だぜ。俺は昼飯を食い過ぎちまった」と言い、芝生に寝転がった。結果的にオークリーに勝ちは譲られたが、とてもそんな気持ちにはなれなかった。男の俊敏な動き、見たこともないその技術には驚かされるばかりだった。

ふたりの男はいずれも米国から来たプロレスラーで、スパーリングをした男はベニー・シャーマン、もうひとりはヘンリー・アースリンガーと名乗った。彼らはアメリカンスタイルの本場のプロレスをそのまま持ち込んで興行を行うために英国に滞在しており、オークリーの評判を聞きつけてスカウトに来たのだ。もちろんアースリンガーとは、オークリーが生まれた1908年に開催された『アルハンブラ・トーナメント』で前田光世を破ったあの人物である。1888年生まれであるから、前田との対戦時は弱冠20歳前後の若者であったことに驚かされる。

アースリンガーはその後に渡米しプロレスラーとして活躍していたが、この時代にはプロモーターも兼ねており、すでに南アフリカにおいて米国式のプロレス興行を成功させていた。そして、アースリンガーは第2の地として20年間大きな興行が行われていなかった英国でのプロモーション設立を画策し、地元のエース、そしてプロモーションの後継者に足る人物を探していた。

オークリーとスパーリングを行ったシャーマンについては、これまでの章で詳しく述べたので細かい説明は避けるが、〝求道者〟カール・ゴッチがバート・アシラティ、ビリー・ジョイスと並び「生涯に出会った最強レスラーのひとり」として言及し、プロ柔道から転向したばかりの木村政彦にプロレスの手ほどきをしたとされる伝説のレスラーである。

オークリーたちが通っていた『アッシュダウン』では、かつてCACCのトップレスラーであったピーター・ゴッツとジャック・キャロル（前出のジョーの弟と伝えられている）が熱心に指導していた。

当時の欧米では、引退したプロレスラーたちがその後もクラブ（ジム）に顔を出して若いレスラーを指導するというのは、ごく当たり前に行われていたことだった。それだけプロレスラーの技術の水準がアマチュアと比較して高かったとも言え、特に英国では1908年に開催されたロンドン五輪の2階級で金メダルを獲得した英雄、ジョージ・デ・レリスコウ（68

年に来日した同名のプロモーターは彼の息子）が30年代からプロレスのプロモーターを始めるほど、英国レスリング界におけるプロとアマの関係はずっと後年まで良好であった。

　ただし、ゴッツとキャロルがオークリーたちに指導していたのはあくまでアマチュアスタイルであり、サブミッションの知識をオークリーがその時点で持ち合わせていたわけではない。

　オークリーとガーノンは、アースリンガーとシャーマンの熱心な誘いを受け、興行の旗揚げに向けて両者の指導の元、練習を開始したが、そこには『アッシュダウン』の同僚で同い年のバート・アシラティの姿もあった。彼は少年時代からプロのアクロバット・チームで活躍していたので、オークリーたちのようにアマレスの試合に出場することは叶わなかったが、彼ら同様、この新団体への勧誘を受けたようである。

　アースリンガーが英国で始めようとしていたプロレス興行の中身は、1900年代に行われていたCACのものとは全く形の違うものであった。米国のプロレスは英国が20年間「鎖国」していた間にすっかり変貌を遂げていた。それはまずプロモーター、観客ありきの、スピーディーかつ縦横無尽にリングを派手に動き回り、大きな会場でも何をしているのかわかりやすいプロレスであった。

　まだアマチュアだった時代にオークリーは米国で人気のフットボール出身のレスラー、ガス・ゾネンバーグのフライングタックルを中心としたスピーディーな試合映像を観たことがあったが、アースリンガーたち

「オールイン」における試合風景。テクニックの攻防よりも、ラフバウトが多かったようである。ただし、観客はそれを望んだ。

から指導を受けるレスリングはそれを連想させたと述壊する。もう20年前の退屈な試合を見たいと思う観客は皆無だった。

ただし指導を行ったのがアースリンガー、シャーマンという一流の技術を持ったレスラーであったことで、ショー的要素は多分にあるものの、プロレスラーがその本来の強さを見せるという部分は根底に必ずあったことは付け加えておきたい。

外国人であるふたりの就労ビザの問題から旗揚げは困難を極めたが、30年12月15日、ロンドンのオリンピア、マンチェスターのベルビューの2会場で同時開催という画期的な形で、アースリンガーの興行は華々しいスタートを切った。シャーマンは出場していないものの、アースリンガー、オークリー、アシラティ、ガーノンらは揃って出場。当初の予定では、ウィガンのビリー・ライリーも出場の予定があったという。

この新しいスタイルの興行は『オールイン』と名づけられた。そこには「CACC、グレコローマン、そして柔術と、それぞれのスタイルの要素を全て併せ持った新しいスタイル」という意味合いがあった。

栄華と衰退

『オールイン』の興行はすぐに英国中で評判を呼び、各地で興行がひっきりなしに行われた。オークリーは初代大英帝国ヘビー級王者に認定され、防衛戦を重ねた。31年には米国に遠征、6月にはボルチモアで〝鉄人〟ルー・テーズの師匠であるフッカー、ジョージ・トラゴスと対戦し、勝利を収めた。

そして、アースリンガーが南アフリカの自らのプロモーションに専念するため英国を離れることになり、帰国したオークリーが後任の代表者になる。米国遠征は、アースリンガーが後継者たるオークリーに本場のプロレスビジネスを肌で学ばせるための「海外留学」であったとも言える。

オークリーに引き継がれた『オールイン』の興行は興隆を極めた。国内からも盟友ビル・ガーノンを始め、ジョージ・グレゴリー、ジャック・パイ、ジャック・ドイル、デヴィッド・アームストロングらの若いレスラーたち、カンバーランド・ウェストモーランド王者ダグラス・クラークやCACCのビリー・ライリーも時々参加した。

欧州各国からもドイツのカール・レジンスキー、ロシアのコーラ・クワリアニやジョニー・デムチャックが出場。米国からはベニー・シャーマン、カール・ポジェロがレギュラーで参加し、〝絞め殺し〟エド・ストラングラー・ルイス、ディック・シカット、ジム・ロンドスといったビッグネームも遠征してきた。英国と米国、両国プロレス界の関係は戦後のいずれの時代と比較しても、この時代が最も密であった。

象徴的なのは、ライリーを除く国内のほとんどのレスラーがそれまでプロの経験のない若い世代で、古い時代のプロレスを知る者が皆無だったということである。

20年という時間の長さを感じさせるが、古い世代のレスラーを排除できたことは、この興行が大成功を収めた最大の理由だったのかもしれない。『オールイン』のリング上での試合スタイルはテクニックの応酬といったものはほぼ皆無で、パンチで顔面を殴りつけるようなラフバウトが主であり、現在のMMAと呼ばれる試合と見間違うばかりである。

だが、この荒っぽいスタイルが逆に評判を呼び、会場に観客は溢れ返り、英国各地のプロモーターから興行依頼が絶えることはなかった。かつて谷幸雄のマネージャーを務め、当時はリバプールのプロモーターに転進していた『アポロ』ことウイリアム・バンキアもそのひとりである。

ただし彼は『オールイン』の冠を付けることを潔しとせず、『フリースタイル』という名称を用いていた。さらに『オールイン』の興行は、ドイツなど欧州各国への遠征も行っていたようである。やがて米国から南アフリカ経由で「世界王者」ジャック・シェリーが現れ、『オールイン』最強の男となった。

プロレス人気のバロメーターは、プログラムの質である程度判断することができる。この当時の『オールイン』のプログラムが手元にあるが、その後の英国のどの時代のものよりも装丁、内容ともに豪華で、この時代の栄華を物語っている。

英国プロレスの歴史の中でもかつてないほどの人気を誇った『オールイン』の興行だが、30年代が終わる頃には徐々に翳りが見え始める。第二次世界大戦の足音が聞こえてきて、人々はプロレス観戦どころではなくなってきたのだ。海外からのレスラーの招聘も難し

「オールイン」最強の世界王者ジャック・シェリー。エド・ルイスを用いたが、実際に米国でもファーマ・バーンズ直系の名うてのシューターだった。

くなってくる。オークリーにも手の施しようがなく、やがて客の足を少しでも引きとめようと見世物的な興行を打ち始める。泥プロレス、男女混合マッチ、盲目者同士のレスリングetc――。

オークリーの興行は、全く別の意味での『オールイン』となり果てた。末端肥大症のフランス人、モーリス・ティレを『フレンチ・エンジェル』として初めてプロレスのリングに上げたのも『オールイン』である。自慢の豪華なプログラムも粗悪なものに変わっていく。

そして、戦争が始まった。

ジョイント・プロモーション

45年に第二次大戦が終了すると、徐々に各地でプロレス興行も行われるようになってくる。ただし、オークリーの『オールイン』には戦前の勢いはすでになく、各地のプロモーターは独立した形で興行を行っていた。そして46年、ジョン・デール、レス・マーチン、ジョージ・デ・レリスコウ、ジャック・デール、ノーマン・モレル等、各地の主要プロモーターたちが集まり、重要な会議が行われた。

海軍大将のマウントエヴァンス卿を「錦の御旗」とし、彼の庇護の元、英国の主要プロモーションの統一機構の結成を約す。『ジョイント・プロモーション』の誕生である。それでも50年代後半までは各地に独立したプロモーションも多数存在していたが、少しずつジョイント・プロモーションの傘下に収められていった。

この結成に際し、プロモーターたちは『オールイン』

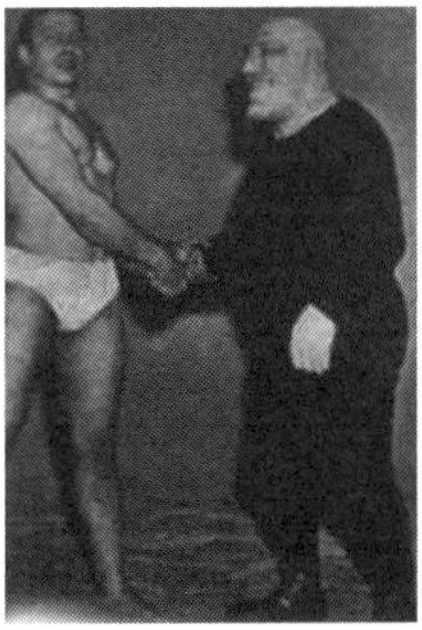

上段左）テリー・ヴァン。ロシア出身のレスラーであり、戦争前に渡米し「ジュードー・ジャック・テリー」の名でリングに上がった。彼もまた知られざるシューターである。

上段中）カール・レジンスキー。ドイツ出身で当時の「オールイン」における欧州王者であった。

上段右）ダグラス・クラーク。カンバーランド・ウェストモーランドスタイルの世界王者でもあった。

中段左）ジョイント・プロモーションの象徴でもあったマウントエヴァンス卿。同プロでは、チャンピオンベルトと試合ルールに彼の名を冠した。

中段中）フレンチエンジェル（右）。本名モーリス・ティレ、いわゆる「フリークスレスラー」の元祖である。「オールイン」の「幹部レスラー」であったカール・ボジェロが発掘してきたと伝えられる。後に渡米し、大人気を博した。

中段右）ジョージ・ボガンスキー。南アフリカ経由で渡英したレスラーで、大英帝国王座を保持した。''ネブラスカ''タイガー・ジョン・ペセックからシュート技術を学んだ。

下段）ジョイント・プロモーションの主要メンバー。左からジョージ・デ・レリスコウ、アーサー・ライト、ジャック・テール、ジョン・テール、テッド・ベレスフォード、ビリー・ベスト、アーサー・グリーン、ノーマン・モレル。

から何かを継承したとされるのを良しとせず、ルールも新しく作り変えた。ただし『ロード・マウントエヴァンスルール』と銘打たれたそのルールの内容は、『オールイン』からのものと、さして変わり映えしないものだった。

アソール・オークリーは50年代末まで、ジョイント・プロモーションに引き抜かれていない無名のレスラーたちを集めてプロレス興行を行った。ただし、すでに『オールイン』の名称は使うことがなくなっていた。彼は独自の大英帝国チャンピオンを擁立させていたが、やがて時代の波の中に消えていく。

後年、オークリーがその自伝の中で、ジョイント・プロモーションによる「ルール模造」を痛烈に批判。ノーマン・モレルからこのことで抗議を受けたことがあり、その後の版からはその問題のページは切り取られ、別のエピソードが書かれたページが貼り付けられた。

そういうわけで、筆者の書棚にはオークリーの2種類の自伝が収められている。

後記

本文は別章『危険で野蛮なレスリング』の続編とも言うべきものである。それまで日本において英国のプロレス史について深く記されたものは皆無に等しく、本文の『オールイン』に至っては古いプロレスマニア諸氏でもあまり耳慣れない言葉であったと思われる。

20世紀初頭のジョージ・ハッケンシュミットのガス灯時代と、ビル・ロビンソン全盛のジョイント・プロモーションの時代を繋ぐミッシングリンクを読者諸氏にお伝えする一助に本文がなったのだとすれば望外の喜びである。

第十四章

大河に抗わず

―前座レスラー長沢秀幸の人生―

あるレスラーの物語を聞いて欲しい。

仲間の誰もが認める実力を持ちながら、彼がリング上でその片鱗を見せることは決してなかった。

実直で寡黙、控えめで派手なことを好まない彼の性格がそのまま投影されたファイトスタイルで長いレスラー人生を全うし、脚光を浴びることもなく、人知れずひっそりとプロレス界から去っていった。

「時代」という大河に翻弄されながらも、自らの運命と受け入れ、決して抗うことなく、淡々と生きた。

名を長沢秀幸という。

全ては「強さ」から始まった

都内某所——。

東京の最北端に位置するこの街を筆者が訪れたのは、1月にしては風もなく暖かい昼下がりだった。

駅前商店街の雑踏を抜けると視野は急に開け、道は陽のあたる緩やかな上り坂へと筆者をいざなう。散歩には申し分ないロケーションである。長沢秀幸がこの街を愛し、40年近くも住み続けた理由をおぼろげに合点した。

今は亡き長沢の自宅を、筆者が訪ねる目的はふたつあった。プロレス界を去った彼が、その後の人生をどのように送ったのか、そして人格者として知られた長沢が、夫として、また父親として、家庭ではいかなる「素顔」を見せていたのか——。

初対面にもかかわらず、長沢夫人、真理子さんは柔らかな笑顔で筆者を迎えてくれた。

『スネークピット・キャラバン』という集団がある。『UWFスネークピット・ジャパン』代表の宮戸優光、プロレス史研究家の流智美氏を中心に、2005年2月に発足。今年で6年目を迎えた。プロレス史に関わる「重要人物」を毎回ゲストに迎え、貴重な話を伺うという形式の集会は、不定期ではあるが現在まで48回を数える。ゲストはスネークピットのヘッドコーチであるビル・ロビンソンを始め、レスラーOBや現役レスラー、マスコミ関係者など多岐にわたる。

その中で、力道山の生前を知るレスラーOBをゲストに迎えた際に、筆者を含むキャラバンのメンバーが決まってする質問がある。

「当時の道場で、セメント（シュート）に強かったレスラーは誰か」

彼らの口からは、様々な名前が出てくる。当時からずば抜けた強さを誇ったアントニオ猪木、柔道出身で若手の鬼コーチでもあった大坪飛車角（清隆）、当時唯一のアマレス出身者だった吉原功、「奴に腕を取らすな」と恐れられた上田馬之助等々。

そうした中、複数のOBから異口同音に意外なレスラーの名前が告げられた。

「昔のレスラーの人は強かったですよ。長沢秀幸さん

とか」（北沢幹之）

「（何人かレスラーの名を挙げた後）その中で一番強かったのは、長沢さんかもしれない」（マティ鈴木）

「相撲だったら、もしかしたら長沢さんの方がウチの親父より強かったんじゃないかなあ」（百田光雄）

『力道山の時代』をオンタイムで知らない世代の筆者が、それまで長沢秀幸というレスラーに関して得ていた知識とは、概ね以下のようなものである。

・実業団相撲から、山口利夫率いる旧・全日本プロレスに入団。後に力道山の日本プロレスに移籍した。
・力道山が猪木をスカウトしたブラジル遠征に同行した。
・派手さのまるでない、地味そのもののファイトぶりで、リング上でまるで泣きじゃくっているような表情を見せた。
・無類の散歩好きとして知られており、それにまつわるエピソードは枚挙に暇がない。
・大正生まれの最後のプロレスラーであり、レスラーとしての晩年は〝現役最年長レスラー〟として、国際プロレスのリングで若手を相手に、第一試合を務めた。

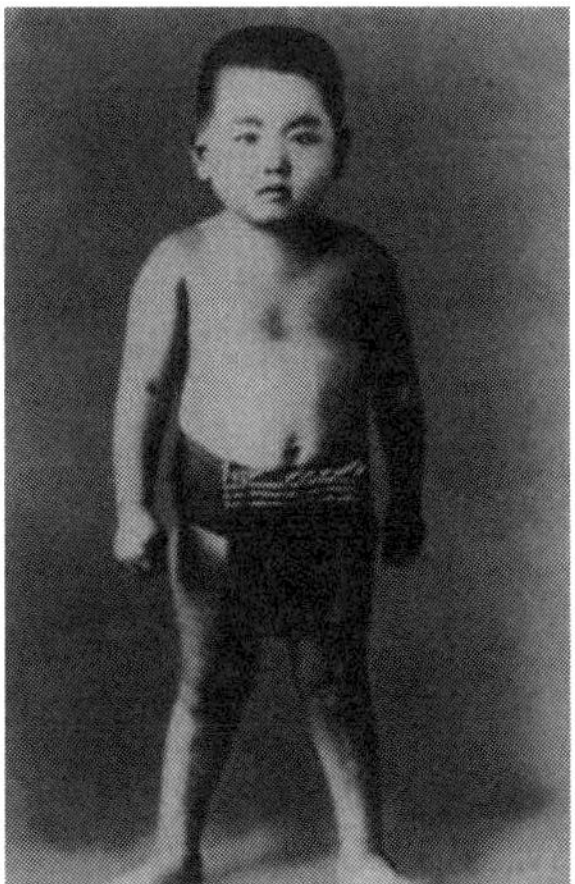
長沢が４歳の時の写真。この時点ですでに体重が 30 キロあったというが、いわゆる肥満体ではない。幼児には珍しい、しっかりした足腰が見てとれる。

「強さ」というキーワードからは対極に位置づけられていた、筆者の中での彼のイメージは根底から覆され、同時に彼に対する興味が強く湧き上がった。
長沢秀幸をめぐる調査の日々が始まった。

浪花の怪童

大阪市大正区鶴町――。
１９２４年（大正13年）１月２日、長澤日一（かいち）はこの地に生を受ける。父親は富山県出身、理髪店を営んでいた。彼は6人きょうだいの2番目、上には3つ違いの兄がいたという。母方の大叔父には、村相撲の大関を務めた者がいたと伝えられる。長沢は後年、この『日一』から『秀幸』に改名することになる。

4歳の頃に長沢の体重はすでに30キロあり、小学校入学の時点で当時の6年生より大きかったそうだ。4歳の時に誤って川に落ちたが、自力で泳いで難を逃れたという。長沢の運動神経の良さが窺えるエピソードである。

小学生離れした彼の体格は近隣では無論、大阪でも有名な「怪童」として鳴り響いていたようである。長沢が本格的に取り組んだ最初の格闘技は、意外にも柔道だった。9歳の時、兄に連れられて地元の町道場に通い出した。もちろん「子供の習い事」ではあるが、後に長沢が相撲からプロレスへとスムーズに移行できたのは、他の相撲出身者と比べて寝技に対する抵抗が少なかったためとするのは穿った見方だろうか。

現在の中学校にあたる高等小学校入学時、13歳の長沢の体格は154センチ、68キロに達したという。そして勧める人があり、長沢は学校の夏休みを利用して、相撲部屋へ稽古に通い出した。当時、大阪・京橋を拠点に活動していた『大日本関西角力協会』の天竜部屋である。

大日本関西角力協会

32年（昭和7年）、大相撲の関脇・天竜三郎ら出羽ノ海部屋（現・出羽海部屋）の力士が中華料理店『春秋園』に集結し、『日本相撲協会』の体質改善を目的に決起、協会側に要求書を突きつけた。

これが大相撲史に残る『春秋園事件』である。幕内力士の実に28名が協会を脱退する大騒動となったこの事件は、翌33年には帰参する者が続出して収束をみせる。一方で天竜、大ノ里ら脱退組の残党は2月、大阪に拠点を移し、『大日本関西角力協会』（以下『関西相撲』と略す）を結成した。

関西相撲は『天竜』、『大ノ里』など4つの部屋で組織され、番付は「三役」、「第一組」（幕内）、「第二組」（十両）、「第三組」（幕下・三段目）、そして「養成員」（序二段以下）で構成されていた。だが、こうした独自のスタイルで行った興行も、不入りが続いてジリ貧状態となり、長沢が稽古に通い出した36年夏頃には、すでに「落日の集団」と化していた。

長沢は稽古弟子の形から間もなく天竜部屋に入門を果たし、関西相撲の養成員となった。これが彼自身の意思であったかは定かでないが、同じ頃に直面した父親の死とおそらく無関係ではないだろう。そして彼の入門程なく、静岡から杉山光夫という17歳の少年が天竜部屋に入った。

長沢より4歳年長で長身、体もすでに出来上がりつつあった杉山はあっという間に長沢を追い越し、いきなり第三組に登場、関西最後の本場所となった37年7月には第二組に昇進というスピード出世を果たし、四股名も『葵竜』に変わった。後に幕内力士からプロレスに転向し、初代日本ジュニアヘビー級王者となった駿河海である。

長沢も精進を重ねたが、37年12月に大日本関西角力協会はついに力尽き、解散の憂き目に遭う。

出羽ノ海部屋へ入門

解散した関西相撲の力士の中には天竜らの尽力により出羽ノ海部屋への帰参が叶う者もいたが、それはわ

左）おそらく44年の入営直前に撮影されたものと思われる。長沢20歳。出兵前に95キロあった彼の体重は、復員後には64キロまで減っていたという。
右）相撲時代、常に長沢の前を走り続けた駿河海。54年にプロレスラーとなり、初代日本ジュニアヘビー級王者にもなるが、大相撲時代同様、膝の故障で若くして引退した。

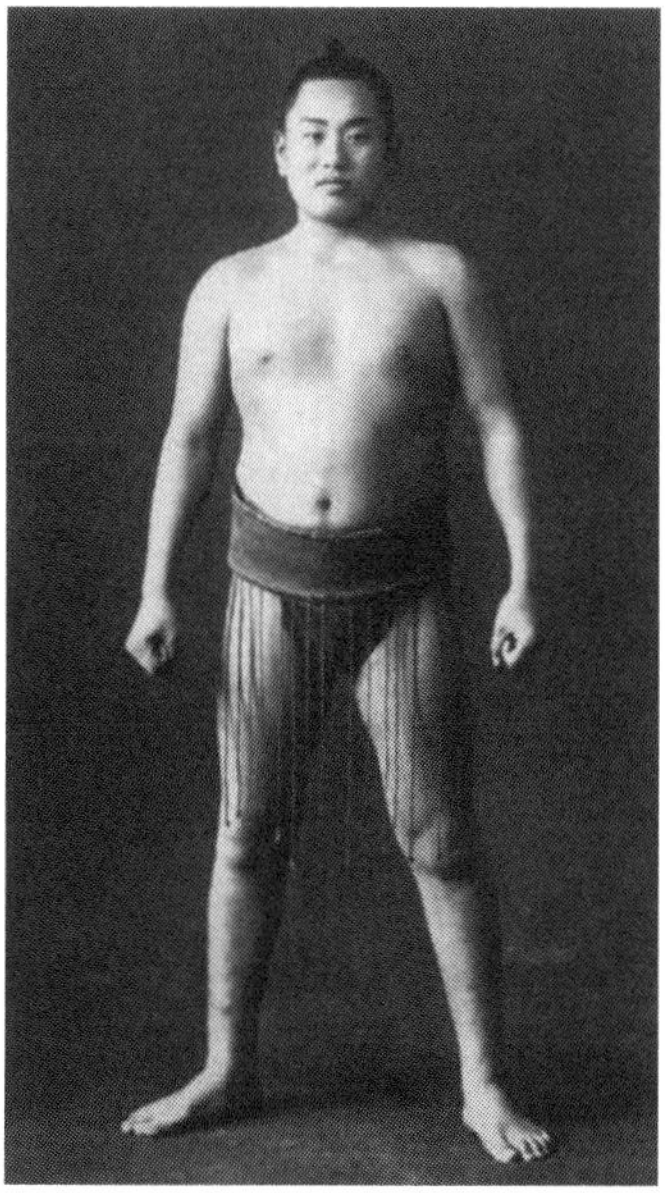

16歳。40年2月に撮影されたものなので、彼がまだ前相撲を取っている時代の写真であるが、体はすでに一人前の力士として出来上がっている。

ずか21名に過ぎなかった。「帰参力士」の番付は、協会脱退時よりも一段下に編入された。さらに関西相撲時代に入門し「新規加入」した力士については、第二組は「幕下付出し」、第三組以下は「新弟子扱い」という厳しい措置が取られた。

有望新人であった葵竜は、新規加入の形で出羽ノ海部屋への入門が許され、幕下付出しとして38年（昭和13年）1月場所が初土俵となった。かたや長沢に関しては、「（大相撲入りするには）あまりにも幼すぎる。あと2〜3年経ってからでも遅くないだろう」という天竜の一言で、上京が叶わなかったと伝えられる。

大阪に残された長沢は製図工などの仕事をしていたようだが、相撲の名残りである腹が邪魔になり、机の前に座ることすら難しかったという。相撲を取るために大きくした体は、もはや相撲でしか活かせない——。1年後、168センチ、75キロに成長した長沢は、先輩力士だった松ノ里を頼って上京。38年12月の新弟子検査にも合格し、晴れて出羽ノ海部屋への入門を果たした。

双葉山が安藝ノ海に敗れ連勝が「69」でストップした39年1月場所に、長沢は初土俵を踏む。ちなみに大相撲における彼の四股名は、全時代を通じて本名のままであったようである。これは一部の例外（駿河海など）を除き、原則として十両になるまでは四股名を認めないという、出羽ノ海部屋伝統のしきたりによるものだろう。

後の横綱である栃錦とは、同じ日に初土俵を迎えた同期。この「昭和13年組」には演芸・相撲評論家の小島貞二氏がいた。力道山は、長沢より4場所遅い初土俵であった。

幕下昇進、そして出兵

40年（昭和15年）、初土俵から約1年半経った5月場所に、長沢は「前相撲」から「新序出世」（50年代まで相撲界にあった出世制度）を果たす。そして順調に昇進を続け、三段目で3勝1敗の成績を収め、43年1月場所から幕下となった。

長沢より先んじて初土俵を踏んだ葵竜は『駿河海』に四股名を改め、長沢が幕下となった場所に新入幕を果たす。差は開くばかりだったが、彼は生来「出世欲」や「ライバル心」、「嫉妬」という感情を持ち合わせていなかったようである。

長沢の取り口は俗に「電車道」と呼ばれる、ワキを固めて押しまくるというもので、当時から足腰が重く、腕力の強さでは定評のあった彼には打ってつけのものだった。19歳と若く、174センチ、95キロと体も一人前になった長沢に十両、幕内の道も見えてきた。だが、そんな彼の行く手をまたしても「時代」が阻む。「召集令状」である。

44年12月、博多で現役入隊した長沢は釜山、南京、上海、香港、そして蘇州を転戦した。時には砲兵として、自分の体重とほぼ同じ重さ（95キロ）の山砲を担いでの行軍を強いられたこともあったという。

「お父さんがよく言ってました。行進している途中で喉が乾いて乾いて、〝もうこれで死んでもいいや。揚子江の水を飲もう。どうせ飲むなら腹いっぱい飲んで死のう〟って、飯盒に揚子江の水を汲んで飲んだんですって。今考えると、とんでもないことですよね（笑）。それとお父さんは足が大きかったんですよ。29センチもあったんです。それで支給された靴が全然合わなくって、小さな靴を無理やり履いて行進したんですって。だから〝あの時のことを思えば、その後の苦労なんて苦労じゃない〟って」（真理子夫人）

「アマチュア相撲」という選択

敵地で終戦を迎えた長沢が、苦難の末に鹿児島に辿り着いたのは、終戦からまる1年経った翌46年夏だった。出兵前に100キロ近くあった長沢の体は64キロにまで痩せ細り、もはや相撲時代の面影はなかったという。

大阪の実家は戦火で跡形もなく、家族は父親の郷里である富山に疎開していた。そこで長沢は兄正吾の戦死を知る。一家の長となり家族を養う糧が必要だった長沢は、東京の出羽ノ海部屋へ帰参を乞う手紙を出したようだが、時代は戦後混乱期の真っ只中にあった。

相撲興行は辛うじて再開していたが、復員してきた力士全ての帰参が叶うような状態ではなく、ましてや出羽ノ海部屋は大相撲界きっての大所帯である。彼は一家の糧を得るため大阪へと戻る。戦争の疲弊を癒す時間などなかった。

戦争の傷跡も少しずつ癒え、落ち着きを取り戻すと、人々は娯楽を求めるようになる。大阪は昔から草相撲が盛んな地で、この頃にはあちこちで大会が開かれていた。優勝すれば、多くの賞品、時には賞金が出ることもあり、こうした大会には実業団や学生相撲の上位連、さらに角界への帰参が叶わない元「プロ」たちも参加していたようである。やがてそうした者たちによる「セミプロ」の巡業団ができ、その活動は大阪周辺から、やがて四国、九州にまで拡がっていった。

その巡業団『関西相撲協会』に長沢の姿もあった。

幕下上位にも引けをとらない猛者の中にあっても、長沢の強さは群を抜いていたようである。やがて九州から二所ノ関部屋の元幕下、福住が加わり、長沢との二枚看板となった。福住は50年に部屋への帰参が叶い、大相撲に復帰を果たして関脇まで上り詰めた。彼が後の玉乃海太三郎である。

当時、この福住と五分の勝負であったということから察するに、長沢の実力は大相撲に復帰しても、十分に通用するものだったはずである。だが、長沢が角界に戻ることはなかった。この時代に母親が亡くなったのが、その最大の理由と思われる。幼い兄弟を残して上京することなど、彼にはできなかった。

部屋に戻って出世なんぞしなくても、好きな相撲が取れて、それで家族が飯を食えればそれでいい——。

長沢とは、そういう人間である。

栄光の実業団相撲時代

51年（昭和26年）頃、長沢は『大谷重工業』の岡島製作所（関西）に入社する。立志伝中の人物であり、〝戦前の鉄鋼王〟と謳われた大谷米太郎氏が一代で築いた製鉄会社である。大谷氏の相撲への造詣は深く、自らの会社にも「相撲部」を作り力を注いでいた。彼も元は大正時代に、『鷲尾嶽』の四股名で幕下筆頭までいった「相撲上がり」であった。

「お父さんは大谷米太郎さんに凄く可愛がられたそうです。顔を合わすと〝長沢、無駄使いするなよ〟なんて言いながら、お小遣いをよく頂いたと言ってましたね」（真理子夫人）

大谷重工業の相撲部には、後に長沢のプロレス入りに深く関わることになる元幕内力士の清美川が在籍していた。この清美川に長沢が加わった大谷重工業相撲部は、破竹の勢いで実業団におけるタイトルを独占したようだ。判明しているものだけでも、「実業団選手権」

優勝（53年度）、「全大阪相撲選手権」連続優勝（52・53年度）、「大阪市民相撲選手権」優勝（53年度）と輝かしい成績を残している。請われて長沢が同志社大学相撲部のコーチを務めたのも、この頃の出来事である。

当時の長沢の怪力振りを窺い知るエピソードがある。

会社構内の鉄材の中から不発弾が見つかった。どうにも動かせず大騒ぎをしているところへ、稽古あがりの長沢が通りがかった。彼は汗を拭った後、一気に不発弾を肩まで抱え上げた。「まあ、二十貫（75キロ）もんでしょう」と長沢は笑い地面に降ろしたが、後で

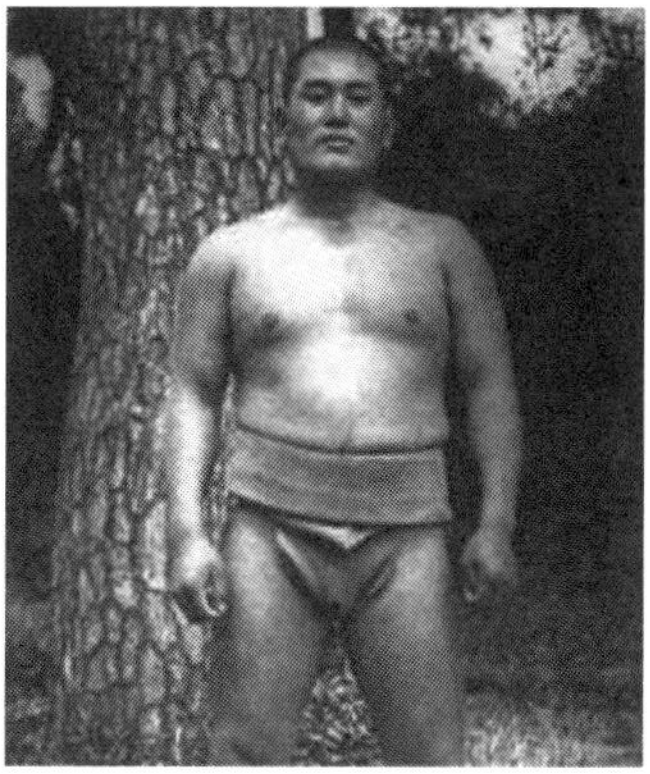

長沢が23歳の頃。アマチュア相撲時代、和歌山への巡業中に撮影したもののようである。総じて若い頃の長沢は、決してアンコ型の体形ではなかった。

計ってみると225キロ以上あった。長沢は自分の腕力に改めて驚いた――。

また、この時代の長沢の強さについて、同時期に近畿大学相撲部に在籍し「学生横綱」（49年度）であった吉村道明が、その自伝の中で回想している。当時、吉村の名はアマチュアの世界では知れ渡っており、河内地方で盛んに行われていた相撲大会に招待され、度々出場していたという。

四年間を通じ、どうしても勝てない相手が一人居りました。その人の名は長沢日一。（中略）この人はこれという特徴はなかったけれど、力がズバ抜けて強かった。体もアンコ形、だから相手の動きを見て、両手で相手の肩をガチッと押えると、もう長沢さんのペース、いくら振りほどこうとしても、はさみつけられた両肩はテコを持ってきてもダメなほど、強いものでした。

長沢にとってこの実業団時代は、彼の相撲、プロレスを通じた長い現役生活の中で、最も輝かしい栄光の

時であったのは間違いないだろう。だが、こうした日々は長くは続かなかった。社内の労働争議でこの相撲部が槍玉にあがり、存続の危機に陥る。やがて相撲部から、清美川が姿を消した。

不本意なプロレス転向

相撲が勝つか、柔道が勝つか——。

53年（昭和28年）、真夏の大阪の街中にこんなキャッチフレーズのポスターが貼られ、人々の話題にのぼった。相撲代表はかつての花形力士・清美川、柔道代表は戦前の満州で活躍し、戦後はプロ柔道家として脚光を浴びた山口利夫七段。両者の対決は7月18日に大阪府立体育会館で行われ、山口が清美川をフォールに持ち込み「世紀の対決」を制した。日本における戦後初の「プロレスリング」興行である。

早稲田大学在学中の33年に「大学高専代表選士権」を獲得し、戦前に〝満鉄の虎〟の異名で知られた山口は、50年に牛島辰熊が設立した『国際プロ柔道協会』（プロ柔道）に木村政彦らと共に参加。日本全国を巡業するも、興行は不入りが続き頓挫する。翌51年2月にハワイに渡った山口は木村らと共にプロレスラーに転向し、ブラジル、アメリカを転戦。そして帰国後、山口は海外でのプロレスの経験を活かし、日本での興行を画策する。それがこの「大阪決戦」となったわけである。

長沢がプロレス入りするのは、この興行からしばらく経った時期である。自身の弁によれば、経緯は次のようなものであった。以下、文中に出てくる本人のコメントは当時の文献から引用したものである。原文のままなので読みづらいかもしれないが、ご了承願いたい。

「あるとき、清美川さんが、ボクんとこへ来て、こんどこういう興行をやるから、ぜひ出てくれというんですよ。ボクはレスリングのレの字も知らないからことわったんですが、なァに誰だって知りやァしない。ただ相手をぶん投げてヘトヘトにさせて、おさえ込めばいいというんで、ムリやり引っぱり出されたんです」

「僕も、会社にいてるよか、相撲にはいるといっても、もう今からじゃしようがないので、まあ、どんなもんやろうという気持で、レスリングにはいったんですよ」

相撲が取れなくなった時点で、会社での長沢の肩身はかなり狭いものになっていたことだろう。これが彼のプロレス入りを決めた一番の理由と思われる。さらに山口は戦前、ほんの一時期だが長沢のいた出羽ノ海部屋に入門していたことがあり、その折に面識があったことも多少は影響したようだ。

53年12月8日、場所も同じ府立体育館で山口による2度目の興行が行われたが、この日のリング上にはプロレスラー長沢日一の姿があった。

長沢のデビュー戦の相手は、柔拳興行から借り出されたボクサーが務めた。リングネームは『キラー・マイク・ユシフ』、後のユセフ・トルコである。以下は、長沢によるこの試合の述懐である。

「初めてでいきなり三十分一本勝負やらすんだから。(笑) 往生した。トルコさんにかき回されちゃって、相撲と同じように考えとったからね、ぼく。(中略)こっちはわざを知らんから、投げてばっかりや。終いには目が回ってきたですよ。(笑) これは投げないほうが楽だと思ってね」

「はじめはセメントでボンボンぶん投げてやったが、向こうは平気な顔で起きてくるでしょう。(中略)結局、三十分引き分けでした」

ちなみにこの日の興行には、後に日本プロレスで長沢の同僚となった大坪清隆も柔道四段の肩書で出場し、ダイアンなる在日トルコ人にフォール勝ちを収めている。こうしてプロレスデビューを果たした長沢だが、その後の興行は単発で、試合が組まれるたびに選手が集められるような状態が翌年まで続いたという。

「初めはいやで、いやでね。かっこう悪くて、豊登さんやないけど、三回ばかりずらかろうとしたことがあるんですよ。でも、ずらかったら罰金を払わなけりゃならんやろ、いやいややっとったんだ」

旧・全日本プロレスの栄枯盛衰

ここで当時の日本のプロレス界の動きを、山口らを中心に掻い摘んで記してみる。

54年(昭和29年)2月6〜7日、山口率いる一団が『マナスル登山隊後援・日本―在日米軍プロレスリング試合』を2日連続で開催。6日の興行はNHKが試験放送として、関西、東海地区限定で試合の模様をTV中継した。これが日本初の「プロレス実況中継」であった。ちなみに長沢はこの両日とも出場している。

2月19日には、東京の蔵前国技館で力道山・木村政彦組vsシャープ兄弟戦をメインとする興行が開催された。この試合はNHKと日本テレビの2局で全国に生中継され、日本中に空前のプロレスブームが起こる起爆剤となった。大阪勢からは山口、清美川、長沢が出場。長沢は、相撲時代の因縁がある駿河海と対戦した。

4月、山口一派を母体とした『全日本プロレスリング協会』（以下、『旧・全日本』と略す）が正式に発足する。力道山の『日本プロレスリング協会』より約9ヵ月出遅れた形となった。協会長は酒梅組三代目組長の松山庄次郎氏が務め、役員には田岡一雄氏（山口組三代目組長）、小西寅松氏（自民党代議士）といった関西の大物たちが名を連ねた。

4月14日から5月4日の日程で、旧・全日本が大阪を皮切りに、東京・蔵前国技館での3日連続興行を含む7都市、全12戦という大掛かりな全国巡業を決行した。この巡業には木村政彦も加わったが、木村は5月に郷里の熊本で『国際プロ・レスリング団』を結成。山口と衝突した清美川や大坪清隆もこれに加わった。

8月、元学生横綱の吉村が旧・全日本のリングでデビュー戦を行う。

11月25日、木村が力道山への挑戦を表明。力道山もこれを受託する。旧・全日本の山口は、この対決の勝者に挑戦する旨を表明した。

12月21日、力道山vs木村戦に先立ち『日本プロ・レスリング・コミッション』が設立される。旧・全日本もこれに加盟したものと思われる。

55年1月26日、大阪府立体育館において、前年暮れの「日本選手権」で木村をKOで破り〝巌流島の対決〟を制した力道山に、山口が挑戦するも、0―2のストレートで惨敗を喫する――。

この1年間の流れで、力道山と日本プロレスが、木村と山口、そして彼らの団体を制圧し、実質的に日本プロレス界の盟主となったことが読み取れるだろう。日本におけるプロレス興行の先駆けであった山口の旧・全日本は、もはや「三番手の団体」に成り下がってしまった。

その後も旧・全日本は「水中プロレス」などのアイディアで局地的な話題を集めることはあっても、一流外国人レスラーは日本プロレスの独占状態で、相変わらず在日米軍の軍人をリングに上げるなどマイナーイ

かつての相撲仲間であった力道山は、長沢の人柄と実直さ、そして実力を高く評価し、日本プロレスに迎え入れた。写真はアメリカ修業時代の珍しいショートタイツ姿。

アマチュア相撲から旧・全日本プロレスに入団、そして日本プロレスへの移籍と、長沢と同じ道を辿った吉村道明。学生横綱の彼も、長沢には一度も勝てなかったという。

長沢のプロレス入りに深く関わった清美川（中央）。木村政彦（右隣）とメキシコに渡り、その後は世界を転戦。現役レスラーとして再び日本の地を踏むのは、それから十数年後、国際プロレスのリングだった。

55年11月30日、大阪府立体育会館「全日本ヘビー級挑戦者決定戦」における東富士（左）と山口敏夫の一戦。両者ともに長沢にとって大切な存在であった。

「プロレスセンター」の向かいにあった東富士が経営するちゃんこ料理店「桜富士」。長沢と真理子夫人はこの店で出会った（写真は東富士）。

メージは拭えなかった。さらに同じ大阪に大同山が『東亜プロレス』を設立。木村の国際プロ・レスリング団も大阪進出を果たすなど、旧・全日本を数々の試練が襲った。吉村道明は自伝の中で、この当時の状況を次のように記している。

「（56年9月）地方興行が多かったが、観客の入りは悪く、閉鎖か解散か…との噂がしきり。（中略）ファイトマネーも思うようにもらえず寒々とした日々が続きました」

長沢も「もうこれはだめだな、やめようかなと思って（いた）」と当時を述懐している。

日本プロレス入り

56年（昭和31年）10月、日本プロレスコミッションは、かねてからの懸案であった「全日本ウェイト別選手権」の開催を実現させた。興行は23〜24日の2日間、東京・国際スタジアム（旧・両国国技館、後の日大講堂）で行われた。長沢はヘビー級部門に出場したが、1回戦で元横綱の東富士に敗退を喫した。

吉村の自伝によれば、実は9月末の時点で『全日本プロレスリング協会』は解散しており、旧・全日本のレスラーはフリーの状態であったが、無所属では大会出場のライセンスがもらえず、やむなく名目上、旧・全日本勢の8人が『山口道場』所属という形で申し込みをしたという。

長沢はこの時、かつての相撲仲間だった力道山に声を掛けられる。

「（会場の）後の方でたって見ておったんです。そこへ

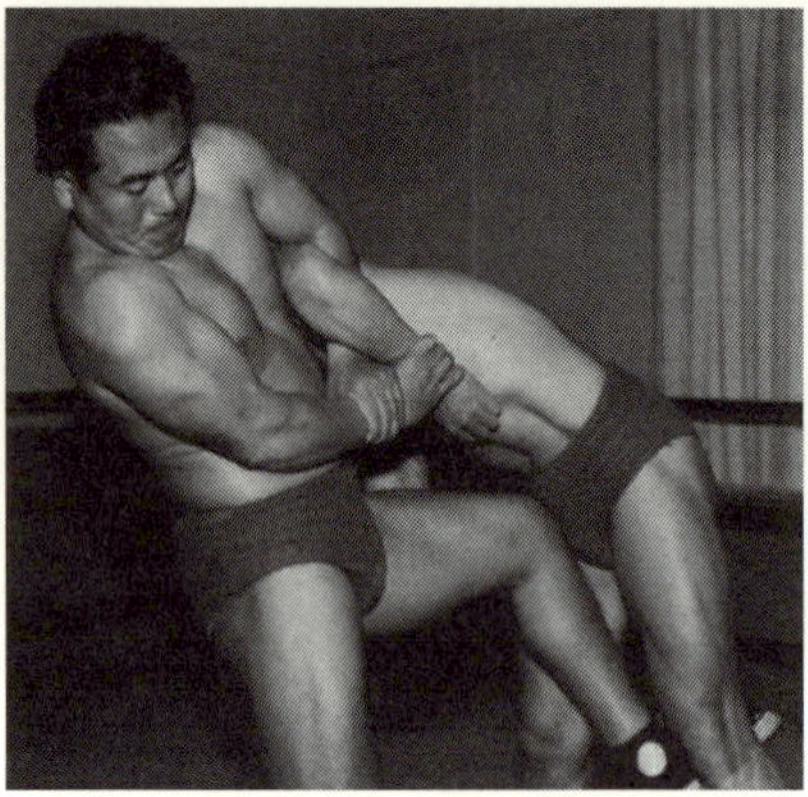

バリエーションは少ないが、長沢は関節技も巧かったという。これは旧・全日本プロレス時代に習得したものと思われる。

左から長沢、東富士、力道山、遠藤幸吉、芳の里。力道山を除くこの4人で「全日本タッグ王座決定戦」を行ったこともあった。

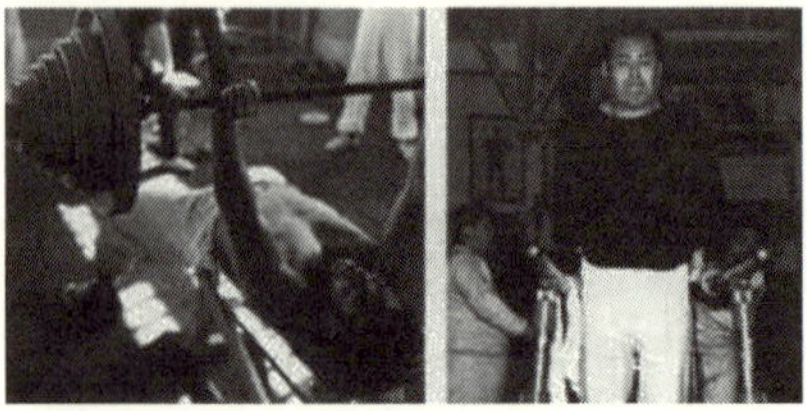

荒稽古で知られる力道山道場の中にあっても、長沢の練習量は群を抜いており、力道山でさえ一目置くほどだったという。

リキ関（力道山）がちょうどきたんですよ。長沢、どうしているんだというからこうこうでやめようかと思っていますといったら、やめるのは惜しいからこっちへこないかという話でね。じゃよかったらきますって。それからしばらくしたらトヨさん（豊登）から電話がきて、もう一回こっちへきてやらないかって。それできたんですよ」

律儀な長沢は、旧・全日本の協会長であった松山氏や山口に会い、東京行きの了承を得る。力道山も長沢のために大阪に出向き、彼らの説得にあたったようである。こうしてその年の暮れ、長沢は円満な形で上京、日本プロレス（以下『日プロ』と略す）への移籍を果たした。同僚の吉村や、国際プロ・レスリング団の残党で結成された『アジア・プロレス』にいた大坪も一緒だった。

力道山は長沢のヘビー級の体格と人間性を高く買い、それがこの移籍に繋がったようだが、もうひとつ力道山には彼の「強さ」という部分での評価もあったような気がする。58年に行われた雑誌での座談会で、芳の里が語ったこんな件りがある。

台湾遠征で拳法家との他流試合の相手を力道山に指名された芳の里が、「長沢さんがよく（こういう手合いの相手を）やってるから、長沢さんがいいんじゃないですか」と長沢に一旦はお鉢を回した、というのだ。

これを受けて長沢は、「そういう飛び入りは、どこへ行ってもでてきますよ」と発言している。こうした「シュート的強さ」を、長沢が持っていたとも読みとれるエピソードである。

力道山道場の若者頭

57年（昭和32年）10月、NWA世界ヘビー級王者ルー・テーズが待望の来日を果たし、東京、大阪の2ヵ所で力道山とタイトルマッチを行い、日本中を沸かせた。力道山の挑戦を退けたテーズは帰国の途に着いたが、離日の際、報道陣に「日本のレスラーはとても気持ちよく、また真面目だ」という言葉を残していったと伝えられている。

この時、テーズの世話係を務めたのが、その人間性を買われて抜擢された長沢だった。この年の8月に来日したボボ・ブラジルに付いたのもやはり長沢で、以降、彼は長年にわたり外国人レスラーの世話係を務めることになる。

そして長沢はこの年の12月から、力道山に「若者頭（わかいものがしら）」を命ぜられる。これは相撲界に古くから存在するポジションで、幕下以下の力士たちの監督、指導が主な役割である。プロレスの場合であれば、これに加えて若手の相談役、時には自ら「胸を貸し」成長著しい若手を、上のポジションに推挙するようなこともあったようだ。長沢はまだ移籍して一年足らずの「外様」であり、それにも関わらず力道山の彼への信頼がいかに厚かったかの証明でもある。

また、長沢は無類の練習好きでもあった。当時の道場での荒稽古については今でも伝説として語り継がれているが、その中でも長沢の練習量は群を抜いており、力道山も一目置くほどだったという。

「長ちゃん（長沢）みたいに熱心な男はみたことがない。ワシがみていると、いつでも練習ばかりやっている。あれで強くならんけりゃウソだな」（力道山）

長沢の強さについては、来日する一流レスラーの中にも目を見張らせる者がおり、のちに日プロのブッカーを務めたグレート東郷も「長沢は本場のレスリングを仕込んだらよくなる」と、高い評価をしていたようである。

ただし、力道山はこうも続ける。

「ただ、あんまり真面目すぎて、目立たんのだ。（中略）少しはショー的な要素も入れにゃいかん、長ちゃんにそれが一枚入れれば大変なことになるよ」

力道山の指摘どおり、長沢のファイトスタイルは地味なことで知られていた。スピード感や派手な部分が一切なく、見せ技といえば、「まるで後ろに目がある」と評されたソバットだけで、攻撃の際もまるで「泣き顔」のように見える表情。力道山時代を知るオールドファンの、長沢の印象は概ね共通している。だが、長沢が自分のファイトスタイルを変えることは、そのあともなかった。

自分の分にそぐわないことは、しないほうがよい――。それは長沢が長く試練に満ちた人生の中途で得た、教訓だったようである。

『日一』から『秀幸』へ

長沢が下の名前を『日一』から『秀幸』に変えたのは、

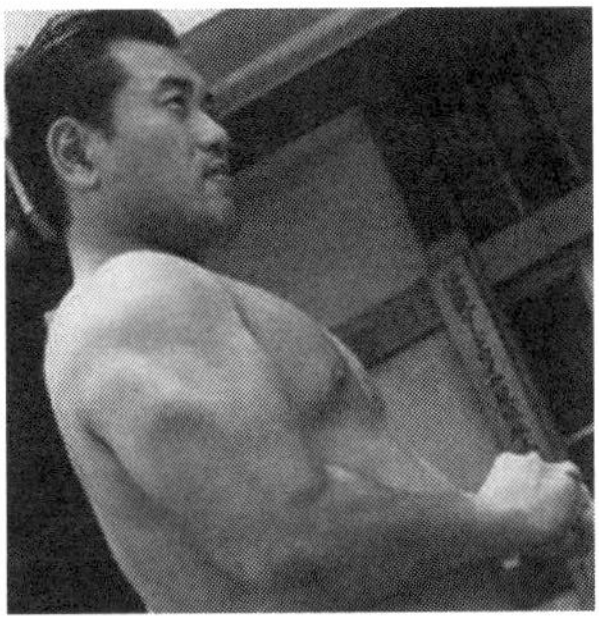

上段左）長沢（右）と大坪清隆（飛車角）。これに沖識名、吉原功を加えた４人が、昭和30年代における日本プロレスの若手指導にあたった。大坪の上半身の発達は見事である。
上段右）相撲時代とは比較にならない長沢の全盛期における均整の取れた肉体は、トレーニングの賜物だった。
下）「プロレスセンター」で撮影された日プロ所属レスラーの集合写真。長沢（前列右から４人目）、吉村ら旧・全日本勢を加えた写真は貴重である。力道山、東富士はもちろん、駿河海や吉原功、大坪清隆の顔も見える。

33年頃のようである。まずはリングネームから、のちには私生活でもこの名を用いるようになった。

「まだ幕下で相撲とってるころ、大和（奈良）の方のえらい坊さんが、日一という名前はよくないから改名しなさいといって、秀幸というのをつけてくれたんですよ。そのときはそんな気もなかったからほっといた」

だが、その後の長沢の人生は不幸の連続だった。母親の死、兄弟の病、そして度重なる所属団体の崩壊…。

さらにこの時期には、体調を著しく崩していたようである。

「こいつはいかんなァと思って、半信半疑で名前をかえたり、ハンコをかえたりしたら、体もよくなる。兄弟の病気もなおった。女房もくるようになる。子供もできた…」

この事実を確認すると、真理子夫人は肯定した上で次のように語ってくれた。

「お父さんに出会った頃、私に〝秀幸〟と書いた紙を見せながら、〝この名前に変えてから（夫人と）出会ったから、（私生活でも）この名前に変えようかな〟と言ってましたね。考えてみたら、お父さんは次男なのに、〝日一〟っておかしいですものね。それで私の名前は真理子って言うんですけど、結婚した後、〝俺の名前をつけてくれた人がヨメさんの名前も変えないと、俺が早死にするって言うんだ〟って、私にも別の名前に変えてくれと言うんです。ですから、お父さんの生きている間は、ずっとそっちの名前を使っていました」

余談だが、力道山が38年に亡くなる前後の一時期、長沢はリングネームを『長沢虎之助』に変えていた時期がある。他のレスラー同様、おそらく豊登の命名と思われるが、力道山の死後、すぐに元の『秀幸』に戻している。

力道山の生前、長沢はプロレスを引退する気持があったようだ。

「(力道山が亡くなる)あの前ですよ。実は、もう体力の限界も来たから、やめようかなァと思って、リキさんに相談するばかりにしてたんです。そうしたら相談する間もなく、ああいう不幸なことになったでしょう」

夫人によれば、実際この時期に仲の良い友人から、一緒に九州で仕事をやらないか、という誘いが長沢にあったのだという。だが、力道山の死により、長沢の「引退願望」は徐々に薄らいでいったようだ。

ジャイアント馬場によれば、66年に行われた日プロの役員改選で、馬場と長沢の2名が新取締役に就任、同時に馬場が選手会長、長沢が副会長に選任されたという。ただし副会長選任はともかく、長沢の役員就任については、後述するその後の彼に対する「扱い方」を見る限りにおいては、首を捻らざるを得ない。

長沢の強さとは

北沢幹之に改めて話を聞いた。61年10月に日プロ入りした北沢は、若手時代からアントニオ猪木の付き人を務め、東京プロレス、そして新日本プロレスの時代まで長年にわたり追従した。「隠れた実力者」とも噂され、「あのカール・ゴッチでさえ、北沢のディフェンスを崩せなかった」という伝説がある。またプロレス界きっての人格者としても知られる。

「本当に大好きな先輩でした。生きている内にお会いしたかった」

席に着くなり、北沢は言った。

――私が長沢さんについて調べようと思い立ったの

は、『キャラバン』にゲストでいらした時の〝長沢さんが強かった〟という、北沢さんの一言がきっかけなんです。今日は長沢さんのその〝強さ〟についてお聞きしたいんですが、長沢さんの現役時代を見たことのあるオールドファンはみな口を揃えて〝地味な試合をするレスラーで、とても強いようには見えなかった〟と言うんですよ。

「いや、底知れないものがありましたよ。どういう強さなのか…滅茶苦茶な強さじゃないんです。こう、ジワリジワリとくるような、そういう強さなんですよ。猪木さんや大坪さんのはパッパッとした機敏な強さなんですけど、長沢さんのはそういう強さじゃないんです」

――それは、猪木さんたちとは強さのタイプが違うってことなんでしょうか？

「ええ、違う強さですね。比較はできないです」

――長沢さんが怪力だったのは有名ですし、相撲出身の人なので立ち技が強いのはわかるんですが、寝技に関してはどうだったんですか？

「力だけじゃないです。立ち技も寝技も、両方強かったですよ。関節技もそんなに（技の）数はなかったけ

左上）日本プロレス崩壊後、かつての仲間である長沢を温かく迎えた国際プロレス社長の吉原功は、自身も「隠れた強豪」だった。ミスター珍やマンモス鈴木など、彼に身を委ねた日本プロレスOBは多い。
左下）「西の長沢、東の豊登」と、その怪力を長沢と並び称された豊登。長沢とは正反対の性格であったが、晩年まで両者の親交は続いたという。
右）80年、国際プロレスで「裏方」を務めていた頃の長沢。この直後にプロレス界からひっそりと姿を消した。

ど、巧かったですね」

――昭和30年代の日プロの関節技というのは、どなたが指導されていたんですか？

「沖識名さんです。でも長沢さんのは、沖さんに習ったものじゃないと思いますね。あの人は昔、山口道場（旧・全日本）にいましたから、その時代に教わったんじゃないですかね。誰に教わったのか、名前はわかりませんけど」

――旧・全日本には山口さんを始め、柔道出身のレスラーが大勢いましたよね。そういう人たちから習ったということでしょうか？

「ええ、そうだと思います。ミスター珍（出口一）さんもあそこの出身ですけど、珍さんも関節技が上手でしたから」

――長沢さんには、稽古もつけてもらったんですか？

「はい、新弟子を教えてたのは、沖さん、長沢さん、大坪さんですね。吉原さんはあまり教えてくれなかったですけど、強かったですよ。沖さんがよく言ってました。〝俺がいない時は長沢に教われ〟って（笑）。でもレスリングを覚えて、猪木さんと練習するようになってからは、長沢さんはもう私とやろうとはしなかったですね」

長沢の若者頭のポジションは北沢が入門した時代まで続いており、当然その役割の中には若手レスラーの技術指導も含まれていた。これは北沢より入門の早い馬場や、長沢が力道山に同行したブラジル遠征でスカウトされた猪木も同様であったろう。

ゴッチとは犬猿の仲

――昭和40年代に入ると、大坪さんが道場のコーチになりますよね。そうなると長沢さんはもう、若手指導の任から外れるようになったんですか？

「ええ、そうですね。その頃はもう試合にはほとんど出ないで、リングの解体とかしてました。私はそれが気になりましてね。先輩がそういうことをしているのを、黙って見てられないと思って。それで一度手伝おうとしたことがあるんですが、長沢さんが〝いいからいいから。これは俺の仕事だから〟って」

65年以降、長沢の試合数は少なくなり、その試合すら若手に混じってのバトルロイヤルのみの出場というケースが多かったようである。当時の長沢の仕事といえば、北沢の言うようにリングの組立てやパンフレット販売など「裏方」と呼ばれるものが主だった。だが、当時のパンフレットには〝若手精鋭陣〟と銘打たれたページに、多くの若者に混じって大正生まれの長沢の顔写真が、かなり後年まで掲載されていたという。

――試合がなくなった後も、長沢さんは練習はされていたんですか？

「ええ、練習はしていました。ああ、そう言えばゴッチさんと長沢さん、仲が悪かったですね（笑）。そうそう、ゴッチさんがコーチで来た時（67～69年）です。棒を使った力比べって、ご存知ですか？」

――長い棒の端をお互いに握って、押したり引っぱったりする練習ですよね。長沢さん自身がやっている写真を見たことがあります。

「あれをゴッチさんとやって、長沢さんが勝ってしまったんです。それからゴッチさんは、急に長沢さんに冷たくなりましたね。当時、もう腹が出てた長沢さんに、ゴッチさんが無理やりブリッジをさせようとしたんです。温厚な人で怒ったことなんて滅多にない長沢さんが、珍しくカッとなって道場から帰ってしまいました」

長沢とゴッチは奇しくも同じ24年生まれである。生き方こそ違え、壮絶な人生を歩んできた両者。この時は互いのプライド、生き方までを否定されたような思いだったのだろう。

――それだけ強い長沢さんがプロレスラーとして、もっと上のポジションに行けなかった理由はどこにあったと思いますか？

「そこがプロレスの難しいところです。失礼な言い方ですが、要するに長沢さんにスターの要素がなかったということです。これは私も一緒ですが、仕方のないことなんですよ。だから自分よりずっと弱い人間が追い抜いていっても、それを羨んだり妬んだりは絶対にしなかったです。ただ、長沢さんにもう少しそういう〝欲〟というものがあったら、きっと凄いレスラーになっていたでしょうね。それにしても長沢さんのそういう強さについて実際に知っているのは、今じゃ猪木さんと私くらいかもしれませんね（笑）。私より後のレスラーは、きっと知らないでしょうから」

思えば北沢も、他人が嫌がる「裏方」の仕事を黙々とこなした「苦労人」である。彼と同時代にプロレス界に生きた人間の誰もが、その人柄を絶賛する。北沢もまた「長沢秀幸的人生」を同じように歩んだ人間かもしれない。

北沢は最後にこう付け加えた。

「長沢さんには、プロレス以外にも本当に色んなことを教わりました。その時に教わったことで、今でもきちんと守っていることが沢山あります。それこそ新弟子から古い人まで、誰とでも分け隔てなく付き合える、本当に優しい人でした」

謎のマスクマン登場

73年（昭和48年）4月14日、選手会長であった大木金太郎以下、日プロの残党は記者会見を開き、自分たちの身柄を力道山家（百田家）に預けると発表した。

これが日本プロレスの事実上の終焉である。誰もが身の振り方に右往左往する中、責任感の強い長沢は最後まで会社に残り、この年の暮れまで残務をこなした。

この当時の長沢が、日プロを去っていった馬場や猪木に対して珍しく憤慨し、次のように口走ったという記述がある。

「あいつらは自分がどの程度の実力なのか知っているのかなあ。プロレスのルールでもルール無しの喧嘩ファイトでもこの私だって負けはしませんよ！」

ただし、このコメントが実際に彼の口から出たものかどうかについては、判然としない。また同じ記述の中には、長沢が日プロ社長であった芳の里に対して、退職金請求の訴訟を起こした、とある。

これについては、真理子夫人が笑いながら真相を話してくれた。

「ああ、違います。それは私がやったの（笑）。知り合いに弁護士の方を紹介してもらって。ええ、退職金は頂きました。お父さんは、そんなことできませんよ（笑）。戦死したお兄さんの遺族年金でも、〝そんなの欲しくない〟って人ですから。会社（日プロ）がなくなって一年半くらいは、ふたりしてこたつに入ったり、

右）国際プロレスを退社し、夫人の仕事の手伝いを始めた頃（81年）。この仕事は、亡くなる直前までずっと続けていた。「不遇な晩年」など、長沢には無縁だった。
左）長男・伸泰氏（上写真）。真理子夫人、次男・宏泰氏とのスナップ。嬉しそうな笑顔に、家庭人・長沢の素顔を窺い知ることができる。

散歩したりして過ごしていました。週末になると貯金を降ろしに行って。お父さんは〝座して食らわば蔵をも食らう〟なんて、よく言ってましたね」

75年1月6日、後楽園ホールで行われた国際プロレスの新春シリーズ開幕戦におけるリングに、事前予告の一切ない謎の覆面レスラーが登場した。リングアナウンサーは彼の名を『タイガー・チョン・リー』と呼び上げた。だが、結局このマスクマンの登場はこの1試合だけとなり、彼の姿は忽然と消えた。そして彼に代わって翌日のリングには、前座試合のレフェリーを務める長沢の姿があった。

長沢は、かつて日プロで共に中堅を務めた吉原功の国際プロレス（正式名称インターナショナル・レスリング・エンタープライズ、以下、国際と略す）の資材部に入社した。この入社が吉原が声を掛けたものか、長沢が頼ったものか、両者が鬼籍に入った今では不明だが、いずれにせよ人情家で知られた吉原の、旧友への温情であったことは間違いないだろう。

資材部配属とはいえ、長沢はどんな仕事でもこなした。リングの組立て、解体はもとより、パンフレット販売からレフェリー、そして時には〝現役日本最年長レスラー〟（当時50代）としてリングに上がり、米村勉やスネーク奄美など、当時の若手を相手に第1試合を務めることもあった。長沢の脳裏には、かつてリキパレスの道場で北沢たちに胸を貸していた時代の記憶が鮮明に甦っていたのかもしれない。

〝パンフレットに決して載らないレスラー〟長沢の最後の試合は、76年10月30日の岩手県・大船渡市青果市場における米村勉戦だった。彼はリングを降りたあとも国際の「裏方」として汗を流し、吉原の友情に報いた。時には長沢の過去を知らない、自分の子供のような年齢の営業部員に、大衆の面前で怒鳴られるような場面もあったようだが、幾多の苦難を乗り越えてきた長沢にとっては何でもないことだった。

２００９年に急逝した剛竜馬は生前、筆者にこの時代の長沢との思い出を次のように語ってくれたことがあった。

「ある日、先輩レスラーに食らわされて会場の外でしょげていると、長沢さんが来て〝坊や、きっといつかいいことがあるからな〟と慰めてくれたんです。今でも忘れられません」

長沢は、国際が活動を停止するちょうど1年前の80年夏に、ひっそりと退社していった。それ以降マスコミに出ることは一切なく、その後の消息を知る者は誰もいなかった。

抗わず、流るるがままに

「お父さんはきっと、お寺のご住職みたいな仕事が合ってたんだと思いますよ。だって、穏やかな人でしたもの。お父さんが人を殴る姿なんか想像もつきません（笑）」

真理子夫人は、長沢の試合はもちろん、プロレス自体を見たことすら一度もないと言う。

「今回こういうこと（取材）になって、雑誌を買って見たんです。お父さんはこんなことをしてたのかってもうビックリしちゃって（笑）」

ただし、長沢と夫人の出会いはプロレスに直結している。

「私、東富士とは遠縁にあたるんですよ。昔（56年）、東富士が浪花町のプロレスセンターの向かいでちゃんこ屋を始めて、女手が足りないというんで親戚である姉と私が長野から呼び出されたんです。ですから、リキさんもトヨさん（豊登）も、当時のレスラーの人たちはみんな顔なじみでした。大阪から来たばかりのお父さんとも、そこで出会ったんです」

夫人がその店『桜富士』を辞め、長野に帰ったあとも交際は続き、60年にふたりは結婚する。

「お父さんがブラジル（遠征）に行ったことがあったでしょ、そう、猪木さんを連れて来た……。その間に田舎で（新郎不在で）式を済ませて、お父さんが帰ってきてから一緒に暮らし出したんです。仕事の話は、家でほとんどしませんでしたよ。ですから、愚痴や誰かの悪口なんか一度も聞いたことがありません。ほら、出世欲みたいなのが一切ない人でしたから。そういうのがあれば、悪口や愚痴もきっと出るんでしょうけど。夫婦喧嘩なんて一度もしたことがありません。子供にも大きな声なんてめったに上げなかったし。本当に争いごとが嫌いな人でしたね」

「恥ずかしいから」と撮影を固辞された真理子夫人は、若々しく明るい、社交的な人である。彼女が作り出す空気は周囲を和ませる。長沢もおそらく真理子夫人の明るさに、救われたことが多々あったことだろう。

「吉原さんのところを辞めた時ですか？　その頃には私はもう仕事をしてましたから、〝お父さん、仕事がないなら私の仕事を手伝って。凄く助かるから〟と。それから、ずっと手伝ってもらってたんです」

国際を退社した長沢は、夫人が営んでいた食品保存容器の販売代理店をずっと手伝っていたという。

「職場は女性ばかりで、男はお父さんだけでしたから、本当に助けられました。それにお父さんのファンの女性が凄く多かったんです。職場に来ると、〝お父さん、いる？〟って、私のところじゃなくてお父さんのところに行って（笑）。それでよくみんなの相談に乗ってあげてましたね。色んな苦労をしてきた人だから、ちゃんとしたアドバイスができるんでしょうね」

長沢は、家にいる時は決まって読書をして過ごしていたという。

「酒もタバコもギャンブルもしない人でしたから、お小遣いはほとんど本代でしたね。歴史物や中国の本、仏教の本も読んでました。ひとりで過ごすことが苦にならないんでしょうね。だから、プロレス関係の人たちとのお付き合いもなくなっていたんだと思います。かといって、人嫌いってわけじゃないんです。やさしかったし、人情もたっぷりありました」

亡くなる直前の長沢。この笑顔に幸福な晩年が現れている。「まわりの人間がみんな幸せになればっていつも考えている、本当にやさしい人でした」（真理子夫人）。

長沢が逝去したのは、99年1月10日。肺炎が原因だった。享年75。現役時代から健康に気を配っていた彼にしては、早過ぎる死だった。

「長野の私の実家の近くに小さな家があるんですが、そこに行くのが大好きで、亡くなる前はしょっちゅう行ってましたよ。ええ、ひとりで。あちらでは山を散歩したり、本を読んだり。亡くなる前も長野に行きたいと言いだして。私はお父さんが風邪気味だったから止めたんですが、どうしても行きたいと。それで向こうで風邪をこじらせて。すぐに東京に戻って入院したんですが、それから1週間で亡くなりました」

生前、長沢は自分が死んだ時は誰にも知らせず、長野に行ってると伝えるよう、夫人に念を押していたという。

「あんまり急で、そんなこと忘れてたんです。でも、お父さんのお葬式には職場の女性が大勢来てくれて、きっと本人も嬉しかったんじゃないかしら（笑）。折にふれて、お父さんを思い出します。靴屋で大きな靴を見かけた時とか、困った時に〝こんな時にお父さんなら何と言ってくれるかしら〟なんて」

長沢の墓は奈良県にある。結婚して間もない頃に、すでに土地を購入し用意してあったというが、これはかつてこの地の住職が『秀幸』への改名を勧めてくれたこととも無関係ではないだろう。

「それが不思議なんです。私なら絶対選ばない、墓地の真ん中の土地を買ったんですよ。東大寺が見えるいい場所ですけどね。墓地に刻まれた名前も〝秀幸〟になってます」

筆者には、これが長沢がこの世で残した、唯一にして最大の「自己主張」であったように思えてならない。

長沢秀幸の人生とは、どんなものであったのか。

彼は常に与えられた環境で精一杯生きようと努めた。だが、それをあざ笑うかのように試練は彼の行く手を幾度となく阻んだ。

「時代」という大河に翻弄されながらも、いつしか彼は、その流れに身を委ねるようになる。

そして黙々と、そして淡々と人生を生きた。

自ら新たな道を切り拓いた、力道山の人生は素晴らしい。だが、大河に抗わず、己の分を知りつつ貫いた長沢の人生もまた、尊いと筆者は思う。

見晴らしの良い高台に、長沢秀幸の終の棲家はあった。坂道をゆっくりと登ってくる下駄の音が、今にも聞こえてくるような気がした。

後　記

長沢秀幸という無名レスラーの一代記を書きたい――。

当時、個人的な思い入れと言っても過言ではない、筆者のこの願いを寛容な心で叶えてくれた『Gスピリッツ』編集部と、取材と写真提供に全面協力してくれた長沢未亡人真理子さんには、現在でも感謝の気持ちしかない。

本章中の誤りは、ただひとつである。

66年に行われた日プロの役員改選で、馬場正平（ジャイアント馬場）と共に、長沢は選手会担当の取締役に就任している。これはマスコミにも発表されており、真理子夫人のご厚意で長沢の「取締役」としての名刺は、現在筆者の手許にある。

長沢の生前にその波乱の人生を直接聞いてみたかった――。

筆者の叶わぬ夢である。

（上・下）かつての同僚、吉原功率いる国際プロレスのリングでプロレスラーとしての最晩年を送った長沢秀幸。

第十五章
『ゴッチ教室』の全貌
―指導者カール・ゴッチの原点―

“求道者”カール・ゴッチが、日本プロレス界に与えた影響は計り知れない。

自ら会得した幾多の技術や練習法を惜しみなく与え、卓越したレスラーを数多く生み出した。

そして『ゴッチイズム』と呼ばれる独自のレスリング哲学は、「プロレスとは闘いである」と信ずる者たちのバイブルとなった。

その日本におけるゴッチ神話の原点とも言えるのが、「日本プロレス」の『ゴッチ教室』である。

そこでは、一体何が行われていたのか？

ゴッチと日本とを結びつけたものとは、果たして何だったのか？

「教え子」たちの証言と秘蔵写真、そして彼自身の言葉から、その全貌に迫ってみたい。

カール・ゴッチという人物を追い続けていけば、彼の人生には幾つかの「ターニング・ポイント」が存在することがわかる。

少年期のレスリングとの出会い、戦時下のナチス収容所での生活、『蛇の穴』で練習に明け暮れた日々、夢を胸に秘めてのカナダへの旅立ち…。

だが、ゴッチのレスリング人生における「最大の岐路」が、自分のレスリングスタイルに大いなる敬意と理解を示してくれる日本で、自らの技術と哲学を後進へと伝える「指導者」になろうと心に決めた時であったのは間違いないだろう。

それは同時に、アメリカでは「強さだけが売り物の、パフォーマンスのできないプロレスラー」のひとりにすぎなかったゴッチが、日本プロレス界における「偉大なるレスリングマスター」という、唯一無二の存在に昇華した瞬間でもあった。

ヒロ・マツダの存在

1966年7月14日、カール・ゴッチは5年ぶりに日本の地を踏んだ。日本プロレスの『第一次サマー・シリーズ』に参戦する彼を、羽田空港では関係者や多くの報道陣が出迎えたが、その輪の中には満面の笑みを浮かべた〝親友〟ヒロ・マツダの姿もあった。ふたりは、日本での再会を大いに喜んだ——。

60年に日本を旅立ちペルー、メキシコを転戦、アメリカに入国してからも実績をあげ、トップレスラーの一角を占めるようになっていたマツダは、ドン・カーティスの紹介を得て、かねてより実力者との噂が高いカール・ゴッチのトレーニングを受けるため、彼の住むオハイオ州レイノルズバーグに向かった。63年11月中旬から暮れまで、マツダは試合スケジュールを全てキャンセルして、ゴッチとのトレーニングに臨んだ。

ふたりの練習場所はゴッチ邸の裏手に拡がる大きな森と公園、そして現地のプロモーターであるアル・ハフトが所有する納屋の2階に設置されていたリングだった。練習は自然を利用したサーキット・トレーニングから始まる。その内容について、マツダは『プロレス&ボクシング』誌65年2月号に掲載された座談会で以下のように述べている。

「あのひとは大体、バーベルとかダンベルというの使いませんね。何というか自分の体重を利用したトレー

66年7月14日、エル・モンゴル（下）と共に羽田空港に降り立ったゴッチ。5年ぶり2度目の来日だった。

日本での再会を喜び合うゴッチ（右）とマツダ（左）。マツダの存在なくして、ゴッチの再来日は実現しなかっただろう。

ニングをするんです。たとえば私がオクラホマ（筆者注・オハイオの誤り）にいるときは零下五度で、外は雪が降って、氷でいっぱいだったです。それを厚いトレーニング・シャツを着て外へ出て、まずランニングから始めるわけです。ちょっと体があったまってくると、ランニングのペースを少し早目にして、それから百メートルのダッシュをするんです。それで少しあったまるでしょう。今度は木が生えてるとその木を掴んでゆすぶってみたり、ベンチがありますとそこで腕立伏せをしたり、つぎはぼくがあの人を背中に背負って、坂道を歩いていくんです。しばらくすると交代して、あの人がぼくを背負って坂道を上がるというふうなことをやるわけですよ。（中略）それで小さな木があるでしょう。それを持ってひっこ抜くとかね」

この練習を約1時間半行った後、両者は納屋の2階にあるリングでレスリングの練習に移る。練習は日曜日以外、ゴッチが他のテリトリーへ遠征に出ない限り毎日行われた。マツダの真摯な姿勢に打たれたのか、ゴッチもこの期間の試合出場を極力抑えているようにも見える。

日本を離れる前、慕っていた先輩であった吉原功の勧めで、当時の世界第一級のアマチュアレスラーであった笹原正三氏の元でレスリングの指導を受けたこともあるマツダだったが、ゴッチの技術と練習方法には目を見張るものがあった。

64年の年明けにマツダはオハイオをあとにするが、彼とゴッチの蜜月関係はその後も続き、同年の8月から9月にかけて共にオクラホマに遠征し、この滞在中に最晩年のエド・ストラングラー・ルイスとの対面を果たしている。

ゴッチが2度目の来日を果たす直前、5月から7月にかけて開催された日プロの『ゴールデン・シリーズ』は、凱旋帰国したマツダの活躍で大いに賑わった。春の『ワールドリーグ戦』に続く大盛況は、日プロ首脳を大いに喜ばせ、「これからは馬場じゃない。マツダの時代だ」と断言する者さえいたと伝えられる。

勢いに乗るマツダが、この機に「ゴッチ招聘」を日プロ首脳部に強く働きかければ、彼らも納得せざるを得ない。ダニー・ホッジを破りNWA世界ジュニアヘビー級タイトルを獲得したアメリカでの実績に加え、実際に日本のリングで見せた洗練されたテクニックと躍動感溢れるファイトぶり、そして何より今シリーズでこれだけの話題を集め、観客動員を呼び込んだスター性――。マツダの言葉には十分な説得力があった。

渋谷にある『リキ・スポーツパレス』（通称リキパレス）地下のジムでマツダが行った練習は、日本のレスラーたちの注目を集めた。基礎練習を重視し、器具に一切頼らない、レスリングに必要な身体作りのためだけに行われる、彼の合理的かつハードなトレーニング。それは、力道山の生前から続けられてきた練習方法とは一線を画すものであった。マツダは、これが「ゴッチ直伝」のものだという。彼がアメリカでゴッチのトレーニングを受けたことは、マスコミを通じて日本にも伝えられていた。

幸い次に予定しているのは、秋の大きなシリーズの前に行う、スケジュールにも余裕がある真夏の短期シリーズだった。実際に、このシリーズにゴッチと共に参加した外国人レスラーは、エル・モンゴル、ジャック・ランザという、とてもエースの器ではないレスラーであった。日プロ首謀部はゴッチがマツダに課したのと同じトレーニングを、若手レスラーたちに施してくれる「コーチ兼任」であることを条件に、観客動員力があまり期待できず、バディ・ロジャース殴打事件を起こして以来、アメリカマットでも危険視されていたゴッチを「エース外国人」として、次期シリーズに招聘することをマツダに約束した――。

以上は「ゴッチ教室」誕生に関する筆者の推測であるが、これには別の説もある。それは後ほど述べるとして、来日後のゴッチの足取りを追いかけてみる。

神宮外苑での屋外練習

7月14日に来日したゴッチは、翌15日にリキパレスで、平井光明（ミツ・ヒライ）との第1戦に勝利を収めるが、第2戦はそれから1週間後の22日、同じくリキパレスでの山本小鉄戦、地方興行がやっと25日に始まるという日程に余裕があるシリーズであり、来日して10日以上の期間を東京で過ごした計算になる。

来日の翌日からゴッチがリキパレスのジムに通いつめ、トレーニングに精を出したことは想像に難くないが、その間にもゴッチにアドバイスを仰ぐ若手レスラーがいたかもしれない。そして、19日から本格的に

神宮外苑・絵画館前での屋外練習に集まった日本プロレスの若手レスラーたち。左より山本、本間、杉山、鈴木、藤井、小鹿（ゴッチに両足を抱えられている）、松岡。

リキパレス地下のジムで、山本小鉄にブリッジの指導を行うゴッチ。左は通訳を買って出たマツダ。後方は松岡巌鉄。

ゴッチの若手指導が始まった。この詳細について『東京スポーツ』が連日報道していることから、ゴッチの「教室」が偶発的なものではなく、あくまで事前に決められていたものであり、日プロ側からその旨のリリースがあったことがわかる。

初日はジム内でのブリッジワークを中心とした基礎練習となったが、その正しいやり方をゴッチは熱心に若手に指導した。写真を見ると傍らではマツダが通訳として、ゴッチの言葉を若手に伝えている。シリーズ契約が完了しているマツダがすぐにはアメリカに戻らず、しばらく日本に残留してゴッチの補佐を務めているところに、当時の両者の蜜月が伝わってくる。

そして2日目には、場所を移動して屋外でのトレーニングとなった。この日の模様を当時の新聞報道、雑誌から可能な限り詳細に記してみる。

7月20日午前10時30分、若手全員が集合したことを確認したゴッチは、サンダー杉山が運転する車に乗り込み、練習場所へと向かう。目的地は神宮外苑の絵画館前だった。この日集まった若手レスラーは、判明している限り次の7人。ミスター鈴木（マティ鈴木）、山本間和夫、藤井誠之、小鹿雷三（グレート小鹿）、

本小鉄、松岡巌鉄、杉山恒治（サンダー杉山）。ちなみに大熊熊五郎（元司）、平野岩吉、そして高千穂明久（ザ・グレート・カブキ）の3名は韓国に遠征中で不参加、駒厚秀（マシオ駒）、平井光明、星野勘太郎らに関しては参加しているか判然としない。

絵画館前で車を降りたゴッチはさっそく周辺を物色、絵画館の22段の石段、建物の周囲の砂利に目をつけ「理想的なトレーニング場だ」と頷きトレーニングを開始した。まずは石段を利用して、ウサギ跳び、手押し車（パートナーが両足を抱え、腕だけで前進する）、肩車など、何種類ものバリエーションを用いて往復。ゴッチ自身も最重量の杉山を肩車するなど、率先して若手をリードした。

続いて砂利の上、約50メートルの距離を全力疾走で5往復、一列に並び順番に馬跳び、これも横から跳ぶ形と縦に跳び越える2種類を行う。そしてジャンプを繰り返しながら、パートナーの胸を突き合うトレーニングなど、様々な練習が休む間もなく次々に行われた。

2時間を経過したところでゴッチは練習をストップしたが、若手レスラーは汗だくとなり、口を利くのも難しい状態であった。それを尻目に彼らよりも遥かに

左上）馬跳びにも様々なバリエーションを加える。軽やかにジャンプするゴッチの跳躍力にも注目していただきたい。
左下）パートナーの小鹿と胸を押し合うゴッチ。単なる力比べではなく、バランス感覚を養う効果もあるようだ。
右）絵画館の石段を利用したトレーニング。手押し車、肩車など様々な方法で22段を往復する。ゴッチのパートナーは最重量のサンダー杉山。自ら先頭に立ち若手をリードする。

多い練習量をこなしたはずのゴッチは息も上がらず、「これからまた渋谷に帰って、マットをやろう」と平然と言ってのけた。

帰りの車中でも、ゴッチは通訳代わりの杉山を通じて、若手ひとりひとりに的確なアドバイスを与える。そしてリキパレスに戻ったゴッチはリングを使用せず、マット上で前日と同じようにブリッジワークの指導を開始した——。

この屋外練習を含む「第1期ゴッチ教室」について、参加メンバーのひとりであるマティ鈴木は、後年次のように述懐した。

「私はね、元々身体が硬かったんだよね。だから、逆に一番苦手だったブリッジを覚えたかったんだよ。ゴッチさんの教え方っていうのは理に適ったものだから、凄く勉強になったね。それにゴッチさんは、私のような身体が硬い者にも実に丁寧に教えてくれたよ。ブリッジが出来ないと、グッと背中を支えてくれて、身体が反るように自分が下に潜ってね。紳士ですよ、あの人は」

幻に終わった馬場との一騎打ち

『第一次サマー・シリーズ』の地方巡業は、7月25日の新潟県村上大会を皮切りに開始された。東京に引き続き、この巡業中もゴッチが若手レスラーを集めてトレーニングを行う場面が多々あったことだろう。

だが、観客の目はあくまでリング上に向けられた。このシリーズの目玉カードは、もちろんジャイアント馬場とゴッチの一騎打ちであり、「馬場が果たして実力世界一といわれるカール・ゴッチを破ることができるか」、あるいは「ゴッチのジャーマン・スープレックス・ホールドは、果たして馬場に通用するのか」というのがファンの注目点であった。

ゴッチと馬場の絡んだカードは、第3戦の村上大会の6人タッグで実現し、両者はその後もタッグで何度か対戦している。8月12日、東京・台東体育館での最終戦では、ゴッチが馬場に挑戦する「インターナショナル選手権」がメインカードとなることは衆目の一致した見方であった。

だが、この一戦は結局実現せず、ゴッチと馬場がシングルマッチで対戦することはなかった。

8月5日の愛知・一宮大会で右膝を負傷したゴッチの症状が悪化し、7日の静岡・掛川大会を欠場、翌8日に掛川市立病院に緊急入院する事態に陥ったのだ。正式な病名は「右膝関節炎兼蜂窩織炎（ほうかしきえん）」。9日には手術が行われ、術後もゴッチはそのまま掛川での入院生活を余儀なくされた。

こうしてゴッチと馬場の一騎打ちは幻と消えたが、筆者は、もしこの一戦が実現していたなら、後年の日本におけるゴッチの「神格化」はなかったと断言する。

この時点で日プロのトップであるインター王者の馬場が、トップレスラーとはお世辞にも言えないゴッチに敗れ、王座から転落する要素は全くなかった。馬場の軍門に下ったゴッチがその後も「実力世界一」を標榜し、どんなに秀でた技術を伝え、トレーニング理論を唱えても、一般のプロレスファンに対しては何ら説得力を持たない。日プロも彼にレスリングコーチを依頼することはなかっただろう。

不測の事態によりこの一戦が幻に消えたのは、まさに「運命」としか言いようがないが、行われなくてよかったのだ、と筆者は改めて思う。

上）タッグマッチで対戦したゴッチと馬場。だが、注目された両者の一騎打ちは、結局行われなかった。
左）8月7日の掛川大会のリング上で、欠場を詫びるゴッチ。ヒザの傷はさらに悪化。翌8日に緊急入院する事態となった。

さて、約1ヵ月の入院生活で復調したゴッチは日本を後にしたが、入院中に受けた献身的な介護と、見舞いに訪れた100人を超えるファン、そして全国各地から送られてくる手紙や贈り物は、彼をすっかり「親日家」にさせた。日本人とは彼が幼い頃に父親が話してくれた、そのままの人種であった。

水夫だった彼の父親エドワードは、若い頃に航海の途中で神戸や横浜を何度も訪れたという。神戸に寄航していたある時、彼は商人に間違って勘定を余計に支払った。あとからそれに気がついた男は、街中を探し回ってエドワードに余分な金を返し、彼をいたく感激させた——。

ゴッチと「日本人」は、出会うべくして出会ったのだ。

ゴッチ略奪事件

67年11月9日、ゴッチは3度目の日本上陸を果たした。今回は、日プロの正式な「レスリングコーチ」としての来日だった。この時の経緯を、本人は次のように話している。

「私はワイフをハワイに呼び寄せ、大喜びで日本に向かったんだ。ところが芳の里は、いきなり私にこういった。〝コーチをしてほしいんだ〟と。まったく日本人は、ニンジャみたいに意表をついてくる（笑）。（中略）芳の里に誘われたとき、私はすでに42歳（筆者注・正確には43歳）になっていたし、ちょうど教えることに興味をもち始めていたときだった。そこで、私の新たなチャレンジとして引き受けたんだ。芳の里は相撲出身だし、当時からレスリング学校のアイディアをもっていたんだと思うね。だから日本のプロレスラーは、芳の里に感謝すべきだと思う。彼は日本のプロレス界に、初めて学校をつくった人物なんだ」

だが、このゴッチの「コーチ就任」の裏には、日プロの「陰謀」が隠されていたようである。

同年5月25日、国際プロレス社長の吉原功は、次期シリーズを7月に開催すること、そしてそのシリーズに参加する5人の外国人レスラーの人選がすでに終わっており、フロリダのヒロ・マツダが彼らとの契約を済ませたことを非公式に述べた。

その5人のレスラーとは、ホセ・ロザリオ、スプートニク・モンロー、ジャック・ブリスコ、ターザン・タイラー、そしてカール・ゴッチであった。結局この5人のうち、ロザリオを除く4人はこの年に来日を果たしているが、それは国際ではなく、ライバル団体である日プロのリングであった。つまり、日プロが国際に参加予定の外国人レスラーを政治力で略奪したということである。当然、ゴッチに対しても同様である。

66年9月に日本を発ったゴッチは、アメリカ本土には戻らず、ハワイに向かう。そしてエラ夫人をオハイオから呼び寄せ、現地で療養しながら試合に出場していた。

そんなゴッチが67年5月31日、突然ロサンゼルスのオリンピック・オーデトリアムに登場し、一躍タイトルコンテンダーのひとりとして注目を浴びるようになる。現地ではマイク・デビアスと組み、WWA世界タッグ・タイトルを獲得。また別の試合中には大木金太郎の両足を引っぱり転倒させ、パートナーのデビアスのWWAシングル王座戴冠に貢献するという、ゴッチらしからぬパフォーマンスを見せる。

その一方で、〝柔道日本一〟から鳴り物入りで日プロ入りした大型新人、坂口征二の7月の渡米に際しては、日プロの依頼によりロスで坂口を待ち受け、トレーニングコーチからセコンド役、対戦相手と全面的なバックアップを行っている。

国際への参加を取りやめる代わりに、アメリカ本土での復帰と坂口の後見、その上で日本へ「レスリングコーチ」として招聘――。日プロがゴッチ引き抜きに際して提示した条件とは、以上のようなものだと思われる。

当時、日プロは若手選手の数が増え飽和状態にあった。全ての選手の試合が組めず、若手は巡業に同行していても試合が組まれないこともあったという。

「会場でパンフレットを売っていた田中さんという人がいたんだけど、パンフレットには当日のカードがスタンプで押してあるから、田中さんのところに行って、〝俺の試合、今日ある？〟って聞くんだよ（笑）。そうやって、その日に自分の試合があるかどうか確認してたよ」（タイガー戸口）

入門したての新人は巡業にも同行できず、都内に残りコーチ役の大坪清隆（飛車角）のトレーニングを受けていた。ゴッチをコーチとして日本に呼んで強い若手を育てようという気持ちも、日プロ首脳の中に少なからずあったことも事実のようである。

この時期、東京プロレス崩壊により日本プロレスに復帰したばかりのアントニオ猪木はゴッチの来日を待ち望んでいたようだ。61年、ゴッチが初来日の際に披露した高度なレスリング技術の一端と、芸術品とまで評されたジャーマン・スープレックス・ホールドを猪木はリングサイドでつぶさに目にしている。そして、アメリカ遠征中のタッグパートナーだったマツダがジムで行っていた「ゴッチ直伝」のトレーニング――。67年のゴッチ招聘そのものが、猪木のたっての希望で実現したという説すら存在する。

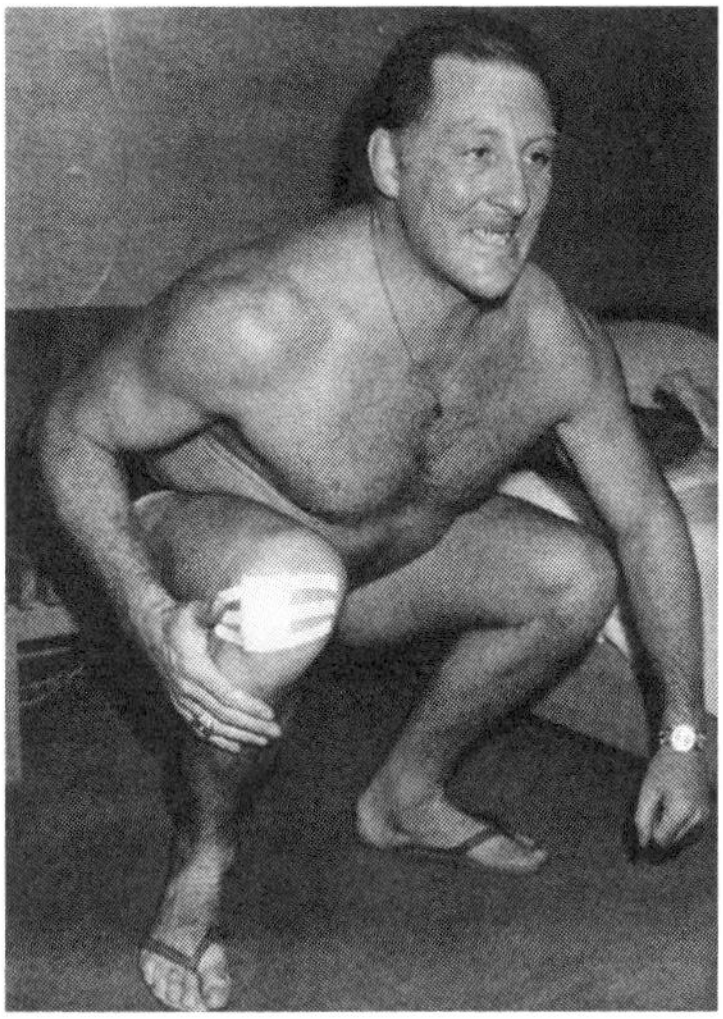
1ヵ月に及ぶ入院生活を終え、東京に戻ったゴッチ。ホテルの一室ではスクワットをしてみせ、右ひざの回復ぶりをアピールした。

クラフト・ハイル

67年11月18日、渋谷区大和田町の『エムパイアビル』地下で、『日本プロ・レスリング協会・エムパイアジム』の開所式が執り行われた。日プロ首脳はもちろん、力道山夫人の百田敬子さんやシリーズ参加するジャック・ブリスコ、ビクター・リベラら外国人レスラーなどを始め多くの招待客が見守る中、リング上ではゴッチが指揮する形で若手レスラーたちのトレーニングと、ゴッチ相手のスパーリングが行われた。最後にはアントニオ猪木もリングに上がり、上半身裸になって見事なブリッジを披露した。

ご存知の読者も多いと思うが、この『エムパイアビル』とは力道山が61年に建設したリキパレスの売却後の名称である。この前年の66年、リキパレスを所有していた『リキ・エンタープライズ』の事業継続が困難となり、『近畿観光』に売却したため、この建物の地下にあった日プロのジムも閉鎖されていたが、日プロ首脳はゴッチのコーチ就任にあたり、近畿観光側と交渉、以前にジムとして使用していた地下の部分を、そのまま借り受けることにしたようである。

こうして戻った古巣を舞台に、新たな『ゴッチ教室』が開始された。トレーニングが本格的に始まった11月20日、地下の教室内に設置された掲示板には、「クラフト・ハイル」（ドイツ語で「力万歳」の意）と大きく書かれていたという。

「ゴッチ教室」の練習メニュー

ここで、この「第2期」ともいうべきゴッチ教室の概要に触れてみたい。

練習時間は午前10時から午後2時までの4時間、日曜日は原則として休日となる。常時参加のメンバーは、まだ試合に出場していない若手レスラーたち。巡業がない時やシリーズ間のオフには、これに試合出場している若手レスラーも加わる。具体名で言えば、常時参加組は安達勝治（ミスター・ヒト）、柴田勝久、戸口正徳（キム・ドク＝タイガー戸口）、轡田友継（サムソン・クツワダ）、百田光雄、途中から新人の木戸修、中国系シンガポール人のドナルド・タケシが加わった。そしてオフの時には駒厚秀や山本小鉄、そして北沢幹之らも参加した。

メインコーチはもちろんゴッチ、サブコーチは大坪清隆が務めた。65年以降、沖識名に替わって日プロのレスリングコーチを務めていた大坪だが、ゴッチ教室が始まると自分は補佐役に廻り、アシストに励む。かといって大坪がこの降格を屈辱に感じていたわけではなく、むしろゴッチの厳格さ、自分から率先してトレーニングに勤しむ姿勢に心酔していたようである。

元々ゴッチと大坪は61年の初来日の時点で意気投合し、お互いのレスリングと柔道の技術を教え合った仲であった。ただし、技術について意見がぶつかるような場面も多々あったようで、頑固者で知られる両者は一歩も譲らなかったそうだ。

「大坪さんは凄く身体が硬くて、ブリッジをやっても頭のてっぺんしか着かないんですけど、それでもそれを軸にして身体を反転させちゃうんです。人間、やる気になれば何でもできるんもんですね（笑）」（百田）

ゴッチも「大坪はガッツがある」と、常に大坪を絶賛していたという。

ゴッチのトレーニングは、柔軟体操から始まる。続いてブリッジの練習になるが、これは首を支点に上体を前後に反復する運動も含まれる。さらに人を乗せてのブリッジ、そしてバーベルを用いたブリッジも行われた。軽いウェイト板を1枚ずつ付け、ブリッジしながら持ち上げる。さらにもう1枚ずつ追加して、同じ動作を繰り返す。ゴッチがトレーニングにウェイト器具を使わないことはあまりにも有名であるが、こういう例外は存在したのである。

タックル（正式にはレッグダイブあるいはテイクダウンと呼ぶ）の練習、さらにスパーリングとトレーニングは続く。スパーリングはグラウンドレスリングを中心に行われるが、その内容についての記憶は各自マチマチである。これについては、後で各々の言葉を記すことにする。

最後はいつもヒンズースクワットが仕上げとなるが、力道山時代からの伝統であった「３０００回スクワット」などは行わず、５００回からせいぜい１０００回くらいのものだったという。

後年、新日本プロレスでも取り入れられたトランプのカードを用いた練習方法は、この時期にすでに実施されていた。カードを一枚ずつめくっていき、数字の10が出たら、スクワットを20回、腕立て伏せ10回。絵

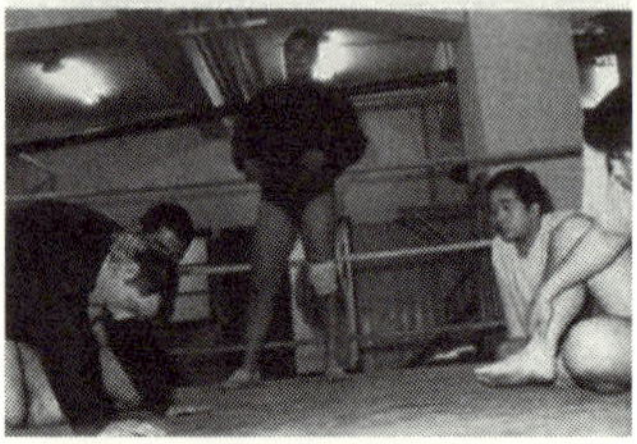

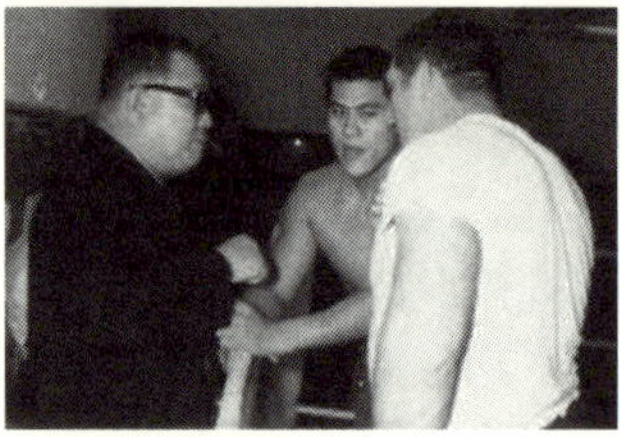

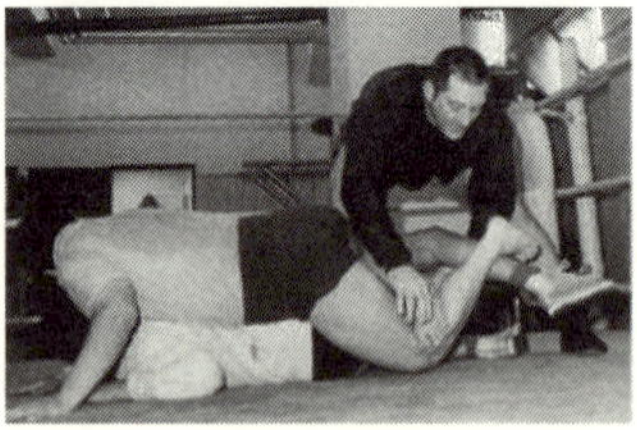

左上）開所式に出席したシリーズ参加の外国人レスラーたち。左からビクター・リベラ、スプートニク・モンロー、ニック・コザック、ジャック・ブリスコ。

右上）東京・渋谷にあったエムパイアジムの入り口。日プロは、売却されたリキパレスの地下にあったジムを復活させ、ゴッチを迎えた。

右中）67年11月18日に行われたエムパイアジムの開所式には、猪木も出席して公開練習にも参加した。左は沖識名。

右下）ゴッチを上に乗せ、強靭なブリッジを見せる猪木。新日本時代までの長きにわたるゴッチと猪木の親密な関係は、この時に始まった。

左中）バックを取った際の、足のポジションについて説明するゴッチ。実に分かりやすく丁寧な指導法である。リング上ではブリッジの練習。ブリッジワークとレッグライブ（タックル）の練習は、毎日入念に繰り返し行われた。

左下）始動した「ゴッチ教室」の練習風景。左からゴッチ、戸口、轡田、百田、柴田。人数が増えてからは、巡業組と練習組の二交代制になったという。

の柄が出たら回数は2倍、3倍に増える。カード52枚全てめくり終えるには、1時間をゆうに要したそうだ。

日によっては、鉄棒、逆立ちしてのスクワットなどが行われる場合もあったが、主な練習としては以上のような項目がゴッチ教室のメニューであった。

ただし、この教室が行われた1年半の期間には、ゴッチもトレーニングの内容やそれぞれのメニューの時間の割り振りなど、試行錯誤を繰り返したことだろう。

スペシャル・トレーニングマッチ

厳密に言えば、この第2期ゴッチ教室も、ふたつの期間に分けることができる。前半はゴッチが3度目の来日を果たした67年11月から、一旦アメリカに帰国した68年2月初頭まで。後半はオハイオの自宅を引き払い、エラ夫人を伴って同年4月3日に再来日してから、ゴッチ教室が閉講となった69年4月までの期間である。

資料によれば、当初ゴッチと日プロとの間で交わされたコーチとしての契約は67年12月いっぱいまでだったようだが、ゴッチの指導が期待以上の効果を挙げたと判断した日プロ首脳は、契約期間の延長を申し出て快諾を得た。そして日本で新年を迎えたゴッチは68年1月3日、蔵前国技館のリングに登場、対戦相手のジェリー・ロンドンにジャーマン・スープレックス・ホールドで快勝し、レスラーとしていささかの衰えもないことを観衆にアピールした。

さらに再来日後に開催された『第9回ワールドリーグ戦』中の4月8日、高千穂、安達組を相手に1対2の変則タッグマッチを行った。「スペシャル・トレーニングマッチ」と銘打たれたこのエキシビションマッチは、このシリーズ中に第1試合として継続された。

ゴッチの相手を務めるのは、駒、北沢、安達、柴田、林牛之助（ミスター林）、平野岩吉など当時、日プロの前座や中堅を務めていたレスラーたち。彼らが2人組、あるいは3人組となってゴッチにぶつかっていくスタイルで試合は行われ、「生徒たちが、師範であるゴッチのトレーニングをリング上で受ける」という形式になっていた。ただし、駒や北沢など実際にゴッチ教室の生徒も出場しているが、中にはゴッチの指導を受けていない選手たちもおり、その実態は飽和状態となっていた中堅レスラーたちを何とか試合に出すための苦肉の策であったと見るのが正しいようである。

エキシビションマッチは、このシリーズが終了したあともデビューしたての戸口などを加え何度か行われているが、観客が注目するのは、あくまでゴッチの強さとテクニックであったことは言うまでもないだろう。

カール・ゴッチの人間像

「私は時間に厳しくてちょっとでも遅れてくるヤツがいると戸を締めて中には入れてやらなかったよ（笑）」

自身で述懐するように、ゴッチは時間に関して厳しく、練習が始まる午前10時を過ぎると入口に鍵をかけ、遅刻した者を中に入れなかったというのは多くの人間が証言している。ゴッチの厳格さを端的に表すエピソードである。

「遅刻しても1回目はそのままにしとくんだけど、2回目からは中から鍵をかけちゃう。ジムは地下にあるから、夏場は暑くて大変でしたよ。ゴッチさんというのはルーズな人間が嫌いで、先輩の戸口、轡田なんて人たちは年中怒られてましたね。戸口は多少英語が話せるから、ゴッチさんにおべっかを使うことができるんだけど、轡田はそういうことができないし。しかも身体が硬くてブリッジができないと、ゴッチさんはもうそれだけでイラッとなるから。その上、轡田はルーズなところがあるしね。ゴッチさんは一生懸命にやっていれば、パーフェクトにこなせなくても文句は言いませんでしたよ。だけど、できるのに目一杯やっていないのがわかると、足を持って力ずくでブリッジさせたりしてましたね。でも、一生懸命やると、帰りに道玄坂を下ったところの一杯飲み屋で生ビールと冷奴をご馳走してくれるんです。これが嬉しくてねえ」（百田）

「あの人は言われたことをきちんと練習していれば、丁寧に教えてくれましたよ。あそこのジムのマットは硬くてねえ。俺はおでこが出てるんで、ブリッジやってたら擦りむいて血が出ちゃったんだけど、ゴッチさんが赤チン持ってきて綺麗に塗ってくれましたよ」（戸口）

要するにゴッチは真面目に練習する者を好み、ルーズな者が許せなかった、ということである。

さて、ゴッチの性格を窺い知ることができるこの時期のエピソードを、ここでいくつか紹介する。このゴッチ教室の期間中であった68年夏、ゴッチは虫歯になり

上）「ゴッチさんは紳士だった」と語る戸口（左）。トレーニング中は、ゴッチの言葉を選手たちに伝える通訳も兼任していたという。
左）馬場とゴッチのツーショットは、この時代ならではのもの。控室で撮影されたもののようだが、あくまで「マスコミ用」と考えるのが正しいだろう。

歯科医院に行った。奥歯2本を抜く必要があると言われたが、本人は「歯があるから虫歯になる。それなら全部抜いてしまおう」と東京医大病院へ入院、2日がかりで全部の歯を抜いてしまった。ゴッチのストイックさを示すと同時に、どこかユーモラスな人間性も垣間見ることができる。

ゴッチは68年4月の再来日の際、エラ夫人を帯同し、日プロが借りた目黒のマンションで生活していたが、ひとり娘のジェニンさんは、65年頃からベルギーのアントワープに住むゴッチの母親の元に預けられていた。

アメリカナイズされた娘の性格を危惧したゴッチが、躾の厳しい母親に預け、娘に古いヨーロッパのマナーを身につけさせようという彼なりの「親心」だったようだが、後年にこの父娘が断絶してしまう遠因は、恐らくここにあったのだろう。

ゴッチが伝えたもの

ゴッチ教室ではジム内に黒板を持ち込み、レスリング論を展開するような時期もあったようである。

「どうやればこの技がかかるか、ゴッチさんがわかりやすく図に描いて説明するんですよ。〝これがクォーター・ネルソンで〟なんて英語で書いてね（笑）」（百田）
このレクチャーは、68年10月に木戸修が日プロに入門し、ゴッチ教室に加わった頃にはなくなっていたということから、ほんの短期間だけの実験だったようである。
「ゴッチさんの理論っていうのは、まずは基本を中心にやるということ。プロのレスリングの根本は、腕を取り、首を取ることを覚える。それからその体勢から逃げることを覚えて、そこで初めて次のステップに行けるってことですね。この時期に習ったことは、全日本で下の者を教える時に随分役に立ちましたよ」
百田は、ゴッチが練習にウェイト器具を用いない理由について口にしたのを覚えている。
「ゴッチさんも一時期ウェイトをやってたそうなんですけど、〝英国に行ってビリー・ジョイスって自分より小さい奴とやって負けた時に、こんなことをやってたんではダメだと思って止めたんだ〟と言ってましたね。〝自分より大きいものとやる時は、自分よりスピードがないと思って間違いない。怖いのは自分より小さい相手とやる時だ。その分自分よりスピードがあるから、小さな奴とやる時には十分気をつけろ〟って」
さて、ゴッチ教室のスパーリングについては、体験者の記憶に大きな違いがある。
「基本的にはアマチュアスタイルのレスリングだよね。悪いことはいくつか教えてくれたけど、サブミッションは、うーん、あまりなかった気がするなあ。ゴッチさんとやれば、彼はそれで極めてくるんだけどね」（戸口）
「スパーリングは、ゴッチさんも実地でやってましたよ。でも自分はあまりにも体格が違うから、大抵は大坪さんに相手になってもらってたね。リングのセンターで（パーテル）ポジションの体勢をさせて、バックを取り、倒してギブアップを取る。そういう内容ですね。それで終わった後に、ゴッチさんが細かい部分をアドバイスしてくれました」（百田）
ここでは省略するが、木戸の記憶も百田とほぼ同じものであった。この違いはゴッチ教室のどの時期の記憶であるか、という問題だと思われる。1年半という長期に及ぶレスラーの育成にあたって、ゴッチは当初アマレスの基本から始めようと考えていたのではないだろうか。

なお、ゴッチが「マイ・サン」と呼び、晩年までその能力と人間性を絶賛していた木戸に関しては、本人の述懐を交え稿を改めじっくりと書いてみたい。

猪木との師弟マッチ

ここまで述べたように順調に行われてきたゴッチ教室も69年半ばに近づくと、あまりマスコミの話題にのぼらない「ごくありふれた日常」と化してしまう。猪

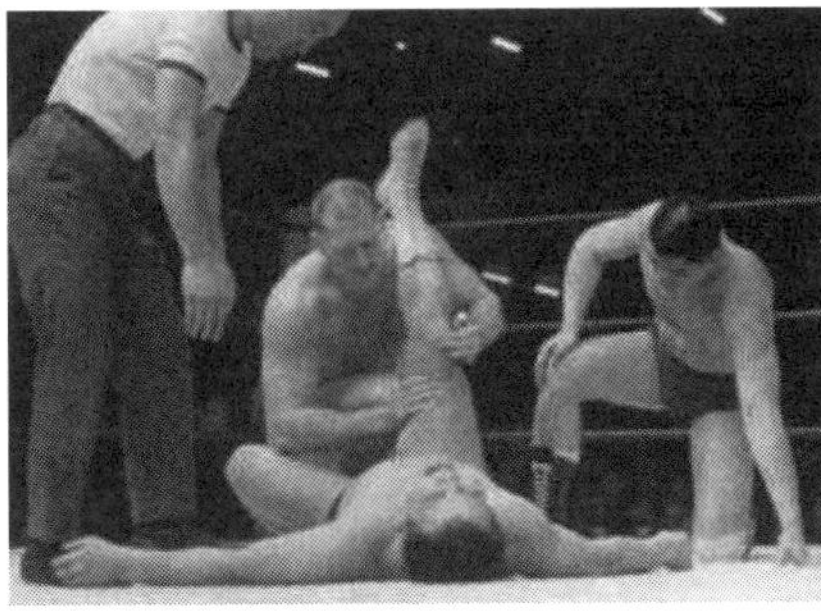

リング上で行われていた「スペシャル・トレーニングマッチ」。写真は69年1月3日に行われた安達、戸口組との対戦。

ウェイト器具を使わないトレーニングが信条のゴッチだが、ブリッジの際に用いるのは例外である。この練習は毎日のように行われたという。

「ゴッチのレッスンにはタックルがなかった」という声もあるが、「ゴッチ指揮の元、日課として行われていた」というのが正解である。

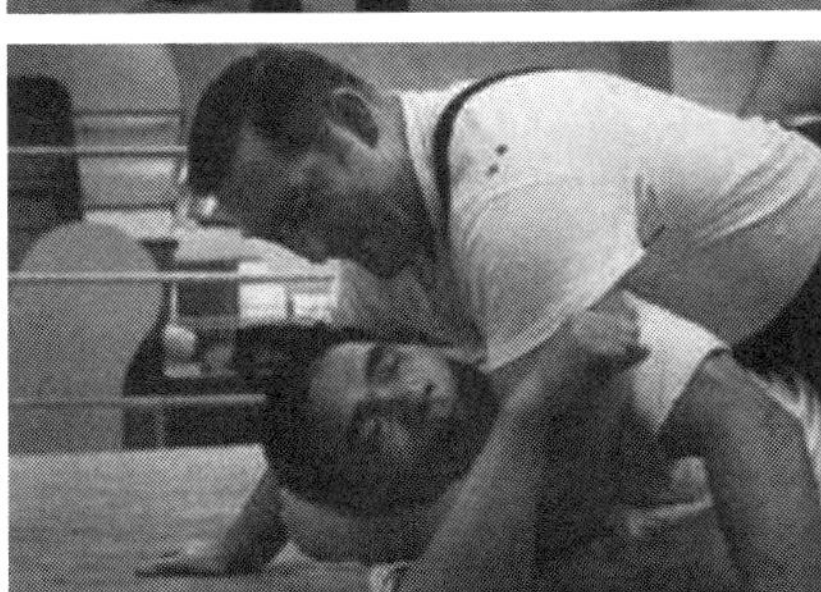

ゴッチと大坪のスパーリング。大坪は自らも率先して若手と同じ練習をこなすゴッチに、心酔していたという。

木に必殺技『卍固め』を伝授したことなどが話題になることがあっても、脚光を浴びるのは猪木だけであった。さらに中堅の選手たちも海外遠征に出かける者が多くなり、またゴッチのトレーニングを嫌い、参加する若手も少なくなっていた。折りしも近畿観光側よりエムパイアジムの賃貸契約解除の打診もあり、69年4月に日プロはゴッチ教室の閉講を決定する。

若手の育成に生きがいを感じ、教室の恒久的な継続を願っていたゴッチには「晴天の霹靂」だったことだろう。この時ゴッチは、心密かにプロレス界からフェードアウトしていく覚悟をしたようである。

「私は自分の精神主義にのっとってすべてを将来のメーンエベンターたちに教え込んだ。今度は私が取り入れる番だ」

日本を発つ直前、ゴッチは大坪らの計らいで、当時は拓殖大学柔道部の監督を務めていた木村政彦と対面、親しく言葉を交わした。念願を果たしたゴッチは5月3日、3年前と全く同じようにハワイへと旅立った。ただ、ゴッチにはひとつだけ心残りがあったようである。

当時の猪木との関係について、ゴッチは次のように述べている。

「(前略)レスリングを覚えたい猪木は、クリスマス・イヴにまで私のところへ電話をかけてきて、〝ゴッチさん、ヘルプ・ミー〟といってきた。たとえ大晦日であろうと、私は時間のあるかぎりジムへ行き、彼だけに特別にレスリングを教えたものさ」

あまり知られていないことだが、69年5月21日、カール・ゴッチとアントニオ猪木の初対決が行われている。ただし、場所は日本ではない。日プロは5月20日から23日にかけて香港へ遠征しているが、この一団にゴッチも随行した。これは恐らく日プロからゴッチへの慰労の意味合いが強かったものと思われるが、そんな中でこの一戦が実現した。

エキシビションマッチの形で行われたこの試合が時間切れ引き分けに終わっていること以外に、詳細を示すものは残っていないが、この対戦で猪木は自分の成長を、ゴッチは自分の実力に衰えのないことを再確認したことは間違いないだろう。

「(日本プロレスのシリーズが)オフになると猪木さんが(ハワイの)カール・ゴッチのところへ教わりに行って、帰ってくると僕らが猪木さんから教わるんで

す」（山本小鉄）

ゴッチと猪木の関係は、その後もっと密接なものになっていくが、これも稿を改めることにしたい。

北沢幹之が見た「ゴッチ教室」

「ある時、ゴッチさんと北沢さんのスパーリングになったんですよ。四つんばいになった状態からスタートするんですけど、少しでも身体に触れられたらあとは逃げてもいいわけですから、北沢さんは動きが速くて、ゴッチさんもなかなか極められないんです。ゴッチさんはイラッとして背中にエルボー入れたり、メリケン（脇腹への膝蹴り）を入れたり、尻の穴に指を入れたり、いろいろやるんですが極められない。でも北沢さんは賢い人ですから、これ以上やったら危険だというところでギブアップしました。それからゴッチさんは、北沢さんにスパーリングをやろうとは言わなかったですね」（百田）

前章の『長沢秀幸伝』に引き続き、再び北沢幹之に自ら体験したゴッチ教室について話を聞いた。

66年に猪木に追従する形で東京プロレスに参加し、翌67年に同団体が崩壊すると、猪木と共に日プロに復帰した北沢は、その年のエムパイアジム開設と同時にゴッチの「生徒」となる。以降、新日本プロレス、旧UWFの時代まで、北沢がゴッチと接した期間は長い。

さらに彼は前記の百田の述懐にもあった「ゴッチでさえ極めることができなかった」という伝説を持つ人物でもある。

――北沢さんがゴッチさんと初めて会われたのは67年ですよね。

「ええ、そうですが、その前の年に実は東京プロレスで、ゴッチさんを呼ぼうという話があったんです。直接のツテがあるわけじゃありませんから、記者の人か誰かが口を利いてくれたんだと思いますよ。それを日本プロレスが裏から手を回して、ゴッチさんを先に呼んじゃったんです。トヨさん（豊登）が、それは悔しがってましたよ」

日プロには、67年以前にも「ゴッチ略奪」の前科があるということになる。これが筆者が前に述べた66年のゴッチ招聘に関する「もうひとつの説」だ。続けて、

ゴッチ教室を終え、日本を離れる直前に実現した木村政彦との対面。ゴッチは木村に柔道の技術面についていろいろと訊ね、有意義な時間を過ごしたと伝えられる。

「俺、1年半習ったけど何も身に付きませんでした」（ミスター・ヒト）。ゴッチ教室参加者の中でも、"レスラー"ゴッチの評価は賛否両論ある。各人のゴッチの思い出は、彼らのプロレスに対するその後のスタンスと同義語であると言えるだろう。

北沢は語る。

「東京プロレスの頃、猪木さんが馬場さんに挑戦状を出したことがありましたよね。その時に本当に挑戦してきたら、ゴッチさんに相手をさせて潰してしまおうとしてた、という話を日本プロレスに戻ってから聞いたことがあります。ゴリラ・モンスーンも、同じような理由で呼ばれたと聞きました。でも、ゴッチさんと猪木さんはふたりとも練習好きですから、実際に会ったらすぐに意気投合してましたけど（笑）」

——その67年の初対面の時のことを覚えていらっしゃいますか？

「初めて会ったのは、名古屋の金山体育館の控室でした。誰も怖がって側に寄ろうとしないんで、ゴッチさんはひとりで寂しそうにしてたんです。それで私が後ろからガバっと抱きついたら、もう喜んじゃって（笑）。そのままスパーリングになって、30分くらい離してくれなかったですね」

——そこからゴッチ教室が始まるわけですが、日プロは前年にリキパレスを出て、エムパイアジムと名前を変えて同じ場所に戻るまで道場がありませんよね。その間はどこで練習をされてたんですか？

「都内を転々としてましたね。国立競技場の中にあった練習場、ここはマットがなくてウェイトトレーニングしかできませんでした。神宮外苑にあった練習場にも行った記憶があります。それからマサ斎藤の紹介で、明治大学のレスリング部の練習場を借りたこともありました」

ブドウパン事件

――北沢さんは真面目な方なので、ゴッチさんに結構可愛がられたと思うんですが、いかがでしょう？

「珍しく日曜日に練習だった時があるんですよ。私は前の晩にオールナイトの映画を観た後で、明け方4時頃にブドウパンを食べてから練習に行ったんです。そうしたら、ゴッチさんがいきなり〝お前、酒を飲んだだろ？〟って」

――ブドウパンの香りをワインだと思ったんですね。

「私はお酒が飲めないんで、そう説明したんですが、ゴッチさんは〝いや、嘘を言ってもわかる〟って。押し問答の挙句、〝じゃあ、リングに上がれ！〟と言われて、ゴッチさんと40分くらいスパーリングをやる羽目になりましたよ。でも、私は猪木さんとずっと練習してましたから、動きを見てると（次の攻撃が）わかるんです。それでなかなか極まらないんで、ゴッチさんは悔しがって芳の里さんに電話をかけて、〝若いのが酒飲んで練習に来てる。どういうことだ！〟と訴えて。芳の里さんは、私のことだってわからなかったんでしょうね。〝好きなようにシゴいてくれていいから〟って言ったようです。それからまたスパーリングになったんですが、指で口を引き裂かれて、中がズタズタに切れて大変でした。それでも極められまいと逃げていたら、リングサイドにいた平井さんが小さな声で〝参ったしちゃえ〟って。英語で言ったら、わかっちゃいますからね（笑）。それで指を曲げられたところでギブアップしたんですが、〝こいつ、極まってないのにギブアップした〟って、またやられて（笑）」

――その時、大坪さんはいなかったんですか？

「ええ、日曜日だから休みだったんでしょうね。あとで大坪さんが〝こいつはこういう奴だから〟とゴッチさんに説明してくれたんで、わかってくれましたけど、もし大坪さんがいなかったら私、殺されていたかもしれません（笑）。せっかく名古屋のことで印象が良かったはずなのに、これでいっぺんにおかしくなってしまいました（笑）。もちろん、こちらの気性がわかってからは凄く良くしてくれましたけどね」

——以前、北沢さんは〝猪木さんは日本人の中ではズバ抜けて強かった〟と言われておりましたが、ゴッチさんと猪木さんの違いは、どういう部分だと思いますか？

「タイプが違うんですよ。猪木さんは身体も柔らかくて、足首を完全に極めてもクルッと身体を回転させて逃げるんです。あんな人、他にいませんよ。攻め方も柔らかい感じで、力もそんなに強いと思わないんですけど、胴締めなんかは凄く強いんです。ゴッチさんは身体は硬いんですけど、ひとつひとつの技が凄いんですよ。普通レスラーって、新しい技を覚えだすと、もう前のを忘れてるんです。少しでもポイントがズレたら、なかなか極まるもんじゃありません。でも、ゴッチさんはひとつひとつの技が完璧で、それを何百と完全に頭の中に叩き込んでるんです。そういう技のバリエーションは、猪木さんより上ですね。それに、それでも極まらなければ相手の口を引き裂いたり、目を攻撃したり平気でできる人なんです」

——ゴッチさんはそれだけの種類の技を完璧にマスターしてるのに、それでもいわゆる『裏技』というものを割合、平気で使いますよね。それは裏技もテクニックの内と考えていたということでしょうか？

「ええ、そうだと思います（笑）。それに技術を段々と覚えてくると、関節技って簡単に極まらなくなってくるんです。だから、そういう手を使うんじゃないですかね。さすがに猪木さんに使うことはなかったと思いますけど（笑）」

アントニオ猪木の姿

——話は脱線しますが、『リキ・ボクシングジム』がありましたよね。あれはリキパレスの中の別の場所にあったんですか？

「いえ、同じ場所です。同じリングを使ってました。午前中はレスラー、午後がボクサーって、交代で使って。でも、ゴッチさんは怒ってましたね。〝ボクサーにリングを使わせるな！〟って」

——ということは、ゴッチさんがコーチとして来日してエムパイアのジムになった後、ボクシングのジムも

サブコーチの大坪を実験台に、サブミッションを指導するゴッチ。彼のレスリング哲学が帰結するのは、いつの時代も「サブミッションこそ最上の決着である」ということだ。

エムパイアジムの開所式では、他の若手に混じって北沢もリング上でゴッチのトレーニングを受けた。

戻ってきたんですか？

「ええ、そうです。ボクサーって松ヤニを使うし、平気でリングにタンを吐くから、ゴッチさんが〝寝技をやるのに目に入ったらどうするんだ！〟って。だから、マットは毎日貼り替えてましたね」

――トレーナーのエディ・タウンゼントさんや世界王者の藤猛も、同じ場所にいたことになりますね？

「ええ、エディさんには私もよく教わりましたよ。〝ボクサーに転向しないか〟って誘われたり（笑）。藤猛とスパーリングをしたこともありますよ。でも、あの人は形だけであまり強く打ってこないから、凄くやりやすかったですね」

――驚きました。ほぼ同じ時期、同じ空間に、プロレスとボクシングを代表する名伯楽が存在していたということですね。話を戻しますが、〝ゴッチが来てから、日本のレスラーの技術が飛躍的に変わった〟という話もよく耳にしますが、どうお感じになりますか？

「いや、基本的には同じものだと思います。沖（識名）さんはきちんと教えてくれましたし、技術的に目新しいというものはなかったと思いますよ。ただゴッチさんが良かったのは、無茶苦茶な練習をさせなかったこ

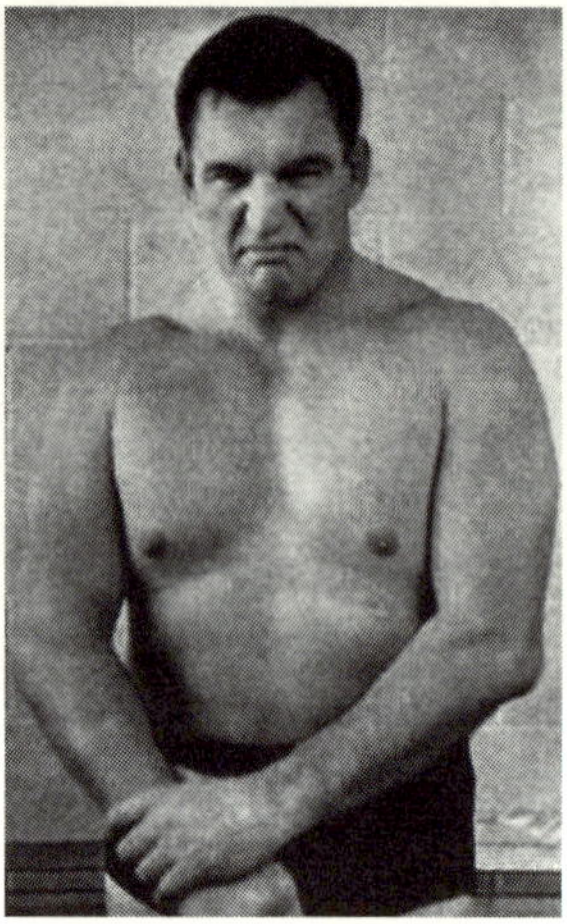

ゴッチ立会いの元、猪木とのスパーリングを行ったというビル・ミラー。アメリカにおける、ゴッチのレスリングに対する数少ない理解者のひとりだった。

とです。〝スクワット三千回〟なんて絶対にやらせませんでした。それに聞けば、サブミッションも、腕から、足から、首から何でも丁寧に教えてくれましたし」

——近年になって、〝ゴッチは日本のレスラーにタックルを教えなかった〟というような話が出ていますが。

「そういう人たちは知らないで言ってるんですよ。タックルとブリッジの練習は、毎日やってましたから。レスリングの基本ですから、教えないわけがありませんよ」

——ゴッチ教室の生徒とされてる方の中には、〝猪木さんは参加していなかった〟と言う人もいます。

「いや、来てましたよ。巡業に出てたり他に仕事があったりで、しょっちゅうではなかったですけど、暇を見つけては来てました。それで来れば、新人と同じ練習を一緒にやってましたよ。途中で電話がかかってきても出ませんでしたね。来ていなかったって、誰が言ってるのか知りませんが、その人が来てなかったんで知らないだけでしょう（笑）」

ふたつのシュートマッチ

——ある方から、エムパイアジムでゴッチさん立会いの元、ビル・ミラーと猪木さんがスパーリングをしたことがあったとお伺いしたんですが、北沢さんはご存知ですか？

「私は猪木さんから聞きました。我々が帰った後、ゴッチさんだけが見ている中でやったそうです。まずミラーが一本取って、その後に猪木さんが一本取り返したところでゴッチさんがストップをかけたそうです。猪木さん、〝一本取られた〟って悔しそうでしたね」

——それから当時、国際にビル・ロビンソンが来てましたよね。本人が言うには日本プロレスの道場で、ゴッチさんとふたりだけの秘密のスパーリングをしたこ

とがあるそうなんですが。

「ええ、あるかもしれません。ロビンソンさん、道場に来たことがありますから。ゴッチさんが席を外してる時に技を教えてくれましたね。それでゴッチさんが戻ってきたら、指を口に当てて〝シー〟って（笑）」

――あのふたりの関係は、面白いですよね。当時の雑誌を読むと、〝国際のTV中継が終わると毎週ゴッチが電話をかけてきて、ロビンソンはあれこれとダメ出しをされた〟なんて書いてありますから（笑）。

「お互いに本人が近くにいないと思って、相手の悪口を言ってたなんてこともありましたね（笑）」

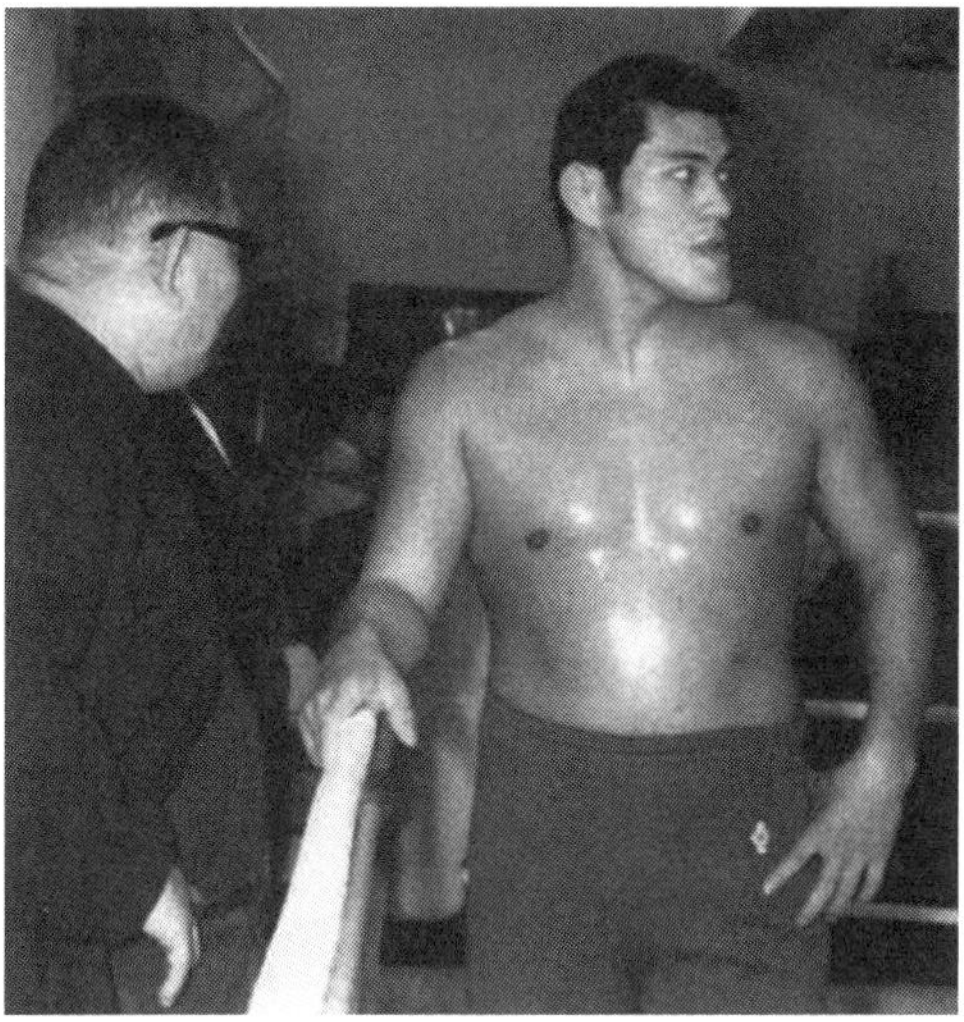
ゴッチの一番弟子」を自認していたアントニオ猪木。ゴッチもある時期までそれを容認していたが、いつしかその対象は木戸、藤原へと変わっていった。

「ゴッチ教室」のその後

――ゴッチ教室は69年4月に終わりましたけど、当時のことで何か憶えていらっしゃることはありますか？

「ゴッチさんは（エンパイアジムの閉鎖に関して）ヨッちゃん（百田義浩）とミッちゃん（百田光雄）の兄弟に対して、〝あのふたりには心がない〟と怒ってましたね。もちろんふたりにそんな権限があったわけじゃないんですけど、外国人なんで複雑な事情なんてわかりませんから」

――ゴッチさんがハワイに帰った後、新日本プロレスができるまでの間に交流はありましたか？

「一度、ジムに手紙をもらったことがあります。（ドナルド・）タケシに訳してもらいました。ゴッチさんが帰る時、私が足を怪我してずっと試合を休んでたんです。そのことを凄く気にかけてくれてましたね。あとはゴッチさんが国際に来たでしょ。あの時に木戸とタケシと3人で、会場までゴッチさんに会いに行きましたよ。板橋の会場でした（71年3月31日＝板橋区体育館、『第3回ＩＷＡワールド・シリーズ』開幕戦）。国際の試合は、2回くらい観に行ったことがあります。ロビンソンさんの試合が好きだったんで（笑）」

こう語った後で、北沢は言葉を続けた。

「今考えてみると、私がゴッチさんと一緒にいた時間というのは、凄く短かったと思うんです。一緒にいたのは練習場だけでしたから。もっと教わることがいっぱいあったんじゃないかって。その後も、一緒に知人のところに食事に行くなんてことはありましたけど、ある時からそばにいたくないなあと感じるようになって。その点、木戸や藤原（喜明）は偉いですよ。ゴッチさんと付き合うのは大変なんです。それを藤原なんかずっと付き合って、貪欲に得ようとしてましたよね。やっぱり木戸と藤原が、ゴッチさんにとって特別な存在だったというのはわかりますよ」

アントニオ猪木は、果たして北沢の言葉をどのような思いで聞くのだろうか——。カール・ゴッチに対する、彼の本心をいつか聞いてみたい。

後記

アントニオ猪木と木戸修による「ゴッチ教室の述懐」は、２０１７年に出版された『ゴッチ式トレーニング』（新紀元社）に収録されているので、そちらをご参照頂きたい。

『ゴッチ教室』のために来日中だったゴッチが全ての歯を抜いたというエピソードは本文にも記したが、本文執筆後、筆者は歯科医である生態義正の知己を得た。氏は、歯科医大生だった時代に入院中のゴッチを見舞ったという。

「私が大学6年生だった68年の6月25日、ゴッチさんが新宿の東京医大で全ての歯を抜歯し、翌日退院するということで、当時歯科口腔外科の助手だった先輩から連絡が入り、見舞いに行きました。ゴッチは6月12日に入院し、翌日に16本、1週間後にさらに16本を抜歯したのですが、重度の虫歯は1本もなかったそうです。健全な歯まで抜歯することは倫理上許されることではないので説得を試みたそうですが、〝ヨーロッパのレスラーから歯を全部抜くとパワーが出ると言われた〟とのことで聞き入れてもらえませんでした。後日、技工室で抜歯された歯が綺麗に模型に埋め込まれたのを見ますと、歯の咬合面の咬頭という盛り上がった山がすり減って、真っ平らになっていました。相当歯をくいしばってトレーニングしてた痕跡で、凄く稀な症状です。虫歯も沢山あり、『アマルガム充填』という安価で大雑把な初期治療がなされてました」

当時は「抜歯の痛みに耐えた」との報道があったようだが、「実際は相当痛がった」（生態）とのことである。ただし、高熱に悩まされるような事態には陥らなかったようである。

本文の内容を正すものであるし、ゴッチの人となりを端的に示すエピソードと思われるので、生態氏の証言をここに書き記す次第である。

※本章の写真の一部は流智美氏提供

第十六章 もうひとりの〝ゴッチの息子〟独白
―ジョー・マレンコ インタビュー―

全日本プロレスの『世界最強タッグ決定リーグ戦』に出場するため、ジョー・マレンコが実に 14 年ぶりの来日を果たした。本人曰くレスラーとしてリングに上がるのは今回が最後になるという。

“チェーン・デスマッチの鬼”グレート・マレンコの息子にして、“求道者”カール・ゴッチのアメリカにおける一番弟子であるジョー・マレンコ。

あの気難しいゴッチと、最も多くの時間を共有した男と言っても過言ではない。

日本にはジョー・ソルコフとして初登場し、“青い目のＵＷＦ戦士”として大活躍。

その後全日本プロレスのマットに転戦、ジャイアント馬場からの信頼も厚かった。

久しぶりの来日を果たしたマレンコに話を聞いた。

聞きたいことは尽きないが、父親であるボリス〝グレート〟マレンコの思い出から、謎とされるメキシコでのデビュー戦の経緯、第一次ＵＷＦや全日本プロレスの印象まで、時間の許す限り質問をぶつけてみた。

もちろん、師であるカール・ゴッチについても話を聞いている。最も長い年月を過ごした愛弟子が語る「ゴッチのレスリング」とは？

マレンコ家のルーツについて

——今回は14年ぶりの来日となりますが、ジョーさんの現在の本業というのは？

「ひとつは不動産関係。ドナルド・トランプ（かつて〝不動産王〟と呼ばれたアメリカの大富豪。ＷＷＥのリングでビンス・マクマホンとそれぞれ代理レスラーを立て、『バトル・オブ・ビリオネア〈億万長者対決〉』を行ったこともある）とパートナーシップを結んでビジネスをやってるよ。それと来年公開になる映画の制作にも関わった。もちろん以前からの薬剤師の仕事は続けているし、最近は郡の保安官にもなったんだ。これは僕の性格なんだろうけど、昔から何か複数の職業を常に持っているタイプなんだ」

父のボリス・マレンコは65年2月に「グレート・マレンコ」の名で日本プロレスに初来日。晩年は葉巻とステッキをトレードマークに、タキシード姿のマネージャーとして新日本プロレスに何度も登場した。

——弟のディーンさんはＷＷＥのエージェントをされていますが、今でもプロレスについて話をされることはあります？

「ああ、兄弟だし何でも話し合ってるよ。未だにね。プロレス界で連絡を取り合っている人間はそれほどいないんけど、スタン・ハンセンやダグ・ファーナスとは凄く仲がいいんで、たまにコンタクトを取ったりしているよ」

——まずは子供の頃の話からお伺いしたいと思います。お父様のボリス・マレンコさんは〝ロシア人〟としてリングに上がられていましたが、実際のルーツはどちらの国なんですか？　〝ユダヤ系〟という話も聞いたことがあるんですが。

「ウチのルーツは、ポーランドとロシアだよ。だから、ロシア、ポーランド系アメリカ人ということになる。そして両親ともに、先祖代々からのユダヤ人だ。だから、僕は史上唯一のユダヤ人で薬剤師のプロレスラーだってよく話すんだよ（笑）」

Jody Simon Alias

KARL GOTCH Jr.... EL LORD INGLES

Desde el próximo domingo 8 de julio estará en suelo azteca este atleta que tomará parte en la temporada del Palacio de los Deportes, impone por su peso y estatura

Este es Jody Simon, quien dentro de la lucha libre lleva el nombre de Karl Gotch Jr.

メキシコのプロレス雑誌に掲載されたジョー・マレンコことカール・ゴッチ・ジュニア（下）と師であるカール・ゴッチ。

ジョー・マレンコは本業の薬剤師を続ける傍ら「カール・ゴッチ・ジュニア」としてメキシコUWAで正式にデビューした。写真は78年8月13日、パラシオ・デ・ロス・デポルテス大会。

――ジョーさんのプロフィールは1955年、フロリダ州タンパ生まれになっていますが、これは？

「いや、1年ズレてるね（笑）。56年にニュージャージーで生まれたんだ。親父の仕事の関係で、あそこには11歳までいたよ。その後は各地を転々として、最終的にフロリダに辿り着いたんだ」

――当然、子供の頃にプロレス会場へ行かれていたと思いますが、印象に残っているレスラーはいらっしゃいますか？

「尊敬するレスラーは何百人といるよ。ただ、僕は父親の代から50年以上もこのビジネスに関わっているから、リング上で素晴らしいというだけじゃなくて、リングを降りても尊敬できる人の方が強く印象に残ってるね。そのうちのひとりがジャック・ブリスコだよ。そして、やっぱりカール・ゴッチだね。彼は僕にとって、本当に父親のような存在だったんだ。日本人選手がよく向こうに渡ってカールの指導を数ヵ月間受けたり、彼が日本に来て教えたりしていたけど、僕の場合は長年フルタイムでずっと教わっていたからね。もちろん父親も尊敬しているよ。それは肉親だからというわけではなく、レスラーとして素晴らしいと思っているんだ。彼はトップレスラーではなかったし、テクニシャンとしてもピカイチではなかったけど、ズバ抜けて素晴らしい〝タイミング〟を持っていた。技というのは、1秒早くても1秒遅れてもダメなんだ。でも、親父はテクニシャンじゃないにもかかわらず、人間離れしたタイミングを持っていて、それが凄く印象に残ってる。それとルックスも良かったしね。うちの家庭はDNAがいいんだよ（笑）。そう言えば小さい頃、ディーンが会場でヘイスタックス・カルホーンと初めて会った時に泣き出したらしいよ。あまりにもデカいんで（笑）」

ゴッチとの出会いと父親への思い

――ゴッチさんと最初にお会いになったのは、何歳ぐらいの時ですか？

「6〜7歳の頃だったと思う。僕が小さい頃から父親と凄く親しくしていたからね。彼もハワイからタンパに移ってきて、しばらく我が家の隣に住んでいたんだ。それで父親が〝ウチの息子をトレーニングしてくれ〟と頼んで、14〜15歳の頃からカールにレスリングを教わったよ」

――同じくフロリダに住まわれていたヒロ・マツダさんについて、思い出はありますか？

「初めて彼と会ったのは、彼がまだ相当若い時分だったよ。生まれて初めて食べたカレーライスは、彼が作ってくれたものだったね（笑）」

――マツダさんもカール・ゴッチの弟子にあたりますが、ある時からふたりは仲違いしたと言われています。理由はご存知ですか？

「それはよくある話なんだよ。カールがああいう性格なんでね。実際にちょっとしたことで彼が機嫌を損ねて、親父もカールとちょっと距離を置いていた時期があったし。親父が亡くなってからは、何事もなかったように昔の関係に戻ったけどね。カールはハートの良い素晴らしい人間だったけど、その一方で凄く固い人間でもあったんだ。だから、僕だって〝よくやった〟とか〝成長したな〟とカールに誉められたことはないしね。ただ一度だけ、亡くなる2年前にアパートに行った時、〝それじゃ、また〟と言って帰ろうとしたら、僕を見つめながら〝君のことを誇りに思っている〟と言われたんだ。その時は驚いて、心臓発作で倒れるかと思ったよ（笑）。レスリングを教わり始めた時からもう何十年も経っていたけど、それまで1回も、そんなことを言われたことがなかったからね」

――日本のファンにとって、お父様はデスマッチが得意なレスラーという印象が強いんですが、実際のお父様の〝レスリング観〟は、ゴッチさんと相通じる部分があったように思うんです。そういう部分とリング上の試合とのギャップについては、どのように感じられていましたか？

「グッドレスラーにとって、スタイルは関係ないんだ。もちろん父親とカールのスタイルは違うよ。音楽に例えれば、僕はカントリー&ウエスタンもジャズも聴く。古き良きオールディーズのロックンロールもね。全然ジャンルは違うけど、良いものは良いんだ。だから、カールと父親が試合をした時は、お互い良いレスラーがリングに上がっているわけだから、どんなにスタイルが異なっていようと、やっぱり素晴らしい試合になるんだよ。素晴らしいレスラー同士なら、スタイル云々は大した問題じゃないんだ」

――ところで昔、アンジェロ・ポッフォが主宰していた『ＩＣＷ』という団体がありましたが、憶えていらっしゃいますか？

「テネシー辺りでやっていた団体だろ？　親父も出ていたし、実は僕も何試合かしたことがある。ロニー・ガービンやランディ・サベージとね。まだ学生だったので、そんなに試合はできなかったけどね」

――ＩＣＷにはボブ・ループも上がっていたんですが、フロリダ時代からお父様と仲が良かったんでしょうか？

「フロリダというのは大きいようでいて、実際には狭い世界だから、みんな知り合いだったりするんだ。それで、割とみんな仲が良かったね」

――ボブ・ループは79年1月に新日本プロレスに来日しているんですが、マネージャーとしてお父様が帯同されたんですよ。

「そのようだね。ループというのはオリンピックレスラーで、僕もカールのところで一緒に練習したことがあるよ。ただ、プロとしてのシュートの技術はそれほどでもなかったように思うね。アメリカで本当にキャッチ・アズ・キャッチ・キャンが強かった選手は今話している時代よりも、さらに20～30年は遡らないと。だから、カールが出てきた時は衝撃的だったんだ。あまりにも〝古くて新しいスタイル〟という感じでね」

――ジョーさんは、英国出身のトニー・チャールズのトレーニングを受けたことがあるという話もあるんですが、実際にはどうなんですか？

「カールのところには、様々な強豪レスラーが集まってきては一緒に練習していたんだ。アイアン・シークとかね。トニーも来ていて、マットレスリングをやったことがあるよ。身体は小さい人だったけど、本当にタフな、ブルドックみたいなレスラーだった。そうそう、カールが自分の飼っている犬の面倒をみられなかった時は、彼が代わりに世話をしてたね（笑）」

――ジョーさんは学生時代に、アマチュアレスリングは経験されたんですか？

「まあ、ちょっとは齧ったりしたけど、若い頃からカールのところで世話になっていたからね。だから、どっちを取るかということになった時、僕はサブミッションレスリングを選んだんだよ。はっきり言ってアマチュアレスリングに関して、フロリダ州というのは他州よりも遅れていたんだ。あまりレベルも高くなかったし、実際にいろいろな大学や高校でレスリングのプログラムを止めてしまおうという動きがある時でね」

ゴッチのトレーニング・メニュー

――では、プロレス入りするまで、ゴッチさんから教わった技術を発揮する機会は特になかったんですか？

「デビューするまでは、お客さんの前で見せたりすることはなかったよ。子供の頃、僕は飼っていた馬を売って、そのお金でマットを買ったんだ。カールは一生それを忘れなかった。大好きで可愛がっていた馬なんだけど、マットを買うために、それを売ったわけだからね。その時にカールは〝コイツは本気だ〟と感じたようで、それから僕を認めてくれたんだ。そして、父親のジムにそのマットを敷いて、そこでサブミッションレスリングをやっていただけだよ。ああいうスタイルのレスリングは、凄くコアなものだよね。だから、それを見せる場所などないし、誰かに見てもらって、〝凄いね〟なんて誉められることも全く頭になかった。もう、本当に自分が強くなれればそれでいいというだけでね。マットを買った時に、業者に〝WR〟という文字を入れてもらったんだ。〝ウィガンは〝蛇の穴〟ビリー・ライリー・ジムがあった街の名前)」

――ジョーさんはゴッチさんとかなり長い期間トレーニングをされていたわけですけど、具体的な内容というのは？

「全てを教わったよ。フリースタイル、グレコローマン、ランカシャーレスリング、ありとあらゆるスタイルをね」

――ゴッチさんのトレーニングは、バーベルなどの器具を使わない練習が主だったと我々は認識しているんですが、実際には？

「これはあまり知られていないんだけど、時折、仕方なくウェイトトレーニングを少しだけやっていた時もあったよ(笑)。でも、レスリングで使う筋肉と、バーベルを持ち上げる筋肉というのは、まるっきり違うものだから、見た目はスーパーマンでも、実際にはその半分以下の力しかないという見かけ倒しのタイプが多いんだよね。怖いのは、一見凄みがなくて、それほど大したボディでもないのに、メチャクチャ強いヤツがいるんだよ」

――ゴッチさんが教えるサブミッションに、〝足を攻める技〟や〝絞め技〟はなかった、と言われることもあるんですが、実際に教わってみてどうでしたか？

「それはまるっきり嘘だよ。頭のてっぺんから足の指先まで、全ての部位をサブミッションで極める練習をさせられたし、カールは本当に数え切れないほど技を持っていた。今のMMAを観ると、カールのやっていたことの一部、1％だけしか使われていないと感じるよ」

――首への絞め技を嫌っていたという話も聞くんですが。

「当時、そこを攻めるのは反則だったんだけど、スリーパーホールドは普通にやっていたよ。ただし、チョークは嫌がっていた。基本的に喉仏と股間は攻めちゃいけないというのがルールでね。だから、頚動脈を絞めるのはOKなんだ」

――ゴッチさんはサンボなど他の格闘技の技術書もかなり読まれていたようですけど、彼の関節技は全てウイガンで習得したものなのか、それとも後から学んだ技術もその中に含まれていると思いますか？

「彼のスタイルは、僕が教わっている時も進化してたんだよね。進化が止まらなかった。だから、全てウィガンで覚えたというよりも、それ以外にも自分にとって使える技術をどんどん取り入れたんだと思う。それと、ウィガンで教わったものでも〝本当にこのままでいいのか？〟〝いや、ちょっと変えれば、もっと上手くいくんじゃないか？〟と常に考えていた。そのせいで、僕も若い時は戸惑って頭が混乱したこともあったんだ。ある技を教わって、3～4年ぐらい経ってからその通りにやると、〝いや、それは違う〟と言われてね。僕が〝でも、前はそう言っていたじゃないですか〟と反論しても、カールは〝あの時はそうだったけど、今はこうなんだ〟と教え方が全然違うんだ。でも、確かに新しい方がより効果的なんだよ。だから、カールはウィガンで教わった技術を、もっと実戦的なものに変えていったという部分があるね」

デビュー戦と第一次UWF、全日本プロレス出場

――ジョーさん自身の話に戻りますが、先ほど学生時代にもアルバイト的にプロレスの試合をされていたと言われていましたよね。一般的には、78年頃にメキシコで正式にデビューされたということになっているんですが。

「ああ、〝カール・ゴッチ・ジュニア〟という名前でメキシコでデビューしたよ。カールに言われてね。これはカールが直接ブッキングしたというわけじゃなかったんだけど、彼がいろいろな人と連絡を取り合って実現させた試合だったんだ」

――どうして母国のアメリカではなく、メキシコだったんですか？

「特に深い理由というのはなかったと思う。僕もとりあえずカールに言われて行っただけでね。娘が生まれたばかりだったから、お金も必要だったし。その頃はカロライナ州に住んでいたんだけど、アベ・ヤコブというレスラーに、ちょっとテクニックを磨いてもらってからメキシコに行ったんだよ」

――デビュー戦の相手はテムヒン・エル・モンゴル（小沢正志＝後のキラー・カーン）とも言われていますが、これは本当ですか？

「キラー・カーンが僕のデビュー戦の相手だって？そこまでは憶えてないなあ（笑）」

――日本に初めて来られたのは85年でしたが、それ以前にアメリカでもずっと試合はされていたんですか？

「レギュラーとしてどこかに上がったわけじゃないよ。83年に大学を卒業して他の仕事も持ってたし、父親になったから、そっちの方もやらなきゃいけなかったんでね。だから単発でいろんなところに行ったり、フロリダの親父のところで試合をしたり。レギュラーというか、普通にレスラーとして試合をしていたのは、ここ日本だよ。メキシコには3～4ヵ月いたけど、それ1回だけだしね」

――初来日は第一次UWFでしたが、この時は〝ジョー・ソルコフ〟というリングネームでしたね。

「ウチは祖父の代に移民してきてアメリカ国籍になった時、名前を変えちゃったんだ。だから、おそらく親父も本当の名字が何なのか知らなかったと思う。カールは〝たぶんソルコフって名前だったんじゃないか〟って。〝だから、その名前で日本へ行け〟と言われてね（笑）」

――当時、UWFのレスリングは日本でも新しいスタイルだったんですが、実際に試合をしてどのような印象を持ちました？

「従来のプロレスに、自分たちがやっていたスタイルがミックスされたような感じで、僕にはちょうど良かったよ。それプラス、佐山（聡）がタイ式の蹴りなんかをどんどんやっていたよね。本当にこういうものが生まれて良かったなと。当時、UWFに上がっていたレスラーも、サブミッションのテクニックが凄い選手ばかりだったし、数々のレジェンドと名勝負を繰り広げたタイガーマスクと試合ができるということで、非常に光栄に思ったよ」

――キックに対する違和感はありませんでした？

「まあ、キックというのは本当に嫌だよ（苦笑）。ディフェンスに関しては、最初の時は本当に苦労した。身体全体をガードするというのがなかなか出来なくてね。頭をガードしようとすると、ローキックを食ってしまう。ローキックを防御しようとすると、今度は頭を蹴られるし」

――88年からは全日本プロレスに上がられましたが、これはどういう経緯だったんですか？

「よく憶えてないんだけど、どういう形であれ、日本へのブッキングはいつもカール経由だったんだ。だから、彼が直接やったのか、もしくは誰かに連絡を取って、そこから話がいったのかもしれない。馬場と僕らが直接コンタクトをとるというのは、ありえないからね。おそらくロード・ブレアース（当時のＰＷＦ会長）が最初に僕らをブッキングしたんじゃないかなと思う。ただ、どういう経緯でブレアースの耳に入ったのかはわからないよ」

――馬場さんはジョーさんのような関節技主体のスタイルに対して、初めは違和感を持ったと思われるんですが。

「いや、そんなことはなかったと思うよ。元々日本にあったスタイルなわけだし、馬場は度量の大きな人だったからね。僕とディーンが入ってきて、それなりに全日本ではいい試合をしてたと思うよ。そんなに身体は大きい方じゃないから、どうしてもデカい外国人がメインイベントを取ったりするんだけど、僕たちはそんなことはどうでもいいと思っていた。とりあえず日本に来て、自分たちの試合をファンに見せることができれば、それで満足だったんだ。これは今、日本に来ているから言っているんじゃないよ。日本のファンというのは一番ちゃんと見てくれて、一生懸命に試合をやるレスラー、テクニックがあるレスラーをリスペクトしてくれる人種だと思っている。当時は日本に来て試合ができれば、本当にそれで満足だったよ」

――全日本時代には馬場さんの要請でハワイに呼ばれ、まだ若手だった小橋健太（現・建太）と菊地毅にレスリングを教えたことがありましたよね。

「馬場に頼まれた時は、誇りに思ったよ。試合を認めてくれただけではなく、〝ウチの若手選手も教えてくれ〟と言われたら、それは嬉しいよね。僕たちのスタイルを認めてくれたようなものだから。馬場は自分が良いと思ったレスリングスタイルなら、何でも受け入れる人だったよ。短期間だったけど、ディーンと一緒にハワイでマレンコ道場を開いたようなものだよね」

――小橋選手の印象というのは？

「彼は物凄くいい生徒だったよ。身体が凄く大きかったんで、そういう意味ではすでにレスラーとして恵まれていたんだけど、やっぱりこのビジネスというのは、それなりのテクニックがないとやっていけない。図体がデカいだけじゃダメなんだ。彼は、僕らが教えることを何でもスピーディーに吸収していった、という印象があるね。あの時、馬場からは具体的に何をどう教えてくれというリクエストはなかったんだ」

――じゃあ、ゴッチさんから教わったことを、そのままあのふたりに教えたと。

「そうだよ。馬場からは〝自分たちが普段やっていることを、そのまま教えてやってくれればいいから〟と言われただけだからね」

ゴッチ亡き現在

——ジョーさんは、ゴッチさんの晩年を最もよく知っている方のひとりですが、亡くなられた時も立ち会われていますよね。

「相変わらずハートの方は強くて昔のままだったんだけれど、晩年のカールは自分の人生を振り返ることが多くなったんだ。最後に会った時も、そういう話を聞かされたよ。あの年齢になって人生の終わりが近づいてくると、誰しもそういう感じになるよね。でも、彼は死ぬ時まで〝カール・ゴッチ〟だったよ。普通レスラーは、引退したら何もしなくなる。確かにカールもトレーニング方法は変わったよ。股関節を悪くしたり、手術を受けたりしたからね。方法はそれに合わせて変えていったけど、最後の最後までトレーニングをしていた。遺体は火葬したんだけど、遺灰のほとんどは以前に住んでいた家の近くの湖に流したんだ。でも、一部は私が保管しているよ。だから、もし日本でビッグイベントがある時にはそれを持ってきて、彼にとって意味のある場所に埋めてあげたいんだ。これはいつの日か実現させようと思っている」

——ゴッチさんがコレクションされていた本など、遺品は今どうなっているかご存知ですか？

「彼が特注で作った指輪やネックレスなどを僕は持ってるし、写真も何点か持ってる。他のものは、僕の他に練習に来てた人間たちで分けたんだ。僕らはそれほどお金に不自由しているわけじゃないから、カールも僕らに渡せば大事にしてくれる、と思っていたようだしね。だから、彼の遺品がネットオークションに出たりすることは絶対にないよ（笑）」

——最後に、今後のレスラーとしての予定は？

「僕が今回14年ぶりに日本に来たというのは、人に言われて初めて気付いたんだ。そんなに経っていたとは思ってもいなかったんだけど、実は試合で使っていたレスリングシューズやタイツは、その14年前に捨てちゃったんだ。どうしてかと言うと、ベストな状態で試合ができないなら、それは辞める時だからだよ。だから、本当は今回も試合をしないで、長年会っていなかった人たち、例えば渕（正信）たちに会えるだけでも良かったんだ。今度、首の手術をする予定なんだけど、その後はもうリングに上がることはないだろうね。でも、また日本には来るかもしれないよ。今度は観光でね」

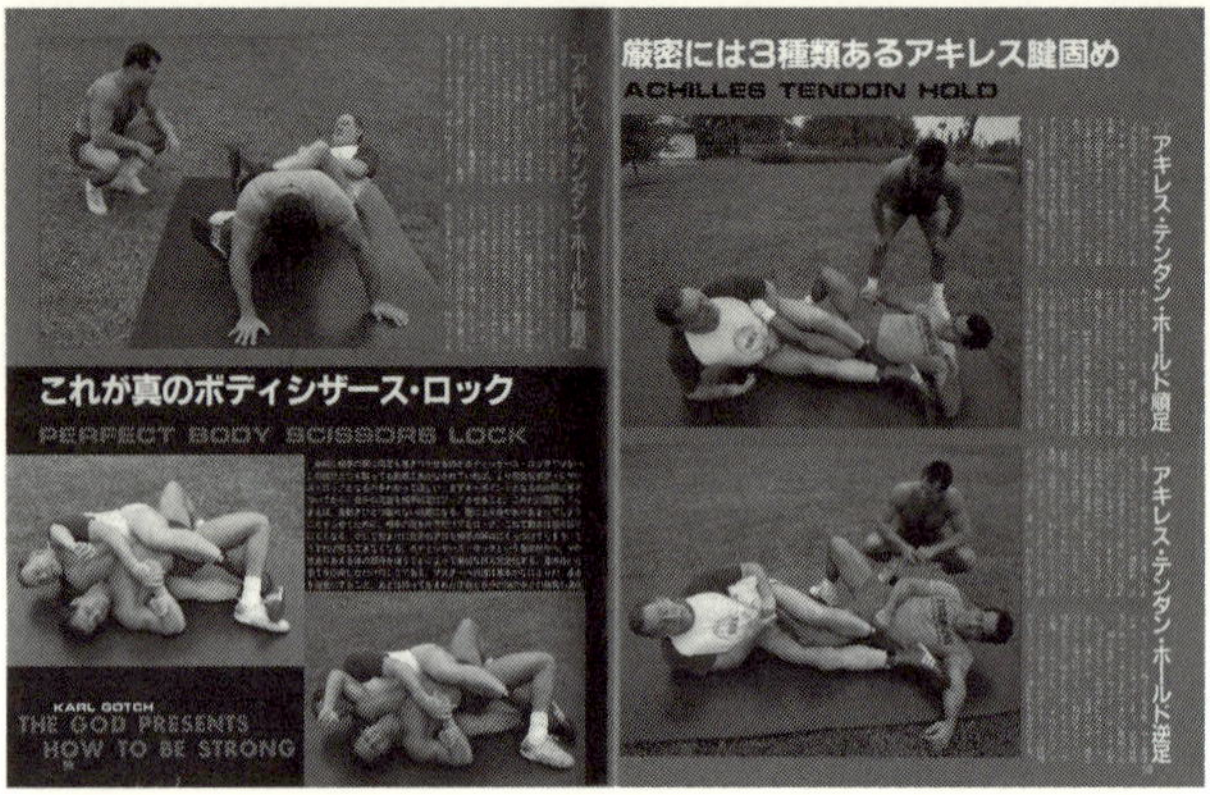

雑誌『格闘技界』No.4（日本スポーツ企画出版社、1987年）に掲載されたカール・ゴッチとマレンコ兄弟によるアキレス腱固めの紹介。アメリカまで出向き撮影したもので、かなり貴重な記事と言えよう。

後記

マレンコのインタビューの中に登場するドナルド・トランプ氏とは、まさしく第45代アメリカ合衆国大統領その人である。トランプ氏とマレンコのビジネス関係がその後も良好に続いているのかは明らかではないが、ビジネスマン、マレンコの「時代を読み解く眼」にはただ驚かされるばかりである。

また本文中に「ゴッチの遺灰」の話題が出てくるが、この遺灰が２０１７年７月28日のゴッチ10周忌にマレンコの手で日本に運ばれ、東京・南千住の回向院に新たに建立された墓所に安置されたのは記憶に新しいところであろう。

第十七章
盟友アントニオ猪木とともに
―琴音隆裕　インタビュー―

　プロレスのオールドファンでも『琴音竜』をご存知の方は少ないかもしれない。
「日本人ヘビー級ボクサーを育てたい」という力道山の悲願のもと、開設された『リキ・ボクシングジム』所属のプロボクサー第１号が琴音竜こと琴音隆裕氏である。
　当時、リキジム所属のボクサーたちは、日本プロレス所属の若手レスラーたちと同じ合宿所で寝食をともにしていた。そして彼らと同様、琴音氏も力道山から多くの薫陶を受けた愛弟子のひとりである。
　そんな琴音氏に、恩師力道山と当時の合宿所の思い出、そして盟友アントニオ猪木について、存分に語ってもらった。

全日本格斗打撃連盟の琴音隆裕総裁は、力道山が亡くなる直前まで、『琴音竜』のリングネームでリキ・ボクシングジムに在籍していたプロボクサーであった。

同ジムは、ボクシング界進出を目論んだ力道山が1961年12月に設立。渋谷のリキ・スポーツパレス内にあり、選手たちは日本プロレス所属のレスラーとリングを共有、同じ空間で汗を流していた。つまり琴音氏は、アントニオ猪木や大木金太郎の「同門」にあたる。

引退後も琴音氏とレスラーたちの交流は途絶えることなく、現在も猪木とは昵懇の間柄であり、百田家との繋がりも深い。また、大韓プロレス協会の顧問を務めるなど、韓国マット界とも縁がある。

まずは赤坂にあった合宿所での思い出から語っていただこう。琴音氏が門を叩いたのは、まだリキ・ボクシングジム発足前であった。

合宿所での若きレスラーたち

——琴音さんは、リキ・ボクシングジムに最初に入門したプロボクサーになるんですよね?

「そう、第一号です。本当は私もプロレスをやりたかったんですよ。でも、力道山先生がボクシングのヘビー級を育成するということで、〝お前はボクシングがいいじゃないか〟と言われたのが始まりです。まあ、戦績は大したことないですよ」

——調べたら、62年の大晦日に後楽園ホールで佐藤健という選手と試合をされ、ミドル級の東日本新人王になられていますね。

「はい。結局、4~5試合やったのかな。私が入門したのはまだリキジムができる前だったので、最初の頃は、練習も特にプロレスとボクシングを分けていなかったんです。だから、私もレスラーと一緒に毎日、同じトレーニングをやっていましたよ。ヒンズースクワットとかね。あれはキツかったなあ。私はレスラーたちと一緒に、赤坂の合宿所にいましたからね。みんな朝早く起きて、ちゃんこ番だけ置いて、渋谷のリキパレスへ練習に行くんですよ。帰ってきたら、私も一緒にちゃんこを食べるんです」

——その時のコーチは、どなたですか?

「田中米太郎です。田中さんが我々にスクワットをやらせてね。ひとり100回ずつ数えるんですよ。それでね、ちょっと横を見たら、あまりしゃがまないんだよね、みんな（笑）。上手くごまかして、声だけ出してね。田中さんもたまに〝この野郎！〟って怒るけど、あれは本当にしゃがんでたら大変だもの。でも、何千回もやるから、合宿所に帰っても階段の上り下りが辛くてね。田中さんは厳しい人でしたけど、私は大事にしてもらいました。ボクサーの第一号ということで、非常に大事にされたんです。だから、兄弟子と一緒に食事するんですよ。ちゃんこにも順番があるけど、私は先に食べるんです」

——その頃、すでに馬場さんは海外武者修行に出られていましたが、合宿所には猪木さんや大木さんの他に、どなたがいらっしゃいました？

「平井（光明＝ミツ・ヒライ）さん、駒（厚秀＝マシオ駒）さん、上田（馬之助）さん、林（幸一＝ミスター林）さん、北沢（幹之）さんとかね。その当時、相撲からいっぱい入って来るんですけど、あまりにもキツいから全部逃げるんですよ。朝起きたら、いないわけです。私もボストンバック1個を持って神戸から出てきて、赤坂の合宿所に入ったんですけど、逃げはしなかったですよね。あとは土佐の花（竹村正明）さんもいましたよ。私は可愛がってもらいました。本間（和夫）や松岡（巌鉄）は後から入ってきてね。大熊（元司）もそうだし。私の方が兄弟子になるんですよ」

琴音氏にとって偉大な師であり、最も尊敬する人物でもある力道山。「ウチの師匠は、一般の人よりも20〜30年先を見ていた人でした。とにかく、あの時代に誰もできないことをやっていたのが力道山先生ですよ」。

若き日の猪木、そして恩師力道山

——当時、琴音さんはどなたと仲が良かったんですか？

「猪木、上田、死んだ林、それに私の4人でよく遊びに行きましたよ。私らはよく手が合うから。北沢さんとも仲が良かったね。でも、特に仲がいいのが林、上田、猪木、琴音ですよ。いつも一緒に遊んでました」

——具体的には、どんな遊びをしていたんですか？

「まあ、記事には書けない遊びですよ（笑）」

——合宿所時代の猪木さんの印象というのは？

「新弟子をイジメない。嫌がらせもしない。新弟子をイジメる奴もいるんですよ。でも、猪木さんはそういうことはしない。人間性はとてもいいです。だから、仲良くできるんじゃないですか。それは北沢さんもよく知ってると思いますよ。まあ、その北沢さんなんか、もう仏みたいな人だよね。あんないい人間はいないですよ」

——猪木さんや大木さんはよく力道山に殴られていたそうですが、琴音さんはどうでした？

「殴られてますよ。合宿所で2回ぐらい。理由？ そんなのはないでしょ（苦笑）。私はボクシングの代表として殴られるからね。北沢さんは私が殴られるところを見てるよ。でも、私は力道山という人を一番尊敬していますし、私らも夢を見てきましたから」

——その頃、木戸時夫さんもいらっしゃいましたよね。木戸修選手のお兄さんなんですが。

「彼は中学を卒業して合宿所に来たんだけど、プロレスの巡業に連れていってもらえないんですよね。子供だから。しかも、まだプロレスラーの身体じゃないということで、残って私と一緒にボクシングの練習をやっていたんです。センスはありましたよ。あのままボクシングをやっていれば、死んでないんです。彼はプロレスの練習中に首の骨を折ったから。残念ながら、亡くなってしまいましたけどね。木戸は男前でした。

赤坂の合宿所で生活する日本プロレスの若手精鋭たちを紹介する『プロレス＆ボクシング』62年4月号増刊（ベースボールマガジン社）。上写真で最後列にいる猪木と上田の間から顔を出しているのが琴音氏。前列中央が田中米太郎で、インタビュー中に出てきた選手以外に星野勘太郎、長谷川丹次、山本孝一らの姿もある。下の写真では琴音氏が練習のため猪木、林、平井とリキパレスへと向かう姿が掲載されている。

私は随分と可愛がったんだから。そうそう、木戸と言えばね、あの頃は新弟子が入ってくると、青山墓地に連れて行くんですよ」

――肝試しですね。

「その当時は周りが真っ暗で、青山墓地の中に入っちゃうと、もう周りに全然灯りが見えないんです。まさに真っ暗闇ですよ。先輩に〝お前、ここから真っ直ぐ行くと焼き場があって、外に骨が置いてあるから拾ってこい〟と言われたら、行かないといけない。田舎育ちのヤツは平気ですよ。でも木戸は川崎出身の都会育ちだから、怖がってたんです。それでひとりがライターを持って先回りしてね。道中で火を点けて、火の玉の真似をするんですよ。これね、我々も本物かなと思ってビックリしたんだから。本当に驚いたなんてもんじゃなかったけど、木戸は腰を抜かしちゃって、歩けなくなってね。火の玉をやっていた奴が木戸を背負って帰ってきた。自分で脅かしておいてね（笑）」

――力道山から直接、指導されたことはありますか？

「ウチの師匠（力道山）は合宿所に来る時、黙っては来ないんです。合宿所の隣にあったリキアパートの入り口で、クラクションを鳴らすんですよ。花札やトランプで遊んだりしている先輩たちは、〝オヤジが来るよ！〟ってすぐ片付けてね。まあ、それで来ない場合もあるんですけど（笑）。来た時は、気合いを入れてもらうんです。あとは我々が朝早く起きて神宮外苑に行って走っていると、たまにウチの師匠がスポーツカーに乗って、隠れて見ていることもありましたね」

ヤクザ相手に大立ち回り

――当時、ボクシングの方はレフェリーのハロルド登喜さんがコーチをされていましたよね？

「ええ、もともと登喜さんは若い時にハワイでボクサー（オアフ島フェザー級王者）だったらしいんですよ。だから、教え方が上手かったです。エディ・タウンゼントさんが日本に来る前、一番最初は白人のコーチがヘビー級のボクサーを4人ぐらい連れて来て、教えていたんですよ。この人も凄く教え方が上手かったな。それで練習をして強くなってくると、ヤクザを殴りたくなってね。渋谷の街で強そうなヤツがいたら喧嘩を売ったりしていましたよ。赤坂でヤクザを半殺しにしたこともありますし」

――琴音さんがやったんですか？

「そう、私がやりましたよ。あれは私がまだ20歳ぐらいの時かな。夜、後輩がパンを買いに行くんですけど、なかなか帰ってこないから心配してたんですよ。戻ってきて話を聞いてみたら、ヤクザに因縁を付けられたと。そのヤクザは女連れで3〜4人いたらしいんですけど、後を付けたら赤坂のクラブリキ（力道山が経営していたクラブ）に入ったということでね。だから、今の赤坂小学校があるところに私が隠れていて、呼んでこいと弱そうな奴を行かせたら、ヤクザがふたり出てきたよね。溝口は知っていますか？」

――同じリキジムの溝口宗男さんですね。東洋スーパーウェルター級王者にもなられていますし、後年はプロモーターもされていましたね。

「その時は、溝口が因縁を付けられたんです。もう溝口とふたりでメチャクチャにやってね。〝この野郎、土下座して謝れ！〟と言ったら、そのヤクザは土下座しましたよ。まあ、リキジムの人間だとわからないようにやったんだけど、翌日の早朝、力道山先生の秘書をやっていた宍倉（久氏＝リキ・スポーツパレス常務）さんから〝琴音君、喧嘩しなかったかい？〟と電話があってね。〝相手は東声会だよ。もう殴りこみをかけるって言ってるし、大変だよ！〟と。でも、東声会の町井（久之）さんとウチの師匠は兄弟分でしたから、それで話が付いて終わりでした。殴り得ですよ（笑）。その溝口はアメリカに行っちゃったんですけど、ジョージ・フォアマンを日本に連れてきたことがあるんです」

――73年9月に日本武道館で世界ヘビー級王座の防衛戦をやりましたね。

「その時、僕はフォアマンに飯を食わせたりしてね。ソープランドも連れていったし。でも、彼はイヤだって言うんですよ。あれ、堅いんですよね。酒も飲まないし、断食したりして」

――そうなんですか（笑）

「みんな喜ぶんですよ。昔のプロレスラーもいっぱい連れていったんだもの、私が。ボクシングを辞めた後、私は頑張って儲けていたからね。でも、ジョージ・フォアマンだけはイヤだと言ったね。知らないで入ったんだけど、何もしなかったって」

ボクサー引退後から現在まで

――ところで、力道山が亡くなられた時は、まだ合宿所にいらっしゃったんですか？

「いえ、もうボクシングは辞めていました。スポンサーだった三菱電機の社長に、一番偉いと思っていた力道山先生が頭を下げてるのを見て、やはり運動だけじゃダメだ、経済的なものが大事だなと思って辞めたんです。ダメージが来る前に、怪我もしないうちに。私は25歳で結婚して、26歳で会社を作って稼いでいましたからね。今でもウチの師匠の遺族を応援してますよ。百田家とは一番僕が仲がいい。敬子さんとね。年中一緒ですから。敬子さんが『夫・力道山の慟哭』（双葉社）という本を出版した時は、私が実行委員長で出版記念パーティーをやりましたよ。赤坂プリンスホテルでね。猪木さん、カネヤン（金田正一）、バタヤン（田端義夫）、張本（勲）、先代の佐渡ヶ嶽親方、浅香光代、内田裕也、安岡力也、ジョー山中、ドクター中松、みんな来ましたよ。自民党の元総理４人からも花を出してもらってね。特別顧問は長島茂雄。ワンちゃん（王貞治）も来ましたし」

――錚々たるメンバーですね。

「孫の田村圭っているじゃないですか？」

――慶応大学で野球のピッチャーをされていますよね。

「あの子は年中、激励してますよ。張本と一緒にね。亡くなった力道山の長男（百田義浩）も可愛がったし」

――猪木さんとは合宿所時代から、ずっと継続してお付き合いされているんですか。

「そうです。困っている時は応援しましたよ。金の貸し借りはないですけどね。北朝鮮にも一緒に何回も行ってます。北朝鮮に行くと、アントニオ猪木は英雄ですからね。街を歩いていると、みんな手を振ってくるし」

――それは〝力道山の弟子〟ということで、知られているんですか？

「もちろん、そうです。アントニオ猪木は力道山先生と同じＡＢ型で頭も良いし、ウチの師匠に一番似てるんじゃないですかね。私から見れば、猪木さんは一番秀でた人間ですよ。馬場さんよりも凄いです。よくいろんな人から〝馬場さんと猪木はどういう人ですか？〟と聞かれるけど、私は〝そうねぇ、馬場さんは薬も毒も持ってない人間だよな。猪木さんは漢方薬で、毒も薬も全部持っている人間だな〃と答えるんですよ。まあ、極端に言えばね。新弟子をイジメない、面倒も見ない、助けもしない、自分だけ、というのが馬場さんです。猪木さんはそうじゃないから」

——２００６年２月には、大木金太郎さんの激励会もされましたよね。

「ええ、亡くなる前に日本に呼んでね。私は大木さんの葬式にも猪木さん、敬子さんと一緒に行きましたから。大木さんが韓国の病院に入院している時、猪木さんと私が10人ぐらい集めて、みんなで見舞いに行ったこともありますしね」

——00年ですね。猪木さんと大木さんが涙を流しながら抱き合った、と伝えられています。

「私と猪木さんは１００万ずつ、包んだよね。他の人たちも皆さん25万ぐらいずつ包んだし。大木さんの病院に行った後、ソウルから1時間半ぐらいかかる田舎町に、従軍慰安婦の家があって、そこを訪問しましたよ。身寄りのないおばあちゃんたちがいてね。ちょうど12月だったから猪木さんにサンタクロースの衣装を着せて、いっぱいお土産を持って行ったんですよ。もう韓国中のマスコミが来ましたね。その時は韓国のプロレス協会の会長、プロレスラーも全部連れて行きましたし。テレビ局から新聞、もう大騒ぎですよ。いろいろそういうボランティアをやってきましたね」

琴音氏の交遊録

——昔、よく新日本プロレスが韓国遠征をしていましたが、琴音さんも協力されていたんですか？

「そういうようなことも結構やってあげたね。それに、私自身が現に大韓プロレス協会の顧問だから。今の会長は10代目かな、キム・スホンというんだけどね」

——昔、新日本に留学していた金秀洪ですね。

「彼の就任パーティーを向こうのインターコンチネンタルホテルで、１２００人ぐらい集めてやったこともありましたね。猪木さんも行きましたよ。大木さんも呼んだし。亡くなる前だから、あれは06年かな。向こうのプロレスもふたつに分かれていてね。大木さんにはイ・ワンピョ（李王杓）という弟子がいて、キム・スホンはまた別の派閥なんです。だから、大木さんも最初は行けないと言っていたけど、やっぱり私も猪木さんもいるから、車イスで来たんだよね。たまに戸口（キム・ドク）とも、会って飯を食ったりしますよ。あれの息子は、戸口より大きいからね。アメリカに息子がいるのよ。２メートル以上の」

――戸口さんのお父さんも、かなり大きかったらしいですね。

「力道山先生と同じ時代の力士だったみたいだけど、２メートルぐらいあったらしいよね。映画『力道山』（04年公開）も私が監修してあげたんです。だから、私の話も出てくる。主役の俳優はソル・ギョングというんだけど、比べたら顔が全然違うよね。ウチの師匠はハンサムだから。顔がいい、頭がいい、身体はいい。すべて揃っているんです。私も映画に出ことがあるんですよ」

――『００７ 黄金銃を持つ男』（74年公開）に力士役で出演されていますよね。

「香港で撮影してね。ロジャー・ムーアが３代目ジェームズ・ボンドで、私が裸でサバ折りをするんですよ。もちろん、負けますけどね。あれは33歳の時だったかな」

――琴音さんは、今（２０１１年）もＩＧＦの会場に行かれているんですよね。

「ええ、とにかくアントニオ猪木と私はもう死ぬまでの付き合いでしょうね。昔から一番気が合うから。何でもＯＫ。ふたりの間には、嫌という言葉はないね。そんな思いをしたことが一度もないもの」

――ボクシング界よりプロレス界の方が、お付き合いは深いんですか？

「ボクシング界はないですね、溝口が辞めてアメリカに行ってからは。でも、相撲は応援しましたよ。もともとは初代・若乃花が力道山先生の弟子だから。ウチの師匠が亡くなってからも縁があって、僕は二子山部屋を応援していました。二子山理事長とは、よく飲みにも行きましたね。昔、二子山さんは〝琴音君、リキ関がどうしてタイツを穿いてるか知ってるかい？俺が足を噛んだからだよ〟と言ってましたよ。〝俺は何回も夜逃げして、リキ関に捕まっては殺されそうになったんだ〟って。それである日、ウチの師匠が二子山さんの顔を風呂場に漬けたらしいんだよね。しごいて、〝死ね、この野郎！〟って。あまりに苦しいから、二子山さんは足を噛んだらしい。その傷跡が見えちゃうからロングタイツを穿いていたって。ウチのお袋が

上）左から琴音氏、力道山未亡人の田中敬子さん、アントニオ猪木。「猪木さんと年中会っていますよ。私の古希の時には朝一番に蘭の花を贈ってくれて、夜はお祝いに来てくれました」。
中）後方に飾られているのは、力道山が生前に金日成総書記に贈ったベンツである。「ここは金日成博物館です。我々だけ特別に中で写真を見せてもらったんですよ」。
下）琴音氏は、日本と北朝鮮の国交回復を強く望んでいる。「それにはアントニオ猪木が先頭に立たないといけない。それは日本の将来のため、我々の孫の世代のためなんです」

亡くなった時、相撲界から輪島、二代目・若乃花、貴ノ花、もちろん二子山理事長。みんな通夜に見えてますよ。最近だと、チェ・ホンマンもここに来るんです。いろいろと応援しているんですよ」

盟友猪木への大きな期待

――最後に今後、猪木さんに期待したいことは何かありますか？

「今（２０１１年）、猪木さんはプロレスの方でＩＧＦをやってるけども、私としては、それ以外にも活躍してもらいたいよね。私はいつでも応援するし、一緒になって燃えているから。できれば、猪木さんには日朝国交回復をやってほしいですよ」

――日本と北朝鮮の架け橋になってほしいと？

「北が一番信用する日本人は、アントニオ猪木なんです」

――昨年（２０１０年）９月には親善勲章第一級とい

う勲章を授与されて、大きな注目を集めましたね。

「向こうで、アントニオ猪木はそういう人だから。猪木さんは差別も嫌いだし、弱い者イジメも嫌い。弱者を助けようという考え方だしね。馬場さんは、人が何と言おうとも俺は知らんよと。猪木さんはそうじゃない。困った人に対して、情があるのよ。だから、猪木さんが先頭に立たないとダメ。これから一番大事な仕事をやってもらわなきゃいけない。日朝国交回復をしないと、将来的に日本にもマイナスなんです。韓国にとっても大変な損失。これはアントニオ猪木を先頭に立てなきゃできないと、僕はそう思ってる。猪木さん以外はいない」

――猪木さんはそこまで向こうに信頼されているというか、影響力があるんですか。

「ありますよ。一緒に行ってみればわかります。空港に着くと、ベンツとかボルボが停まっていてね。そこでパスポートを渡して、乗って出てくればいいだけ。つまりフリーパス。アントニオ猪木はね。日本は赤字国債を30兆、40兆も発行して、これは我々の孫が全部支払わなきゃいけない。こんな借金だらけにしてしまって、もうどうしようもないよ」

――猪木さんご自身も、そういう意欲をお持ちなんですか？

「ありますよ。我々はそんな話をしているんです、ホテルオークラの別館で。でも、密かにやらないとね。邪魔が入ると困るから。国交回復は、日本のためなんですよ。当然、北朝鮮も良くなる。韓国も良くなる。無駄な金を出さないでもね。でも、日本が良くなること、それが一番大事なんです。それを忘れないでくださいよ。我々の孫に借金を残したくないですからね。そのためには、まず日朝国交回復を猪木さんにやってもらおうよ。日本が良くなるために。猪木さんだったら、北朝鮮も文句なしだよ」

後　記

アントニオ猪木の事なら何でも知り尽くしているような大ファンでも、この本文が世に出るまで琴音隆裕氏の存在を知らない方がほとんどであったと思われる。それだけ琴音氏は〝知る人ぞ知る〟という表現が相応しい存在であった。

猪木の盟友として、そして力道山の〝特別な弟子〟

として、氏の証言は貴重なものとなった。

10年以上にも及ぶ筆者のGスピリッツにおける寄稿の中でも、このインタビューは異色のものであり、それ故に筆者にとっても思い出深いインタビューであった。

第十八章 木村政彦のプロレス洋行記
―知られざる戦いの足跡―

「柔道家・木村政彦」が見直されている今だからこそ、「プロレスラー・木村政彦」を調べてみたい。
　そんな欲求に駆られて、徹底的に彼の足跡を追いかけてみた。
　特に謎が多かったメキシコ時代や欧州時代、彼はどんなレスラーと出会い、どんな戦いをしたのだろうか。

『ゴング格闘技』(イースト・プレス)誌上で好評を博した作家・増田俊也氏の連載「木村政彦はなぜ力道山を殺さなかったのか」が、2011年9月に新潮社より単行本として発売された。長年の調査と多くの取材に裏打ちされた増田氏の作品は、稀代の柔道家・木村政彦の壮絶な人生を浮き彫りにし、その人物像を余すところなく捉えた労作であると断言できよう。

ただし作品の性格上、木村のプロレスラー時代については彼の人生における「最大の汚点」として描かれており、それ故か特に海外でのプロレスラー・木村政彦の活躍について、増田氏はあまり多くを記していない。

本稿は木村のプロレスラー時代をクローズアップし、特に海外における彼の動向を時系列に追いかけることで、プロレスが果たして彼の人生において本当に「汚点」であったのかを検証するものである。

木村が海外のリングで対峙したレスラーたちはどの様な経歴の持ち主であったのか、そして彼のプロレスラー生活とは、病魔と闘う愛妻に己の人生の一部を捧げる為だけのものであったのか――。

なお本稿の基盤をなす木村の主な動向については、信頼のおける精細な記述とその労に敬意を表する意味で、「増田史観」を採用させて頂く次第である。

国際柔道協会脱退

1950年(昭和25年)4月16日、東京・港区の芝スポーツセンターにおいて、『国際柔道協会』(通称・プロ柔道)の旗揚げ興行が行われた。出場選手は、戦中戦後を挟んで13年間全日本選手権を保持していた木村政彦七段を筆頭に、山口利夫六段、坂部保幸六段、高木清晴五段、遠藤幸吉四段など、日本柔道界における錚々たる面々であった。当日は『全日本プロ柔道選手権』の王者決定トーナメントが行われ、大方の予想通り決勝で山口を破った木村が初代王者となる。

当初は話題性もあり人気を呼んだプロ柔道だったが、回数を重ねるうちに客足も途絶え出し、選手たちへのファイトマネーも滞るようになっていく。木村には病床にあった妻斗美のために当時高額だった結核治療薬『ストレプトマイシン』を購入しなければならない、という逼迫した事情があった。

そんな折、木村は山口の仲介でハワイのプロモーターである『松尾兄弟興行部』の社長と会い、プロ柔道のハワイ巡業を打診される。木村は山口、坂部と共にこの要請を受け、松尾兄弟から正式な招聘状が届いた同年11月、牛島辰熊が結成した国際柔道協会を脱退し、新たに『全日本プロ柔道家協会』を設立した。恩師である牛島を裏切ることは、木村にとって断腸の思いであったろうことは想像に難くない。

翌51年1月27日、木村、坂部の両名がハワイに到着し、遅れて2月20日に山口も到着する。3名は3月に予定されている『アメリカ柔術協会』主催の「柔道大会」に備える。

運命を変えたハワイ遠征

現地の邦字新聞『ハワイ・ヘラルド』紙は、同大会の告知と共に3人の様子を度々報じている。それらの記事の中に、筆者が目を留めたある一文があった。

「三戦士は来布以来柔道練習の外、樋上蔦雄、ベン・シアーマン両レスラーからレスリングを稽古してゐるのでレスラーとのレスリング試合も行ふ」（同紙・3月2日付）

つまり「プロ柔道」の興行を行うためにハワイに来たはずの木村たちプロ柔道家が、到着直後のかなり早い段階からレスラーとの対戦に備え、しかも超一流の技術を持った「プロレスラー」との練習を行っていた、ということになる。

新聞記事にある樋上蔦雄ことラバーメン樋上は、1896年岡山県出身。10代で渡米し、シアトルやシカゴを転々とする。学生時代に始めた柔道を再開するのは、彼が20歳前後でロサンゼルスに住んでいた時だった。彼は何人かの柔道家、柔術家の指導を受けているが、その中には当代一流のプロレスラーであったアド・サンテルと五分の成績を残していることで有名な講道館出身の伊藤徳五郎や、不遷流の柔術家で当時はプロレスラーでもあったタロー・ミヤケ（三宅多留次）も含まれている。

〝ラバーメン〟というニックネームは当時からのもので、彼のゴムのように柔軟な体を表現したものである。25年には樋上自身もサンテルと対戦し、ドローマッチを演じたことで一躍有名になり、その後プロレスラーとなる。ハワイで木村と邂逅したのは樋上が54歳の時であるから、すでにプロレスラーは引退していたものと思われる。そして木村とはこの後、より深い関係を築くことになる。

もうひとりのレスラーであるベン・シャーマンについては、別章で何度か紹介しているので詳しいプロフィールは省くが、ひと言で表現するならば「あのカール・ゴッチが無条件で敬意を表する稀代のシューターであった」ということになる。当時は42歳前後であり、まだ現役のプロレスラーとして活躍していた。

彼らのような経歴を持つプロレスラーが木村たちと共に練習するということは、木村たちを招聘した松尾兄弟が現地のプロレスのプロモーターであったアル・カラシックに要請し、彼が樋上とシャーマンを選んでブッキングしたということである。これまでは「プロ柔道の評判を聞きつけたカラシックが契約が切れるのを待って木村たちにプロレス転向を勧めた」というのが定説であったが、そうでないことが前記の新聞の日付でわかる。

カラシックはかなり早い段階で、木村たちの「プロレス転向」を画策していたのではないだろうか。さらに付け加えるならば、木村たちはハワイに渡ることを決めた段階でプロレスへの転向を「覚悟」していたのではないだろうか。そんな気がしてならない。

木村が自伝の中で、「こちらが柔道をおしえてやるかわりに、相手はプロレスをコーチするという交換条件によるものだった」とするのは、この時期のトレーニングを指していたのではないだろうか。それも、樋上やシャーマンのような「シューター」と呼ばれるレスラーしか習得していないプロレス特有の「シュート」技術も含めて——。

プロレス・デビュー戦

51年3月に3日間にわたって行われた柔道大会の後も、木村、山口、坂部の3人はハワイで小さなプロ柔道の興行を何度か行っているようである。そして、松尾兄弟との3ヵ月間の契約の終了寸前、カラシックから正式にプロレス転向の話を持ちかけられる。時期で言えば、4月中頃のことだと思われる。坂部は柔道にこだわってこの勧誘を固辞したが、木村と山口はこの話に同意し、カラシックとの契約書にサインする。

ここに木村のハワイにおけるプロレス試合の結果を、判明分のみ列記してみたい。なお、試合会場は全て3月の柔道大会同様、ホノルルのシビック・オーデトリアムと思われる。

■4月22日、「柔道マッチ」でベン・シャーマンに勝利。これが木村のプロレス・デビュー戦と思われる。
■4月29日、エリック・ペダーソンに勝利。
■5月6日、ジョー・ベニンカーサに勝利。
■5月13日、アンドレ・アセリンと引き分け。
■5月20日、ベン・シャーマンに勝利。
■5月27日、テッド・トラビスと引き分け。

木村は雑誌のインタビューで、自らのデビュー戦について次のように語っている。

「最初は相手ががんがん出てきて、こちらは防戦一方、開始から5分後にようやく、反撃に出るわけだが、相手選手はうまかったね。びっくりしてしまった。（笑）なにしろ私が背負い投げを打つと相手は一度、マットに落ちた後、もう一度、宙に吹っ飛び、さらに2度目の受け身をやるんだ。デビュー戦でしたけど観客にうけましたね」

5月30日、現地に坂部を残し、木村、山口の両名は帰国の途に就く。木村がこのハワイ遠征で手にしたファイトマネーは、本人の述懐が正しければ総額４３０万円になる。妻の薬料には、十分過ぎる額である。

そして帰国してから約1ヵ月半後の7月20日、『サンパウロ新聞』の招待を受け、木村と山口に加藤幸夫を加えた3名で、今度はブラジルに出発する。このブラジル遠征の詳細については、増田氏の著書をご参照されたい。ここではこの遠征中の10月23日、リオデジャネイロのマラカナン・スタジアムにおいて行われたエリオ・グレイシー戦についてのみ触れておく。

試合は10分3ラウンド、2分のインターバル、勝敗はタップか締め落とすことによってのみ決せられるルールで行われ、終始有利な試合展開をみせた木村が2ラウンド3分20秒、腕絡みによるＴＫＯでエリオを破る。グレイシー一族は、この一戦を『マラカナンの屈辱』と呼ぶ。

12月2日、木村、山口、坂部の一行が飛行機でブラジルを離れる。彼らはその帰路にハワイに立ち寄り、約1ヵ月のプロレス試合を行ったのち帰国したと伝えられる。木村は年末に郷里の熊本に戻った。木村がこ

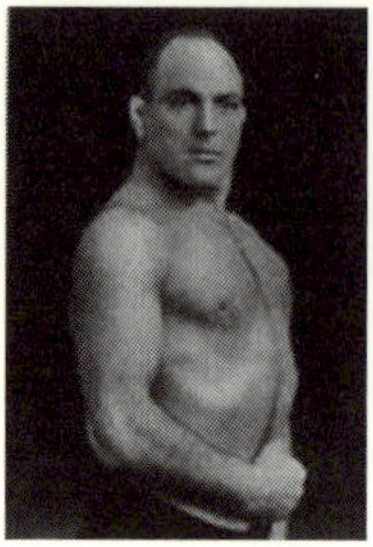

木村と山口にプロレス転向を勧めたハワイのプロモーター、アル・カラシック。現役時代は、やはりシューターとして勇名を馳せた。

柔道着の上だけを羽織りリングに登場した木村（右）と山口利夫。リングサイドに日系人が多く見られることから、ハワイかブラジルでプロモーション用に撮影されたものと思われる。（今泉克己氏所蔵）

木村のハワイにおけるコーチで、アメリカ本土ではマネージャーを務めたラバーメン樋上。木村にとっては参謀とも言える存在であった。

時にはレスリングコーチ、時には対戦相手を務め、木村とは因縁浅からぬベン・シャーマン。あのカール・ゴッチでさえ憧れた稀代のシューターであった。

サンフランシスコのプログラムの表紙を飾った木村と山口。「日本人柔道家タッグ」の注目度が読み取れる。

シングル、そしてタッグで木村と対戦している“ジュードー”ジャック・テリー。当時、全米では数少ないシューターのひとりだった。

の遠征で稼いだファイトマネーは、今の貨幣価値で言えば約3億円にも上ったという。

アメリカン・シューターとの邂逅

51年末に郷里に戻った木村は、熊本の繁華街に60坪の土地を購入する。当初は銭湯を立てようと考えていたようだが、途中で方針を変更し『キャバレー木村』を建設する。妻の薬代は、彼女の生涯分を賄えるほど稼ぐことができた。水商売が当たれば、今後はあくせく海外に飛び出す必要もない。それでも木村はひと息つく暇もなく海外へ飛び出していく。そう、まるで突き動かされているように――。

52年1月20日、木村は山口とふたりでハワイに渡り約1ヵ月間、現地でプロレス試合を行う。そしてその間に、あらかじめ日本からマネージャー役を頼んでおいたラバーメン樋上はアメリカ本土に先乗りして、彼に各地のプロモーターと交渉してもらう手筈だった。そして2月17日、木村と山口は樋上が待つロサンゼルスに到着した。

当時のロスのプロモーターは、ジョニー・ドイルという人物だった。まず3月5日、オリンピック・オーデトリアムで木村のアメリカ本土におけるデビュー戦が行われることになった。対戦相手は、米陸海軍で柔道教官の経験を持つチェスター・ヘイズというレスラーだった。

試合は「柔道ジャケットマッチ」として行われ、木村が投げ技の連続攻撃からの十字固めで勝利を収める。観客の反応は良かったが、それでもドイルは試合に難癖をつけ、最後にはギャラの面で樋上と揉めてしまった。彼はこのふたりの日本人レスラーを、最初からさほど歓迎していなかったようである。

樋上はサンフランシスコのプロモーターであるジョー・マルセビッツとアポイントメントをとると、交渉のため単身シスコへと向かった。両者の交渉は上手く運び、マルセビッツは木村、山口をそれぞれ週５００ドルで雇うことを約束した。

ただしドイルとの契約はまだ残っており、約束の期間まではドイルのもとで試合をしなければならない。これはドイルが仕掛けたものかどうかは判然としないが、この時期の木村には少々「きな臭いレスラー」との試合記録が残っている。彼の名は〝ジュードー〟ジャック・テリーという。

テリーは、カナダのオンタリオ州生まれで本名はチャールズ・バン・アウデナーデ。生年は不詳だが、おおむね1910年前後と思われる。つまり木村と対戦した時には、40歳前後だったということになる。彼はYMCAでアマレスを学び、33年にはカナダのアマレス王者になっているようである。戦前は英国に渡り、『テリー・バン』というリングネームで活躍していた。彼がどの時点で柔道を習得したのか判然としないが、軍隊で自ら指導していたことから、それなりのレベルだったのだろう。

無論、「全日本王者＝世界王者」だった時代に13年間王座を保持し続けた木村と比較できるレベルのものではないが、〝人間台風〟ドン・レオ・ジョナサンは後年、「自分の現役時代の数少ないシューター」の中に、このテリーの名前も加えていたほどの実力者である。

木村とテリーの対戦は、3月8日にカリフォルニア州サン・バーナディノで「柔道ジャケットマッチ」として行われているが、残念ながら試合結果は不明である。

プロレス試合の〝結果〟に意味を見出せないという向きもあろうが、それはプロモーターのさじ加減でどうにでもなるものである。彼らから「あいつを潰せ」という指示があれば、対戦相手を潰さねばならない。そういう役割を持ったレスラーも、かつては存在したのである。

キンジ渋谷の証言

52年3月18日、木村と山口がサンフランシスコのカウパレスのリングに上がり、「プロレスラーとの対戦」を表明した。そう、彼らが現地プロモーターのマルセビッツから与えられたのは、あくまで「日本から来た柔道家コンビ」としてリングに上がるという一種のギミックであった。ただし日本最強の柔道家であった木村の柔道着スタイルが、果たしてギミックと言えるのかどうか――。

彼らは4月下旬までこのシスコを中心としたエリアをサーキットしているが、判明している試合記録を見る限り、彼らが個別にシングルマッチを行った試合を発見することはできなかった。ただし対戦者チームは、「世界タッグ王者」であったベンとマイクのシャープ兄弟を始め、サンダー・ザボー&ホンブレ・モンタナ、ボブ・ネルソン&ダン・プレチャス、ジョニー・デムチャック&ハーディ・クルスカンプなどこの地区では有名レスラーばかりであり、特にシャープ兄弟とは、サンフランシスコとオークランドでタイトル戦も含め3度対戦し、1勝2敗の戦績を残したという。

サーキット地のひとつであるオークランドでは、嬉しい出会いもあった。この地区のプロモーターは、21年に来日し、日本の柔道家たちと死闘を繰り広げた往年のフッカー、アド・サンテルであった。木村も先輩たちから聞かされた伝説の人物との対面を喜んだであろうし、サンテルも30年前に訪れた日本から来た柔道の最強王者が自分のエリアで試合を行うことを誇りに思ったことだろう。

さて、サンフランシスコ地区のサーキットを4月で終え、5月からオレゴン地区に転戦した木村のパートナーが山口から別のレスラーに代わった。リング上で『シブヤ・ヤマグチ』とコールされたこのレスラーは、この年にハワイでデビューしたばかりのキンジ渋谷であった。

木村のパートナーに自分が抜擢された理由について、生前、渋谷は次のように述懐したという。

「山口さんがホームシックにかかり4月いっぱいで帰国してしまったため、カラシックの元でデビューしたばかりの私が急遽ハワイから呼ばれ、シブヤ・ヤマグチのリングネームで木村さんの対戦相手やパートナーを務めたんです」

確かに木村とヤマグチは5月6日、7日と2日連続でシングルで対戦しており、いずれも木村が勝利を収めている。

その後、両者はタッグを組んで、6月下旬までオレゴン州ポートランドや、ワシントン州シアトル、その他アイダホ州やユタ州など、比較的日系人の多いエリアを転戦しているが、その中に注目すべきカードがある。5月27日、ワシントン州オリンピアで行われた木村&渋谷vsベン・シャーマン&ジャック・テリー戦である。筆者が先に述べた、当時の全米でも指折りのシューター同士のコンビである。試合結果は不明だが、渋谷はこう述べる。

「観客無視で、（木村も敵チームも）共に相手に何もさせずに30分以上膠着していました。変な試合でしたよ」

木村は6月下旬に渋谷と別れ、7月上旬までテキサスを転戦し、ロサンゼルスを経由してハワイに引き返す。そして力道山の師匠でもあったボビー・ブランズらと対戦して、8月初旬に帰国する。

ロメロがもたらしたもの

本稿は海外におけるプロレスラーとしての木村の活躍に重きを置くものであるので、日本での木村の動向については増田氏の著書をご参照されたい。ただ、今回この執筆をするにあたり増田氏の連載を再読してみると、海外での溌溂さとは打って変わり、日本国内においての木村の〝彷徨う姿〟は、まるで自らの「影」に引き摺られているかの如く筆者の目には映る。

国内でどんなに大金が転がり込もうとも、木村が戦いの場を可能な限り海外に求めた理由のひとつは、そこにあるような気がしてならない。たとえそれが、後年、柔道界への復帰を果たした木村が蛇蝎のように忌み嫌った「プロレス」であったとしてもだ。

なお54年12月22日、蔵前国技館で行われた力道山vs木村政彦戦については、筆者も自分なりの見解を持つが、本章はそれを語る場ではない。柔道寄りでも、プロレス寄りでも、各自がそれぞれの立ち位置でこの一戦に対峙すれば良い、と考える次第である。

木村が54年5月に結成した『国際プロレス団』は56年1月2日、3日の両日、関東に進出を果たし、神奈川体育館で連続興行を開催する。前年の12月10日に大阪府立体育会館で第1戦が行われたこのシリーズは、全3戦の小規模ではあったが、木村にとっては力道山戦以来の本格的な再起戦でもあった。アメリカからはゴージャス・マック、ボブ・マンフリー、ジェロニモ・クァネイドの3選手が参加。木村は新兵器の「猫手チョップ」を披露し、好評のうちに幕を閉じた。

ところが閉幕から2週間後の1月16日、ゴージャス・マックことモンゴメリー・マックファーランドが帝国ホテルで宝石強盗を働き、当日夜、赤坂のクラブ『ラテンクォーター』で飲んでいるところを逮捕されるという事件が発生する。参考人として事情聴取を受けた木村は、失意のまま東京を後にした。

同年4月17日、国際プロレス団はメキシコからラウル・ロメロ、ヤキ・ローチャ、ラモン・ロモの3選手を招聘して、大阪府立体育会館2連戦を皮切りに東京・両国の国際スタジアムでの最後の2連戦を含み、全国各地で全10戦のシリーズを開催した。年の初めに起こった「マック事件」で失墜した信用を取り戻すべく、木村が放った〝起死回生〟のシリーズであった。

外国人側のエースであるロメロは「メキシコ・ジュニアヘビー級王者」を名乗り、日本プロレス史上初のマスクマン・レスラーでもあった。だが、ロメロの招聘に関してドクトル・ルチャこと清水勉氏は、次のような疑問を持つ。

「ラウル・ロメロといえば、ミル・マスカラスやエル・ソリタリオを始めとする多くのレスラーを育てたマエストロのディアブロ・ベラスコのさらに師匠にあたる人で、ルチャ・リブレの世界では重鎮と呼ばれる存在です。日本で例えるなら、カール・ゴッチのような存在で、一緒に来日したローチャやロモはもちろんロメロの弟子です。でも、そんな大物レスラーを、財力もなくメキシコに何のコネクションもなさそうな国際プロレス団がなぜ招聘することができたんでしょうか。しかもロメロは日本限定の覆面レスラーで、メキシコ国内では一度もマスクをつけたことはないはずです。あのマスクは、アラーニャ・デ・モレロスというレスラーのマスクを借りたものだと思われます。どうして、マスクマンとしての来日だったんでしょうね…」

ラウル・ロメロはテキサスで「日本人初の世界王者」といわれるマティ・マツダのコーチを受け、34年にメキシコ・デビューを果たす。日本での「メキシコ・ジュニアヘビー級王者」という肩書は無論ニセ物だが、44年にはメキシコのナショナル・ライト級王座を載冠しており、正真正銘の実力派である。そして現役引退後は、メキシコのアマレス五輪チームのコーチも務めている。

この招聘について、当時の雑誌から「（両国の）国際スタジアムの某氏が仲介した」という一文を見つけることができた。その人物にどのようなコネクションがあったのか今では調べようもないが、そういった仲介者がいたことは間違いないだろう。

清水氏は次のようにも語った。

「ロメロはそれまで来日していたメキシコ人レスラーとは一線を画す、メキシコ史上でも指折りのテクニック主体の実力者です。木村さんとの間でも、きっとお互いの技術交流みたいなものはあったと思いますね」

シリーズが終了した時、木村の元には「メキシコ・ジュニアヘビー級選手権」、「全米インディアン・ヘビー級選手権」、「中南米タッグ選手権」という3本のタイトルが残されたが、ラウル・ロメロがもたらしたものは、ただそれだけではなかった。52年8月に日本に戻ってからずっと木村に付き纏っていた黒い「影」は、「太陽の国」から来たマスクマンが放つ光明によって一気に払拭された。

それこそロメロが木村にもたらした、一番大きなものだったのかもしれない。

ルチャ・リブレとの邂逅

56年7月9日に大阪府立体育会館で行われた東亜プロレスとの合同興行が無事に終了すると、木村は久しぶりに慌しく旅支度を始めた。前シリーズに来日したラウル・ロメロが、国際プロレス団の木村と清美川をメキシコへ招聘すべく、仲介の労をとってくれたのである。

7月22日、ふたりはメキシコへと旅立ち、到着するとロメロは歓迎のパーティを開いてくれた。木村の回想によれば、海抜が高い国なのですぐに呼吸が苦しくなり、到着してから2週間はひたすら休養し、試合に向けてコンディションを整えたという。そして8月には、日本プロレスに在籍していた柔道出身の渡辺貞三が木村の後を追うようにメキシコ入りした。

木村は到着してしばらくすると週に4日くらいの試合数をこなすようになり、メキシコ・シティをはじめタンピーコー、クエナカバ、アカプルコ、プエブラなど地方都市へも遠征。デビューしたばかりでEMLLライトヘビー級の王座に就く直前のレイ・メンドーサやブルー・デモン、カルロス・モレノ、ドリー・ディクソン、ヘンリー・ペルーソなどと対戦している。そして、9月15日には、直前の同月7日にナショナル・ヘビー級王者となったばかりのメディコ・アセシノとイダルゴ州パチューカで対戦している。日本では、この試合で木村が勝ったという報道がなされたが、実際はアセシノに敗れている。

再び清水氏に、このアセシノというレスラーについて尋ねてみた。

「52年から木村さんたちがメキシコ入りした前年の55年まで『テレビ・セントロ』というテレビ局が抱える団体があり、エースがこのアセシノでした。木村戦にナショナル王座が賭けられていた？　それはあり得ませんよ。ナショナル王座というのはかなり規定が厳しくて、メキシコ国籍を持っていない者は挑戦することが叶わないんです。アセシノが当時、トップ中のトップだったことは間違いありません。しかも彼はテクニコ（善玉）だったはずですので、木村さんはルード（悪役）ということになりますよね。メンドーサも、当時はリンピオだったはずなので間違いないです。木村さんはアセシノに負けたんですか？　まあ、団体の中での格から考えれば当然でしょうね」

木村自身も帰国後のインタビューで、アセシノについて次のように語っている。

「（当時の）チャンピオンは〝殺人医〟といわれる二十九貫（筆者註・約95キロ）の荒くれ男、動きもなかなかよかった」

木村は当地で、清美川と別のコースを巡業していたようである。この点についても清水氏に確認した。

「団体が抱えてるレスラーの中に日本人がふたりいるような場合、マッチメークの関係で大抵コースは分けられますね。そんなに珍しいことではありません」

木村はメキシコに約8ヵ月滞在した。その後半では渡辺とのタッグマッチが多く、約40試合を戦ったという。そしてメキシコからは、まず清美川が57年2月にベネズエラに向かい、続いて渡辺がコロンビアへと旅立っていく。最後までメキシコに残っていた木村も、3月頃にグアテマラ経由でフランスへと渡る。

「帰国したらレスラーとしてではなく、今後マッチ・メーカーなり、プロモーターとして、プロレス界に立って行きたい」

メキシコから友人に送った木村の手紙には、そんな一文が記されていたと伝えられる。

欧州における1年間

フランスに到着した木村は、ホテルを決め荷を解くとさっそく現地で柔道指導を行っていた川石酒造之助に会い、プロレス興行への出場を斡旋できる人物の紹介を依頼している。川石はピエーロ・フィジャックなるフランス人柔道家を木村に紹介し、彼の口利きで木村はパリで行われていたプロレス興行への出場を果たす。その他にも、柔道の個人レッスンを2時間＝1万円で行っている。やがて日本の柔道チャンピオンが来ているという噂が国外にまで広まり、ロンドンからも

サンフランシスコ地区の「世界タッグ王者」だったシャープ兄弟。木村＆山口と3度対戦しているが、日本での力道山＆木村戦とは趣の異なった試合展開だったと思われる。

木村の遠征時はオークランドのプロモーターだったアド・サンテル（左）と、サンフランシスコのプロモーター、ジョー・マルセビッツ。

ハワイでデビューを果たした直後に急遽本土に呼ばれ、木村のパートナーに抜擢されたキンジ渋谷（右）。隣はミスター・モト。

ハーディ・クルスカンプ。55年にはプリモ・カルネラ、ジェス・オルテガらと共に来日を果たしている。同時代の典型的悪党タイプのレスラーである。

シャーマン、テリーと並び時代を代表するシューター、ジョニー・デムチャック。木村とはタッグのみの対戦だったことが惜しまれる。

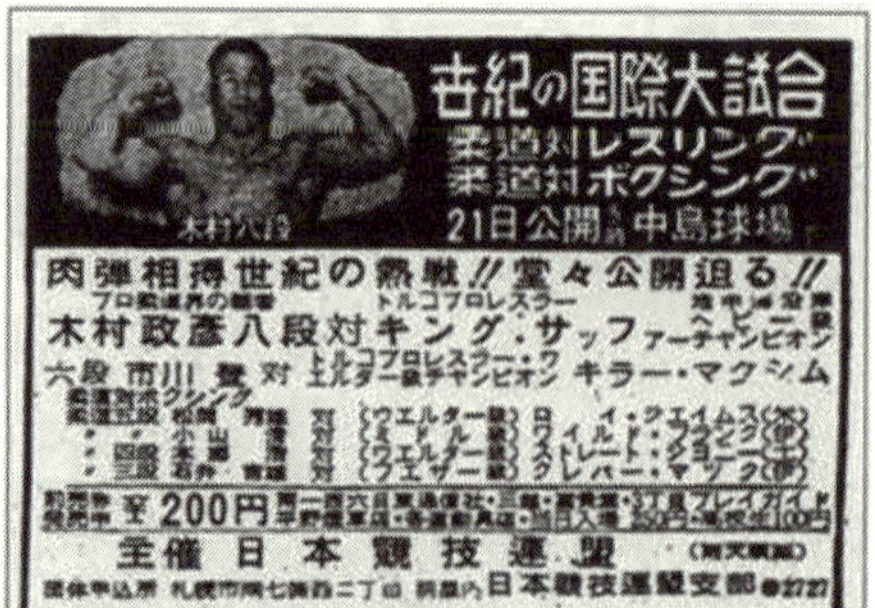

木村の国内初のプロレス試合とされる、札幌市中島球場特設リングにおけるキング・サッファー戦の広告（『北海タイムス』53年7月20日号）。

木村を自国へと招聘したメキシコの重鎮ラウル・ロメロ。日本初のマスクドレスラーで、来日時が生涯唯一のマスク経験である。

木村にプロレス試合のオファーが来るようになる。

パリでは、3月25日に『パレ・デ・スポーツ』なるホールに木村のプロレス興行出場の記録があるが、対戦者等の詳細は不明である。また木村は帰国後のインタビューの中で、「フランスでは柔道を主にやっていた」と語っていることから、フランス国内でのプロレス興行への出場回数は、それほど多くはなかったのだろう。

さて木村が自ら「英国本土は四回ほど渡った」と語る英国におけるプロレス興行への出場であるが、こちらはかなり詳細に試合記録が残されている。試合結果が不明のものが多いが、木村の概ねの試合を把握することができたと思う。判明分を列記してみる。

■57年5月1日、ロイヤル・アルバート・ホールで〝ジュードー〟・アル・ヘイズに2―0で勝利（この試合が、柔道マッチであったかどうかは不明）。

■5月30日、ピーターバラでビル・マクドナルドにKO勝ち。

■6月4日、リーディングで〝ジャンピング〟・ジム・ハッシィーにKO勝ち。

■6月5日、カーディフでアラン・ガーフィールドと対戦（試合結果不明）。

■10月1日、ボーンマスでビック・ヘッセルと対戦（試合結果不明）。

■10月3日、サウサンプトンでアラン・ガーフィールドと対戦（試合結果不明）。

■10月6日、ルートンでブラック・ブッチャー・ジョンソンと対戦（試合結果不明）。

■10月8日、アイレスバーリーでジョニー・アランと対戦（試合結果不明）。

■10月9日、ロイヤル・アルバート・ホールで〝ジャンピング〟・ジム・ハッシィに2―0で勝利。

■10月10日、ブリストロールでアーニー・ライリーと対戦（試合結果不明）。

■10月11日、ロザラムでチャーリー・フィッシャーと対戦（試合結果不明）。

■10月16日、アッシュフォードでダイ・・サリバンと対戦（試合結果不明）。

■10月19日、コベントリーでバディ・コディにKO勝ち。

ここで木村の主だった対戦相手について説明してみたい。

まずは英国でのデビュー戦と思われるロイヤル・アルバート・ホールで対戦した〝ジュードー〟アル・ヘイズであるが、決して「柔道ギミック」というわけではなく、50年代にプロレス入りする以前、40年代に天神真楊流柔術家の『スモール・タニ』こと谷幸雄に師事し、実戦的な柔道を身につけていたようである。70年代には〝ロード〟アル・ヘイズのリングネームでアメリカに進出し、後年はＷＷＦ（現ＷＷＥ）のスタッフとしても活躍した。

また、同じくロイヤル・アルバート・ホールで10月に木村と対戦している〝ジャンピング〟ジム・ハッシィは、日本では「初代ブラック・タイガー」として有名だった〝ローラーボール〟・マーク・ロコの父親である。〝人間風車〟ビル・ロビンソンと同じマンチェスター出身で、40年代前半からプロレスラーとして活躍していたようである。〝ジャンピング〟と名乗っていることからもわかるように、若い時代にはドロップキックなどが得意だった。当時の英国では〝トップ中のトップ〟という存在ではないにしろ、一流レスラーのひとりであったことは間違いなく、日本には68年に一度来日し、『ジム・ハジー』の名前で国際プロレスのリングに上がっている。

そして注目すべきは、木村がウィガンの〝蛇の穴〟『ビリー・ライリー・ジム』の総帥であったビリー・ライリーの息子、アーニー・ライリーと対戦していることである。筆者が調査する限りにおいて、当時現役の大英帝国認定ライトヘビー級王者であったアーニーは、スネーク・ピットのレスラーの中では、一番木村に近い体格であったかもしれない。年齢も30歳前後の全盛期であったはずである。果たして「柔道史上最強」と言われる寝技の達人・木村に、ウィガンスタイルのレスリングがどこまで対抗できたのか、興味は尽きない。試合結果が残っていないのが非常に残念である。

他にも木村は、この年の12月に渡英したルー・テーズとも対戦しているヘビー級の実力者のひとりだったダイ・サリバンや、ボクシングからプロレスに転向し、ベテランだが当時もライトヘビー級のトップレスラーだったチャーリー・フィッシャー、さらに重量挙げのヘルシンキ五輪の英国代表候補（第二次大戦で中止）だったアラン・ガーフィールドなどと対戦した記録が木村との対戦直前にナショナル・ヘビー級王者となったメディコ・アセシノ。当時のルチャドールの中ではかなりの大型で、トップ中のトップだった。

メキシコの雑誌に掲載された木村 vs レイ・メンドーサ戦の試合写真。木村のラフ攻撃で、メンドーサが流血しているのが見てとれる。これらの写真は、木村がメキシコでルードを務めていたことを証明するものである。

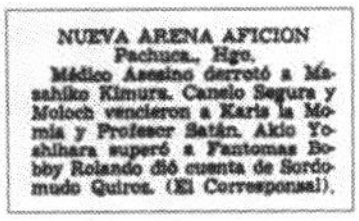
NUEVA ARENA AFICION
Pachuca., Hgo.
Médico Asesino derrotó a Masahiko Kimura. Canelo Segura y Moloch vencieron a Karis la Momia y Profesor Satán. Akio Yoshihara superó a Fantomas Bobby Rolando dió cuenta de Sordomudo Quiros. (El Corresponsal).

56 年 9 月 15 日に行われたアセシノ vs 木村戦の試合結果（アセシノの勝利）。下列にはアキオ・ヨシハラなる日本人レスラーの名前も見える。

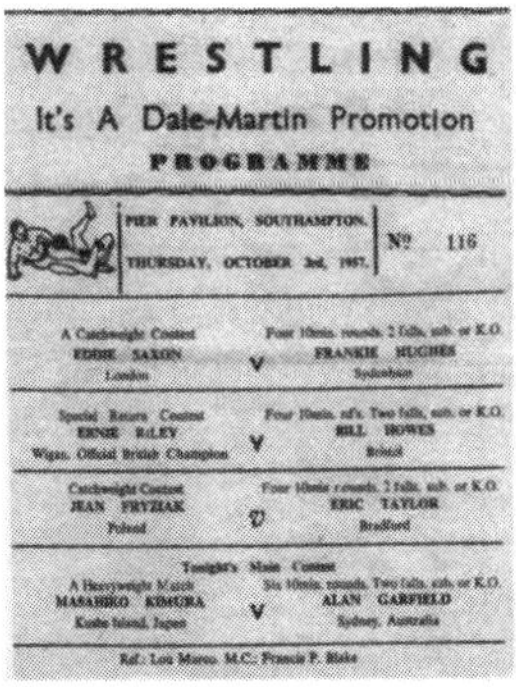
WRESTLING
It's A Dale-Martin Promotion
PROGRAMME

PIER PAVILION, SOUTHAMPTON.
THURSDAY, OCTOBER 3rd, 1957.
№ 116

A Catchweight Contest — EDDIE SAXON, London v FRANKIE HUGHES, Sydenham

Special Return Contest — ERNIE RILEY, Wigan, Official British Champion v BILL HOWES, Bristol

Catchweight Contest — JEAN FRYZIAK, Poland v ERIC TAYLOR, Bradford

Tonight's Main Contest
A Heavyweight Match — MASAHIKO KIMURA, Kushi Island, Japan v ALAN GARFIELD, Sydney, Australia

Ref.: Lou Marco. M.C.: Francis P. Blake

木村 vs アラン・ガーフィールド戦が行われたサウサンプトンのピア・パビリオンにおけるプロレス興行のプログラム。

61 年に行われたアル・ヘイズとフランスの‘‘プロフェッサー‘‘アディ・ワッサーによる「白人柔道世界選手権」のプログラム。ワッサーの正体は、74 年に新日本プロレスのリングに登場したガブリエル・カルデロンで、シューターとして知られていた。

木村の英国デビュー戦の対戦相手を務めた“ジュードー”・アル・ヘイズ。当時の英国ではかなりの人気者で、ロイヤル・アルバート・ホールの常連だった。

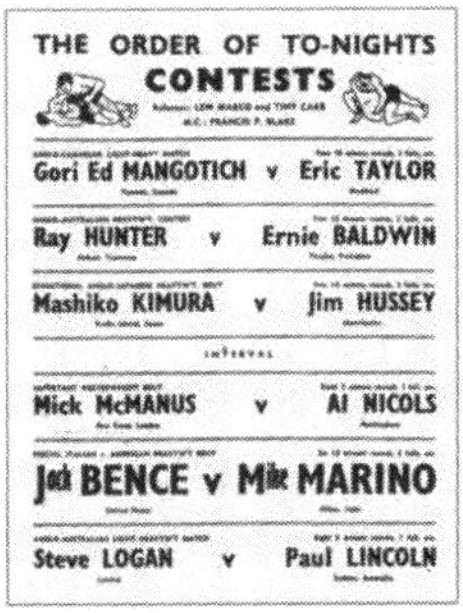
THE ORDER OF TO-NIGHTS
CONTESTS

Gori Ed MANGOTICH v Eric TAYLOR

Ray HUNTER v Ernie BALDWIN

Mashiko KIMURA v Jim HUSSEY

INTERVAL

Mick McMANUS v Al NICOLS

Jack BENCE v Mike MARINO

Steve LOGAN v Paul LINCOLN

木村 vs ハッシィ戦が行われたロイヤル・アルバート・ホールにおけるプロレス興行のプログラム。他のページに、「戦後初の日本人レスラー」という紹介文がある。

そのズングリとした体形から“ポケット・ジャイアント”なる異名も持っていた“ジャンピング”・ジム・ハッシィ。木村とは 2 度対戦している。

残っている。

フランスのフィジャックの誘いでスペインにプロレスラーとして遠征したのは、自伝の中で「四ヵ月を過ごした」と記しているので、英国遠征が記録の上で途切れている57年6月から9月のあたりのことだと思われる。

この遠征中に行われた試合について、木村は帰国後のインタビューで次のように語っている。

「私が背負投げでマットに相手を叩きつけ、立上るのを待っていたらおき上りざま猛烈な体当りの奇襲でやってきた。不意だったのでそのまま不覚をとってしまったことがある。鍛えられたレスラーの胸は厚く、この体当りをモロに食ったらたまらない。おかげでこの地で左側の歯を大半折られ、アバラも一本折られて当分動けなかったことがある」

その際のエピソードとして、この試合を観ていた在留邦人から、「柔道衣を着て試合をすれば簡単に勝てるじゃないか」と言われた木村は、「牛島先生と柔道衣を着てプロの試合をしないと約束している。今回は柔道衣は絶対に着ない」と答えたという。

メキシコ、フランス、英国、スペインと、1年5ヵ月にも及ぶ長旅から木村が帰国したのは、57年も押し詰まった12月27日のことであった。

人間到処有青山

翌58年5月31日、6月1日の2日間にわたって、大阪・扇町プールで山口利夫の引退興行が開催される。この興行には彼のかつての同志である木村を始め、山口が率いた全日本プロレス協会出身の長沢日一（秀幸）、吉村道明、山口の興行に「外国人レスラー」として出場したこともあるユセフ・トルコらが参戦し、山口の引退に花を添えた。

木村は第1戦で長沢、第2戦でP・Y・チャン（トージョー・ヤマモト）とそれぞれシングルマッチで対戦し、勝利を収める。そして、これがプロレスラー・木村政彦にとって国内最後の試合となった。

この2連戦は参加メンバーもバラエティに富み、満員の観衆を集めたが、木村、山口といった、かつては力道山と覇を競った団体の総帥たちの最後の試合が、全日本プロレスの夏の風物詩であった「水中プロレス」だったとは…。ふと、「栄枯盛衰」という言葉が脳裏を掠めた。

筆者は､ここまでを木村政彦の「プロレスラー時代」と位置づける。

さて、力道山戦から1年後、55年12月頃に木村が次のように語ったことがある。

「日本のプロレスラーは、アジア流にすべきだとか、アメリカ式でいいとかいわれているようだが私は国民性にマッチした日本流のプロレスを編み出していかないと発展性がないと思う。それとやはり技術を磨いて真剣味のある勝負がいいと思う。ケンカにならない程度の真剣勝負が日本の国民性に合ったものだろう」

この発言は、木村が「自らの理想とするプロレスの姿」を語ったものだったのではないかと思われる。

また、欧州から帰国した直後のインタビューでは次のように語っている。

「実力のある者は外国に行って稼いでくることがいいんじゃないかな。その場合、命をかけて行くだけの気構えだけは忘れてもらいたくない。どんな相手にあうとも、へこたれたり、おじけたりしない気構えがなくてはとても一人旅はできない。僕は向うで自分がどうした、こうしたということはいわない。向うへ行った人が僕のことはわかってくれるからね。決して恥ずかしいことはしていない――それだけははっきりいい切れる」

ちなみにこれは、「日本のプロレスについて」という質問への返答として語ったものである。

木村政彦にとって、「プロレス」とは何だったのか。糧を得るための道具でもあったであろう。武道家・木村としては、堪えがたき試練もあったろう。だが、そんな制約された空間の中でも木村は「強さ」を追求したであろうし、「強き相手」を求めたはずである。

人間到る処青山有り。

木村政彦とは、これを地でいく人物であった。

後記

本文は２０１１年に出版された増田俊也氏著『木村政彦はなぜ力道山を殺さなかったのか』（新潮社刊）のスピンオフとも言えるものであり、同書及び『木村政彦外伝』（２０１８年出版、イーストプレス刊）と

木村とアッシュフォードで対戦したダイ・サリバン。当時の英国には珍しいヘビー級で、ルー・テーズとも対戦している。

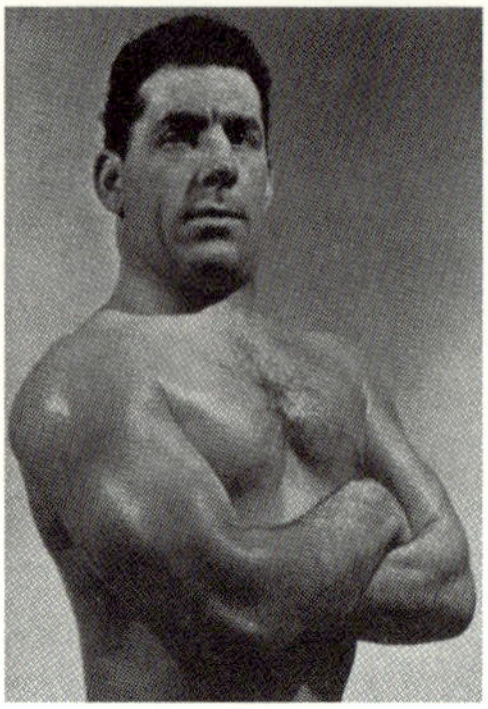

「アーニー・ライリーは、この時代のライトヘビー級で最強だった。彼のシュートマッチを私も見たことがあるが、圧勝していたよ」（ビル・ロビンソン）

英国プログラムにおける木村の記事。

木村は柔道公式戦で生涯最後に敗れた阿部謙四郎と英国で再開しているが、彼が育てたレスラーがアル・マルケッティである。

カーディフとサウサンプトンで、木村と二度対戦しているアラン・ガーフィールド。怪力タイプのレスラーで、レスリングの実力は推して知るべきだろう。

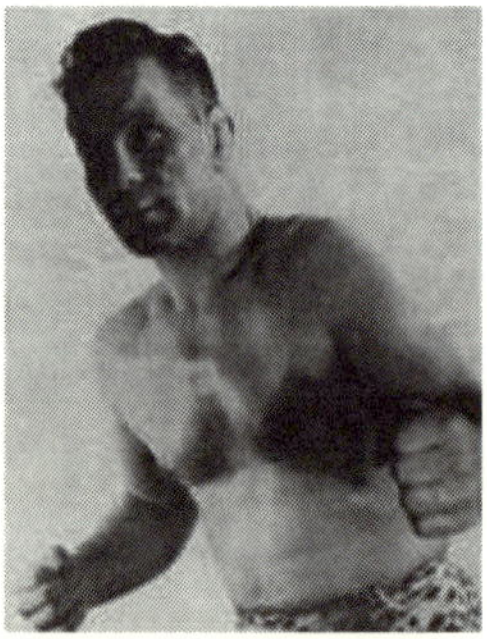

木村とロザラムで対戦したチャーリー・フィッシャー。ボクサー出身で、ライトヘビー級のベテランレスラーだった。

併せてお読み頂ければ読後感が増すものと思われる。

さて、本稿執筆後、筆者の手許に木村のフランスにおける試合記録が齎された。以下に記す。

■１９５７年３月25日・パリ（会場パレ・デ・スポール）
木村政彦対ロジェ・ゲティエ
※予告記事なので勝敗不明。柔道７段の日本人柔道王者のデビュー戦と書いてある。
■同年４月４日・ボルドー（会場ヴィクトル・ユーゴー）
○木村政彦対ロジェ・ドゥラポルト●
■同年４月12日・パリ（会場シルク・ディベール）
○木村政彦対ロジェ・ゲティエ●
■同年４月19日・パリ（会場シルク・ディベール）
○木村政彦対ロジェ・ドゥラポルト●
■同年４月26日・パリ（会場サントラル）
○木村政彦対エドムンド・リーアン●
■同年６月３日・パリ（会場パレ・デ・スポール）
○ロジェ・ドゥラポルト&ロジェ・ゲティエ対イスカ・カーン&木村政彦●
■同年９月13日・パリ（会場シルク・ディベール）
○木村政彦対ロジェ・ゲティエ●

ちなみに、ロジェ・ドゥラポルトとは当時のフランスにおけるトップレスラーのひとりで、71年に『ＩＷＡ会長』の肩書きで国際プロレスの招きで来日したこともある。

ロジェ・ゲティエにしても当時の有名レスラーであり、フランスマットにおける木村のポジションが垣間見える。

第十九章
30年の沈黙を破り、あの〝墓掘人〟が甦る
―ローラン・ボック インタビュー―

某日、その男に意を決してコンタクトを取ってみた。無論、何の確証もない。ドイツでは、ごくありふれた名前だ。人違いで当たり前なのだ。だが、妙に確信めいた声が心のどこかから聞こえてきた。

我々、日本のプロレスファンは、長い間この瞬間をひたすら待ち望んでいたのではなかったか。

確認しないわけにはいかなかった。永年の想いを込めて、一縷の望みにかけて――。

男の返答は実に明快なものだった。

「まずは君の最初の質問に答えよう。そう、いかにも私がドイツで、そして日本でアントニオ猪木と戦ったローラン・ボックだ」

あの『シュツットガルトの惨劇』で我々に大きな衝撃を与え、１９８２年元旦を最後に消息を絶った男が再び姿を現した。あれからおよそ30年――こうして、ボックとの長い語らいの時間が始まった。

栄光と屈辱のアマチュア時代

――あなたにこうしてインタビューできるとは、夢にも思っておりませんでした。

「私だって驚いたよ（笑）。まさかあれから30年も経って、日本のプロレスライターから連絡をもらうとは想像もしていなかったからね」

――現在はお元気でお過ごしなのでしょうか？

「ああ、今はシュツットガルトに住んでいる。そこで経営している会社も順調だし、快適な生活を送っているよ。まあ、そこに至るまでには、本当に色々なことがあったがね。それにしても日本の人々が未だに私を覚えていてくれるとは、本当に誇りに思うよ。だから君からの質問には全て答えるし、今まで君が聞いたこともないような、とっておきの話もしようじゃないか」

母マリアに抱かれる生後3ヵ月のローラン・ボック。

――お聞きしたいことは、それこそ山のように用意してあります。まずは改めて、あなたの正確なプロフィールを教えてください。

「私は、第二次世界大戦中の1944年8月3日にバーデン＝ヴュルテンベルク州のガイスリンゲン・アン・デア・シュタイゲという街で生まれた。この年は連合軍による激しい空襲が長いこと続いたので、両親が住んでいたシュツットガルト（同州の州都）の住民の多くが避難を余儀なくされてね。母のマリアも私を身籠っていたから、医者の検診が受けられるガイスリンゲンへ一時的に移住しなければならなかったんだ。母は46年に私の実父であるポール・ボックと離婚したんだが、その3年後に労働組合の地方医師と再婚してね。私は3人兄弟の長男で、2歳違いの弟と5歳離れた妹がいるよ」

――あなたがアマチュアレスリングを始めた年齢と動機は？

ボックが17歳の頃の写真。すでにレスラーとして完成された体躯を誇っている。

5歳の時に母親が医師と再婚。妹も生まれた。前列右がボック少年（当時6歳）。

「レスリングを始めたのは14歳の時だよ。たまたま友人がレスリングの練習に行くと言うので、見学がてら付いていって一緒に練習していたら、そのクラブのコーチが私の体格と身体能力に驚いてね。レスリングを知らないはずの私の動き、そして教えられたことをすぐに実行できる飲み込みの早さを見て、ポテンシャルの高さを凄く評価してくれたんだ。その日をきっかけに私自身もレスリングに興味を持ってね。それから週2回の練習に通うようになったんだ」

――あなたがアマチュア時代に獲得した主なタイトルと戦績を教えてください。

「まずは61年にドイツ（筆者註・当時は西ドイツ。以下、ドイツと略す）のジュニア選手権で優勝して、同じ年のユース選手権でも2位になった。それによりナショナルチームのメンバーに選ばれ、その年に行われたブルガリアとの国際試合で、フリースタイルの五輪金メダリストと対戦して引き分けたよ。そして、63年にシニアのドイツ選手権で3位（フリー）になり、翌年の東京五輪にノミネートされたんだ。でも、関節を痛めて手術をする羽目になってね。残念ながら出場を断念しなければならなかった。その後も国内で何度も入賞しているよ」

――67年のシーズンの入賞者にあなたの名前がないんですが、その理由は？

「私の記憶が確かなら、67年は左膝の半月板を負傷し、その手術をしなければならなくて、あらゆる大会に出場できなかったんだ。でも、翌68年にはドイツ選手権のフリーで初優勝したし、グレコローマンスタイルでも3位に入賞することができた。その実績を認められて、この年に開催されたメキシコ五輪に、グレコのヘビー級ドイツ代表として出場したんだ」

――メキシコ五輪は不本意な結果に終わったようですね。

「メキシコでの試合は、私にとって非常に過酷なものだった。メキシコシティは約2200メートルの高地にあって、空気が非常に薄いので普通の呼吸ができなかったんだ。そんなわけで、いつもなら楽勝か最悪でも引き分けに持ち込めるような相手ともひどい試合をしてしまった。ドイツを出る時は万全なコンディションだったのに、全く実力を発揮することができなかったよ」

――この時、あなたがプロレスのリングに飛び入りで上がり、地元のルチャドールと対戦したと日本で報道されたことがあるんですが、これは事実でしょうか？

「いや、この時はプロレスを観てすらないよ（笑）。86年にバカンスでアカプルコを訪れた時は、プロレスの興行を観戦したがね。そこに出ていたレスラーたちは私のことをよく知っていたけど、彼らの名前はさすがに覚えていないな」

――これも余談なんですが、アマチュア時代にアメリカへ遠征した際、アリゾナでやはりプロレス興行に飛び入りで参加して、〝カウボーイ〟ボブ・エリスという有名なプロレスラーと対戦したという報道も一部であったんですよ。

「それも違うね（笑）。私はアマチュア時代に何度かアメリカに行ってるが、ボブ・エリスとかいうプロレスラーと戦ったことなんかないよ。アマチュアの頃、一度だけプロレスラーに会ったことがあるんだけど、それは66年に世界選手権で英国のマンチェスターに遠征した時だった。でも、名前は思い出せないな。そのレスラーは私とナショナルチームの同僚をバーでの夜遊びに招待してくれたんだ（笑）」

――では、メキシコ五輪以降のアマチュアでの成績を

教えて下さい。

「69年のドイツ選手権でフリー、グレコの両種目で優勝し、72年にもグレコのドイツ選手権者になったよ。国際的には70年に欧州選手権のグレコで優勝している。もっと詳しく知りたければ、ウィキペディアで調べてくれ（笑）」

――それにしても素晴らしい成績ですね。

「だが、私にはひとつだけ後悔していることがあるんだ。私は18歳の頃から『ポスト・ディートリッヒ』と目されていて、腕力、コンディション、生まれ持った身体能力など、それからの10年間はアマレスのヘビー級で世界の頂点に立つ材料は揃っていた。ただ私には唯一メンタル面に問題があって、そのために万全なコンディション作りができないこともあってね。私は何度もドイツのレスリング協会に〝専属のトレーナーを付けて欲しい〟と要請して、実際にそれが何度か叶った時は素晴らしい成績を収めることができた。これは最高の結果を出すためには不可欠で、他の国では当たり前のことなんだ。でも､協会は経済的な問題を理由に、大概は認めてくれなかった。もし専属のトレーナーが付いていれば、私は世界王者としてアマチュアのキャリアを終わらせていたはずなんだ。それが今でも非常に残念だよ」

――あなたのアマチュア時代のライバルといえば、今、名前の出たウィルフレッド・ディートリッヒに尽きると思います。当時、彼に対してどういう思いを抱いていました？

「ライバルという君の表現は正しいよ。ディートリッヒは私の若い頃のアイドル的存在だったが、のちの数年間は間違いなくライバルだったね。ディートリッヒは33年生まれで、私とは11歳の年齢差があった。62年に私が国内のユースとジュニアの王者だった時、彼はすでに世界選手権者として、そしてローマ五輪の金メダリストとして君臨していて、ドイツ選手権でも何度か優勝していたよ。彼はドイツで最も有名なレスラーだったし、最も成功を収めた選手でもあるんだ。18歳になった私はシニアとして試合をするようになり、彼とも対戦するようになった。最初の3～4回は彼に敗れているが、その後の試合はすべて引き分けに終わっているよ。公式試合では勝利を奪えなかったけど、ドイツのトレーニングキャンプで行われた試合では2回だけ彼に勝つことができた。彼は人間としても、素晴らしいハートを持った人物でね。あまりにも早くこの世を去ってしまったことが、残念でならない（92年に58歳で死去）」

――ところで非常に不可解なんですが、70年に欧州選手権、72年にドイツ選手権を獲得しているあなたが、同年に開催されたミュンヘン五輪に出場していないのは何か特別な理由があるのでしょうか？

「72年の欧州選手権で決勝リーグに勝ち進んだ私は、ルーマニア、ロシア、ブルガリアの3人の代表選手と対戦することになっていたんだ。この3選手には過去に勝っていたから、私は自信を持って試合に臨めるはずだった。ところが試合前日に私は突然体調を崩して、嘔吐と下痢を繰り返してね。試合当日にドクターストップがかかって、試合に出場することができなかったんだ。私はすでにグレコの代表選手としてミュンヘン五輪に出場することが決まっていたんだが、協会の会長は出場停止とナショナルチームからの除名を通告してきた。これが、私がミュンヘン五輪に不参加となった真相だよ」

――一部にはあなたの薬物使用が発覚して試合出場停止処分を下された、という報道もあったようですが。

「私は人生の中で、一度もそんなものを使ったことはない。その話は全くのデマだよ。選手が大会の直前や最中に怪我をした場合、我々ナショナルチームのドクターがコーチゾン（腎皮質ホルモンの一種）の投薬するんだが、コーチソンは断じてドラッグではない」

プロレス転向

――その翌年にプロレスラーに転向された経緯は？

「実はプロ入りを決める前に、国内で最も権威のあるレスリングクラブから凄く良い条件でオファーをもらっていてね。ナショナルチームを外れてからもクラブでコンディションを整えていたし、私はそこに参加することになっていたんだ。そんな時にスイスのポール・バーガー（ＩＷＧＰ創設時の実行委員の一人）から、プロレス転向のオファーが届いたんだ。メディアの中には私をナショナルチームに復帰させようとサポートしてくれていたところもあって、普通ならもっと悩むんだろうが、私は即座にプロ転向を決めたよ。その最大の理由は、先ほど話したようにレスリング協会長が私をナショナルチームのメンバーから外したことだ。

ミュンヘン五輪では専属のトレーナーが付くことになっていて、最高の形で世界に挑むチャンスだっただけにショックは大きかったよ。私は五輪出場権を剥奪され、ナショナルチームを除名された屈辱を忘れていなかった。あの一件がなければ、私はプロレスラーにはならなかったと思う。何よりもアマチュアレスリングを愛していたからね」

――アマチュア時代に、あなたはプロレスというジャンルに対してどのような印象をお持ちでしたか？

「自分がやるようになるまで、実はプロレスというものに全く感心がなくて、観たこともなかったんだ。日本やアメリカと違って、ドイツでプロレスはそんなにメジャーなものではないからね。特にアマチュアのレスラーはプロレスを真剣な競技とは考えておらず、単なるショーだと捉えていた。だから私がプロに転向した時、メディアからは随分ネガティブなイメージで叩かれたもんだよ。しかし、プロレスというものが単なるショービジネスではなく、非常に過酷なスポーツであり、時にはアマチュアレスリングよりハードで、アマチュアのルールでは禁止されているもの（※サブミッションのことだと思われる）さえ存在することを私は数ヵ月の練習を通して知ったよ。だから、世間の目など気にせずに自分の道をベストな形で進み、この世界で成功を収めようと思ったんだ」

――プロレスラーとしてのデビュー戦は、73年9月7日のハンブルクにおいてオスカー・ラゴというアルゼンチン出身のレスラーが相手で、あなたの反則負けという記録が残っています。

「よく憶えていないが、ひとつだけオスカー・ラゴについて記憶しているのは、彼が私にとっては玩具にしか過ぎない問題外のレスラーだったということだ。1分以内に彼を10回フォールしようと思えば可能だったよ。私の試合を少しでも長く観たいという観客も中にはいただろうから、そんなことはしなかったけどね。私がそのハンブルクで開催された3週間の小さなトーナメントで、プロとしてのスタートを切ったというこ

73年にプロ転向。カール・ゴッチの親友としても知られるチャールズ・ベルハースト（ジョニー・ロンドス）に、“プロの技術”を教わる。

とは間違いないよ。君の言う通り、デビュー戦は反則負けで終わったかもしれないが、その時の詳しい状況までは憶えていないな」

――プロレスに転向後、サブミッションなど〝プロの技術〟は誰に教わったんですか？

「プロ入りした当初は、フランス人のクラウデ・レロンという人物がプロレスリングの基本的なテクニックや技を指導してくれた。最初のうちは戸惑いや違和感もあったが、日々練習を重ねるうちに徐々に覚えていったよ。それから何と言ってもベルギーのリーゲ出身のレスラー、チャーリー・ベルハースト（ジョニー・ロンドスの名で新日本プロレスに来日。チャーリーはチャールズの愛称）だね。彼は最高のトレーナーだったよ。ミドル級にしては力が強くて、しかもアマチュアのテクニックもよく知っている人でね。彼から教わったプロのテクニック、その中にはアマチュアとは大きくかけ離れたものも少なくなかったが、私には興味深いものだったね。それとチャーリーは日本のプロレスについてもいろいろと話してくれたよ」

――当時のドイツのマット界は、どういう状況だったのでしょうか？

文中にも出てくる74年の欧州選手権。後列右から3人目がボック、その左側にジョージ・ゴーディエンコの姿もある。

ジョージ・ゴーディエンコ。シューターとしてボックとの前に立ち塞がったが、死闘の後には盟友となった。

「それぞれのプロモーターが自分の子飼いの看板スター、あるいはチャンピオンを抱えていてね。ブレーメンのニコラ・ゼレンコヴィッチはオットー・ワンツ、ミュンヘンのグスタル・カイザーはホースト・ホフマン、ハンブルクのスベン・ハンセンはレネ・ラサルテス（ジャック・デ・ラサルテーズの名で国際プロレスに来日）、そしてハノーバーのエドモンド・ショーバーはアクセル・ディターをそれぞれトップに立てていたよ。あくまで私見だが、その4人の選手は私の知る限りレスラーとしての技術を見せたことは一度もなく、単なるショーマンに過ぎなかった。アントニオ猪木や他の日本のレスラーたちと比べると、この4人は大したことのない、何のとりえもない連中だったよ。ショー的要素を取り混ぜた試合で、観客を喜ばせることには長けていたがね」

――あなたをプロレスの世界に導いたポール・バーガーはどういう立場だったんですか？

「バーガーは私のマネージャー役を務めていたんだ。エージェントとして私とプロモーターの間に立って代理人として契約をしてくれていた。ただ、私はショーバーのところでは一度も試合をしたことはない。その理由は、私が参加することで子飼いの王者だったアクセル・ディターが王座から転落するかもしれないと恐れていたからだよ。このショーバーを除く3名のプロモーターが主催した大会に出場している時、バーガーが私にドイツ国内で興行を開こうと提案してきたんだ。私にはアマチュアでの実績により、国内で大きなネームバリューがあったからね。それで私たちはカイザーとゼレンコヴィッチの興行に出場しながら、シュツットガルトで4週間に2回ほどトーナメントを開催するようになったんだよ」

――ヨーロッパ時代は本名のカレル・イスタスを名乗っていたカール・ゴッチというレスラーを覚えていらっしゃると思いますが、あなたは来日時のインタビューで、以前に彼と手紙のやり取りをしたことがあると仰っていましたよね。

「いや、ゴッチとは日本に行くまで面識も手紙のやり取りも全くなかったし、第一、私は日本のインタビューでそんなことを言った憶えはないよ（笑）。彼の名前と偉大なキャリアについて知っていると言ったかもしれないが、交流があったとは言ってないはずだ。もちろん彼の偉大な功績については、とても尊敬しているがね」

――では、英国のウィガンにビリー・ライリーが経営していた『スネークピット』という有名なジムがあったんですが、その評判を聞いたことはありますか？

「私自身はそのジム出身のレスラーと対戦した記憶はないが、英国のレスラーを見れば、なぜウィガンのレスリングキャンプがシリアスでハードなトレーニング方法で有名なのか、その理由がよくわかる。ビリー・ロビンソンのような強いプロレスラーも、そういったハードなトレーニングを経験したからこそ、成功してアメリカの大きな会場を満員にできるようになったと聞いたことがあるよ。対戦するチャンスはなかったけど、彼については様々な話を耳にした。彼の偉大なキャリアは尊敬に値するものだ」

ライバル、そして盟友 ジョージ・ゴーディエンコ

――74年8月31日のミュンスターにおけるカイザー派のトーナメントで、あなたはカナダのジョージ・ゴーディエンコと壮絶な試合を行っていますよね。ちなみにゴーディエンコ自身は生前、雑誌のインタビューで〝ローラン・ボックこそドイツ史上最強のレスラーだった〟と絶賛していました。

「それは欧州選手権（筆者註・そういう名称のトーナメント）での試合なんだが、彼は私に対して骨折させるような攻撃を加えてきたり、通常の試合とは異なるおかしなファイトを仕掛けてきたんだ。もし真剣に彼の攻撃をかわさなければ、試合中に私は本当にどこかの骨を折られていたかもしれない。この試合は私が勝ったんだが（筆者註・実際はゴーディエンコの勝利）、試合後にある選手が真相を教えてくれたよ。あの試合はプロモーターのカイザーが私の実力を試すため、それからジョージがどこまでシリアスなファイトで私を打ち負かすかを見るために、彼を〝シューター〟として雇って私にあてたんだ。後日、ジョージ自身も、プロレスとは本当はどういうものなのか私に身体でわからせるために、そして私をできるだけ痛めつけるためにカイザーに雇われたと告白してくれたよ。結果的には、ジョージが病院送りになったんだけどね」

――この一戦で、彼は足首を骨折したんですよね。

「私はジョージが入院していた病院を訪ねたよ。それ

以来、私たちは親友になった。そんなこともあって怪我から回復した後、彼は私が主催するトーナメント以外で試合をしていない。ジョージは私のプロレスのキャリアの中で、最も強いレスラーのひとりだった。あのミュンスターでの試合も、彼はシューターとしてプロモーターに起用されたに過ぎない。本当はとてもナイスガイで、大きな心を持った誠実な男だよ。賞賛は私ではなく、彼に値するものだ。彼がもうこの世にいないことが、本当に残念でならない。彼のことは一生忘れない。天に向かってこう叫ぼう。ジョージ、愛している。そして、また天国で会う日まで君はずっと私の心の中にいる。君もまだ私のことを愛してくれているだろう。天国から見守っていてくれ。私にとって君がナンバーワンだった。君がロープを飛び越え、リングに上がる姿を私は忘れない」

――当時、ゴーディエンコ以外にライバルと呼べるようなレスラーはいましたか？

「ジョージ以外に、そういう存在はほとんどいなかったな。とにかく彼がナンバーワンだよ。次に挙げるとするなら、アントニオ猪木だ。彼もとても強かったよ。素晴らしいテクニックとレスリングの能力を持っていて、私のプロレスキャリアの中でもあまり出会ったことがないフェアな精神の持ち主だった。あとは先ほど名前を出したチャーリー・ベルハーストも、凄くハイレベルなテクニックとレスリングスキルで私に強い印象を残したひとりだね。それから、私が日本で対戦した日本人選手たちだ。私は日本のレスラーを尊敬しているよ。レスリング能力も素晴らしいものだったし、彼らがやっていた特殊でハードなトレーニング方法は、私自身もあまり経験したことのないようなものだった」

――先ほど名前の挙がったホースト・ホフマンは、当時のドイツマットを代表するレスラーですよね。私が調べた限り、あなたとは対戦していないと思うんですが、彼の印象をお聞かせください。

「ホフマンはカイザー派のチャンピオンだったが、君の言う通り対戦したことがないので彼の能力について語ることはできないな。私がカイザーのトーナメントに参加した時に、彼がなぜ一度も同じ興行に出場しなかったのか、その理由もわからない。まあ、第三者から聞いたんだけど、彼はアマチュアレスラーとしては無名だったが、カイザーによってプロレスラーとしてうまく売り出されたという話だよ」

——74年10月25日にはミュンヘンで、メキシコのミル・マスカラスと対戦して勝利していますよね。

「彼はミドル級クラスのレスラーだったので、私に勝てる要素はなかったね。良いプロレスラーだったとは思うが、自分にとってジョージや猪木のように強烈な印象を残すレスラーではなかったな。彼はマスクで顔を隠すことで観客の興味を引きつけて、うまい具合に人気を取っていたよ。観客は彼が対戦相手にマスクを取られて、素顔が見えることを期待していたんだけどね（笑）」

——この74年には日本からドイツに来ていた吉田光雄（長州力）とも2度対戦しており、あなたが勝利を収めています。81年の来日時にも試合をしていますが、彼の印象は？

「リキは日本人レスラーの中でも、私が最大の敬意を払う選手のひとりだ。ただ、ドイツに来た当時の彼は私より体重が10キロは軽かったし、まだ私に勝てるほど強くはなかった。でも、リキは恐れることなく私の攻撃に対して果敢に応戦してきた。反則を仕掛けてくることもなかったし、そのフェアな精神はリスペクトしているよ」

——あなたはTV番組の企画で熊と試合をしたことがあるそうですが、それはいつ頃の話でしょうか？

「レスリングベアが登場したトーナメントは、76年に行われた。その時にドイツのTV番組で中継されたことがあったんだけど、レスラーのひとりが怪我をして額から大量に出血をしてね。そのため、その時は熊が登場する前に司会者が中継を途中で止めざるをえなかったんだ。だが、トーナメントの中で熊とレスリングをすることは、私にとってはとても刺激的なことだった。熊というのは、自然界で認められた天然のレスラーなんだ。私は対戦する前に熊の出ている映画を何本も観たんだが、熊同士が戦う時に最高のレスリングフォームを取っていて非常に感心したよ。そして、私はドイツ国内を巡業するトーナメントに連れて行くため、体重が140キロもある熊をブッキングしたんだ。この時、熊に勝てたのはインゴルシュタットの柔道家と私だけだった。他の連中は全員敗れて、中には骨折したり、熊の爪で出血したレスラーもいたよ」

キラー・イノキ・ヨーロッパ・ツアー

――さて、いよいよ我々があなたの存在を知ることになった78年11月の『キラー・イノキ・ヨーロッパ・ツアー（欧州世界選手権シリーズ）』についてお聞きします。アントニオ猪木の存在を知ったきっかけは、ドイツでもＴＶ中継された76年6月のモハメド・アリ戦ですよね？

「そうだよ。私はアリとの試合で猪木というレスラーを知り、彼のレスリングを初めて観たんだ。この時の彼のテクニックは、それほど印象に残っていないけどね」

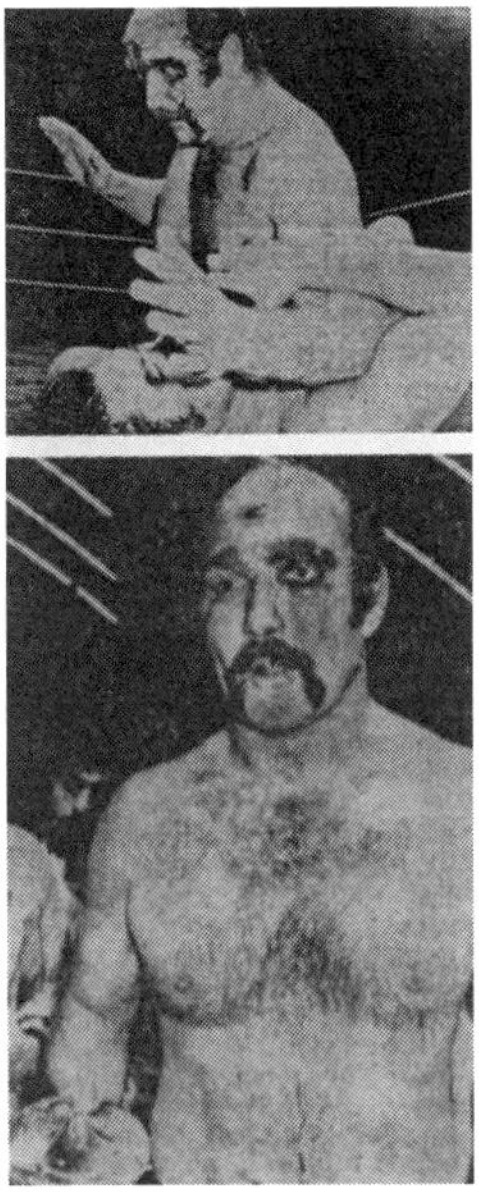

「シュツットガルトの惨劇」と呼ばれた一戦は、10ラウンドを闘い3-0でボックが判定勝ち。日本でも放映され、ボックの名前は“未知の強豪”として一気に知れ渡った。

――その猪木をヨーロッパに招いて大掛かりなツアーを行おうとした動機は？

「アリ戦によって、大勢の人々が敬意を持って猪木というレスラーを認知していたからだよ。あの試合は、私にとっても他の視聴者にとっても本当に見たいものが見られない、つまらないものだった。だが、あの一戦で彼の名前は世界に知れ渡り、ビッグな存在になった。だから、彼をヨーロッパ・ツアーに参加させようと考えたんだ」

――そして、正式な契約を結ぶために、あなたはバーガー氏、ハーバート・ウォシュニゾック氏と共に来日し、78年4月20日に契約調印をかわしましたね。

「我々は日本に行く前にも、猪木側の人間とテレックスで話し合っていたんだ。アリと対戦した猪木が参加するとなれば、大きな成功が望めるので、このツアーにはぜひとも彼が欲しかったからね」

――調印の後、あなた方は『第1回ＭＳＧシリーズ』前夜祭のパーティーに参加され、翌21日には蔵前国技館で猪木vs坂口征二の公式戦を観戦されていますよ

ね。初めてご覧になった日本のプロレスについてどういった印象を持ちましたか？

「印象に残るレスラーとして、坂口を挙げるのを忘れていたよ。猪木と彼の試合はとても素晴らしくて、シリアスなものに見えたし、非常に感心した。ショー的要素はほとんど掻き消されていて、私の目には上質なレスリングマッチに映ったよ。私の経験から言えば、日本のプロレスはより本物のレスリングを見せようとしていて、ショー的な部分を極力減らしているが、ヨーロッパではショー的な要素が強くて、本物のレスリングはほとんど見ることができないんだ」

――帰国後、あなたは11月のツアー開催へ向けて準備を進めるわけですが、出場するレスラーの人選はご自身で行ったのですか？

「その頃、私は強いコネクションを持つ興行会社の大株主だったので、猪木の対戦相手も自分で選んだし、大物との契約も比較的に容易いことだったよ。レスリング界のビッグネームだったディートリッヒや、オランダ人柔道家のアントン・ヘーシンクやウィリエム・ルスカ、ドイツの有名なボクサーだったカール・ミルデンバーガーといった選手たちが猪木と対戦すれば、確実に会場を観客で埋めてくれるはずだと思ってね」

――プログラムに写真まで掲載されているにもかかわらず、アントン・ヘーシンクが出場しなかった理由というのは？

「ヘーシンクは猪木とロッテルダムのスポーツパレス・アホイで対戦する予定だったんだが、なぜ直前に契約をキャンセルしたのか未だに私にもわからないんだ。全ての印刷物がすでに刷り上がっていたのに土壇場でキャンセルされ、私の記憶ではルスカが彼の代わりを務めてくれたと記憶している（結果は時間切れ引き分け）。ヘーシンクは信用できない男だよ。猪木と戦うにはすでに年を取りすぎたと自覚したのか、それとも彼が怖くなったのか。あるいは、プロレスを真剣なスポーツとして考えていなかったのかな」

――11月9日にフランクフルトで行われた猪木vsミルデンバーガーの『異種格闘技戦』もあなたのアイディアですか？

「そうだよ。私にはミクスドマッチの経験はないが、当時そういった興行が評判になっていることは知っていた。猪木はアリと戦っていたし、ミルデンバーガーとの試合は観客を喜ばせると思ったんだが、ミルデンバーガーが猪木を怖がってしまってね。観客が求める試合を見せられなかった。試合内容は本当に散々たるものだったが、それは猪木のせいではなくて、全てミルデンバーガーの及び腰のせいだよ」

――猪木はこのツアーに藤原喜明という日本人レスラーを自分のポリスマンとして参加させましたが、憶えていますか？

「非常に印象的なレスラーとして、彼を挙げるのも忘れていたよ。もちろん彼のことはよく憶えているんだが、名前が出てこなかった（笑）。彼は非常に良い身体をしていたし、とても鍛えられていたね。彼とスパーリング？　いや、していないと思うよ。でも、彼のレスリングテクニックがハイレベルだったことは憶えている」

――このツアーのハイライトである、あなたと猪木の3度の対戦の中でも、特に11月25日の試合は、日本で『シュツットガルトの惨劇』と呼ばれるほど凄まじい一戦になりました。あなたのファイトに〝猪木を潰してやろう〟という意図があったように見受けられるのですが、どのような気持ちであの試合に臨まれたんですか？

「ああ、君の言う通り、私は猪木に誰がリングの上でマスターなのか知らしめてやりたかったんだ。シュツットガルトのあの試合中に彼の攻撃で受けた怪我（筆者註・9Rに場外で左目尻を裂傷）は、大変な激痛を伴った。だから、私と同じように血しぶきのあがる、彼にとって忘れられなくなるような試合にしてやろうと考えたんだ」

――実際に猪木と肌を合わせた率直な感想は？

「猪木は、ヨーロッパのレスラーたちとは全く違ったよ。実を言うとこの試合の後、私は3日間ホテルに閉じこもってベッドに臥せっていたんだ。猪木との激闘の疲れを回復させるためにね。だから、シュツットガルトのリバーボートの上で行われた祝勝パーティにも出席することができなかった。あの試合の後に撮られた写真を見てもらえば、私の顔がどんなにひどい状態だったか、私にどれだけの休養が必要だったか理解できるはずだ。妻や子供、それに親しい友人たちも、私が顔面に受けたダメージに驚いていたよ。私の最強のヘッドバットでも彼を倒すことができなかった。あの日以来、猪木のことは本物のファイターとして尊敬しているんだ」

伝説のアンドレ戦

――このツアーは話題性や観客動員なども含めて、あなたにとって成功と言えるものでしたか？

「いや、我々にとって散々な結果に終わり、それが会社の倒産に繋がったんだ。最大の原因は、ラーフェンスブルクでの初戦で行われた猪木vsルスカの試合だよ。当日はTV局や出版社、ラジオ局などドイツのあらゆるメディアを招待していたんだ。そして、彼らは我々が事前に宣伝していた『残酷で強靭な破壊者』である猪木の姿を目撃するはずだった。だが、実際はその逆で、猪木もルスカも試合中ずっと疲れているような様子でね。メディアはそんな猪木を〝牙のない疲れた虎〟とネーミングしたんだ。この報道はヨーロッパ中に配信され、我々にとって壊滅的な状況を作り出した。すでにチケットを買っていた人が、〝もう猪木を観たくない〟とチケットを売ってしまう始末でね（苦笑）。でも、これは猪木だけのせいではなく、我々の責任でもある。日本との時差が7時間もあったのに、時差ボケというものを軽く考えていたんだ。それからは到着した翌日にいきなり試合を組まず、2～3日休ませてから猪木にリングに上がってもらうようにしたよ（筆者註・実際はこの後も試合は連日組まれた）。このツアーは宣伝にぬかりはなかったんだが、思いもよらない失敗が原因で最悪の結果となってしまった」

――この時、猪木に対してファイトマネーの全額を支払うことができず、後年にあなたが来日した時の分で相殺したというエピソードを聞いたことがありますが、本当なんですか？

「具体的な金額については話せないが、猪木に支払う報酬の半分は日本へ送金して、ツアー中にも私のポケットマネーをドイツ通貨で渡していたんだ。彼の報酬の残りはツアー終了後に支払うことになっていたんだが、会社が倒産したことで払うことができなくなってしまった。そこでミスター新間（寿氏＝当時の新日本プロレス営業本部長）と我々のマネージャーが話し合って、この埋め合わせとして私が79年に日本に行って猪木とタイトル戦をやり、さらに何度か日本へ遠征することに決まったんだよ」

――その79年7月末の来日は突然キャンセルされ、その理由として、あなたが車で走行中にスリップ事故を

起こして入院したため来日を中止せざるを得なかった、と伝えられました。

「その通りだ。かなりひどい事故で2週間ほど病院に入院した後、さらに2ヵ月ほどリハビリセンターに通ったよ。そういえば、具体的な日時は憶えていないが、確か同じ年にアンドレ・ザ・ジャイアントとの試合があったはずだよ」

――ええ、同年12月16日にジンデルフィンゲンでアンドレとの対戦が実現しましたが、この試合であなたがシュートを仕掛けたという噂があります。これは事実でしょうか？

「ああ、事実だよ。TV中継されることになっていたので、私はこの試合を本当に真剣に捉えていてね。敗者ではなく、勝者としてリングを降りるつもりだった。結果としてこの試合は素晴らしいものになり、観客も喜んでくれたよ（結果はノーコンテスト）。アンドレのように重く大きな相手でも、私は見事にスープレックスで投げることができるということを証明してみせたんだ。しかも私はバックスープレックスだけではなく、ダブルアーム・オーバースローも決めてみせた。私以外に彼をスープレックスで投げたレスラーはいなかったので、観客の誰もが驚いたはずだよ」

――このアンドレへのスープレックスが原因で、あなたは試合の数日後に心臓発作を起こし、それが血栓症に繋がったと言われておりますが。

「いや、心臓発作というのは正確ではないな。試合の数日後にプールで泳いでいる時、アンドレとの試合で負傷をした左足が腫れはじめてね。筋肉がどんどん固くなり膨らんできたので、すぐ病院に行かなければならなかった。そして、CTスキャンで調べたら、左足の血管が閉じて血液が心臓に戻らなくなってしまっていることがわかったんだ。この血栓症は心臓麻痺に繋がる可能性が非常に高かったので、すぐに抗凝固剤治療という措置がとられた。この治療は4週間ほどかかり、退院してからのリハビリも半年以上かかったよ。それで、80年のシーズンも私は日本に行くことができなくなってしまったんだ。治療を行っていた期間は身体を充分にケアする必要があって、試合どころかトレーニングも全くできなかったよ。だから、あのアンドレとの試合が私のドイツ国内における最後の試合だよ」

日本マット登場

――翌81年7月に、あなたは遂に日本のリングに登場しました。強烈なスープレックスで我々に大きな衝撃を与えた反面、ベストコンディションでないことも見て取れましたが、やはり体調は優れなかったんですか?

「治療中は一切のトレーニングを行っていないし、できるようになってからも以前に比べてずっと少ない練習量になってね。私はレスリングをすることで、あのような事態が再び起きるのが怖かったんだ。それが私の肉体がシェイプアップされていないように見えた理由だよ。コンディションも、78年の猪木戦の時ほど良くなかった。それは事実だよ」

――生で観た日本のプロレスの印象は?

「アマチュア時代に、日本人レスラーの練習を見たことがあってね。恐ろしくハードでありながら効果的なそのトレーニング方法は、見ていて感動するほどだった。だから、日本のプロレスラーの練習風景を初めて目の当たりにした時も同じくらいに感動したものだよ。太った選手もほとんど見かけなかったし、本当に鍛え上げられた肉体のレスラーばかりだった。繰り返しになるが、ヨーロッパと日本のプロレススタイルを比較して感動を覚えるのは、日本のプロレスはシリアスなレスリングとショー的な部分がうまくミックスされている点だ。スポーツライクな日本のプロレスに対して、ヨーロッパのそれはベビーフェースとヒールという明確なキャラクターで自分たちをアピールしていた。ヨーロッパでテクニック的に優れたレベルの高い試合を観ることができるのは、ベビーフェース同士の戦いの場合のみだったね」

――日本とヨーロッパでは、リングやロープなども異なりましたか?

「いや、意識したことはない。私はマットが固くても柔らかくても、全く気にせず、いつも通りに自分の仕事をしただけだよ。私はボディスラムなどの技を食ったこともないし、固いマットに打ちつけられて痛みを体験するのは対戦相手だけで、私には関係のないことなんだ」

――この時の来日は、他のビジネスも兼ねたものだったという話もありますが。

「いや、それは違う。プロレスラーだった頃は、一度も日本人とプロレス以外の仕事をしたことはないよ。ヤクザに誘われて、川崎の有名なナイトスポットで楽しく遊んだことはあるがね（笑）」

――あなたはこの年の暮れに再び来日され、12月8日には蔵前国技館でスタン・ハンセンと初タッグを結成し、猪木＆藤波辰巳（現・辰爾）と対戦しましたね。

「先ほども話したが、私は猪木のレスリングスタイルを高く評価していたし、鍛え上げられた肉体やバネ、テクニックにも感心していた。これは藤波に関しても同様だよ。私のタッグパートナーを務めたハンセンは、他のパートナーと比較したら悪くはなかったが、猪木や藤波ほど特別な印象は受けなかったな」

――ハンセンをドイツに招聘しようと考えていたという話も聞きましたが。

「いや、79年にアンドレが参加した興行を行って以降、私は再び大きな赤字を出す可能性の高い国内のツアーを主催するつもりはなかったよ。日本と比べて、ドイツのファン人口は少なかったからね。リスクを背負うことはできなかったんだ」

――余談ですが、プロレスラーになってから、アメリカで試合をした経験はありますか？

「私はプロになってから、アメリカで試合をしたことは一度もない。アメリカのプロモーターが自分たちのツアーに私を呼ぶことはなかったよ。彼らの目には私のスタイルが物凄くラフでシリアスなものに見えたようで、当時のアメリカのレスラーたちも私のスタイルにショックを受け、怖がっていたんだ。私はアマチュアでは成功を収めたし、プロとしても多少は変えたが基本的にはアマチュア時代と同じスタイルだった。私は本物のレスリングがしたかったので、極力ショー的要素のあるものは避けたかったんだよ。そのため、アメリカのプロモーターたちは私を呼んでくれなかった。だから、ハルク・ホーガンと対戦することもなかったわけだよ」

――あなたの口からホーガンの名前が飛び出すとは、思いもしませんでした。

「基本的に、私は彼のファイトが好きだったよ。尊敬もしている。彼の試合はシリアスなものに見えたし、アマチュアの技術に近い、ショーテクニックだけではない特別な技術も持っていたからね。私は彼と試合をしたいと思っていたんだが、実現せずに終わってしまった。彼は非常に見事な筋肉を持っている。だが、そのためにあまりスピードはなかった。だから、もし彼との試合が実現していたなら、もちろん私が勝っていただろうね。だが、プロレスファンにとって彼は本当のヒーローであり、プロレス界からハリウッドのショービジネスにうまく転向して成功を収めることができたのは彼だけだったと思う。そして他の誰よりも、レスリングビジネスを巨大なものにした。そんなレスラーは100年にひとりしか出てこない。もちろんジョージと猪木を除けばの話だが、ハルク・ホーガンは私の中で永遠にナンバーワンだよ」

――そして、82年1月1日に後楽園ホールで猪木と約3年ぶりにシングルで対戦したわけですが、私も当日はあの会場におりました。前年と比較しても、あなたは明らかにバッドコンディションでしたよね。やはり血栓症の病状がかなり悪化していたのでしょうか？

「ああ、血栓症のさらなる悪化もその理由のひとつだよ。前の年の中頃までは抗凝固剤も使用していたし、そのために通常の練習をすることもできなかったんだ。この試合で、猪木は私の足をめがけて強烈なキックで攻めてきただろ？　私は再び血栓症になることを恐れて、できるだけ彼のキックが悪い方の足に届かないよう、少しファイトスタイルを変えたんだ。ただ、私自身この試合をビデオで何度となく観返したし、改めて振り返ってみて言えるのは、私の肉体は以前と比べればかなり落ちていたものの、コンディションの方はそれほど悪くなかったし、試合の中で7～8割は私が攻撃していた。猪木はほとんどディフェンスに回る側で、私の方が試合をコントロールしているよ」

――これが最後の来日になってしまいましたが、あなたのその後のスケジュールは、どのような予定になっていたんですか？　当時、新日本プロレスが推進していたＩＷＧＰというビッグトーナメントにヨーロッパ代表として出場して欲しいというオファーがあったと思うんですが。

「いや、私はその猪木との試合を最後にプロレスラーとしてのキャリアをこれ以上続けるつもりはなかったんだ。私はすでに38歳になっていたし、それくらいの年齢になったらレスラーはリングを降りるべきだよ。だから、あの猪木戦が私の現役最後の試合だ。それにこの時期はドイツでやっていた私の事業がうまくいっていたからね。そちらに精力を傾けることにしたんだよ」

ボックのプロレス観

――キャリアを通して最もタフだった試合、対戦相手を教えてください。

「それについては、考えることもなく正確に答えることができるよ。プロレスラーとして最もタフな戦いと言えば、シュツットガルトで行われた猪木との試合だ。そして2番目は、ミュンスターでのジョージ・ゴーディエンコとの試合だな。アンドレとの戦いも、私の人生において最もハードな試合のひとつに入っている。

81年夏、ついにボックが上陸。「受け身を取れないスープレックス」と「秒殺」はそれまでの日本マット界の常識を覆した。写真は8月6日、蔵前国技館での藤原喜明戦。（撮影／原悦生）

82年元旦、後楽園ホールでの猪木戦はラウンド制で行われ、3R3分15秒、ボックがレフェリーに暴行を加えて反則負け。ボックにとってこれが現役最後の試合となった。（撮影／原悦生）

もちろん他にも過酷な戦いはあったが、生涯忘れることのできないこの3試合ほどではないよ。この3人のレスラーに対して私は非常に脅威を感じたが、振り返ってみれば、他にもベルハースト、スティーブ・ライト、デビッド・モーガン、そしてダニー・リンチといった何人かのヘビー級のレスラーも強く印象に残っている」

――あなたが見た中でベストシューターは誰ですか？

「よく聞いて欲しい。私のプロレスのキャリアの中で出会ったシューターはただひとり、ジョージ・ゴーディエンコだけだ。彼には本当に強烈な印象を受けた。彼はそのラフ・アンド・タフなレスリングスタイルのため、プロモーターにシューターとして使われるだけで、決してホーガンのようなステイタスを手にすることはなかったと思う。だが、ジョージはホーガンのようなビッグネームも含め、世界中のどんなプロレスラーでも打ち負かすことができた本当にただひとりのレスラーだった」

――猪木やベルハーストはシューターではありませんか？

「猪木はもちろんアマチュアに近いスタイルの真剣でシリアスなレスラーだったが、シューターではなかった。チャーリーはシューターとしてのレスリングの能力を持っていて、そういう役割を務めることができたと思うがね」

――あなたの考えるシューターの「定義」を教えてください。話を聞いていると、〝プロモーターの要請に従って対戦相手を負傷させる役割のレスラー〟という意味で使われているように感じるんですが。

「これは私自身が経験し、他のレスラーから教えられたことでもあるんだが、彼らの主要な役割は基本的にレスラーを負傷させることではなく、通常の試合を妨害することでもない。プロレス界に入ったばかりの新米プロレスラーに対して、プロレスはショーの側面ばかりでなく実際はシリアスで危険なスポーツであることをわからせるために、シューターによって試されるんだ。もしシューターに他の意味合いがあるのなら、逆に教えて欲しいんだが」

――私の考えでは、シューターとはサブミッションなどの卓越した技術を持ち、自分の身に危険が迫った時、それを駆使できるレスラーだと思います。ですから、私は猪木もシューターだったと考えています。

「おそらく猪木は状況によって、その傑出した技術でシューターの役割を担うことができただろうが、私は彼がシュートを敢行した、あるいはプロモーターにシューターとして用いられたという話を聞いたことがない。ただ、私は彼が本物の強さを持ったグッドレスラーだと思う。そこは理解しているよ」

――では、あなた自身はシューターですか？

「もちろん私もシューターを務めることはできたが、プロモーターにそういう指示はされなかったし、そんな試合はしたくなかった。他のレスラーを骨折させたり、負傷させたりすることは、私の性格が許さないからね」

――ところで、あなたの妥協をしない、相手の技を一切受けず一方的に叩き潰すファイトスタイルに対して少なからず批判もあったと思うんですが、それに対するあなたの考えやプロレス観を教えてください。

「私のアマチュアレスラーとしてのキャリアを見てもらえばわかる通り、私は世界的にも最も強いヘビー級の選手のひとりだった。対戦相手に自分を玩具扱いさせることは、自分のポジションや名声を汚すことになるので、それを許す気は全くなかったし、実際にさせなかったよ。もしかしたら、私はプロレス界の決まり事や基本的なバックグラウンドというものを理解することも、それを守ることもできなかったのかもしれない。私の意見としては、猪木やジョージといったレスラーはシリアスなスタイル、少なくとも時と場合によってそういうスタイルを見せることで、観客の期待を裏切らないものを見せることができ、それに加えて満足させることもできたと思う。このことは、当時の日本のプロレス興行における観客動員数が証明している。もちろん日本の人たちと、ショービジネスを好みそれを認めているアメリカ人と比較はできないけどね。私が日本のツアーに参加していた時に自分の目で見てわかったんだが、日本のプロモーターがショー的な要素しかないような試合を提供していたら、あれほど観客を動員していなかっただろうし、日本の観客もショー的な試合だけで満足するような人々ではなかっただろう。つまり最も大事なことは、会場に集った観客がシリアスさを信じているのなら、最低でも試合の一部ぐらいはシリアスなものでなければならない。当時の日本のプロレススタイルはそれを大事にし、また観客が満足するものを提供していたんだ」

――では、あなたにとってプロレスとはどういうものだったのでしょうか？

「プロレスは、私にとって冒険だった。当初は何に立ち向かうことになるのかも、このビジネスでどのように自分をうまく売り出していけばいいのかもわからなかった。自分のキャリアを振り返ってみて、プロレスはもっとショー的要素の少ない、真剣な戦いにするべきだと断言できる。観客は、そういうものを求めているんだ。アマチュアレスリングと同じであるべきとまでは言わないが、プロレスもまたレスリングであり、ただの面白いショーだけではないことを示すべきだと思う。このように考えるのは間違っているのかもしれないが、ボクシングのプロとアマを比べてみても、プロボクシングのそのスタイルや激しさは、アマチュアボクシングとほぼ同じだ。プロボクシングにもモハメド・アリのようにショー的要素を取り入れる人間もいるが、アメリカのプロレスとは違って、観客は基本的にれっきとしたボクシングを観ることができる。新しいタイプの格闘技を観ても、生々しく凄惨で、対戦相手が死んでしまってもおかしくないくらいまで戦い続ける。個人的に残酷なことには否定的なので、そんな格闘技を支持するわけではないが、良いスポーツと適度なショーマンシップを織り交ぜたスタイルには賛成するよ。多くの人々が観たいのは、そういうものなんだ。私は心理学と教育学を勉強したんだが、人間というのは基本的に変態でアブノーマルであり、その欲求を満たすため、残酷で乱暴な、そして過激で危険なものを観たいと思うものなんだ。だから、メディアはTVなどで毎日のようにそういうものを流しているんだよ」

――今、話に出た新しいタイプの格闘技、UFCに代表される「MMA＝総合格闘技」については、あまり賛成ではないと？

「私は、UFCというものに対して全く興味が持てないんだ。私が主催していたプロレスの興行でもホールを観客で満杯にするためにあらゆる手を尽くしたが、あのような極端に残忍で非人間的なショーを運営していくことなど、とてもできなかった。

熊とのレスリングや女子プロレスだって、汚い言葉で済まないが、あんなシットとは比較のしようもないはずだ。もっとも人々がそれを観たいと望むのなら、特に言うことはないがね」

空白の30年間を語る

――さて、ここからは我々にとって空白だったあなたの30年間についてお聞きします。日本のプロレス関係者が長い間あなたを探していましたが、行方がわかりませんでした。しかも悪い噂が届いてきて、あなたが刑務所に服役し、その原因は脱税とも麻薬とも言われております。これは事実でしょうか？

「それについては本当のことを言おう。先ほども話に出たけど、78年の猪木を招聘したツアーはビジネスとして失敗に終わった。しかも、我が社は270万ドイツマルクの未払い金が発生して破産に直面していて、税金などを期限内に支払うことができなかったんだ。当然、州検事はこの件を追及したよ。そして、税金の不払い及びツアーの資金調達に関係していた第三者の個人投資の損失のために有罪であると判断した。そのような理由で、ミュンヘンの裁判所は私に懲役2年の有罪判決を下したんだ。この2年間は、私の人生の中で最も厳しい時間だったよ。これで私は個人資産ばかりでなく、経営していたホテルなど所有地の全てを失ってしまった。君は信じてくれると思うが、私はドラッグビジネスに関わったことなど人生で一度もない。薬物使用で服役したという噂は、全くのデタラメだよ」

――出所されたのは何年ですか？

「83年1月に収監されて85年1月までの刑期だったんだが、数ヵ月後には保釈が認められてね。本来の収監期間中に、刑務所の外で妻の名義にしていた私のディスコ経営会社で働くことができた。刑務所長が私の経歴を知っていて、〝罪人〟としてではなく、〝ローラン・ボック〟として扱ってくれたんだ。メディアも私が罪人ではなくて、猪木を招いたツアーで不運に遭っただけだと証言してくれた。もしツアーが期待通りにうまく運んでいたなら、私は服役など経験しなかったはずだからね」

――その後、血栓症の方は回復されたんですか？

「2002年にタイに住んでいていた時、再発してね。現地の病院で再び治療を受けなければならなかった。それ以来、私は死ぬまで抗凝固剤のタブレットを使わねばならない状態なんだ」

――タイにはいつから住んでいたんですか？

「89年に初めてタイを訪れ、91年に移住した。私はプールとサウナとジムが付いた邸宅に住み、人生の中で最も幸福な時間を送ったよ。そして93年に私はドイツにあった4件のディスコを売却し、貿易業を始めたんだ。だが、03年に中国を訪れた際にSARSに冒されてね。ドイツでその治療を受けるためタイを離れたんだ。その後はずっとドイツに住んでいるよ。タイの私財は全て売り払った。私は2度離婚をしているんだけど、現在はタイ人の女性と彼女の息子と一緒に住んでいるんだ。良い人生を送っているよ」

猪木へのメッセージ

――プロレスラー時代のレスラー仲間や関係者で、今でも連絡を取り合う人物はいらっしゃいますか?

「いや、プロレスラーとは誰とも連絡を取っていないな。ドイツではプロレスリングはもう終わっているし、聞いた話ではプロモーターもいないみたいだね。今は年に何回かアメリカの団体が興行を行っているだけだよ。それにしてもローラン・ボックが日本でまだそん

上）ボックは現役時代からレストランやゲームセンター、ディスコなどを経営していたが、現在はシューズ・アクセサリーの販売業がメイン。自叙伝の出版も予定している。
中）02 年に中国で開かれたバースデーパーティの模様。90 年代に入ってからは、タイを拠点に移して事業を展開していた。なかなか消息がつかめなかったが、アジア圏内に住んでいたとは驚きだ。
下）タイを再訪した時のプライベートショット。現在は現地で知り合ったタイ人女性と母国で暮らしている。再びボックが日本の土を踏むことはあるのか?

なに知られているとは本当に驚いた。まさか私をずっと探していたなんてね（笑）。実は自叙伝を出そうと思って、準備していたところなんだよ。私の本は日本でも大きな成功を生むかもしれないな（笑）。これは一般的な自伝というだけではなく、日本の人々がこれまで聞いたこともないような最高に過激な物語が含まれているエキサイティングな本なんだ。ぜひとも出版されるのを楽しみに待っていてほしい」

――では、ライバルだったアントニオ猪木にメッセージをお願いします。

「やあ、アントニオ。あなたはまだ当時のようなグッドコンディションで、健康的に過ごしているのかな。あなたの人生が順調であることを願っているよ。私はあなたに対して非常に高いリスペクトを持っているし、ひとりの人間としてもこれまでに会った中で最もフェアなスポーツマンだと思っている。この先も良い人生であること、そしていつまでも健康であらんことも祈っているよ。大きな成功をまた手にして欲しいとも願っているし、長い間会っていないあなたと本当に再会したいと思っている。いつかまた日本へ行きたいと望んでいるし、その時にはあなたと再会するチャンスもあるかもしれない。もしこれが実現できるのなら、私は幸せだ。それからミスター新聞とケン（筆者註・78年の欧州遠征に同行した通訳のケン田島氏）にも、よろしく伝えて欲しい」

――最後に、日本のプロレスファンにもメッセージをお願いします。

「日本のレスリングファンのみなさん、まず最初に震災により引き起こされた、広島、長崎に続く福島での原子力の惨事への対応に関して、日本人に最大の敬意を表したい。そして、これだけ長い間レスリング界から離れていた私のことを憶えていてくれるなら本当に嬉しいし、心からあなたたちに感謝したい。私の最後の試合となった82年の猪木との試合では、怪我のためにに充分な練習ができず、自分のコンディションをベストな状態までもっていけなかった。もしそれがあなたたちの期待通りではなく不満足な結果となったのなら、この場を借りてお詫びしたい。それとアントニオ猪木のようなヒーローを、いつまでも大切に思って欲しい。彼はスポーツ界において最強で素晴らしいレスラーのひとりというだけではなく、フェアな精神の持ち主だ。東京のアリーナで再びあなたたちと会うことができたなら、こんなに幸せなことはない。その日が来ることを心から願っている」

後記

〝墓掘人〟ローラン・ボックの30年ぶりの出現は、この当時（２０１１年）、オールドファンの間で大きな話題となった。あれから８年――74歳となったボックは現在も故郷のシュツットガルトで持病を抱えながらも元気に暮らしており、筆者との交流も続いている。

インタビュー中にあった自伝の執筆はその後も続けているようであり、日本版の出版も願っている様子である。

〝墓掘人〟の来日、そしてアントニオ猪木との再会を心待ちにしているのは筆者だけではあるまい。

第二十章

『イノキ・ヨーロッパ・ツアー』の全貌

―猪木のロマンとボックの野望―

前章におけるローラン・ボックのインタビューは、多くの方から反響があった。

本章では謎が多いと言われている1978年の『イノキ・ヨーロッパ・ツアー』について、ボックを始めとする関係者の証言と当時の資料を元に、あらゆる角度から検証してみたい。

猪木は欧州でのロングラン・ツアーに、果たして何を求めていたのか？

そして、ボックが猪木を招聘した真の目的とは？

また、ツアーに参加した欧州各国のレスラーたちの横顔と、「伝説」と化したローラン・ボックとミル・マスカラス、そしてアンドレ・ザ・ジャイアントとの一戦について、ボックの証言を交えながら詳述してみたい。

さらに“伝説の強豪”ウィルフレッド・ディートリッヒについて、アマチュア時代の実績と多くの関係者の証言を元に、その実像に迫る。

地獄への片道切符

それは一本の国際電話から始まった——。
まずは猪木が欧州へ乗り込んでいくまでの経緯と、猪木とボック、両者がおかれていた当時の背景について検証してみたい。

1978年4月、ヨーロッパツアーの契約調印のために初来日を果たしたボック（左）と猪木。日本では『第1回MSGシリーズ』の開幕直前であった。

時間を今から33年前に行われた『イノキ・ヨーロッパ・ツアー』より、さらに2年ほど遡ってみたい。

1976年11月5日である。

この日、新日本プロレスの事務所に1本の国際電話があった。電話の主は西ドイツ（当時・以降ドイツと略す）のシュツットガルト在住の日本人で、通訳を頼まれたのだという。彼の依頼主は『ローランド・ボック』という西ドイツのプロレスラーで「ヨーロッパヘビー級チャンピオン」だと名乗った。彼は通訳を通じて「あのモハメド・アリと闘ったアントニオ猪木と、是非我が国で対戦したい」と、猪木への挑戦を表明したという。

『週刊ファイト』はこの情報をスクープし、ボックの写真入りで事の顛末と彼のプロフィールを掲載した。

これが筆者の知る限り、プロレスラー、ローラン・ボックの名前が日本で報道された最初のものである。

電話で応対した新間寿氏はボックの挑戦を基本的には了承したものの、ファイトの取材には「一月か二月にミュンヘンかロンドンで……との話だったが、とても無理。決戦の日時は未定で対戦場所も検討の余地がある」と明言を避けた。

この件に関して他のマスコミが一切取り上げていないことから、この情報は新間氏がファイト紙だけにもたらしたものであった可能性が高い。そして翌77年1月、アントニオ猪木は同じくファイト紙の取材に応じて次のように述べた。

「おたくがすっぱ抜いたローランド・ボックとも闘うことになるでしょうしね。（中略）いつやるか、それはまだ決っていないけれど、六月から十月にかけてのヨーロッパ遠征中にボックとはどこかで闘います。カイザーがああだこうだと言ってきてるんでむずかしいけどね。無論、場所は（イギリスのロイヤル）アルバートホールになるでしょう」（原文ママ）

だが結局、猪木のこの年の欧州遠征は中止となり、ボックの「猪木挑戦」の話題もいったん立ち消えとなった。

ファイト

欧州ヘビー級チャンプR・ボック

また"未知の強豪"が挑戦

受けて立つ猪木

対戦の日時、場所は流動的

極悪コンビが挑戦状

タイラー、サリバン

ボックが猪木に挑戦を申し入れた時の様子を伝える『週刊ファイト』76年12月14日号。78年4月にボックが東京に乗り込んだことで猪木への挑戦が初めて決まったように思われがちだが、実はツアーの2年前からボックは行動を起こしていたのだ。

ボックのプロレス入りに深く関わった、ポール・バーカー。ボックのマネージャーでもあり、イノキ・ツアーのキーマンとも呼べる人物である。

ドイツのプロレス界を代表するプロモーターであったグスタル・カイザー。カール・ゴッチと親交があり、新日本プロレスとも提携関係にあった。

ツアー、そしてボックに関する貴重な証言者であるレネ・ラサルテス。90年に現役を引退し、83歳の現在は故郷であるスイスのライナハで健在。

血なまぐさい大惨劇

「世紀の一戦」と言われた76年6月26日のアリ戦の後、新日本プロレスは大きな負債を抱えたままであったが、「アリと闘った男」として猪木の存在は世界各国の格闘技関係者から注目を集めるようになっていた。

その中には、「我が国へ来て自分と闘って欲しい」という猪木招聘のオファーもかなりあったと伝えられている。その中のひとつがパキスタンの『ボロ一族』であり、そしてローラン・ボックであった。

ボロ一族の代表であったアクラム・ペールワンとの対戦は、契約交渉もうまく運び、その年の12月12日にパキスタンのカラチで実現した（猪木の3RTKO勝ち）。だが、ボックとの対戦は棚上げにされたままだった。これはいかなる理由によるものだろうか。ヒントは先のインタビューで猪木が語った「カイザーがああだこうだと言ってきてる」という言葉に隠されている気がする。

カイザーとは、ドイツの有力なプロモーターであったグスタル・カイザーのことであるが、当時の新日本はカール・ゴッチの仲介でカイザーのプロモーションと提携関係にあった。これは新日本の若手レスラーが毎年ドイツに遠征し、カイザー主催のトーナメントに参加していることでもわかる。74年には吉田光雄（長州力）、75年には藤波辰巳（現・辰爾）と木戸修、そしてボックが猪木挑戦を表明した76年にも藤原喜明と小沢正志（キラー・カーン）が出場していた。

ボックは74年にポール・バーガーのブッキングでカイザーのトーナメントに参加しているが、彼のファイトぶりはカイザーの意に沿わないものだったのだろう。それは、前章のボックのインタビューにもあったように、カイザーの命によってジョージ・ゴーディエンコがボックに「シュートマッチ」を仕掛けたことでも証明されている。結局、ボックは74年限りでカイザーの元から離れていく。

その後、ボックは他のプロモーターの下で試合をする傍ら、バーガーと組んで独自の興行を行っている。この時期のボックの動向について、78年のイノキ・ツアーにも参加したレネ・ラサルテス（ジャック・デ・ラサルテーズ）は、自伝に多少の悪意を込めて次のように記している。

「ボックはよく仕込まれた一座を伴って南ドイツのあらゆる街、あらゆる村を巡業して回った。そこではふたりの胸をはだけた高級娼婦がリング内を跳ね回り、ひとりの〝レスラー〟がホモめいた仕草で開始を告げ、締めくくりはレスリング・ベアの『ヨギ』が割り込んできた。それは実に不快極まりないものだった。ご丁寧にもボックが興行を行ったのはどの場所でも一度きりであり、2度目に彼が姿を見せることは許されなかった。現在でもなお、南ドイツは真っ当なプロレス興行においても不毛の地である。彼の興行の痛ましいピークは、ディーター・キュルテンが司会するZDF（ドイツ公共第2放送）の番組『アクチュアル・スポーツスタジオ』でのライブ出演であった。何百万もの視聴者の眼前で血なまぐさい大惨劇が繰り広げられ、キュルテンはファイトを中断させた。これが原因でドイツ中のあらゆるプロモーターが痛い目に遭わされ、どの会場でも観客数は激減した。それからボックの名を人々が耳にすることはなかった」

この「血なまぐさい大惨劇」とは76年の出来事であり、ピーター・グルとダニー・リンチによる試合であった。これはリンチの頭突きを受けたガルが額を負傷し大流血したもので、ボックはこの後に登場して自分と闘うヨギは無害な熊だと必死に説明したが、聞き入れられなかった。この「不祥事」でドイツ国内で関係者からの信用を著しく失墜させたボックは、おそらく「アリと闘った男＝猪木」をドイツに招き、彼と対戦し倒すことで「名誉挽回」を計ったのではないだろうか。

一方のカイザーは、元々自分とソリが合わず、ドイツのプロレス業界から爪弾きにされたボックに猪木とドイツ国内で試合を行われては、新日本と提携している自分の沽券に関わる。そして、独自にアメリカでのレスラー供給ルートを開拓し始めた新日本に対して、「欧州レスラーの供給」がブッカーとしての頼みの綱だったゴッチは、カイザーにヘソを曲げられては自分の立場に支障が生じるという思惑もあり、ボックとの対戦を思い留まるよう、猪木を説得していたのではないだろうか。

未知なる聾唖の怪物

ボックと新日側とのやり取りは、水面下で着々と進んでいたようである。

「我々は日本に行く前にも、猪木側の人間とテレックスで話し合っていたんだ」（ボック）

筆者は先にその自伝の一節を紹介したラサルテスとのコンタクトに成功し、彼に直接話を聞くことができた。彼は76年の「不祥事」から78年4月までのボックについて次のように語った。

「私の記憶が確かなら、当時ボックはイノキ・ツアーを実現するための資金を提供してくれるスポンサーを探していたんだ。おそらくその間も、彼は小規模のレスリング興行をしていただろうし、同じ時期にはトゥットリンゲンでレストランも経営していたから、彼はそれで生計を立てていたはずだ」

そしてボック本人は、こう語る。

「この2年間、私は基本的に自分の興行を数人のビジネスパートナー、そして様々なスポンサーと共催していた。バーガーはこうしたイベントのほとんどで、トーナメント運営とレスラー斡旋の役目を果たしてくれた。他にも『ユーロ・キャッチ』や私も参与を務めていた『スポーツ・プロモーション&ＰＲ』といった興行会社がＶＤＢとＷＷＵの名のもとでプロモーター業務を果たしていたが、こちらは常に男性による興行のみに関わっていた。私がプロモートしていた女子プロレスや女子ボクシング、熊を用いたイベントは、どれも連盟の認可を受けて行われたものではなく、アトラクションの要素をふんだんに盛り込んだ全くのショービジネス・ツアーだった。アイディアとしては、私は時代を先取りしたわけだ（笑）」

こうした興行を行いながら、ボックは猪木招聘に向けて準備を整えていた。なお、ボックが語ったＶＤＢとＷＷＵに関しては後で詳しく述べる。

ボックとの交渉役だった新間氏は、ボックに対してかなりの関心を持っていたようである。氏に話を聞いた。

「『サンケイスポーツ』に、ローラン・ボックという選手が猪木と闘いたいと言ってきたから調べてみてくれ、って話をしたんだよ。そうしたら、一番最初の話では〝ボックは聾唖者だ〟って言うんだよ。口も利けない、耳も聴こえない。だけど凄く強い選手だって。ちょうどその頃の新聞記事に、日本のマグロ漁船が、物凄く大きな白骨化された恐竜だか何だかわからないようなものを吊り上げたというのがあったんだよ（筆者注・当時はニュー・ネッシーとして大きな話題となった)」

新間氏はボックに「未知の怪物」という幻想を膨らませていたわけである。そしてボックにも、日本という国に対する思い入れがあったようだ。

「チャーリー・ベルハースト(日本ではジョニー・ロンドス)は、日本での興行やそこで得た経験などについて私に話してくれたし、ドイツのショーマンたちとは違う本物のレスラーである猪木や馬場、そしてアメリカから来ている何人かのレスラーたちに会うためにも、私にも日本に行くことを度々勧めてくれたものだよ。なぜ来なかったのかって？　日本の団体からの招きもなしに、一介のレスラーにすぎないチャーリーがどうやって私を日本に連れていくことができるんだね(笑)」

さて、テレックスによるやり取りで一応の合意をみた78年4月、契約調印のためボックが来日することになった。ただしボックには、来日直前にやるべき課題が残されていた。

“地獄の墓堀人”という異名については「なぜ日本のファンがそんなニックネームをつけたのかわからないが、リングでの振る舞いゆえかもしれないね。だが、私は昔も今もこうして生きているよ(笑)」(ボック)

VDBとWWU

再び、ラサルテスの自伝から引用する。

「(あの不祥事から)2年後、自ら改悛したと称するボックは、ポール・バーガーを長とするベルリンの『ドイツプロレスラー連盟』の元に現れた。彼は自身の為した恥ずべき行為を悔い、かつて罵倒と共に彼を追放したプロレスラーたちのグループにまた受け入れてほしいと乞うた。彼は第2の故郷シュツットガルトでのビッグトーナメントを餌にポールを懐柔した。そのイベントでは、ポールにトーナメント運営およびリング

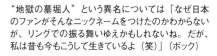

アナウンサーを任せてもよい、と言ったのだ。ボックの名誉は回復された。バーガーは、世界選手権がシュツットガルトのカンシュタッター・ヴァーゼンで催されるよう取り計らいさえした。ボックには世界タイトルが必要だった。というのも、ベルガーを巻き込んだ壮大な計画が彼の念頭にあったからである。40日のトーナメント日程の後、ボックと私が78年4月15日(筆者注=9日という説が有力である)に行われる決勝戦への出場権を獲得した。50分という規定の試合時間中に、勝敗は決まらなかった。10分間の延長によるポイントマッチが行われることとなった」

「今でも私は確信しているのだが、審判団長を務めていたポールは、ボックが勝利に必要なリードを得られるよう、規定時間を越えても時計を止めなかったのだ。大騒ぎの中でそれを証明することは、もちろんできなかった。ボックの同郷人たちは椅子の上に立ち上がって新たな世界王者を祝福した。先に述べたように、ボックは次のプロジェクトに取りかかるためこのタイトルを是が非でも必要としていた。アジア連盟のチャンピオン、日本の名レスラーであるアントニオ猪木を自力で欧州へ呼び寄せ、挑戦しようと目論んだのだ。この計画に彼は莫大な利益を期待していた」

ちなみにトーナメントにおける4月6日のダニー・リンチとの対戦では、ラフ攻撃に逆上したボックがリンチの足を折るというハプニングもあったと伝えられている。

この時ボックが獲得したタイトルはVDB(Verband Deutscher Berufsringer =ドイツプロレスラー連盟)という団体のタイトルであり、70~77年までのトーナメントでは、ラサルテスが連続優勝を果たしタイトルを保持していた。そして78年4月のトーナメントの優勝によって、ボックはVDBタイトルと共に新設されたWWU世界王座も獲得したものと筆者は推測する。

VDB及びWWUという団体について、ボックとラサルテスの言葉を借りて簡単に説明しておきたい。

「私の知るところではドイツで唯一の公式なプロレスラーの団体で、ドイツの有力プロモーターたちが加入していたんだ。連盟長は確かアルフレッド・ツィーグラーだった。バーガーは運営のトップで、その傍らで様々な国籍のプロレスラーのマネージャーを務めていた。彼らはバーガーと契約関係にあり、バーガーは彼らをドイツの様々なプロモーターに仲介もしていたね。WWU（World Wrestling Union ＝世界レスリング連合）は、確か76年にバーガーによって結成されたVDBの国際的派生団体だったはずだ」（ボック）

　この話から想像すると、VDBとは単なる興行団体ではなく、プロレス業界のコミッション的な役割を果たしていたことになる。ドイツの主要なプロモーターが、このVDBのライセンスを受けて興行を行っていたということだろうか。

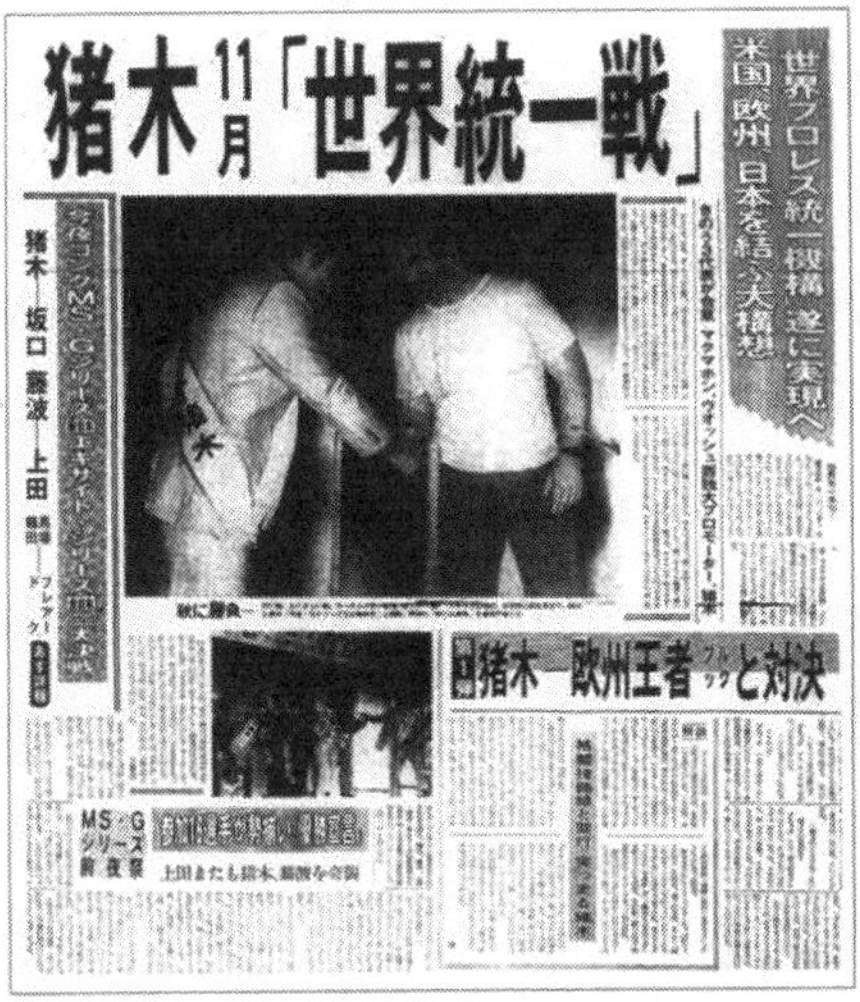
猪木11月「世界統一戦」
世界プロレス統一機構 遂に実現へ
米国 欧州 日本を結ぶ大構想
猪木―坂口 藤波―上田
猪木 欧州王者と対決
MS・Gシリーズ前夜祭

「猪木の欧州遠征決定」を１面で伝える『東京スポーツ』（78 年４月22日付）。現地でのボックとの対戦についても併せて報じられた。

「君の言う通りだが、カイザーとニコラ・ゼレンコヴィッチは違う。彼らは独自のライセンス（IBV）を持っていた。バーガーたちは自分たちでも時折ベルリンで興行を開催していたが、それ以外の興行はVDBからライセンスを取得した他のプロモーターたちが行っていたんだ。バーガーの後任の連盟長だったツィーグラーは実務にはほとんどノータッチで、彼のバックで実質的な采配をしていたのはやはりバーガーだった」（ラサルテス）

「ボックは紳士だったよ」と語る新間寿氏。彼こそボックと最も深く接した日本人だろう。「シュツットガルトの会場にこだました彼への応援歌は忘れられないね」。

こうしてボックは、ドイツを代表するWWU世界王者として晴れて来日を果たすことになる。

ゴッチの足を折った男

ここでボックとラサルテスの口から再三に亘って名前の出るポール・バーガーという人物について触れておきたい。

スイス出身のプロレスラーだったバーガーは、50年代にはドイツ国内のトーナメントにその名を散見される。52年6月1日にはカレル・イスタス時代のゴッチとベルリンで対戦し、彼の足を折ったというエピソードでもわかるように、ガチガチのシューターであったようである。そしてラサルテスにとっては彼の人生を決定付けた人物でもある。彼は次のように語る。

「53年に私はプロレスラーになったんだが、これはバーガーの誘いによるものだ。そして、58~60年までのアメリカ遠征も彼と一緒だった」

そして前号のボックのインタビューでもあったように、彼をプロレス入りさせたのもバーガーである。

「バーガーはベルリンのあるアマチュアグループから会長のような役割を任せられていて、VDBからも同じ役割を与えられていたんだ。プロレスのキャリアを終えてからも、進んで方々に手紙を書いたりコンタクトを取ったりしていたね。そしてボックだけではなく、他のレスラーのためにも多くのブッキングをしていたんだ。レスリングとずっと関わり続けていたのが彼の人生で、後年もベルリンでバーを経営していたんだが、どのプロレスラーも色々な問題を抱えて彼の元を訪れたものだよ」（ラサルテス）

ボックの初来日

78年4月19日、遂にボックはマネージャーであるポール・バーガー、ハーバート・ヴォシュニツォクなる人物と共に来日を果たした。彼らはさっそく新日本側との話し合いの席についた。

「我々とツアーに関する契約交渉にあたって、なおかつ決定権を持っていたのは猪木側ではミスター新間だけだった。彼は非常に手強いが、同時に常にフェアな契約相手でもあったね。彼の反応はこうしたツアーに対して好意的だった。何といってもミスター新間が提示してきたファイトマネーを我々が契約として了承したしね。それにツアーのために提示された企画案もミスター新間にとって、契約書にサインするにあたり充分なものだったようだ。その席では11月7〜29日というツアーの日程以外に、その間に何回の興行を行うのかも決められた」（ボック）

後々問題となったこの興行数に関しては後述する。その席上では、猪木のファイトマネーに関してもおそらく決められたと思われるが、以前に行われたトークショーの席で新間氏は、「1試合で1万ドル（当時の円換算で300万円）」で契約したことを明言している。

そして、新間氏は次のようにも語った。

「ギャラは全部、猪木に渡したよ。ボックが事前に振り込んだファイトマネーの半額も、〝これは猪木の金だから〟って私はすべて渡したんだから」

ボック一行は、翌20日に京王プラザホテルで催された『第1回MSGシリーズ』の前夜祭に主賓として出席する。その席上では新間氏より、「猪木の欧州遠征」が初めてマスコミに発表された。当時の報道によれば「1週間の予定でヨーロッパに遠征」というもので、ボックの話とは食い違いをみせる。

余談だが、ボックと共に来日したヴォシュニツォク氏については前夜祭で「ドイツのグスタル・カイザーの法律顧問であり代理人」と紹介され、同じく来日していたビンス・マクマホン（・シニア）と新日本との三者会談により「日・米・欧州の世界プロレス統一機構実現」という見出しが各マスコミの紙面を飾ったが、ボックはこれを言下に否定した。

「それはウソだよ（笑）。ヴォシュニツォク氏は我々の会社の帳簿係で、財政管轄者だったんだ。だが、彼は大学で法律を専攻していたので、我々の契約書の法的な確認もしてもらった。ヴォシュニツォク氏は、カイザーやその他のプロモーターとはまったく無関係だ」

プロモーション・ツアー

帰国したボックは、ただちに11月のツアーに参加するレスラーたちの人選とその招聘に取りかかる。ボックが選んだ基準は果たしてどこにあったのか。

「猪木の対戦相手は、猪木側との契約が済んだ4月以降に私が個人的に選んだんだ。興行を行う各都市で人気を集めているレスラーは誰なのか、これが選考の基準だった。猪木との対戦者に地元での英雄を選び、そうすることで会場を観客で一杯に満たせるように最善を尽くしたんだ。例えばウィルフレッド・ディートリッヒは彼の地元であるルートヴィッヒハーフェン、アントン・ヘーシンクはオランダのロッテルダム、ウィリエム・ルスカは彼が金メダルを取ったミュンヘン、カール・ミルデンバーガーは彼がアリと対戦したフランクフルトといった具合にね。私の場合は、もちろん地元であるシュツットガルト。その他のオットー・ワンツやラサルテス、ベルハーストといった連中も、過去の試合などで彼らがよく知られている都市で猪木と対戦させる計画だった」（ボック）

さて、ツアーを約1ヵ月後に控えた9月26日、シリーズの合間をぬって猪木は新間氏、通訳のケン田島氏、美津子夫人（当時）、そしてトレーニングパートナーの荒川真（ドン荒川）を伴って欧州へ視察に訪れる。

当時、ドイツは韓国と共にアリとの再戦の候補地として名前が挙がっており、そのプロモーションも兼ねたものと伝えられている。

この「プロモーション・ツアー」の日程は、6日間でドイツを皮切りにオーストリア、スイス、オランダ、ベルギー、そして共産圏のユーゴザグレブ（当時）の6ヵ国19都市を回るという超過密スケジュールであった。

「着いたその日から、もうTVだ何だってPRだもんね。だから、ボックに言ったのよ。せめて半日くらい時間をくれないのかって」と新間氏は当時を述懐する。

帰国後の10月12日、新日本は猪木の欧州遠征の日程を発表した。報道によれば、ツアーの日程は6ヵ国全19戦で、猪木はこのうち12戦に出場する予定であり、またこのツアーにはボックの他にディートリッヒ、ヘーシンク、ルスカなどが出場し、猪木と対戦することも併せて報じられた。

ひとつの場所に留まり長期の興行を行うというのが当時の欧州における伝統的な興行形式であったが、ボックが行おうとしていたのは欧州の各都市を興行しながら巡業していく日本式に近い、欧州ではかなり画期的な興行システムであった。

『キラー・イノキ』の誕生

さて、前記の会見では、刷り上ったばかりだというツアーのポスターも公開された。そこには〝KILLER INOKI〟と大きく書かれており、また〝ASIENS KARATE‐CATCH‐KILLER〟という文字も見える。

地元の英雄たちと対戦させる以上、猪木を「殺し屋」とヒール扱いするのは首肯できるものだが、なぜ猪木のキャッチフレーズが「カラテ」なのだろうか。

「あのツアーの公式名称は『イノキ・ヨーロッパ・ツアー１９７８』というものだった。当時、カラテは極東の格闘技としてちょうどヨーロッパで人気の絶頂に差しかかろうとしていたところだったし、猪木vsアリの後に様々なメディアが『カラテファイター・イノキ』について報道していたからね。我々は宣伝告知のために当然それに便乗したし、猪木をその方向で売り出しにかかったんだ。それからさらに〝黄色く、残忍で、容赦ない〟というキャッチフレーズをプロモーションに加えたことは、業界で大きなセンセーションを呼ぶのに役立った。『キャッチ・カラテ・キラー』という呼び名と同様にね。そうやって我々のプロモーションは刺激に飢えた大衆やメディアの間で、大きな感心を呼び起こすことになったんだ」

だが、ボックのそうしたセンセーショナルな前宣伝は、実際のツアーが始まると見当違いであったことが露呈する。これに関しては後で記すことにする。

雄牛とのトレーニング

一方、猪木を迎え撃つ側のボックは、いくつかのトーナメントに出場しながら、シュツットガルトの空手道場で、猪木の打撃攻撃を攻略する練習と併せて、彼独自の特訓を行う。雄牛とのスパーリングである。

「私は６５０キロもある雄牛でトレーニングをし、猪木とのファイトに最高の状態で臨めるよう備えたんだ。雄牛のトレーニングはイノキ・ツアーの６～８週間前に始まった。雄牛とのスパーリングというのは、私が雄牛の両方の角を掴んでそのまま倒すんだ。うまくいくことも多かったが、雄牛に家畜小屋の端まで吹っ飛ばされることもあった。まるで私が50グラムしかないかのようにね（笑）。この雄牛とのトレーニング

“カラテ・キラー” 猪木との対戦に備え、シュツットガルトのカラテ道場で打撃の特訓を行うボック。道場主のマトゥシェーク氏（右）は、12月25日のシュツットガルトにおける猪木戦でもボックのセコンドを務めた。

は私の上腕の力を攻防どちらのためにも著しく強化してくれ、また精神力も鍛えられた。私にとって貴重な体験になったし、絶対にこんなチャンスを逃がすことはできなかった。もしアマチュア時代にこんなトレーニングパートナーがいたなら、私はおそらくプロレスに転向することはなかっただろうね。手がつけられないくらい強くなって、レスリング界では誰も私を倒せなかったと思う。精神面と肉体的なコンディションを鍛えることに関して、これに代わる練習方法はないよ。今のレスラーにも是非この練習方を薦めたいね」（ボック）

猪木のツアーへの思い

猪木は後に各メディアのインタビューで、ツアーに向けた思いを次のように述べている。

「まあ、わざわざ行かなければならない理由もなかったし、行ってみていろんな問題に気づいたんだけど、当時の俺の夢というか、『世界制覇』の感覚じゃなくて『世界漫遊』のいい機会だなと（笑）。あとから見ればね、結果的に過酷な遠征になっているんだけど、きっかけそのものはそんな感じでしたよ」

「プロモーターでもあったローランド・ボックはヨーロッパのプロレス界では異端児だったんだけど、俺と目指している方向は一致していて、理想の点では意気投合してたんだ。それで、まあとにかく行ってみたんだけど…」

「まあ、本質的に自分が（未知の世界に出かけていくことが）好きなんだと思うんですけどね。ただ、非常に冒険というか、敵陣というか、これは非常に怖いんですよね。考えてみると後でね。（中略）未知の世界というものに対する興味が非常に強いというかね、そういう意味では大変印象深い試合というか。（中略）何かをしないといけないっていう、いつも意識があってね。それから大変に、人と違ったことをしたいという部分があるんでしょうけどね。だからまあ、やはり日本発という、まあアメリカもそうですけど、『アメリカ即世界』という、我々は何か事あるごとに、『世界』というタイトルを頭に付けないと、現実には通用しないから『世界』というのを付けるわけでしょ。でも、まあ日本人があそこへいきなり乗り込んでってね、人を集めて、それでまあ興行的に成功させてプロレスというものを紹介できるっていうのは大変こう（意義のあることではないか）」

これらの猪木の思いをひと言で言い換えるなら「果てしない夢とロマン」ということになるだろう。だが、かの地でこの先行われようとしているものは、そのような甘いものではなかった。

視察旅行で欧州を訪れた際、ボックは猪木にこう言い放ったという。

「死を覚悟の上で正々堂々と闘おう」

そして、それは猪木にとって現実のものになっていく――。

命を蝕む魔のロード

今もって謎が多いと言われる『イノキ・ヨーロッパ・ツアー』。そこでは果たして何が行われたのか。そして、今明かされる真実とは――。いよいよツアーの実体に迫る。

前述したような紆余曲折を経て、〝地獄の墓掘人〟ローラン・ボックによる『イノキ・ヨーロッパ・ツアー1978』は78年11月7日、遂にその火蓋を切ることになる。33年の歳月が流れた現在でも「殺人的スケジュールのサーキット」として有名なこのツアーだが、実はアントニオ猪木の過密スケジュールは西ドイツへ到着する以前から始まっていた。

そこで、まずはツアー開始までの猪木の動向を時系列に追ってみることにする。それは日本から始まる。

ドイツまでの道のり

78年11月1日、猪木は愛知県体育館でクリス・マルコフを卍固めで切って落とし、NWFヘビー級タイトルの17度目の防衛に成功する。この日は『闘魂シリーズ』の最終戦であった。猪木は翌2日に東京・新宿の京王プラザホテルで行われた記者会見に出席し、翌年に極真空手のウィリー・ウィリアムス三段と「格闘技世界一決定戦」を行うことを正式に発表する。

そして11月3日午前10時、猪木は成田空港からパキスタン・カラチへ向け出発。なお今回の遠征には、美津子夫人を始め、永里高平・新日本プロレス専務取締役、新間寿・営業本部長、通訳のケン田島氏、そして猪木のスパーリングパートナーであり、イノキ・ツアーでは一レスラーとしても出場する予定の藤原喜明が同行した。

このパキスタン旅行は、本来は欧州遠征前の「バカンス」の予定であったが、2年前に同地でアクラム・ペールワンを破った猪木は有名人のひとりであり、プライベートな時間は少なかったようである。同日夜にカラチに到着した猪木は、空港で想定外のTVインタビューを受けた後、ホテルにチェックイン。翌4日も午前6時からパキスタンの報道陣を前に記者会見を行い、夜には地元有力者の招きで夕食会に出席する。宴は午前1時半まで及んだという。

そして、猪木は5日の午前6時発の飛行機で西ドイツ・フランクフルトに向けて出発し、ボックが経営するベルリンのホテルに到着したのは、同日の午後11時前。翌6日の猪木の動向は不明だが、プロモーターであるボック側と最終的なミーティングを行ったものと思われる。そして7日には、ツアー第1戦であるウィリエム・ルスカ戦を迎えるのだ。

つまり、猪木にはツアーの開幕まで、1日の休息も許されなかったのである。こうしてみると、前号のボックのインタビューで彼が語った「11月7日のルスカ戦における猪木の時差ボケ」という話が、俄然説得力を帯びてくる。

過酷なツアーの幕開け

ここでイノキ・ツアーの概要について簡単に述べてみたい。このツアーの正式なプロモーターについて、ボックは次のように語った。

「イノキ・ツアーのプロモーターは、『スポーツ・プロモーション&PR』という会社だった。この会社は私も個人的に参与していたし、ポール・バーガーやその他の様々な個人スポンサーも同様だった。もっとも、ツアーの考案者であり発起人であったのはこの私だけだがね」

ツアーの日程は11月7日から同月29日までの23日間で、この間にドイツ、スイス、オーストリア、オランダ、ベルギーの5ヵ国、全22ヵ都市で興行を行うというもの。そして、すべての興行で「ツアーの顔」である猪木がメインを務めた。これは、新日本が10月12日に発表した日程、「全19興行のうち猪木は12興行に出場」と大きな食い違いをみせる。

この件に関してボックは、「私が記憶する限り、いくつの興行を行うのかも契約で決まっていたはずだ。契約を結んだ78年4月からツアーが始まる78年11月にかけて、我々の間で詳細なやりとりが頻繁になされたんだが、その際にその時々の変更事項が猪木側にも伝えられていた。そこには猪木自身の試合数やファイトについての情報も含まれていたはずだよ。だから私には、猪木が遅くとも9月のプロモーション・ツアーの段階で、11月のツアー全体の詳細を我々から知らされていなかったとは考えられないね」と語ったが、筆者には首肯しかねる部分がある。新日本が偽りの発表をする理由が、何も見当たらないからである。

　猪木側の代表者としてボック側と折衝を重ねていた新間寿氏にも、同じ疑問を投げかけてみた。

「試合のスケジュールは、現地についていざ具体的な話になった時に、〝猪木にはこれだけの試合をして欲しい〟とボック側から提案があったんだよ。事前に聞いていた試合数よりもかなり増えていたけど、その分のギャラをプラスアルファして支払うということだったから了承したんだよ」

　また猪木も、後年のインタビューで次のように答えている。

「向こうに行ってみたら、事前に聞いていた日程と全然違っていたりね」

　この件に関する限り、猪木と新間氏の話が事実に近いように思われる。

　またこのツアーについて、日本では「猪木への挑戦権をめぐって連日トーナメントが行われ、最後に勝ち抜いた者が猪木と決勝を争う」と伝えられていたが、そういう趣旨のものではなかったようである。

「それは事実とはまったく違うね。イノキ・ツアーは猪木をメインに据えたツアーであって、決してトーナメントなどではなかった。もちろん前座の試合はあったが、このツアーの売り物は、あくまで猪木と誰かの試合だったんだ」（ボック）

　かくして、猪木はボック側が用意したベンツに新間氏や通訳のケン田島氏と乗り込み、そして藤原は他のレスラーと共に大型バスに同乗し、23日間の過酷な旅

Inoki — Alis Kröte kommt zum Bock!

ks. Stuttgart 11. Mai

2,1 Millionen Mark für zwölfmal Catchen!

Soviel kassiert der Japaner Inoki, wenn er im November nach Deutschland kommt. Inoki hatte vor drei Jahren gegen Ali gerungen. Und der hatte ihn „Kröte" geschimpft.

Der ehemalige deutsche Meisterringer Roland Bock (33) und seine starken Freunde verpflichteten den schnellen Zwei-Zentner-Mann aus Japan. ZWEIMAL WIRD BOCK SELBST GEGEN DIE „KRÖTE" ANTRETEN. Dafür bekommt der frühere Europameister im Ringen 210 000 Mark.

Der Japaner, den Ali die Kröte nannte, kommt nach Deutschland: Catcher INOKI

ドイツで報道された猪木の記事。ツアーが始まる以前より“黄色く”残忍で容赦のないアジアのカラテ・キャッチ・キラーとして、各メディアで宣伝された。

11月8日にデュッセルドルフで行われた猪木 vs ボックの初戦。写真を見てもお分かりのように、両者の闘いは「テクニックの応酬」などほとんどなく、このようなラフバウトに発展するのが常だった。

を始めることになる。

ツアー・レポートの存在

このツアーに日本から同行していたマスコミは、ごく僅かであった。『週刊ファイト』は、ツアー当初の数試合を報道するためフランク井上（譲二）氏を特派員として現地に送り込んでいたが、『ゴング』、『プロレス』両誌の記者は同行していない。

『東京スポーツ』紙は、レジャー部から運動部へ転任したばかりの加藤知則氏が現地入りし、11月17日のミュンヘン大会から取材を開始するまでの間、「モーリス・東郷通信員」なる人物が現地レポートを送っているが、この人物の正体とは…。

「新間寿だよ（笑）。猪木の試合の内容と結果を、私が東スポに国際電話で報せていたんだ。私がいない時（一時日本へ帰国）は、ケンさんが代わりにやってくれていたね」（新間氏）

さて、筆者の手元にドイツで作成された1通の文書がある。これは、イノキ・ツアーのプロモーターのひとりであるポール・バーガーが、ドイツの著名なプロレス史家であったゲハルト・シェーファー氏に書き送ったレポートである。ここにはツアーの各興行の試合結果は無論のこと、概ねの観客動員やエピソードなどが記されている。この『シェーファー・レポート』（以降、Sレポート）が100％正しいという確証はないが、興行関係者が自ら記したものという意味では貴重な資料と言えるだろう。

本章は、この資料と関係者の証言を基に書き進めていく次第である。なお猪木と藤原の証言については、全て後年の書籍、雑誌、映像によるインタビューから抜粋したものであることをお断りしておく。

猪木負傷の原因

11月7日、ドイツ・ラーフェンスブルクのオーバーシュヴァーベンホールで、イノキ・ツアー第1戦が開催された、メインイベントは猪木 vs ルスカ戦であった。

Sレポートは当日の観客数が600人であったとし、その理由について「ラーフェンスブルクは人口がわずか4万2千人しかいない、普段もプロレス興行とは無縁の街であり、興行関係者の失敗は、通常プロレス興行が行われている都市ではなく、このような小さな街でツアーをスタートさせたことにある」としている。

さて、この日の試合は4ラウンドにブレーンバスター、バックドロップを連発させた猪木が、ルスカのラフ攻撃と関節技といった反撃を掻い潜り、5Rに一本背負いでルスカを叩きつけた後、バックドロップでピンフォール勝ちした。

だが、猪木のツアー最初の負傷はこの試合で起きた。

「まず最初に遠征して、ルスカとやって延髄斬りしたら、下が板みたいになってててね、ヒザを打ってしまって…」（猪木）

このツアーに限らず、欧州マットの特徴のひとつに「マットの硬さ」が挙げられる。

「リングがいい加減で木だったりするんだよ。板にオガクズ敷いて、その上にキャンバス貼って。そうすると試合中にオガクズが動いて固いところと柔らかいところができてさ、デコボコになるんだよな。ひどいところだと木の上にキャンバス貼っただけだし。あんなの受け身取ったら一発でおしまいだから」（藤原）

翌年にドイツ遠征を予定していた坂口が、猪木vsボックをTVで観て「あんな硬いマットで試合をやらされては堪らない」と遠征を中止したというエピソードもある。

この硬いマットに右ヒザを打ちつけ打撲した猪木は、足を引きずった状態のまま、ルスカ戦の翌日にボックとの初対決を迎えることになる。ツアー第2戦の舞台は、デュッセルドルフのフィリップスホールであった。

Sレポートによれば、「観客数は上々、当日のベストバウトは藤原vsミレ・ツルノだった」とある。ファイト紙には、「入場料もリングサイドが80マルク（約8千円）で、普通の試合の約四倍という高額。一番安い席で20マルク（約2千円）だった」と記されている。

猪木vsボックの初対決は、お互い相手の出方を伺う静かなすべり出し。1Rは猪木がチョップ攻撃をみせ、やや攻勢で終わる。問題は2R終盤、猪木をフルネルソンに捕えたボックが力任せに振り回し、猪木の顔と右の肩口を硬いマットに叩きつけたのだ。猪木は脳震盪を起こすもゴングに救われた。

5Rに試合はラフバウトに突入し、場外で猪木が鉄柱にボックの頭を打ちつけ額から流血させる。リング内に戻ってもパンチ、キックの打撃戦、そしてレッグダイブ、ヘッドロックの応酬が続く。最後は、レフェリーの制止を無視して突き飛ばしたボックの反則負け。だが、この晩から猪木は右肩の激痛に悩まされることになる。

「落とされ方がおかしくて、猪木も受け身を取れなかったんだよ。受け身を取れないような投げ方をされたんだね。猪木の肩がおかしくなってさ、なんか軟骨みたいな、血管みたいなのが飛び出してきてるんだよ。私がちょうど電磁治療器を持っていってたから、あれを当ててね。それで上から暖めてさ。ほとんど徹夜だったね。朝起きて風呂へ入って身体動かしたら、猪木は〝もう痛くて痛くて堪らない〟って。それで病院へ行って、一時的な痛み止めの薬をもらってきて飲んだんだけど、それでも1週間くらいは痛がっていたよね」(新間氏)

ただし、猪木にとっては「ケガの巧妙」というのもあったらしい。

「肩を痛めていたことで右腕が全然使えなかったんだけど、技っていうのはね、相手がまったく力を入れていないと逆に完全にはかからないんですよ。相手のパワーや反発も利用して、初めてがっちりと入ったりするんだけど、俺のパワーが落ちているんで、腕を取ることすらできないという局面はあったね。もちろん俺も技を仕掛けることはできないんだけど、相手はそれ以上に難しかったと思うね」(猪木)

急遽決まった異種格闘技戦

11月9日、フランクフルトのフェストホールにおける興行に関して日本で伝えられていたのは、概ね次のようなものであった。

当初、猪木はローマ五輪におけるアマレス金メダリストのウィルフレッド・ディートリッヒとの対戦が予定されていたが、ディートリッヒが右手の指にヒビが入ったことを理由に欠場。ボックは代わりとしてプロボクシングの元欧州ヘビー級王者であり、かつてこのフランクフルトでモハメド・アリの世界タイトルに挑んだ経験のあるカール・ミルデンバーガーが猪木に「挑戦」してきたとして急遽、猪木との「異種格闘技戦」を組んだ。

筆者は、ミルデンバーガーの起用はあらかじめ決まっていたものだと考えた。指にヒビが入ったはずのディートリッヒは1週間後の16日には猪木と対戦しているし、現役からまる10年も遠ざかっていたボクサーが、かつての自分の主戦場でプロレスラーに「挑戦」を表明することに不自然さを覚えたのだ。ボックにこの疑問をぶつけてみると、彼はあっさりと次のように答えた。

11月9日のフランクフルトにおけるカール・ミルデンバーガーとの異種格闘技戦。「俺ももう十分にボクサーと闘ってきましたから大体戦術も決まっていたし、そんなに威圧感はなかったね」（猪木）。

「ミルデンバーガーは、私がフランクフルトでの試合のために雇ったんだ。彼と契約したのは他のレスラーと同じ時期だった。彼を雇ったのは単純に猪木とアリのファイトありきのことさ。ミルデンバーガーと猪木の試合が、会場を満たすことは間違いなかったからね。元々フランクフルトでのディートリッヒの試合出場は考えていなかったね」

だが、Sレポートにも「当初はこの興行にディートリッヒの出場が予定されていた」とあり、ドイツ国内でもマスコミ向けにはそのように発表されていたと想像させる。観客数は2000～2500人。このホールのキャパシティは不明だが、上々の入りだったと思われる。

試合は猪木もボクシンググローブを着用するという「変則ルール」で行われ、途中ミルデンバーガーのパンチにダウンを喫する場面もあったものの、最後は猪木が延髄斬りからボストンクラブでギブアップを奪い、4Rで勝利。試合後のリング上では、ボックが猪木に「ボクシング・マッチ」を挑む場面もあった。

「ボックがリングに上がってきてグローブを嵌めて、〝今ここで俺とやれ〟って始まったんだよ。左手だけにグローブを嵌めて、〝俺はこれ1本でいいから、テメェ来い〟って、左手1本で挑発してるんだからね。ああいうところはプロだよ。あのふたり、手が合うんじゃないのかなあ。試合のリズムが合う。だから、思い出に残る試合をやったんだよ」（新間氏）

11月10日の猪木vsレネ・ラサルテスの一戦に関するハンブルクの新聞記事。ツアー中、猪木と最も多く対戦したのが、このラサルテスである。「彼は純然たるプロ中のプロだった」（ボック）。

ラサルテスの述懐

イノキ・ツアーの中で、猪木と最も多く対戦したのがレネ・ラサルテスである。戦績は6戦して、猪木がふたつの反則勝ちを含む5勝1分で勝ち越している。ちなみに2番目に多いのがルスカで、5戦して猪木の3勝2分（ふたつの反則勝ちを含む）である。なぜ猪木vsラサルテスが多いのか、ラサルテス本人とこのツアーのマッチメーカーでもあったはずのボックに聞いてみた。

「私がこの時代のドイツで最も有名なレスラーだったというのが、その理由さ（笑）」（ラサルテス）

「何と言っても、かつて世界王者だったラサルテスが興行の開催地で築き上げてきた人気だね。ラサルテスというレスラーは、純然たるプロの中のプロだったからね」（ボック）

さて、ラサルテスの自伝には、このツアーに関する章があり、かなり辛辣ではあるが、大変興味深い内容であるので、その一部を紹介してみたい。

「ボックはアリ騒動による猪木の知名度がもたらす利

■「イノキ・ヨーロッパ・ツアー 1978」全試合記録

※注１＝日付は現地時間。
※注２＝この試合記録は、ツアーのプロモーターのひとりであったポール・バーガーが西ドイツの著名なプロレス史家のゲルハルト・シェーファー氏にレポートの形で送ったものである。したがって、勝敗はシェーファー氏が自ら会場で確認したものではない。なお、猪木の試合の詳細については日本の報道を基にしている。

第１戦　11月７日
西ドイツ・バーデン＝ヴュルテンベルク州ラーフェンスブルク　オーバーシュヴァーベンホール
○藤原喜明 vs ミレ・ツルノ●
○ピートロ・バーツ vs レネ・ラサルテス●（反則）
○クラウス・カウロフ vs クラウス・ワラス●
○ジーン・ブレストン vs ジョニー・キンケイド●
○ローラン・ボック vs チャールズ・ベルハースト●
○アントニオ猪木 vs ウイリアム・ルスカ●（5R 体固め）

第２戦　11月８日
西ドイツ・ノルトライン＝ヴェストファーレン州デュッセルドルフ フィリップホール
○チャールズ・ベルハースト vs クラウス・カウロフ●
△ミレ・ツルノ vs 藤原喜明△
○ウイリアム・ルスカ vs クラウス・ワラス●（柔道マッチ）
○ジョニー・キンケイド vs レネ・ラサルテス●（反則）
○ジーン・ブレストン vs ピート・ロバーツ●
○アントニオ猪木 vs ローラン・ボック●（5R 反則）

第３戦　11月９日
西ドイツ・ヘッセン州フランクフルト　フェストホール
△チャールズ・ベルハースト vs ジョニー・キンケイド△
○ジーン・ブレストン vs ジョージ・バージェス●
○ウイリアム・ルスカ vs 藤原喜明●
○レネ・ラサルテス vs ピート・ロバーツ●
○ローラン・ボック vs クラウス・カウロフ●
○ミレ・ツルノ vs クラウス・ワラス●
○アントニオ猪木 vs カール・ミルデンバーガー●（4R 逆エビ固め＝異種格闘技戦）

第４戦　11月10日
西ドイツ・ハンブルグ特別市　スポーツホール・アルスタードルファー
○ピート・ロバーツ vs ジーン・ブレストン●（反則）
○チャールズ・ベルハースト vs ジョニー・キンケイド●
○ウイリアム・ルスカ vs クラウス・ワラス●（柔道マッチ）
○ミレ・ツルノ vs 藤原喜明●
○ローラン・ボック vs クラウス・カウロフ●
○アントニオ猪木 vs レネ・ラサルテス●（10R 時間切れ引き分け）

第５戦　11月11日
西ドイツ・ニーダーザクセン州ハノーバー　メッセ・スポーツパレス
○ジョニー・キンケイド vs ジーン・ブレストン●（反則）
○ミレ・ツルノ vs 藤原喜明●

○ウイリアム・ルスカ vs ジョージ・バージェス●
○ローラン・ボック vs チャールズ・ベルハースト●
○ピート・ロバーツ vs クラウス・カウロフ●
○アントニオ猪木 vs レネ・ラサルテス●（5R 逆腕固め）

第 6 戦　11 月 12 日
西ドイツ・ベルリン特別市　ドイチュラントホール
○ジョニー・キンケイド vs クラウス・カウロフ●
○ピート・ロバーツ vs 藤原喜明●
○レネ・ラサステス vs ジョージ・バージェス●
○チャールズ・ベルハースト vs ミレ・ツルノ●
○ウイリアム・ルスカ vs クラウス・ワラス●（柔道マッチ）
○アントニオ猪木 vs ローラン・ボック●（5R 両者リングアウト）

第 7 戦　11 月 13 日
西ドイツ・ヘッセン州カッセル　アイススポーツホール
○ピート・ロバーツ vs クラウス・カウロフ●
○チャールズ・ベルハースト vs ジョニー・キンケイド●
○ウイリアム・ルスカ vs クラウス・ワラス●（柔道マッチ）
○ミレ・ツルノ vs 藤原喜明●
○ローラン・ボック vs ジーン・ブレストン●
○アントニオ猪木 vs レネ・ラサルテス●（5R 体固め）

※当初は 11 月 15 日にもベルギー・ブリュッセルでのフォレスト・ナショナルパレスで興行が予定されていたが、中止となった。

第 8 戦　11 月 14 日
西ドイツ・シュレースヴィヒ＝ホルシュタイン州キール　オストゼーホール
○ピート・ロバーツ vs クラウス・カウロフ●
○ミレ・ツルノ vs 藤原喜明●
○ウイリアム・ルスカ vs クラウス・ワラス●（柔道マッチ）
○チャールズ・ベルハースト vs ジョニー・バージェス●
○アントニオ猪木 vs ウィルフレッド・デートリッヒ●（4R 腕固め）

第 9 戦　11 月 17 日
西ドイツ・バイエルン州ミュンヘン　ゼトルマイヤー・スポーツホール
○クラウス・カウロフ vs ジョージ・バージェス●
○ジョニー・キンケイド vs チャールズ・ベルハースト●
○ミレ・ツルノ vs 藤原喜明●
○ピート・ロバーツ vs レネ・ラサルテス●（反則）
○クラウス・ワラス vs ジーン・ブレストン●
△アントニオ猪木 vs ウイリアム・ルスカ△（10R 時間切れ引き分け）

第 10 戦　11 月 18 日
西ドイツ・バーデン＝ヴュルテンベルク州オッフェンブルク　オーバーラインホール
○クラウス・カウロフ vs ミレ・ツルノ●
○チャールズ・ベルハースト vs 藤原喜明●
○ジーン・ブレストン vs ジョニー・バージェス●

△ピートロバーツ vs ジョニーキンケイド△
〇ウイリアム・ルスカ vs クラウスワラス●（柔道マッチ）
〇アントニオ猪木 vs レネ・ラサルテス●（反則）

第 11 戦　11 月 19 日
スイス・バーゼル＝シュタット準州バーゼル　ザンクト・ヤコブ・スポーツホール
〇ピート・ロバーツ vs クラウスカウロフ●
〇ミレ・ツルノ vs 藤原喜明●
〇ジョニー・キンケイド vs ジーン・ブレストン●
〇チャールズ・ベルハースト vs ジョージ・バージェス●
〇ウイリアム・ルスカ vs クラウス・ワラス●（柔道マッチ）
〇アントニオ猪木 vs レネ・ラサルテス●（5R 反則）

※この興行は日本では報道されていない

第 12 戦　11 月 19 日
オーストリア・ウィーン市　ウィンナー・ハレンスタディオン
〇チャールズ・ベルハースト vs クラウス・カウロフ●（反則）
〇ミレ・ツルノ vs 藤原喜明●
〇ジョニー・キンケイド vs ジーン・ブレストン●
〇レネ・ラサルテス vs ピート・ロバーツ●
〇クラウス・ワラス vs ウイリアム・ルスカ●（反則＝柔道マッチ）
〇アントニオ猪木 vs オイゲン・ウィスバーガー●（4R 反則）

第 13 戦　11 月 20 日
西ドイツ・ザールラント州ザールブリュッケン　ザールラントホール
〇ピート・ロバーツ vs クラウスカウロフ●
〇ジョニー・キンケイド vs チャールズ・ベルハースト●
〇ジーン・ブレストン vs ジョニー・バージェス●
〇ミレ・ツルノ vs 藤原喜明●
〇ウイリアム・ルスカ vs クラウス・ワラス●
〇アントニオ猪木 vs レネ・ラサルテス●（4R 体固め）

第 14 戦　11 月 21 日
西ドイツ・ラインラント＝ブファルツ州ルートヴィヒスハーフィン　フリートリッヒ・イバルトホール
〇クラウス・カウロフ vs 藤原喜明●
〇ミレ・ツルノ vs ジーン・ブレストン●（反則）
〇クラウス・ワラス vs ウイリアム・ルスカ●（柔道マッチ）
△チャールズ・ベルハースト vs ジョニー・キンケイド△
〇ローラン・ボック vs レネ・ラサルテス●
〇ピート・ロバーツ vs ジョージ・バージェス●
〇アントニオ猪木 vs ウィルフレッド・デートリッヒ●

※猪木 vs デートリッヒ戦の結果は、日本の報道では「4R 両者リングアウト」となっているが、ボックの証言は異なる

第 15 戦　11 月 23 日
オランダ・南ホラント州ロッテルダム　スポーツパレス・アホイ

○チャールズ・ベルハースト vs クラウス・カウロフ●
△ミレ・ツルノ vs 藤原喜明△
○クラウス・ワラス vs ジーン・ブレストン●（反則）
○ローラン・ボック vs ピート・ロバーツ●
○レネ・ラサルテス vs ジョニー・キンケイド●
△アントニオ猪木 vs ウイリアム・ルスカ△（10R 時間切れ引き分け）

※当初、猪木の対戦相手だったアントン・ヘーシンクが突然キャンセル。ルスカが代わりを務めた

第 16 戦　11 月 24 日
西ドイツ・ノルトライン＝ヴェストファーレン州ドルムント　ヴェストファーレンホール
○ミレ・ツルノ vs 藤原喜明●
○ヴォルフガング・サルトスキー vs クラウス・カウロフ●
○クラウス・ワロス vs ウイリアム・ルスカ●（反則＝柔道マッチ）
○ピート・ロバーツ vs ジョニーキン・ケイド●
○レネ・ラサルテス vs チャールズベ・ルハースト●
○ジーン・ブレストン vs ジョージ・バーゲス●
△アントニオ猪木 vs オットー・ワンツ△（10R 時間切れ引き分け）

第 17 戦　11 月 25 日
西ドイツ・バーデン＝ヴェルテンベルク州シュツットガルト　キレスベルクホール
○ピート・ロバーツ vs クラウス・カウロフ●
△ミレ・ツルノ vs 藤原喜明△
○ウイリアム・ルスカ vs クラウス・ワラス●
○チャールズ・ベルハースト vs ジーン・ブレストン●
○レネ・ラサルテス vs ジョニー・キンケイド●
○ローラン・ボック vs アントニオ猪木●

第 18 戦　11 月 26 日
ベルギー・リエージュ州リエージュ　パレス・デ・スポーツ
○ピート・ロバーツ vs 藤原喜明●
○ミレ・ツルノ vs クラウス・カウロフ●
○ジーン・ブレストン vs ジョニー・バージェス●
○レネ・ラサルテス vs ジョニー・キンケイド●
○ウイリアム・ルスカ vs クラウス・ワラス●（柔道マッチ）
○アントニオ猪木 vs チャールズ・ベルハースト●（4R 逆さ押さえ込み）

第 19 戦　11 月 27 日
ベルギー・アントウェルベン州アントウェルベン（アントワープ）スポーツパレス
○チャールズ・ベルハースト vs ジョニー・キンケイド●
△ミレ・ツルノ vs ピート・ロバーツ△
○クラウス・カウロフ vs ジーン・ブレストン●
○クラウス・ワラス vs 藤原喜明●
○ジョージ・バージェス vs レネ・ラサルテス●（反則）
○アントニオ猪木 vs ウイリアム・ルスカ●

第 20 戦　11 月 28 日
オランダ・南ホラント州スヘフェニンゲン　メッセホール

○ミレ・ツルノ vs 藤原喜明●
○クラウス・カウロフ vs ジョージ・バージェス●
○レネ・ラサルテス vs ピート・ロバーツ●
○クラウス・ワラス vs チャールズ・ベルハースト●
○アントニオ猪木 vs ウイリアム・ルスカ●

※開催場所は「アウシュテロンクス・ホール」という説もある。

番外　11月29日
スイス・チューリッヒ州チューリッヒ　ホーレンスタジアム
「障害者のためのチャリティ・スポーツの祭典」
△アントニオ猪木 vs ルドルフ・ハンスバーガー△

第21戦　11月29日
オートストリア・オーバーエスラーライヒ州リンツ　スポーツホール
○クラウス・カウロフ vs ジョージ・バージェス●
○チャールズ・ベルハースト vs ジョニー・キンケイド●
○クラウス・ワラス vs ウイリアム・ルスカ●
○ミレ・ツルノ vs 藤原喜明●
○レネ・ラサルテス vs ピート・ロバーツ●
△アントニオ猪木 vs オイゲン・ウィスバーガー△
（10R引き分け）

益を疑わなかった。だが、まずは資金を工面する必要があった。何といっても、猪木は西ドイツ、オーストリア、スイス、ベルギー、オランダを回る1ヵ月の巡業に50万ドルを徴収したのだ（筆者注＝当時の円換算で約1億5千万円にものぼるこの金額は、まずあり得ないと思われる）。（中略）ボックのビジネスパートナーたちが予約を入れたのは、やたら大きく費用のかかるホールばかりだった。入場料は140マルク（当時の円換算で約1万4千円）にまでなった。中央ヨーロッパのプロレス興行ではあり得ないことである。すべては失敗となった。例えば禿げ頭のハノーバー出身のレスラー、クラウス・カウロフは、〝国籍なき男〟と宣伝された。我々がハノーバーを訪れた際、通のプロレスファンたちは身をよじって笑ったものだ。ただ3つか4つの街だけ、ホールはある程度の稼ぎが出る程度に埋まった。ボックと猪木が劇的な闘いによって引き分けたシュツットガルトのキレスベルクは、そうした街のひとつだった」

　また、ラサルテスの猪木に関するエピソードも、レスラー仲間の間でしか知りえない興味深い部分であるので引用してみたい。

「彼はおそらく私の思いつく中で最も完璧なオールラウンドなファイターだった。彼が〝マーシャルアーツ・ワールドチャンピオン〟、つまり格闘術の世界王者と自称したのは不当なものではなかった。この〝ペリカン〟は、〝疾きこと風の如く、徐かなること林の如く、侵掠すること火の如く、動かざること山の如し〟というサムライの定めを守っていた。彼は大変な値打ちのある男だった。私はそれを我が身をもって思い知らされた。欧州を拠点とするレスラーとして当然ながら、私は試合で彼より優位でいようとした。だがそれは何にもならなかった」

「猪木はどう見ても強すぎたのだ。60分を超えたある試合で引き分けた後、私は半死の状態でふらふらと控室へと戻り、15R（筆者注＝10Rの誤りと思われる）何とか持ち堪えたことを喜んだ。私は青いミミズ腫れが浮かび上がった自分の身体のあちこちを眺めた。彼の空手チョップとキックによるものだ。猪木は何をしていたか？　彼は鞄に手を突っ込むとロープを取り出し、さらに10分の縄跳びを始めたのだ。本人は〝体を鎮めるため〟だと言う。私はゲンナリした。プライベートでの彼は全くもって非社交的であり、同僚レスラーにもプロモーターにも近寄らなかった。私たちが顔を合わせたのは記者会見と試合の時だけだった。試合の準備はどの選手も自分の更衣室でするので、試合前に会うこともなかった。ローラン・ボックを取り巻くマネージャーたちは、さらなる大失策をやらかした。あのアジア人を〝キラー〟イノキと呼び、〝黄色く、残忍で、容赦を知らない〟という扇情的なフレーズを付け足して宣伝したのである。もちろん猪木は殺し屋などではなく、不屈の、何者にも勝るプロレスラーだった。この安っぽい宣伝文句につられてやって来た観客は、ある種の変態じみた期待を抱いていた。彼らは、猪木が対戦相手を〝殺す〟か、少なくとも重傷を負わせることを望んでいたのだ。そうなれば、もちろんそのニュースは新聞の一面を飾っただろうし、ビジネスにも好結果をもたらしていただろうが。猪木と初めてリングで向かい合った時、私たちはまだ言葉を交わしてはいなかった。私はすぐ、何か変だと気づいた。強張りきった様子で身を硬くして、あまりに慎重に彼は試合に臨んだ。私には合点がいかなかった。観客にとっては、つまらぬファイトとなった。続く2試合でも、彼はリラックスしていなかった」

「（ツアー中の）ある日、私は理由を知りたいと思い、彼に尋ねたが、猪木は〝いや、何も問題ないよ〟と私の質問をはねつけた。彼は黙り込んでいた。私は何度も問い続けた。彼は渋々ながら話し始めた。〝もし君が事実を知りたいのなら話すが、俺が欧州に来る前に、俺の脚を折れるかどうかで君が賭けをしていると人から聞いたんだ〟。私は唖然とした。〝一体誰がそんな馬鹿げたことを君に言ったんだ？　まったくのナンセンスだね。私たちはこれまで会ったこともなかったし、君に何の恨みがあるっていうんだ？　君が怪我をしたりしたらこのツアーは台無しだし、私だって君頼みのギャラを当てにしてるんだよ〟。〝それは俺にもわかってきた。それはともかく、俺はそう聞いたんだ〟。〝誰がそう言ったのか、是非知りたいな〟。〝俺は揉めごとは起こしたくない。大事なことじゃないよ。ノー・トラブル、ノー・トラブル〟。猪木は私をなだめ、私の言葉を信じると約束した」

このラサルテスの述懐は、このツアーが大失敗に終わった理由を端的に表していると思われるので、かなりの長文になってしまったが、ここに引用した次第である。当時の欧州の各メディアや観客たちの、ツアーや猪木に対する考え方は、このラサルテスの告白に集約されているような気がしてならない。

筆者はラサルテスに、猪木に対する印象と彼にそのデマを吹き込んだのは誰だと思うか、と尋ねてみた。

彼は次のように答えた。

「彼は非常に印象的で、世界のベストレスラーのひとりだった。レスラーとしても非常に強かったし、最高のコンディションで、プロレスに対して非常に強い信念をもって取り組んでいたね。だから猪木とのツアーは、私にとって非常に思い出深いね。彼にデマを吹き込んだ人物だが、私はバーガーだと思うよ。彼はツアーを本当は中止したかったんだが、結局スタートしてしまったからね」

興行中止とボックの不出場

ここからは少し駆け足で、Sレポートにある各興行での観客動員と猪木の試合結果について述べていく。

11月10日、ハンブルクのスポーツホール・アルスタードルファーで開催された第4戦は、3500人というツアー開始以来最大のの観客数であった。メインイベントは猪木とラサルテスの初対決で、本人の「ドイツで最も有名なレスラーだった」という言葉が真実味を帯びてくる。猪木vsラサルテスの試合結果は10Rをフルに闘い、時間切れ引き分けであった。

11月11日の第5戦は、トーナメントで知られるハノーバーのメッセ・スポーツパレスで行われ、観衆3000人を集めたものの、キャパシティの大きな会場であったため、満員には至らなかった。猪木は前日に続きラサルテスと対戦し、5Rに逆腕固めでギブアップ勝ちを収めた。

そして11月12日の第6戦は、ベルリンのドイチュラントホールで開催された。観客は3000人。ここで猪木は、ボックとの2度目の対戦を行っている。

1、2Rはボックが猪木の右足を執拗に攻撃、特に2Rはボックのトーホールドに猪木の顔面が蒼白になる場面があったと伝えられる。

3Rは猪木がハンマーロック、アームロックで反撃に出てボックをギブアップ寸前に追い込むも、ボックは辛うじて耐え抜き、ピンチを脱出。その後、フォールを狙ってボックに跳ね返された猪木は、荒縄むき出しのロープで頭を打ち流血してしまう。

4、5Rは壮絶な打撃戦の末、ロープ際で猪木のバックドロップが決まるも位置が悪く、両者はもつれ合うように場外へ転落、頭を打った両者は立ち上がれず、レフェリーは両者リングアウトを宣言した。

続く11月13日の第7戦、舞台はカッセルのアイススポーツホール。普段はアイススケート場として使用しており、アイスリンクの上にリングが設営された。

Sレポートによると、観客数は第1戦と同じく600人の少人数。あるマスコミは記事の冒頭に「大破産　悲惨な猪木　猪木、キラーから無価値へ」と書き立てたが、記者は以前にボックの会社に在籍しており、彼の元を離れた人物であることも書き留められている。

さて、1日置いた11月15日は、本来であればイノキ・ツアーが初めてドイツ国外に出て、ベルギーのブリュッセルにおいて興行を行う予定であった。だが、この興行は中止となった。東京スポーツ紙はその理由を「猪木の対戦者（アントン・）ヘーシンクが試合当日になってもブリュッセルに姿を現さず、事態を重視したプロモーター筋が急遽この夜の試合をすべてキャンセル、全面的に中止になった」としている（78年11

月18日付)。だが、実際の理由は別のところにあったようだ。

「その興行が取り止めになったのは、ブリュッセルとその近郊での観客の反響が乏しいという、ただそれだけの理由なんだ。前売り券があまりにも捌けなかったので、ごく少人数の観客の前で試合を行うよりも、中止にしたほうが損害は少ないとわかったんだ」(ボック)

そして、それまでツアーの全ての興行に出場していたボックの名前が、第14戦の11月21日まで散見されなくなる。

ブリュッセル大会を除く全21戦の興行のうち、ボックはその半分にも満たない10興行にしか出場していない。この理由もボックに尋ねてみた。

「私は当時、自分自身の集客力や人気を非常に低いものだと思っていたんだ。だから、ひとりのレスラーとしては、大きな興行のみに出場してリングに上がるだけだった。何せツアーの期間中、興行の運営と監督を少なくとも部分的には引き受けていたんだからね。だが、メインイベンターのうち、観客の反響や興行の収益に関して我々の期待に応えてくれた者は皆無に等しかったね。これは猪木の〝時差ボケ〟の問題と共に、ツアー全体の失敗をもたらした要因のひとつだった」

だが、新間氏はボックの不出場について、彼とは異なる理由を話してくれた。

「金策だよ。興行の観客の入りがあまり良くないってことで、ボックは試合に出ないで金策に走り回っていたんだよね。それを私は、ボックのマネージャーだったポール・バーガーから聞いたんだよ。彼がケンさんに〝ボックは今、財政的に困難なんだ〟と言ったんだ。猪木の試合数が増えた分はキャッシュで支払うという約束だったんだけど、ボックが〝ミスター新間、これ……〟って、1ドル紙幣や5ドル紙幣で渡すのよ。彼は一生懸命約束を守ろうとしてくれたね。それは私が一番よく知ってるよ」

猪木の戦績の謎

再び、Sレポートに目を通してみる。11月16日の第8戦は、ドイツに戻りキールのオスティホールで開催された。この日はディートリッヒのプロレスデビュー戦、しかもメインで猪木と対戦することもあり、上々の観客数だったようである。試合結果は、4Rに猪木のリストロックが極まり、ギブアップ勝ちを収める。

11月17日の第9戦は、ミュンヘンのゼトルマイヤー・スポーツホールで開催された。猪木の対戦相手は、73年に当地で開催されたオリンピックにおいて、重量級と無差別級でふたつの金メダルを獲得した〝オランダの赤鬼〟ルスカだった。観客の入りも上々。この地では絶対に負けられないルスカは、柔道の投げ技と執拗なチョーク攻撃を仕掛け、猪木を失神寸前に追い込む。

結局、試合終了のゴングに救われ何とか引き分けた猪木は、九死に一生を得た形となった。

そして11月18日には、オッフェンブルクのオーバーラインホールで第10戦が行われるが、この日の興行については少なくともツアーが開催された時代から33年の長きにわたって、日本のマスコミで報道されたことは一度もなかったと思われる。これまで猪木のツアーでの試合数は「20試合」と伝えられてきたが、実際は21試合に出場していたということである。観客の入りはかなり良かったようであるし、なぜこの興行が報道されなかったのか筆者にもわからない。

なお、この日の猪木vsラサルテス戦の詳細は不明だが、猪木が反則勝ちを収めたことは間違いないようである。

続く11月19日は昼夜の2興行、しかもスイスとオーストラリアの国境を越える強行軍であった。まずは昼間の第11戦は、スイス・バーゼルのザンクト・ヤコブ・スポーツホールにおいて開催された。この日も観客動

11月23日、ロッテルダムにおける猪木とルスカの一戦。ルスカは出場をキャンセルしたヘーシンクに代わって猪木と対戦した。「ルスカは俺よりも多分強かったと思います。ジャケット一枚身につけてたら、絶対にルスカには勝てなかったですね」（猪木）。

員はかなり良かったようである。猪木は前日に引き続き、スイス出身であるラサルテスと対戦、前日同様に反則勝ちを収めた。

夜に開催された第12戦は、オーストリアの首都ウィーンにあるウィンナー・ハレンスタディオンで開催されたが、こちらはバーゼルと打って変わり400人という、大失敗と言われたツアーの中でも最低の観客数であった。Sレポートはこの理由について、「ウィーンには地元のプロモーターでアイドル的存在であったゲオルク・ブレメンシュルツの献身的なファンが多かったこと」を挙げている。

この日、猪木はアマレスの五輪選手として有名であったオイゲン・ウィスバーガーと初対決。苦戦を強いられるも、ウィスバーガーがエアプレーンスピンで振り回した際に、猪木の足が当たってレフェリーが失神し、ラッキーな反則勝ちを収める。

翌11月20日の第13戦は再びドイツに戻り、ザールブリュッケンのザールラントホールで開催された。観客数は中程度であったようである。猪木の対戦相手はまたもラサルテスで、バックドロップからの体固めで勝利を収めた。

そして11月21日の第14戦は、ディートリッヒの地元であるルートヴィッヒハーフェンのフリートリッヒ・イバルトホールで開催された。観客数は上々。メインはもちろん猪木vsディートリッヒであったが、この試合の詳細については実は謎が多い。Sレポートでは猪木の勝利となっているが、東京スポーツ紙は「4ラウンドで両者リングアウト」としている（78年11月24日付）。

この試合の結果と詳細について、ボックにも確認してみたのだが、彼の答えは前記のふたつとも異なる、筆者も予想外の結末であった。なおディートリッヒに関しては、ボックの証言も含めて後で詳しく記す。

1日挟んだ11月23日の第15戦は、オランダ・ロッテルダムのスポーツパレス・アホイで開催されたが、この興行は地元の英雄のひとりであったヘーシンクが、出場を突然キャンセルしたことで有名である。新間氏はこの時の状況を次のように語る。

「ヘーシンクは断りもなしに来なかったんだよ。しかも興行に出ないことの言い訳でラジオのインタビューを受けて、〝プロレスはショーだ。そこに参加することは自分の名前を貶めるものだから、自分は出場しない〟と言ったんだよ。ボックがそれを聞いて、〝いつでもどこでもいい、指定しろ。私が勝負してやる〟って。そうしたら、ルスカが〝ボックは行かなくていい。自分が行く。同国人として恥ずかしい。自分は真剣勝負だと言うなら、俺が相手してやる〟と言ってね。いやあ、ルスカは怒ってたねぇ。それもツアーの頭の方で、その放送をやったんだ。だから、ヘーシンクの話が新聞にも出たりして、そのせいでツアーの観客動員がエラく苦しくなったんだよ」

また、新間氏は『Gスピリッツ』誌のインタビューで「たぶんヘーシンクは馬場さんと連絡を取ったと思うんだよ。それで日本テレビから〝何でそんなところに出るんだ!〟ってストップがかかったんじゃないかな」ともコメントしている。

観客数も上々だったこの興行のメインは、ルスカがヘーシンクに代わって出場し、猪木と対戦。結果は時間切れ引き分けに終わった。

11月24日の第16戦は、ドルトムントのヴェストファーレンホールで開催された。Sレポートによれば、「観客数は満足のいくものだった」とある。猪木はツアー初出場のオットー・ワンツと対戦。体調が万全であれば猪木にとっては役不足とも言える相手だが、満身創痍の猪木にとっては時間切れ引き分けに持ち込むのが精一杯だったようである。

シュツットガルト決戦の謎

そして、猪木は遂に〝惨劇の日〟を迎えることになった。

11月25日の第17戦、開催地はシュツットガルトのキレスベルクホールである。Sレポートによれば、観客数はボックの地元ということもあり、ツアー最高の4000人を集め、会場は超満員であった。メインイベントは無論、猪木vsボックの3度目の対決である。

このシュツットガルトの一戦について筆者が集めた情報の中には、これまで一度も耳にしたことがなかったものも含まれていた。それは、この一戦が欧州代表であるWWU世界王者のボックと、アジア代表であるWWA王者の猪木による「世界統一王座決定戦」の一環であり、この一戦の勝者で二冠王となった者は、後日アメリカ代表であるブルーノ・サンマルチノと「世界統一王座」の最終決戦を行う予定だった、というものである。

かなりの胡散臭さを感じながらも、確認のためにボックにこの真偽を確かめてみた。ボックの返事は、筆者を驚かすに充分足るものだった。

「その通りだよ。シュツットガルトにおける猪木との試合は、ＷＷＵ世界王者である私と、ＷＷＡ世界王者であった猪木との〝タイトル統一戦〟だったんだ。デュッセルドルフとベルリンでの猪木との試合は、タイトルマッチではない。猪木と私のタイトルマッチはたった一度、シュツットガルトで行われた試合だけだよ。あの試合で、今話した両連盟による実質的な意味での世界王者が決められたんだ。そしてＷＷＵは、猪木vsボックの勝者とアメリカの第3の連盟の世界王者であるサンマルチノとの間で、ただひとりの世界王者を決定する試合をアメリカか欧州でしようと計画していた。だが、ツアーの壊滅的な失敗と、我々の会社の倒産のために結局は実現に至らなかった。だから、誰がプロレス界の真の世界王者なのか、私は知ることはできなかったんだ（笑）」

ツアーのプログラムに掲載された猪木の写真に「WWA」の文字が見える。「これはワールド・レスリング・アソシエーションの略称で、シュツットガルトのタイトル戦のためにボール・バーガーが作った組織だ」（ボック）。

ボックの話の中に出てくる「ＷＷＡ世界王者」「第3の連盟の世界王者」という表現に関しては、そういった組織が実際に存在していたわけではなく、それぞれ「アジアを代表するプロレスラー」、「アメリカを代表するプロレスラー」と置き換えてみればわかりやすいだろう。そして、ボックが語ったシュツットガルトの一戦が「タイトル統一戦」であったということは、猪木や新間氏の与り知らぬことであったと思われる。

さて、猪木vsボックのシュツットガルトの一戦は、多くの読者の方がご覧になっておられると思うし、また未見の方の楽しみを奪うことにもなるので、試合の詳細については割愛させていただくが、少しだけ解説させてもらうならば、これまでの試合で満身創痍となった猪木がボックの怪力を利した攻撃を、ボックより勝るサブミッションの技術で巧みに切り返していくシーンは必見であるし、9Rに疲労困憊しているはずの猪木が、それまでエゲツない攻撃を繰り返し敢行してきたボックの顔面に報復のヘッドバットを叩き込み、ボックにとっても「一生忘れられない試合」にした点は、注目に値するものである。

ラストスパート

シュツットガルトでボックに判定ながら敗北を喫した猪木だが、ツアーはまだ終わりではない。

11月26日には、ベルギー・リエージュのパレス・デ・スポーツ（筆者＝カントリーホールという説もある）で開催された第18戦は、観客動員はひどく乏しいものだったが、メインで行われたベルギー出身のテクニシャン、チャールズ・ベルハーストと猪木の試合について、Sレポートには「鑑賞に値する試合」と記されている。試合結果は、4Rに猪木が逆さ押え込みで勝利を収めた。

続いて11月27日の第19戦は、同じくベルギー・アントウェルペン（アントワープ）のスポーツパレスで開催された。観客動員はかなり良かったようである。猪木はルスカと対戦、反則勝ちながら勝利を収める。

11月28日の第20戦は、オランダ・スヘフェニンゲン、メッセホール（アウスシュテロンクス・ホールという説もある）で開催されたが、こちらの客足はかなり鈍かったようである。猪木は前日に引き続きルスカと対戦し、再び反則勝ちを収めた。

最終戦の11月29日、猪木はツアー以外のイベントに出場している。スイス・チューリッヒのホーレンスタジアムで毎年開催されている『スポーツの祭典』というチャリティーイベントにノーギャラで参加し、スイスの民族レスリングである『シュインゲン』の74年優勝者であったルドルフ・ハンスバーガーと15分のエキシビションマッチで対戦、猪木のドロップキックでハンスバーガーが鼻血を出すというハプニングもあった。
「それで向こうには〝ミスター猪木は我々の格闘技のシュインゲンに敵わないから、プロレスの技を出したと言われてね（笑）。それでお金の代わりに、カウベルって牛の首に付ける大きな鈴を貰ってきたんだよ」（新間氏）
　そして、猪木は空路でツアー最終戦（第21戦）の開催地であるオーストリアのリンツへ向かう。会場のスポーツホールは、2500人の観衆で満員であった。

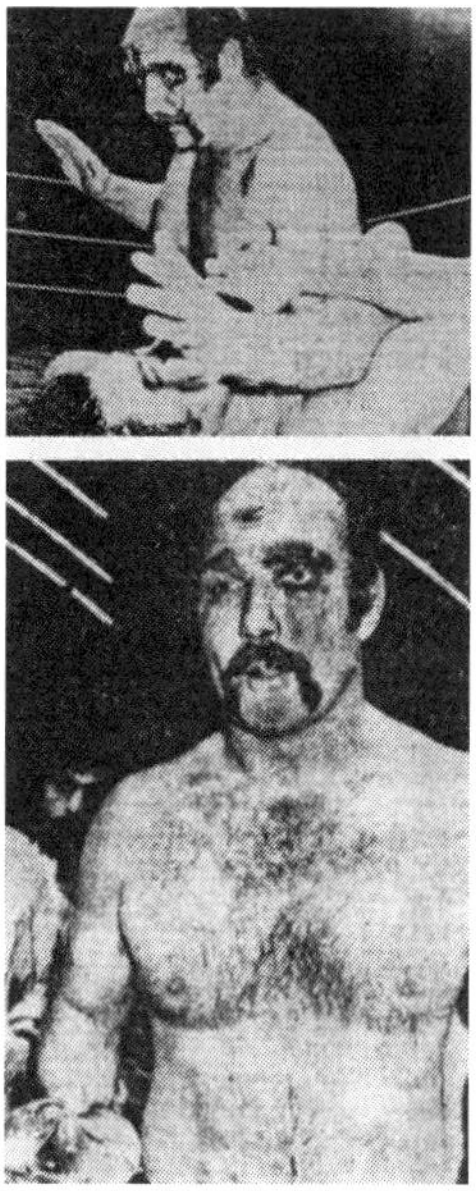

11月25日、シュツットガルトの惨劇の9R、猪木が強烈な頭突きをボックの顔面に叩きつけるシーンがある。「まさしく猪木のそのヘッドバッドが、私の目の上の傷と額の裂傷の原因だったよ」（ボック）。

猪木は、ウィーンでも対戦したウィスバーガーと再戦、時間切れ引き分けで最終戦を終えた。

　ただし、猪木のハードスケジュールはこの後も続く。12月1日の夕方、成田空港へ到着した猪木は、翌2日より開催中の『プレ日本選手権』に出場のため、休む間もなく鹿児島県奄美市へと向かった。そして、掛かりつけである別府の高本整骨師の治療を受けながら、連日の試合を続けたという。

ツアーの後悔と猪木への懺悔

　ボックに改めてイノキ・ツアーを振り返ってもらった。彼には、33年の歳月を経ても忘れることのできない後悔の念があった。

「今振り返ってみると、私自身がもっと多くの会場で猪木と闘わなかったのは大きな間違いだった。しかし当時の私は、自分がそれぞれの街で準備した猪木の対戦相手の方が私よりはるかに観客動員力や人気があると思っていたんだ。その推測は、最終的には間違いだとわかったがね」

　彼にとっては耳の痛い、少し意地悪な質問もしてみた。なぜあなたは23日間で21試合という「殺人的なスケジュール」を組んだのか――。そしてあなたは自らの攻撃で、猪木が負傷を負いながらも試合を続けていたことを知っていたのか――。

「我々はプロモーターとして間違いなく重大な過ちをいろいろとやってしまったんだが、とりわけ猪木をほぼ毎日メインイベンターとしてリングに上がらせたのは問題だった。彼の出場はもっと減らした方がよかっただろう。現在、私はそのことをこの上なく後悔している。そして、本当に申し訳ないことだが、数多くの試合によって猪木を酷使し過ぎたことを認めねばならない。何と言っても彼だって人間なのだから、他のレスラーと同様、疲労回復の時間を充分に取るべきだっただろう。猪木がデュッセルドルフで重傷を負ったというのを、私は今まで知らなかった。遅ればせながら、心から彼に謝罪したいと思う」

そして最後に、「世界的アマチュアレスラーとしての視点」からボックに猪木を評してもらった。

「私にとって猪木は最高のアマチュア精神を充分過ぎるほど持っていたプロフェッショナルのレスラーであり、練習熱心にして純然たる挑戦と勝利の意志を持ち合わせていた」

猪木の述懐

最後はイノキ・ツアーの主役であり、過酷なサーキットを体験した猪木の述懐で締めくくってみたい。前述したように、全て後年の書籍や雑誌などから抜粋したものである。

「プロモーターでもあったローランド・ボックはヨーロッパのプロレス界では異端児だったんだけど、俺と目指している方向は一致していて、理想の点では意気投合してたんだ。それで、まあとにかく行ってみたんだけど、行ってみたら行く先々で地元の英雄と呼ばれる選手たちが待ちかまえていて……。いつもそうなんだけど、相手の話をうかつに信じたら、話が違うというやつで（笑）。ヤツも本当のところは俺をうまく利用して、金儲けしようという気持ちのほうが強かったみたいだったんだよね。（中略）ただ何よりも冬のヨーロッパっていうのは、信じられないくらい侘しくてね。（中略）もう草木はないし夜は早いでしょう。試合が終わってホテルに帰ると、もうレストランも閉まってて食事もできない……。しょうがないからそこのコックさんに無理にお願いして、サンドイッチだけ作ってもらったりね……。なかなかいい経験をさせてもらいましたね（笑）。（中略）そういう状況だったんで、何も考えられなかったというのが本当ですね。そんな中で唯一救いだったのが、向こうの興行ではサーカスみたいなアトラクションが必ず試合の他にあるんだけど、黒人でフュー！って火を噴いたりするヤツが一緒に出てたんですよ。その黒人が出てくるときに場内で流れていた音楽が、なんとも軽快でよかったんですね。ヨーロッパ的じゃなくてアフリカ的な音楽でね、暗くて侘しい控え室にいて、その陽気さにはずいぶん救われた思いがありましたね。（中略）なにか、試合の印象というよりも、そういうことのほうが妙にはっきり憶えている」

「侮れないというか、まあ最初から侮れない選手なんですね、こりゃもう。でも、彼が一番やっぱり、ああいう大型の選手の弱点というのは、ムラがありますよね。（中略）これねえ、凄い時には凄くて、ある時は〝なあんだこいつは〟というような弱点を見せる場合があるんですよ。この時（猪木戦）にはもう、逆にいいほうのね、全部出てきたということだったんじゃないですかねえ」

「俺とボックとはね、〝本当のストロング・スタイルのプロレスを世界に広めよう〟という、ある意味で同じ理想を持っていたんだ。シュツットガルトでの試合は、いままで誰も観たことのない試合をやろうというふたりの実験的な意味も本当はあったんだよ。あんな試合ができるレスラーは世界に何人もいなかったから、ボックの存在は貴重だったんだがね。なにしろ野心家のくせに見かけによらず気が小さかったんだ。冷酷なところもあったしね。レスラーになったら実力はみんな紙一重だから、本当のトップを取るには〝こいつなら万が一負けても納得できる〟というように、相手に人間性を認めさせるモノがなければいけないんだよ。そういう人格的な部分がボックには欠けていたのが、非常に残念だった」

「非常に計算高くて野心家！　俺は面白いと思ってたけどね。（中略）でも野心家だからこそできる部分っていうのはあって、結構そういうところを俺は認めちゃうんですよ。彼が事故に遭わなくて、俺に余裕があって交流が続いていたら、うちの選手をもっと頻繁に送り込んだりもできただろうし、そうなればヨーロッパのプロレス市場ももっと変わっていたんじゃないかな」――

ツアーを彩った男たち
―欧州選手名鑑―

猪木を迎撃するために欧州各国から集結したレスラーたち。

それは「ヨーロッパ・オールスターズ」とも呼ぶべき、当時の欧州を代表するトップ・レスラーたちだった。

そんな彼らの横顔に触れてみたい。

1978年の『イノキ・ヨーロッパ・ツアー』と言えば、「シュツットガルトの惨劇」と呼ばれるアントニオ猪木vsローラン・ボックのインパクトがあまりにも強く、彼の存在ばかりがクローズアップされがちだが、このツアーには他にも欧州各国から当時のトップレスラーたちが多数参加していた。彼らの中には来日経験のあるレスラーも多いが、ついに来日を果たすことなく、我々日本のプロレスファンにとっては「幻の強豪」のまま現役生活を終えたレスラーも存在する。

そこでツアーに参加したレスラーたちの横顔を可能な限り精細に調査し、ボックの証言とともに記すことで、欧州マット界における彼らのプロレスラーとしての片鱗に触れていただきたいと願う次第である。

なお、〝伝説のアマチュアレスラー〟ウィルフレッド・ディートリッヒに関しては、後で詳しく述べたい。

オランダの赤鬼

「ルスカは純粋なアマチュア柔道家だったが、プロレスにもかなり順応できていた。彼は本当のスポーツマンで、オリンピックでチャンピオンとなった柔道家としての強さをアピールするために、過剰なショーマンシップは抑えていた。ルスカと私は個人的な友情で結ばれていて、ツアー中に一緒にジムでトレーニングをするようにもなった。もちろん何度もスパーリングを行ったが、彼はナチュラルな強さばかりでなく、テクニカルでもあり、私と彼は互いの競技の練習を楽しんだものだ。もし私たちが闘ったらどちらが勝っただろうかということに関しては、どちらの種目でやるかということによるだろう。ジャケットを着用した柔道の

試合なら無論私が敗れただろうが、レスラーウェアを着用したリングでの試合ならルスカにチャンスはなかっただろう」（ボック）

ツアー第1戦で猪木の相手を務めたウィリエム・ルスカに関しては、読者の大多数の方々が周知のことと思われるが、他のレスラーとの公平を期すため、彼のプロフィールを概ねで述べることにする。

40年、オランダ・南ホラント州アムステルダムの出身。当時の報道によれば身長１９６センチ、体重１２０キロ。ルスカがオランダ国内で頭角を現し始めたのは63年で、23歳の頃であるから存外に遅いが、彼が柔道を始めたのが20歳であることを考えれば驚異的な身体能力であると言えよう。64年には、オランダ選手権で初優勝する（80キロ超級）。その後は66年に欧州選手権で優勝（93キロ超級）、さらに67年には世界選手権でも優勝（93キロ超級）を果たし、同国人であるアントン・ヘーシンクと並び称される存在となる。

68年当時、ルスカの「プロレスラー転向」が話題にのぼったことがあるが、この年は国際大会でこそ成績が振るわなかったものの、国内大会では優勝を果たしている（メキシコ五輪には柔道競技がなかった）。アマチュア規定が厳しかったこの時代において、彼がその後も国内外の柔道大会に出場したことから鑑みるに、このエピソードは偽りであったと考えてよいだろう。ただし、ルスカは柔道の他にレスリングやサンボも習得しており、特にレスリングではオランダ選手権を獲得したとも伝えられる（年度不明）。

ルスカは71年の世界選手権でも4年ぶりの優勝（93キロ超級）を果たしているが、柔道家としての彼のハイライトが72年のミュンヘン五輪であったのは言を俟たない。この大会で93キロ超級と無差別級の2階級で金メダルを獲得するという前人未到の偉業を成し遂げたルスカは、この年に現役を引退する。

次にルスカの名前が再び脚光を浴びたのは、やはり76年2月6日、日本武道館で行われた猪木との「格闘技世界一決定戦」であろう。この一戦を機にプロレスラーに転向したルスカは、新日本プロレスにおける常連外国人レスラーのひとりとなる。だが、猪木以外の相手とはこれといった名勝負を残すことができず、プロレスラーとして決して大成したとは言えまい。強いて彼の名勝負を挙げるなら、76年8月にブラジルで行われたバーリトゥードのイワン・ゴメス戦になるだろうか。

ルスカが欧州において純然たるプロレスラーとしてリングに上がったのは、筆者が調べる限りプロレス転向から3年足らずのこのイノキ・ツアーのみである。ボックによるこのブッキングが、76年に行われた猪木との「異種格闘技戦」に端を発しているのは間違いないだろう。

ツアーにはフル出場したルスカだが、猪木との5度にわたる対戦を除けば、その他の試合はルスカと同じ元柔道家のクラウス・ワラスとの「柔道ジャケットマッチ」が実に14試合あり、藤原喜明と1試合、純然たる欧州レスラーとの対戦はジョージ・バージェスとの1試合のみである。ワラスとの試合の客受けが良かったせいもあろうが、プロレスラーとしてのルスカの未熟さをカバーするため、という見方もできよう。

プロレス引退後は柔道界に復帰し、国際柔道連盟の理事を務めたヘーシンクとは対照的に、ルスカはプロ格闘技にこだわった。盟友であるクリス・ドールマンとともに新興格闘技『バロカイ』を開発し、オランダ国内で興行を開催。さらに『リングス・オランダ』におけるドールマンの片腕として、後進の育成に努めた。

２００１年に脳梗塞で倒れ、一時期は親友のドールマンさえ面会できないほど人目から遠ざかっていたが、09年にオランダのロッテルダムで開催された「柔道世界選手権」では、かつて猪木と対戦した会場であったスポーツパレス・アホイに車椅子ながらも姿を現し、病からの回復ぶりを窺わせた。

アリを恐れさせた男

「プロレスとの関わりを考えなくとも、成功したプロボクサーだった。アリと猪木のファイトという良い前例もあって、ミルデンバーガーと契約するに至ったんだ」（ボック）

ツアーにおいて猪木の唯一の「異種格闘技戦」の相手であるカール・ミルデンバーガーは、37年、ドイツ・ラインラント＝プファルツ州カイザースラウテルンの出身。身長１８７センチ。58年に20歳でプロデビューし、64年にベルリンにおいてイタリアのサント・アモンティを１ＲＫＯで破り欧州ヘビー級タイトルを獲得、

ツアー中に猪木と唯一の「異種格闘技戦」を行ったカール・ミルデンバーガー。彼は、モハメド・アリが兵役拒否により剥奪された世界ヘビー級王座の新王者決定トーナメントに参加しているが、67年９月にアルゼンチンのオスカー・ボナベラに判定で敗れている。

ツアー中、猪木と５度対戦した“オランダの赤鬼”ウィリエム・ルスカ。猪木は後年のインタビューで「ルスカは多分俺より強かったと思います」と述べている。欧州における“プロレスラー”ルスカの試合は、おそらくこのツアーのみである。

以後6度の防衛に成功する。

　ボクサー生活における彼のハイライトは、66年9月10日のフランクフルトにおけるモハメド・アリとの世界タイトルマッチである。ドイツ国内初の世界ヘビー級戦となったこの一戦は、ミルデンバーガーが6Rに左目尻を切った後はアリの攻勢が続き、12RにアリのTKO勝ちが宣せられた。だがアリは後年、インタビューに答えて「最も困難だった対戦相手は（ジョー・フレイザーではなく、ミルデンバーガーだった」と述べている。

　ミルデンバーガーは、68年に英国のヘンリー・クーパーに破れて7度目の欧州タイトル防衛に失敗し、ボクサーを引退する。生涯戦績は62戦53勝（19KO）6敗3分であった。したがって彼が猪木と対戦したのは、プロボクサーを引退してからちょうど10年後、彼が41歳になる直前であった。ボックとしては無論、猪木vsアリをイメージしてのブッキングだったのだろうが、かなり乱暴なマッチメークである印象は拭えない。

　後年、猪木はミルデンバーガーについて以下のように述べている。

「ミルデンバーガーというのは、アリともやってるんですよね、ヨーロッパで唯一、当時は…。だから、大変な知名度の高い選手で…。まあちょっと現役から退いてましたからね。その点は実力的にはどうだったかなあという気が…。（中略）やっぱり闘って（これから上がっていこうという選手じゃないから、オーラはそんなに感じられなかったですね」

究極のプロレスラー

「注目に値するようなレスラーではないし、ラサルテスについて述べることは特にないんだが、彼は私がプロレスラー生活の中で出会ったショーマンレスラーの中でも、悪役に徹しきった最高のショーマンのひとりだった。プロフェッショナルという観点からすれば究極のプロレスラーとも言えるが、彼のレスラーとしての技術は未熟で、本当のレスリングとはどういうものなのかを知らなかった」（ボック）
　前号でも述べたとおり、ツアーの中で猪木と最も数多く対戦したのがレネ・ラサルテスである。対戦成績は、6戦して猪木の5勝1分（ふたつの反則勝ちを含む）である。

本名レネ・ラサルテス・プロブスト。28年、スイスの首都ベルンの出身。身長193センチ、体重112キロ。53年にポール・バーガーのスカウトにより、プロレスラーとしてデビューする。その年のグスタル・カイザーのケルンにおけるトーナメントでいきなり優勝を飾り、翌54年のビーレフェルト・トーナメントでも優勝を果たす。58年から60年まではアメリカに進出し、ニューヨーク・MSGのマットにも上がった。69年にはエドモント・ショーバーによるハノーバー・トーナメントで清美川と同率で優勝を分け合い、翌70年には単独優勝を飾る。

ラサルテスは70年7月に一度だけ来日、国際プロレスのリングに〝欧州の鉄人〟ジャック・デ・ラサルテーズのリングネームで登場し、サンダー杉山、エドワード・カーペンティアらと好勝負を展開した。

ラサルテスの弁によれば、チャールズ・ベルハーストとともにプロとしてデビューしたばかりのボックを指導していた時期があったという。

「ベルリンでプロとしてのキャリアをスタートさせたボックには優れたアマチュアとしての名声があり、我々はドイツ人のヒーローが欲しかった。そこで我々は、さらに〝プロフェッショナルの動き〟を彼にトレーニングしたんだ。これはバーガーの指示ではない。私自身が新たなレスラーを連れてきて手元に置いて、正しいプロの技術を仕込むことに興味があったんだ」（ラサルテス）

また、ボックへのトレーニングに関するエピソードは、ラサルテスの自伝の中でも詳しく記されている。

「（五輪出場停止処分という）誹謗中傷の中でボックはアマレス界を去り、チャーリー・ベルハーストと私

フランスのプロレス誌に掲載された若き日の“欧州の鉄人”レネ・ラサルテスの雄姿。ちなみに彼は、フランスでも日本と同様に「ジャック・デ・ラサルテーズ」のリングネームを用いた。

を頼ってベルリンへとやってきた。この機知に富み聡明なヘビー級選手は、ウィルフレッド・ディートリッヒとは違って大変迅速に、いかにして自分をアピールするかを学んだ。力量は疑問の余地がなく、体格はヘビー級のプロレスラーとして理想的だった。筋骨隆々たる120キロの体躯、桁外れの怪力、ビール運搬人のような広い肩幅。レスリングに関して、ベルハーストと私は特に何も教え込む必要はなかった。むしろプロの世界で鍛え上げることが重要だった」

だが先のコメントでもわかるように、ボックはラサルテスのプロ意識は高く評価するものの、ベルハーストに対して見せるような尊敬の念は皆無で、むしろレスラーとしてはネガティブな評価しか与えていない。

対してラサルテスも、プロレスラーとしてのボックに対する評価は決して高いものではない。

「ボックは大変素晴らしいアマチュアレスラーだったが、プロレスにはさほど興味はなく、ビジネスとして少しでも早く大金を得たかったのだろう。実際、彼のプロレスラーとしての期間は長くはなかったからね。私がベストだと思ったレスラーは、猪木、カール・ゴッチ、ビリー・ロビンソン、リック・フレアー。それからバディ・ロジャースも最高だったね」

これらのコメントは、両者のプロレス観の違いを端的に表したものだと言えるだろう。

「欧州では私にマネージャーはいなかったので、ボックは直接私にツアーへの参加を打診してきたんだ。その時、私はハンブルクのスヴェン・ハンセンのところで試合をしていたと記憶している。ファイトマネー？このツアーに関しては、ボックから確約を得ていたので全額を受け取ることができたよ」（ラサルテス）

彼の自伝によれば、その金額は5万ドル（当時の換算で約1500万円）とある。欧州のプロレスラーのファイトマネーとしては、かなり破格な金額と思われる。

さて、ラサルテスは90年に現役を引退し、83歳の現在（2012年）は母国であるスイスのライナハで健在である。彼のイノキ・ツアーに関する更なる述懐は、前述した通りである。

オーストリアの親子鷹

「ウィスバーガーは地元であるオーストリアで名声を

手に入れたが、常にオットー・ワンツの陰に隠れた存在だった」（ボック）

後で述べるディートリッヒとボックの他にも、イノキ・ツアーにはアマレスの世界で名を成したレスラーが参加していた。オーストリアのウィーンとリンツで猪木と対戦したオイゲン・ウィスバーガーである。

本名オイゲン・ウィスバーガー・ジュニア。33年、オーストリア・オーバーエスターライヒ州リンツの出身。身長180センチ、体重110キロ。アマチュア時代はオーストリア選手権を4度獲得し、グレコローマンのオーストリア代表（ライトヘビー級）として、56年のメルボルン、60年のローマ、そして64年の東京で開催されたオリンピックに連続出場を果たし、メルボルン大会においては6位に入賞している。また、55年と63年の世界選手権にも出場し、好成績を収める。

ちなみに彼の父親であるウィスバーガー・シニアも著名なアマチュアレスラーであり、やはりグレコローマンの代表選手（ヘビー級）として28年のアムステルダム五輪に出場し、4位入賞を果たしている。つまり親子2代にわたる「レスリング・エリート」として育

“欧州の重戦車” オットー・ワンツ。日本では目立った活躍は見られなかったが、スチームローラーやボディスプラッシュなど、その巨体を活かした得意技でドイツやオーストリアで絶大な人気を博した。

親子二代に亘りオーストリア代表として五輪出場の経歴を持つアマレス出身の強豪オイゲン・ウィスバーガー。猪木はツアーの中で２度対戦し、かなりの苦戦を強いられたレスラーの１人であった。

まれたのがウィスバーガーなのである。

アマレスで充分な実績を残した後、67年にウィスバーガーは33歳でプロレスラーに転向する。主にリンツを中心に試合を行い、地元では圧倒的な人気を誇った。イノキ・ツアー時点での年齢は43歳。2度に亘る猪木戦の試合結果は、ウィーンでは反則負け、地元リンツでは時間切れの引き分けというものであり、新聞報道によれば2試合ともアマレス的な試合展開ではなく、エルボースマッシュが飛び交うようななかなりのラフバウトで、ウィスバーガーのやや優勢で試合が進んだようである。

彼はプロモーターも兼任しており、リンツには他にもIBLというオポジション団体が存在したようだが、ウィスバーガーの興行が常に優勢だった。遅いデビューの割りには彼の現役生活は長く、オットー・ワンツによるCWAが発足した後も請われてリングに上がり続け、86年にはブル・パワーことビッグバン・ベイダーと対戦した記録が残っている。

彼がプロレスラーを引退したのは、この直後であったと推測される。未来日のまま現役を終えたレスラーのひとりであった。96年に62歳で逝去。

猪木へのもうひとりの挑戦者

「ワンツに関しては、体は大きかったがレスラーとしての資質が不足していて、体重のせいで技術的にもまったく未熟だった。もっともプロとしては、自分をうまくアピールできていた。人間的には親切で好ましい奴だったが、私の眼には160キロを超える体重やレスリングへの強い意志を除けば、何も持ち合わせないように映った」(ボック)
ドルトムントにおける猪木との対戦のためにワンマッチのみツアーに参加したオットー・ワンツは、80年代以降の欧州マットにおいて最も人気を博したプロレスラーであり、最も成功を収めたプロモーターであったと言えるだろう。
43年、オーストリア・シュタイアーマルク州グラーツの出身。身長189センチ、体重175キロ。アマチュアボクサーとして活躍後、68年にプロレス入りする。77年(73年という説もある)に南アフリカのケープタウンでジャン・ウィルキンスを破り、CWA初代王者となる。以後、このCWAというタイトルはワンツの代名詞となり、後年には同名の団体を自ら発足するに至る。82年にはアメリカに進出し、短期間ではあるが、ニック・ボックウィンクルを破りAWA世界王座を戴冠したこともある。

73年1月に初来日し、「グラン・ラパン」のリングネームで国際のリングに登場する。2度目の来日は76年1月、新日本のリングで「ブルドッグ・オットー」を名乗る。この時に猪木とシングルマッチで2度対戦し、いずれも敗れている。

あまり知られていないが、ボックと同様にワンツも猪木に「挑戦状」を叩きつけたことがある。77年2月、猪木の欧州遠征の噂を聞きつけたワンツが「ヨーロッパに来るなら自分と闘え」という内容の文書を送付。これは同年の遠征が中止されたために白紙となったが、結果的には翌78年のイノキ・ツアーで対戦が図らずも実現したわけである。試合は前述したように、時間切れ引き分けという結果であった。

その後、ワンツは83年5月に開催された新日本の『第1回IWGP決勝リーグ戦』に前田明（現・日明）とともに欧州代表として出場する。さらに同年11月、翌84年5月と立て続けに来日を果たすが、彼の試合スタイルが日本のファンには受け入れられず、これといった活躍を見せられずじまいであった。

だが、オーストリアにおける彼の人気は絶大であり、地元であるグラーツは無論のこと、ウィーン、ブレーメン、リンツなど各地で興行を成功に導いた。また、ドイツでもハノーバー・トーナメントで85年に優勝し、その後も87年から89年まで3年連続の優勝を飾る。

その他、ブル・パワー（ビッグバン・ベイダー）との抗争や、86年にグラーツ、87年にベレーメンでアンドレ・ザ・ジャイアントと対戦するなど、90年に引退するまでドイツ、オーストリア両国を跨いだ活躍で一時代を築き上げた。

引退後もCWAの重鎮として両国の各地で興行を行い、提携関係にあった新日本の蝶野正洋、船木優治（現・誠勝）といった当時の若手レスラーを積極的に招聘したことでも知られる。2000年にCWAが消滅した後にはタレントに転進し、現在でも積極的な活動を行っている。

ヨーロッパの名伯楽

「チャーリーは私がプロレス界で出会ったベストレスラーのひとりで、最高のテクニシャンだった。だが、大きな反響を呼ぶことができず、常に中堅に甘んじていた。実に素晴らしいレスラーだっただけに、その点が残念でならない。私がプロレス界で友人と呼べたのは、ジョージ・ゴーディエンコとチャーリーだけだった」（ボック）

欧州のレスラー仲間から「チャーリー」の愛称で親しまれたチャールズ・ベルハーストは、38年（34年説もある）、ベルギー・リエージュ州リエージュの出身。身長182センチ、体重108キロ。13歳からアマレスを始め、約6年間学ぶ。同国人であるカール・ゴッチとは師弟関係にあった。

ふたりが出会ったシチュエーションは不明だが、ゴッチがまだ欧州にいた50年代であったのは間違いないだろう。彼がゴッチの寵愛を一身に受けていたことは、ゴッチが自分の一人娘ジェニンの婿にベルハーストをと考えていたというエピソードからも窺い知れよう。

72年1月の初来日は国際プロレスで、「チャールズ・ベレッツ」というリングネームを用いた。この招聘は、前年に国際のリングに上がったゴッチの推薦があったものと推測される。

続いての来日は同年11月、この年に旗揚げされゴッチがブッカーを務めることになった新日本で、この際にゴッチが命名したという「ジョニー・ロンドス」という名前が後年まで親しまれた彼の日本マット限定のリングネームとなる。

欧州では主にドイツ、オーストリア両国のリングで活躍していたが、ビル・ロビンソンが去った70年代以降の欧州マットにおける数少ないシューターのひとりとして選手間での評価は非常に高く、レスラー仲間のひとりだったラサルテスは次のように語る。

「チャーリーは毎日のトレーニングを欠かすことのないハードワーカーで、レスリングに関するあらゆることを熟知していた」

また、サブミッションを含めたレスリングの優秀な指導者としても知られており、ボックや後述するミレ・ツルノらが彼のトレーニングを受けている。88年

スイスの民族レスリング「シュインゲン」の国内選手権で3度の優勝を果たし、英雄的存在であったルドルフ・ハンスバーガー。猪木とは15分のエキシビジョンマッチで対戦し、引き分けに終わっている。

日本では「ジョニー・ロンドス」のリングネームで知られたチャールズ・ベルハースト。欧州ではシューターとして名高いレスラーであり、カール・ゴッチの愛弟子としても有名であった。

にドイツに渡り、試合会場でベルハーストのトレーニングを受けた船木誠勝はインタビューの中で次のように語る。

「ロンドスあたりには、かなりきつい練習をさせられました。トラックにつれていかれて走らされるんですよ。そして10周くらい走らされてダッシュ。そしてリングへ行って関節技のスパーリング。ロンドス自身は、ずっと指導していましたけど、なんでも（CWAのボスの）オットー・ワンツの方針だったみたいですよ」

ちなみにドイツのプログラムに掲載されたベルハーストのプロフィールには、「趣味：サンボと陸上競技」と書かれており、師であるゴッチのモットーであるコンディショニングのトレーニングを欠かさず、ゴッチから学んだサブミッションの技術にさらに独自の創意工夫を加えていたことが垣間見える。

さて、ツアーの中でベルハーストは故郷であるベルギーのリエージュで猪木と対戦しており、ピンフォール負けを喫しているが、前述したように「鑑賞に値する試合」であったようである。筆者には、ボックがツアーの開催地に彼の故郷を選んだこと、そして中堅に甘んじていた彼をメインエベントに起用したこと、こ

プロレスラーになる前は、柔道家として活躍したクラウス・ワラス。モントリオール五輪では、アレン・コージ（バットニュース・アレン＝銅メダリスト）とも対戦している。

れらはすべてボックのベルハーストに対する敬意の表れだったように思えてならない。

ベルハーストは85年1月の旧UWFへの参加が最後の来日となり、詳しい時期は不明だが、おそらく船木が88年末にドイツから離れてから程なくして現役を引退したものと思われる。ただし、レスリング・コーチとしての仕事は、その後も続けていたかもしれない。

ボック、そしてゴッチに関する「キーマン」とも言うべきベルハーストにぜひ話を聞いてみたい――。筆者はドイツの関係者をあたり、彼の行方を捜してみた。その結果、彼は現在ベルギー在住だが、闘病中であるらしいことが判明した。一日も早い彼の回復を願うばかりである。

『シュインゲン』の覇者

ここまで猪木がツアーで対戦したレスラーについて述べてきたが、スイスのチューリッヒで開催されたチャリティーイベントでエキシビションマッチを戦った「番外の相手」についても簡単に触れておきたい。

ルドルフ・ハンスバーガーは、46年生まれ。65年から74年までスイスの民族レスリング『シュインゲン』の現役選手であった。つまり猪木と対戦した時には、リタイアから4年が経過していたことになる。

ただし、ハンスバーガーは15年間の現役生活の中で、4回開催された国内王者を決めるトーナメントにおいて、66年、69年、そして74年と3度の優勝を果たしており、シュインゲン界の英雄的存在であったのは間違いない。

ちなみに、シュインゲンは直径12メートルのおかくずが撒かれた円の中で行われ、シャツと短パンを着用したレスラー同士が投げ技等で対戦者を倒し、相手の短パンを掴んだ状態で両肩を地面に着ける「ピン・フォール」の形で勝敗が決する。

山下から幻の一本を奪った男

「ルスカと同じようにワラスも成功した柔道家だったが、残念ながらプロレスでは大成できなかった。ツアーの中でふたりの試合が多いのは、ルスカと同様にワラスも柔道家として知らぬ者はいない存在だったからだ。つまりルスカとワラスの試合は、ある意味では柔道世界選手権として見ることもできたし、間違いなく比類がないレベルの、最高の関心を集めた試合だった」（ボック）

さて、ここから先はイノキ・ツアーのアンダーカードを務めたレスラーたちについて述べてみたい。まずは、ツアーの中でルスカと計14試合まみえたクラウス・ワラスである。

53年、オーストリア・ザルツブルク州ザールフェルデン・アム・シュターナーネン・メアーの出身。身長189センチ、体重118キロ。

オーストリアの柔道選手権者として、76年にはフランスで高校卒業間近の山下泰裕と対戦、ワラスは山下の大外刈りを足払いで切り返した。主審は一旦はワラスの「一本」を宣するも、副審2名が「技あり」に訂正し、彼の勝ちは取り消された。結局、試合は横四方固めで山下が一本勝ちを奪い、ワラスは逆転負けを喫する。だが、現役生活全般を通じて外国人との対戦では無敗を誇った山下から、あわや一本勝ちと思わせる投げ技を放ったというエピソードは、彼の柔道生活の中での最大の勲章と言えよう。

同年にはオーストリア代表としてモントリオール五輪に出場し、重量級と無差別級の2階級にエントリーするも、いずれも入賞は叶わなかった。その2年後、イノキ・ツアーが行われた78年にワラスはプロレスラーに転向する。つまりツアー参加時のワラスは、駆け出しのプロレスラーであったということである。

ツアーから5年後の83年には、オイゲン・ウィスバーガーを破り、VDB認定の欧州王者となる（かつてボックが保持していた王座と同じものかは不明）。さらに同年、ハノーバー・トーナメントにおいてアクセル・ディーターと同率で優勝を分け、翌84年には単独優勝を果たし、ドイツマット界のトップの一角をなす。

日本には85年2月に全日本プロレス、翌86年5月に新日本のリングに登場しているが、いずれも強いインパクトを残せぬまま帰国の途についている。ドイツにおいても同年11月までの試合記録は残されているが、彼がいつ引退したのかは不明である。

英国マットの良心

「チャーリー同様、ロバーツも私が出会った中の最高のテクニシャンのひとりで、シングルであれタッグであれ、常に熱狂させるファイトを見せた。彼が時折見せるアクロバティックなテクニックに、観客は座席から身を乗り出したものだ。人気レスラーが束になっても敵わない男だった」（ボック）

ピート・ロバーツは、ゴッチが欧州ルートで新日本にブッキングしたレスラーの中では最も日本のファンに親しまれ、成功を収めたレスラーと言えるだろう。

46年（43年説もある）、英国ウェスト・ミッドランズ州バーミンガムの出身。身長183センチ、体重100キロ。彼のプロフィールには、「ウィガンの蛇の穴出身」としたものが多いが、それは誤りである。彼の格闘キャリアのスタートは、地元にあった柔道クラブであり、開始から約3年の修行でミッドランズ地区の柔道大会のミドル級で優勝を果たし、プロレス入りする。柔道有段者のキャリアを生かした試合運びから、リングネームに〝ジュードー〟というキャッチフレーズを付けていた時期もある。

デビューから短期間のうちに大英帝国ミッド・ヘビー級王者であるマイク・マリノを脅かす存在となり、一躍注目を浴びるようになる。ただし、実際にマーティー・ジョーンズを破り同王座を戴冠したのは遅く、84年12月の事である。これは彼の活動の場が英国の他にドイツやオーストリア、そして日本など多数存在したことが原因と推測される。

初来日は74年1月で新日本のリングに上り、以後84年にゴッチに請われて旧UWFのリングに上がるまで、長期にわたって「正統派英国人レスラー」として新日本の常連外国人レスラーのひとりであった。86年7月からは、新日本で親友となったスタン・ハンセンの仲介で全日本に戦いのリングを移した。

ロバーツが引退したのは筆者の調査が正しければ、

ツアーで藤原喜明と好勝負を繰り広げたミレ・ツルノ（左）。もし藤波辰巳の好敵手として初来日していたなら、日本での評価も違ったものになっていただろう。

英国マット界の技巧派として、日本でも人気のあったピート・ロバーツ。「いぶし銀」という形容がぴったりの玄人受けするテクニシャンだったが、その前身が柔道家だったことはあまり知られていない。

93年7月の全日本のリングだったはずである。自身は英国スタイルの折り目正しい試合を行いながらも、いかなるレスラーとも無理なくタッグを組める貴重なバイプレーヤーであった。

アンクル・ホールドを授けた男

「ツルノは小柄だが、筋肉質で女性の観客に人気があった。リング上での人気を維持するための努力を惜しまない、頭の良いレスラーでもあった。レスリングテクニックは素晴らしく、トーナメントでは好試合を行っていたが、軽量であるがゆえに巨漢のレスラーに勝ち抜くことができなかった。WWU世界ジュニアヘビー級チャンピオン？　いや、ツルノはミドル級クラスの体重しかなかったはずだ」（ボック）

日本ではさほど印象に残る試合ができなかったミレ・ツルノだが、後年はこの国に非常に大きなものをもたらせたレスラーである。

55年、クロアチア（当時はユーゴスラビア）・ズイトカの出身。身長180センチ、体重95キロ。73年に

18歳でプロレスラーとなり、プロ入り後はチャールズ・ベルハーストのトレーニングを受ける。イノキ・ツアーでは藤原喜明と実に15試合も対戦しているが、それだけ観客の評判が良かったものと推測される。

日本には79年5月、WWU世界ジュニアヘビー級王者の肩書きで国際に初来日。阿修羅・原の挑戦を受け、1-2で敗れて王座を失う。ツルノの来日は、当時国際と提携関係にあった新日本のブッキングによるものである。

ちなみに同王座に関して、ツルノ本人はインタビューで同年2月にベルリンでスティーブ・ライトから奪ったと述べているが、日本向けに作られたタイトルであることは明らかで、国際の崩壊とともに王座も消滅している。

2度目の来日は82年10月で、マスクを被り「シルバー・ハリケーン」のリングネームで新日本のリングに上がった。その後は翌83年3月に新日本、85年2月に旧UWFのリングに上がっているが、目立った活躍は見られなかった。この時期、ツルノはオットー・ワンツがプロモーターを務めるCWAのリングに上がっており、87年7月にはウィーンでスティーブ・ライトを破りCWAミドル級王座を獲得している。

ツルノの名前が日本でクローズアップされたのは89年、欧州から帰国し、新生UWFに移籍した船木誠勝が、それまで日本では誰も使っていなかった足関節技を披露した時である。船木はその技を習得した経緯を、自伝やインタビューで次のように語っている。

「ドイツへ行ったときにはスティーブ・ライトやミレ・ツルノからも技を教えてもらった。明らかに見たことのない技を使っていたので、ちょっと教えてよと自分から頼んで教えてもらった。彼らの使っていた技は、英国のビリー・ライリー・ジム（通称、スネークピット＝蛇の穴）の流れがあったようだ」

「足首固め（アンクルホールド）はスパーリングでツルノが使っているのを見て、『こりゃ、覚えなきゃな』と思った技なんです。だから、あの技は俺がヨーロッパからUWFへ輸入したんですよ」

この技の考案者がツルノなのか、彼の師であるベルハーストなのか、あるいは欧州に以前から存在していた技なのかは不明であるが、ひとつだけ明らかなのは、この技が日本に導入されるきっかけを作ったのがツルノだった、ということである。

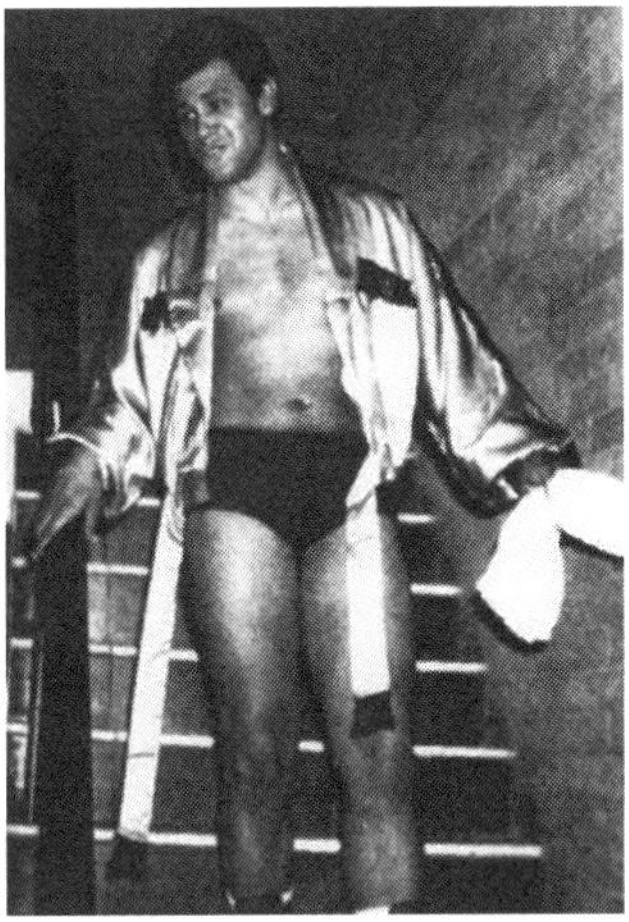

日本では“ジャマイカの魔豹”と呼ばれたジョニー・キンケイド。長期にわたって、英国・エンタープライズ派における欧州王者の座にあった。67歳となった現在も、英国で健在である。

ツアー後の81年に、ハノーバー・トーナメントで優勝したクラウス・カウロフ。日本では「メッサーシュミット」のリングネームを用いた。引退後は一時期、ハノーバーのプロモーターを務めたこともあった。

ツルノは2005年頃に現役を引退し、現在はクロアチアに帰国しているという。

幻のIWGP欧州代表

「カウロフは禿頭で髭面の好感のもてる悪役で、プロとして大変優れていたが、レスラーとして充分な成果を挙げることはできなかった。確かショーバー派のレスラーだったと記憶している」（ボック）

クラウス・カウロフは41年、ドイツ・ニーダーザクセン州カルブゼンの出身。身長182センチ、体重120キロ。アマチュアでのレスリングとボクシングの経験を生かし、67年にプロレスラーとしてデビュー。70年9月に一度だけ来日し、『メッサー・シュミット』の名前で国際のリングに上がる。

「優勝者はIWGPの欧州代表に選出」と事前に発表されていた81年のハノーバー・トーナメントで優勝を飾るが、彼が代表に選ばれることはなかった。ハノーバーの代名詞とも言えるプロモーターだったエドモンド・ショーバーが79年に引退したことで、現地でのトーナメントも以前ほどの権威はなくなっていた。
94年に現役を引退、97年から2000年までピーター・ウィリアムと組んでハノーバーのプロモーターをしていた時期があった。

ジャマイカの魔豹

「キンケイドは英国出身の肌の浅黒いレスラーだった。まさしくプロ中のプロと呼べる男で、ふてぶてしさ、狡猾さ、そしてテクニックでは抜きん出ており、観客を熱狂させる術を心得ていた」（ボック）

ジョニー・キンケイドの日本におけるプロフィールでは「ジャマイカ出身」となっているが、実際は45年、英国ロンドンの出身。身長190センチ、体重115キロ。ボクシングの経験を生かし、63年にプロレス入りしている。

ジョニー・クワンゴに師事し、『JK.s』というタッグチームで売り出した。また、当時欧州の数少ないシューターのひとりであったフランスのカブリエル・カルデロン（74年に新日本に来日）よりレスリング・テクニックを学ぶ。彼も74年7月に一度だけ新日本のリングに上がっている。

ツアーから3年後の81年から86年には、英国のエンタープライズ派の欧州王者となるが、腰痛が悪化し引退を余儀なくされた。現在でも英国レスラーのOB会には積極的に参加して、元気な姿を見せている。

ババリアの旋風

「ヴォルフガングは技術的に大変優れており、プロ中のプロだった。父親であるルディから多くを学んだが、最も大きな収穫を得たのはシュトゥットガルトでヴィルヘルム・グルッペ（別名ヴィルヘルム・フォン・ホンブルク、ドイツの著名なプロボクサー）を容赦なく叩きのめした時だった（筆者注・イノキ・ツアーでの試合ではない）」（ボック）

ヴォルフガング・サトルスキーは41年、ドイツ・バイエルン（ババリア）州ニュルンベルクの出身。身長180センチ、体重107キロ。少年時代からプロレスラーだった父親のルディからレスリングの手ほどきを受け、プログラムによれば70年にプロレスラーとなる。父親とのタッグチーム「バーバリアンズ」で欧州各国を転戦。73年5月に父親とともに新日本のリングに上がった。

イノキ・ツアーにはワンツと同じく、ドルトムントにおけるワンマッチのみの参加である。ドイツにおける彼の試合記録は82年まで辿ることができるが、引退の時期など詳細は不明である。

“ババリアの旋風”と呼ばれたヴォルフガング・サトルスキー。親子二代にわたるプロレスラーであり、デビュー直後は父親のルディと「ザ・バーバリアン・ボーイズ」を結成し、日本のリングにも親子タッグで登場した。

ザ・モンゴリアン・ブル

「太った禿頭の巨漢で、リングで動き回るのに難があった。悪役の怪物としてうまく自分をアピールしていたが、レスラーとしての技術は未熟だった。だが、プライベートではとても親切なナイスガイだった」（ボック）

ジーン・ブレストンは35年、ベルハーストと同じベルギー・リエージュ州リエージュの出身。本名イワン・ブレストン。身長194センチ、体重167キロ。71年1月に一度だけ来日し国際プロレスに参加、サンダー杉山のIWA世界王座に挑戦している。

78年以降の試合記録が見つからないことから、イノキ・ツアーへの参加はレスラーとしての最晩年だったのかもしれない。はっきりとした時期は不明だが、ブレストンはすでに亡くなっているとのことである。

ジャマイカ・キッド

「均整のとれた体つきの肌が浅黒い英国人で、それなりに良い技術を持っていたが、プロレスラーとしては未熟だった。ただし、前座試合のレスラーとしては常に歓迎される好ましい紳士だった」（ボック）

ジョージ・バージェスに関しては、詳細なプロフィールが乏しく、カリブ海の英連邦バルバドス出身とする資料もあるが、真偽の程は不明である。わずかに86年頃まで、オットー・ワンツによるCWAの興行に出場した記録が残っている。

"プロモーター"ボックの回想

ここまでボック、ディートリッヒ、猪木、藤原を除くイノキ・ツアーに参加した全レスラーの横顔を述べてきたわけだが、当時のドイツ、オーストリアで活躍していたトップレスラーのほとんどが、このツアーに参加していたことがわかる。

強いて挙げるなら、ショーバー派のエースレスラーであったアクセル・ディーターとホースト・ホフマンが不参加であるが、ドイツのマニアの調査によれば、それまでドイツマットを牽引していたホフマンは、76年10月27日のクリス・テーラー戦が国内でのラストマッチであり、77年12月に開催された全日本の『オープンタッグ選手権』最終戦がホフマンの事実上の引退試合だったようである。

イノキ・ツアーに参加したトップレスラーたちの具体的なブッキングは、どのような形で行われたのか。改めてボックに尋ねてみた。

「ラサルテス、ベルハースト、ワンツ、ブレストン、それにサトルスキーといったプロレスラーは元々、ポール・バーガーと契約関係にあった。そして、ディートリッヒ、ルスカ、ミルデンバーガー、そしてウィスバーガーといった大物に関しては、私が個人的に契約し、ツアーへ参加する機会を与えたんだ」

ボックの言葉に少し付け足しをすば、ラサルテスの自伝にあったように、欧州における通常のプロレス興

"ザ・モンゴリアン・ブル"の異名を持つジーン・ブレストン。日本では本名の「イワン・ブレストン」でリングに登場した。欧州の典型的なラフ＆パワーファイターであった。

行ではまず考えられない破格のファイトマネーも、欧州のトップレスラーたちがこぞってツアーに参加した一因であろう。

筆者が抱くもうひとつの疑問。それはこのツアー中、ボック自身の胸中にはルスカやディートリッヒといった者たちと対戦してみたいという欲望はなかったのだろうか、ということである。

「このツアーは、猪木をメインに据えたツアーとして計画されたものだ。観客はキラー・イノキとディートリッヒ、ヘーシンク、ルスカ、ミルデンバーガーといった地元の英雄との試合を望んでいたのであって、ヨーロッパ人同士の対戦を観たかったわけではないからね」

だが、実際には別掲のツアー広告にあるように、ヨーロッパ人同士の「夢の対戦」も当初は計画されていたのだ。ウィリエム・ルスカvsアントン・ヘーシンク、ローラン・ボックvsウィルフレッド・ディートリッヒ。いずれもマニア垂涎のカードである。

さて、ドイツ国内に無数にあった派閥を超越してレスラーをブッキングし、主要なプロモーターたちの本拠地を含む各都市でこのツアーを開催することに対して、彼らから何らかの妨害やレスラーの引き止めはなかったのだろうか。

「我々の会社が78年11月にイノキ・ツアーを開催することが明らかになった時には、やはり嫉妬や悪意、批判の言葉がドイツの他のプロモーターたちの間で起きた。新顔のプロモーターである私と協力者たちが計画したこんな大規模なプロジェクトは、それまでドイツのプロモーターは誰ひとりとしてやろうとはしなかったわけだからね。だが、あのプロジェクトの規模や反響の大きさからして、他のプロモーターによるツアー運営陣への妨害などは、最初から失敗することはわかっていたよ。猪木の対戦相手やその他のレスラーとの契約にしても、彼らにとっては忌々しいことだろうが、始めから成功を約束されていたんだ。ヨーロッパのレスラーたちはこのツアーに参加の申し込みをするために、列を成していたんだからね。こんなぶっ飛んだツアー、加わりたいと思わない奴なんていないだろう？（笑）だから、猪木の対戦相手であれ、単なる前座レスラーであれ、彼らと契約を交わすのは私にとってさほど難しくことではなかったんだ」

結果的にイノキ・ツアーは興行として失敗に終わっ

HANNOVER – MESSE-SPORTPALAST (Halle 7)
Sonnabend, 11. November 1978, 20 Uhr
ASIENS KARATE-CATCH-KILLER SCHLÄGT ZU
KILLER INOKI
GELB, BRUTAL UND UNERBITTLICH ★
MUHAMAD ALI GEGNER
IM GNADENLOSEN KAMPF UM DEN WELTMEISTERSCHAFTSTITEL GEGEN
RENÉ LASARTESSE
In weiteren Hauptkämpfen:
Roland Bock – Wilfried Dietrich
und Willem Ruska – Anton Geesink
5 weitere Großkämpfe
Eintrittskarten in den bekannten Vorverkaufsstellen und beim Besucherring Hannover, Georgstr. 36 (Tel. 32 62 45) – Bürozeit: Mo.–Fr. von 10 bis 13 und 15 bis 17 Uhr.

11月11日に開催されたハノーバー興行の新聞広告。ご覧のように、当初は猪木vsラサルテスの他、ボックvsディートリッヒ、ルスカvsヘーシンクが行われる予定だった。

たが、ボックの野望はまだ消えてはいなかった。猪木との死闘の傷が癒えた頃、彼はさらなる対戦相手の招聘に動き出す。

〝大巨人〟アンドレ・ザ・ジャイアントである。

ふたつのシュートマッチ
—マスカラス戦とアンドレ戦—

ここではツアーから脱線して、ローラン・ボックの短いプロレスラー人生のページに刻まれた、ふたりのレスラーとの対戦について記してみたい。

〝仮面貴族〟ミル・マスカラス、そして〝大巨人〟アンドレ・ザ・ジャイアントである。

プロレスには「まぼろしの試合」というものが存在する。試合映像がまったく残っておらず、その日、会場に居合わせた観客のみが目撃することができ、他の者は試合記録と目撃した人間の証言によって想像を掻き立てるすることしか叶わない。それにもかかわらず、長い年月、人々の間でずっと語り継がれてきた試合のことである。

日本マット界であれば、1966年10月12日に蔵前国技館で行われたアントニオ猪木とジョニー・バレンタインの一戦などが該当するだろうし、60年代のアメリカ各地で行われたルー・テーズとカール・ゴッチの一連の試合なども、そう呼ぶに相応しい試合と言えるだろう。

そして、欧州マットにおいて我々が「伝説の試合」と呼び、長年にわたって語り継がれてきた試合と言えば、ローラン・ボックが行った2試合——ミル・マス

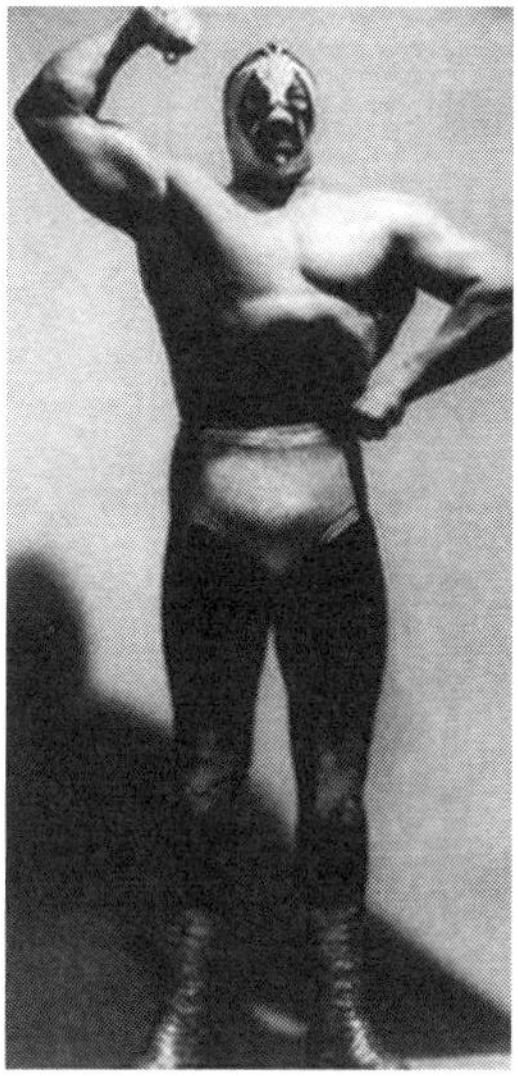

カラス戦とアンドレ・ザ・ジャイアント戦である。
　この2試合については前出のインタビューで当事者であるボック本人に語ってもらったが、それでもまだ解明には至っていない。今回、改めてこの2試合をクローズアップすることで「まぼろしの試合」の実像に迫ってみたい。

ミュンヘン・トーナメント

　マスカラスがトーナメントに出場するためドイツへ渡ったのは、74年10月のことである。彼を招聘したのは、当時のドイツマット界で最大の権力を持つプロモーターだったグスタル・カイザーで、この年もケルン、クレフェルト、ニュルンベルク、ミュンスター、ヴィースバーデン、カール・スルーエの6都市でトーナメントを行ってきており、10月16日から26日まで11日間連続でミュンヘンで開催される『大バイエルン杯』が74年の7回目、最後のトーナメントであった。

　トーナメントの出場レスラーは、マスカラスの他に以下の14人、ミッシェル・ナドール（マイケル・ネイダー）、イワン・ストロゴフ、デニス・ミッチェル、チャールズ・ベルハースト、スティーブ・ライト、マーティー・ジョーンズ、デーブ・モーガン、ジルベール・ボアニー、ドン・バインス、ジョセフ・モルナー、ピーター・カイザー、ジャック・ローランズ、日本の吉田光雄（長州力）、そしてローラン・ボックである。

同年8月8日に日本でデビュー戦を行ったばかりの長州はドイツ遠征中であり、9月開催のヴィースバーデン・トーナメントより連続出場中であった。

カイザー派のエースであり、前年に開催された8回のトーナメントのすべてで優勝を果たしたホースト・ホフマンはアメリカ遠征中であり、この年のトーナメントには参加していない。ボックの出場は、「エース不在」の穴を埋めるための「リリーフエース」と考えればわかりやすいだろう。ちなみに、ボックがカイザー派のトーナメントに出場したのは、この74年だけである。

ボックはクレフェルト大会から出場し、いきなり優勝を飾る。そして、カールスルーエ大会を除く4つのトーナメントで優勝を果たしている。中でも、カイザー派の2大トーナメントであるニュルンベルクの『ヨーロッパ・チャンピオナット』、ミュンスターの『ヨーロッパ・マイスターシャフト』（いずれも「欧州選手権」の意）で、ジョージ・ゴーディエンコやオットー・ワンツを抑えて連続優勝を飾ったことは特筆されるべきだろう。

だが、人気面でボックがホフマンに著しく劣っていたのは想像に難くなく、プロモーターのカイザーとしては様々な「テコ入れ」を図ったことだろう。マスカラスが何故ドイツのトーナメントに出場したのか、その詳しい理由は判然としないが、そうしたカイザーのテコ入れのひとつだったのではあるまいか。

両者の回想

マスカラスとボックの対戦は、10月25日、最終戦の前日に行われた。マスカラスの試合結果については別表のように、この日まで9戦して7勝1敗1分。ボックはナドール、ストロゴフとの引き分けを挟んで、ミッチェル、ローランズ、ボアニー、バインス、ピーター・カイザー、ベルハースト、ストロゴフ（再戦）に勝利を収め、7勝2分で無敗だ。そうした背景で行われたこの日の試合は、結果から言えば、9分45秒でボ

■　ミル・マスカラス 1974 年ドイツ遠征全試合記録

「ミュンヘン・トーナメント」（大バイエルン杯）
プロモーター：グスタル・カイザー　会場：サーカス・クローネ・バウ●
10 月 16 日　○ミル・マスカラス（7 分 20 秒）ピーター・カイザー●
10 月 17 日　○ミル・マスカラス（14 分 55 秒）デーブ・モーガン●
10 月 18 日　○ミル・マスカラス（11 分 24 秒）ドン・バインズ●
10 月 19 日　○ミル・マスカラス（不明）イワン・ストロゴフ●
10 月 21 日　○ミル・マスカラス（12 分 29 秒）ジョセフ・モルナー●
10 月 22 日　○ミル・マスカラス（11 分 4 秒）チャールズ・ベルハースト●
10 月 23 日　○ミル・マスカラス（15 分 24 秒）デニス・ミッチェル●
10 月 24 日　●ミル・マスカラス（16 分 54 秒）ミッシェル・ナドール○
10 月 25 日　●ミル・マスカラス（9 分 45 秒）ローラン・ボック○
10 月 26 日　●ミル・マスカラス（16 分 32 秒）イワン・ストロゴフ○

【トーナメント結果】
優勝：ミッシェル・ナドール
2 位：ローラン・ボック
3 位：イワン・ストロゴフ
4 位：ミル・マスカラス（7 勝 3 敗 1 分）
5 位：デニス・ミッチェル、ドン・バインス
6 位：チャールズ・ベルハースト、ジルベール・ボアニー
※マスカラスの試合のみラウンド制が採用されなかった。
※ 10 月 19 日のストロゴフ戦の結果は、時間切れ引き分けとなったと思われる。

■　アンドレ・ザ・ジャイアント　1979 年ドイツ遠征全試合記録

プロモーター：ローラン・ボック
12 月 10 日　バーデン=ヴュルテンベルク州ルスルーエ
○アンドレ・ザ・ジャイアント vs ラスプーチン & マル・コジャック・カーク●
12 月 11 日　ノルトライン=ヴェストファーレン州ドルトムント
○アンドレ・ザ・ジャイアント vs ラスプーチン & レネ・ラサルテス●
12 月 12 日　バーデン=ヴュルテンベルク州オッフェンブルク
○アンドレ・ザ・ジャイアント vs ラスプーチン & レネ・ラサルテス●
12 月 13 日　バーデン=ヴュルテンベルク州オッフェンブルク
○アンドレ・ザ・ジャイアント vs ラスプーチン & マル・コジャック・カーク●
12 月 14 日　ベイエルン州フュルト
○アンドレ・ザ・ジャイアント vs ラスプーチン & マル・コジャック・カーク●
12 月 15 日　バーデン=ヴュルテンベルク州ジンデルフィンゲン
WWU 世界ヘビー級 &WWA 世界ヘビー級選手権
△ローラン・ボック vs アンドレ・ザ・ジャイアント△
※ノーコンテストで王者ボックが防衛に成功

ックが勝利を収めている。

この日のマスカラス戦について、ボックに改めて話を聞いた。

「マスカラスとの試合は、シュートマッチだったよ。プロモーターのカイザーが試合前、私に〝自分のやりたいようにファイトしてくれ〟と言ったんだ。つまり〝何の制約もない〟という確約をもらっていたわけだ。試合結果は、確か私のフォール勝ちじゃなかったかな。それ以上は詳しく覚えていない。マスカラスは私にとって、後のキャリアのための通過点に過ぎなかったからね」

ミュンヘン・トーナメントの結果は、最終戦でナドールに敗れたボックが8勝1敗2分で2位、後半にナドール、ボック、ストロゴフに3連敗を喫したマスカラスが7勝3敗1分で4位に入賞した。

ちなみにボックがカイザー派のトーナメントに出場したのは、このミュンヘン・トーナメントが最後で、前述したようにカイザー派の興行に出場していたのもこの74年だけである。マスカラスのドイツ遠征もこの1回限りであることを考えれば、この対戦は「偶然が生んだ産物」と言えるだろう。


マスカラスにとって、このドイツ遠征とはどんな印象だったのだろうか。ドクトル・ルチャこと清水勉氏は、次のように語る。

「マスカラスはこれまでのメヒコやアメリカ、日本での試合と同じように、試合のたびにマスクを替えていたようですが、〝客が混乱するから、マスクを毎日替えるのはやめてほしい〟とプロモーターのカイザーから注意を受けたんだそうです。マスカラスが入場の時に着けていたオーバーマスクを試合前に脱いでオーソドックスなマスクで試合を行うようになったのは、ドイツ遠征の翌年の75年からですから、きっとドイツでの経験が影響しているんでしょうね。彼のボックに対する印象ですか？〝奴はプロレスができなかった〟と言っていた記憶がありますね」

アンドレ戦までの経緯

マスカラス戦から約5年後、そして『イノキ・ヨーロッパ・ツアー』から約1年後、ボックは再び伝説となる試合を行っている。〝大巨人〟アンドレ・ザ・ジャイアントとの一戦である。

前述したアントニオ猪木との『世界統一戦』で勝利したボックが次なる標的としたのは、当時アメリカで無敵を誇り「世界最強」と目されていたアンドレであった。ボックは彼と対戦できる手段を、猪木戦直後のかなり早い段階から模索していたようである。

猪木vsボック戦の直後に発行された78年12月5日付の『週刊ファイト』紙は、大巨人アンドレとボックとを日本で対決させるため、新間寿氏が翌79年のMSGシリーズに両者を招聘すべく「ボックの来日時期を交渉している最中」であるとし、加えてそれが「ボックの強い意向」である旨を伝えている。

だが、ボックの本意はアンドレとの対戦を日本ではなく、地元ドイツで行うことにあった。新間氏は次のように語る。

「〝アンドレをドイツに呼びたいので、何とか力を貸してほしい〟とボックに頼まれてね。ビンス（・マクマホン・シニア）には、私のほうから話を通したんだ。アンドレのファイトマネーは、ボックから全額きちんと支払われたと後から聞いたよ」

そしてボックは、アンドレとの試合契約について以下のように語る。

「私自身がニューヨークへは出向いたわけではないが、アンドレのマネージメントと交渉して、（79年の）秋にドイツでのトーナメントへ参加する契約を結んだんだ」

「深刻なファイト」の真実

あまり知られていないことだが、ボックのアンドレとの契約は「直接対決」のみの1興行ではなく、イノキ・ツアーほどのスケールではないが、79年12月10日から15日までの6日間連続興行である。このツアーに出場したレスラーについて、ボックは「名前を思い出せる者はいない」と語るが、レネ・ラサルテスを始め、ラスプーチンやマル・コジャック・カークなどが参加していたようである。アンドレは最終日のボック戦まで、別掲のように連日1対2の「ハンディキャップ・マッチ」をこなしている。そしてツアーは、最終日のアンドレvsボックへと至る。

そして、これも知られていないが、12月15日のジンデルフィンゲンにおける両者の試合は、78年11月25日の猪木戦と同様に「タイトルマッチ」であった。

「アンドレとの試合は、猪木との世界戦で勝利して以来の初防衛戦だった。当時、私はＷＷＵと猪木から奪ったＷＷＡというふたつのタイトルを保持していた」（ボック）

さて、この試合でボックがアンドレに放ったとされるスープレックスについてだが、前出のインタビューでボックは「ダブルアーム・オーバースロー」なる技でアンドレを投げたと語っているが、これは我々がボックの得意技として知るところの「ダブルアーム・スープレックス」のことだろうか。

「私が言ったのは、伝統的なスープレックスのことだ。つまりダブルアーム・スープレックスではなく、敵を背後から持ち上げ、仰向けに叩きつけるものだ」（ボック）

つまりボックがアンドレに放ったのは「ジャーマン・スープレックス・ホールド」であり、これが投げる途中で体勢が崩れ、結果的にバックドロップのようになってしまったということなのだろう。

この試合は、途中からパンチやヘッドバットが飛び交うラフバウトとなり、６Ｒにボックの執拗な攻撃にエキサイトしたアンドレが、緩めたロープでボックの首を絞める。もつれるようにして両者が場外に落ちた後、アンドレの鉄柱攻撃でボックが流血。アンドレのヘッドバットにボックもパンチとエルボーで応戦し、ここで「ノーコンテスト」の裁定が下った。そして試合終了後も怒りの収まらないアンドレは、ボックのロッカールームを襲撃したと伝えられる。

再びボックが語った。

「アンドレが試合後、私のロッカールームに殴り込んできたのは事実だ。彼があれほどまでにエキサイトした理由が私には未だにわからないんだが、想像するに私が彼の巨体と体重をものともせずにスープレックスを食らわせて、後頭部を嫌というほどマットに叩きつけたことに相当腹が立ったんだろう。そんなことは、それまで味わった経験などなかっただろうしね。試合は割合静かに始まったんだが、段々と深刻なファイトになってしまって、リング内外の区別なしに全く容赦のない、手段を選ばない闘いが繰り広げられたんだ。個人的には、彼の敗者（？）としての姿勢を潔くないと感じるているよ」

そして、プロレスラーとしてのボックの全盛期を奪い去り、現在も治療が欠かせないという血栓症は、こ

ボックとアンドレによる息詰まる死闘。ボックによる妥協なきシュート攻撃にアンドレは試合後も怒りがおさまらず、ドレッシングルームに殴る込みをかけたと伝えられている。日本でも是非実現してほしかった「伝説の試合」である。

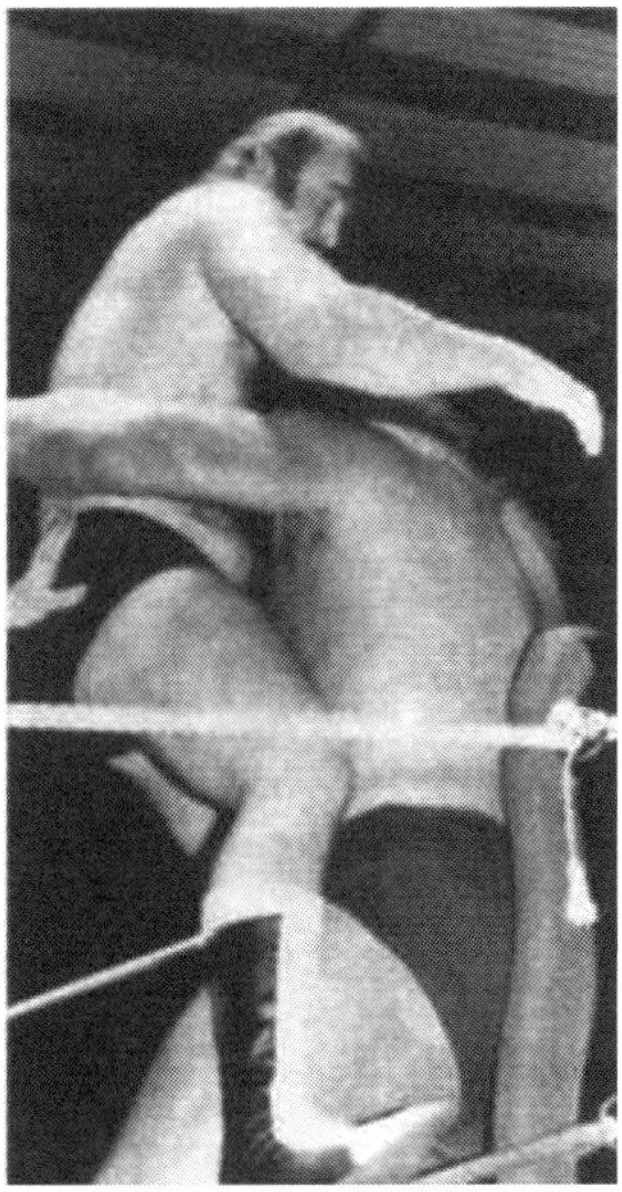

のアンドレとの対戦によるものとされている。一説には、アンドレをスープレックスで投げた際に血管がよじれ、それが直接の原因と言われているが、これは事実であろうか。

「いや、私が足の静脈の血栓症を患った原因はスープレックスではなく、試合の途中で私がマットに倒れていた時にアンドレがジャンプして私の左足に見舞ったボディプレスだ。それから静脈で血が固まるようになり、血栓症へと至ったわけだ」（ボック）

さて、プロレスラーとしてのローラン・ボックに、ライバルと呼ばれるレスラーは数えるほどしか存在しない。シュートマッチを行った強敵ジョージ・ゴーディエンコ、彼が今日でも忘れられないと語る死闘を繰り広げたアントニオ猪木、そしてプロレスラー生命を賭ける闘いを展開したアンドレ・ザ・ジャイアントもそのひとりであろう。

だが、「ボックの終生のライバル」と言えば、間違いなくこの男の名が真っ先に挙げられるだろう。

〝伝説のアマチュアレスラー〟ウィルフレッド・ディートリッヒである。

伝説のスープレックス
—ウィルフレッド・ディートリッヒとは—

イノキ・ツアーにおける最大の謎とは、〝伝説のアマチュアレスラー〟の実像である。

ボックがアンドレにバックドロップを放った「決定的瞬間」の写真を掲載した『週刊ファイト』紙（82 年 1 月 5 日号）。なおこの試合の VTR を見た同紙の記者は、ボックがバックドロップの他に「ダブルアームスープレックスでジャイアントを斜め横ながら投げ捨てた」と報じている。

猪木と闘うためにプロレスラーになった男、ウィルフレッド・ディートリッヒ。

彼は果たして、いかなるレスラーだったのか。

そしてアントニオ猪木は、彼といかに対峙したのか——。

『イノキ・ヨーロッパ・ツアー』という物語の主人公が、アントニオ猪木とローラン・ボックであることは間違いない。だが、ツアーの舞台となった欧州では、彼らの存在すら霞んでしまうほど人々の話題をさらった出来事があった。ドイツのアマチュアレスリング界において、長年にわたり王座に君臨していたウィルフレッド・ディートリッヒのプロ転向である。

プライドが人一倍高いボックですら、「ドイツで最も有名かつ成功を収めたレスラーで、私の若い頃のアイドル的存在であり、素晴らしいハートを持った人物だった」と最大級の敬意を払うディートリッヒとは、果たしていかなるレスラーであったのか——。まずは彼のアマレス時代における、燦然と輝く歴史から紐解いてみたい。

シーファーシュタットのクレーン

１９３３年10月14日、ディートリッヒはドイツ・ラインラント＝プファルツ州シーファーシュタットで生を受ける。家は貧しく、レスリングだけが彼にとってその苦しい生活から抜け出す唯一のチャンスであった。

本格的にレスリングを始めたのは51年、彼が18歳の頃であり、55年にはフリースタイル、グレコローマンスタイルの両種目で西ドイツ選手権（ヘビー級）を獲得する。驚異的なのは、この年から67年までの13年間、両種目の国内選手権を無敗で獲得し続けたことである。ディートリッヒがいかにメンタル面が強く、コンディションの維持を心がけていたかの証明である。

国際大会でも、56年のメルボルンから72年のミュンヘンまでオリンピック５大会に連続出場を果たし、この間に金メダル１個（ローマ＝フリー）、銀メダル２個（メルボルン＝グレコ、ローマ＝グレコ）、銅メダル２個（東京＝グレコ、メキシコ＝フリー）と計５個のメダルを獲得している。その他、61年に横浜で開催された世界選手権でもフリーで優勝を飾っている。参考までに、ディートリッヒのアマレスにおける主な成績を別に掲載しておく。

彼の身上はフリー、グレコのいずれにも対応できるスープレックスにあり、それを生み出すのが彼の強靭な足腰のバネと並外れた腕力である。一説にディートリッヒは、61年に重量挙げの国内選手権で準優勝を遂げたことがあったと言われている。〝シーファーシュタットのクレーン〟という彼のニックネームは、いか

なる巨体の対戦相手をも吊り上げてしまう驚異的なスープレックスを連想させるものである。

ビル・ロビンソンの回想

ディートリッヒのアマレス時代における エピソードとして最も有名なのは、やはり72年のミュンヘン五輪におけるアメリカ代表のクリス・テイラーとの一戦だろう。この大会でフリー、グレコの両種目に出場したディートリッヒは、いずれも入賞は果たしているものの、五輪出場で初めてメダルを逃している。だが、このテイラー戦は、彼のレスラー生活の中でもメダル獲得に決してひけをとらない勲章であったことだろう。

この一戦に関する興味深いエピソードを、〝人間風車〟ビル・ロビンソンが語ってくれたことがある。

「72年のミュンヘンオリンピックの時、私はバーン・ガニアに頼まれてクリス・テイラーのトレーナーとして彼に同行したんだ。テイラーはこの大会後にAWAでのプロレス入りが決まっていたから、おそらくガニアとの間でそういう契約になっていたんだろう。ディートリッヒとは私がヨーロッパにいた時からの旧知の間柄だったんだが、テイラーとの試合前に彼が私のところに来て〝テイラーを紹介してくれよ〟と言ったんだ。そこで私が紹介すると、ディートリッヒは〝よろしくな〟とばかりに、テイラーにふざけた振りをしながら抱きついたんだ。彼が立ち去った後、私はテイラーを〝なんて馬鹿なことをさせたんだ! 奴はお前を投げるのに、腰に腕が回るかどうか確かめるために抱きついたんだぞ!〟と叱責した。テイラーは私の言葉を鼻で笑って、〝俺を投げる? 無理に決まってるじゃねえか〟と意に介さなかった。だが、結果は知ってのように、ディートリッヒはテイラーを見事に投げてみせたんだ」

この有名な一戦は現在でも映像で確認することができるが、身長184センチ、体重118キロのディートリッヒが、196センチ、182キロの巨漢であるテイラーをベリー・トゥ・ベリー(フロント・スープレックス)でものの見事に投げきっている。

ちなみにこの一戦はグレコの試合であり、両者は同大会のフリーでも対戦し、こちらは判定でテイラーが勝利を収めている。そして、フリーにおいてテイラーは銅メダルを獲得している。

■ ウィルフレッド・ディートリッヒのアマレスにおける主な成績

1955年
・世界選手権　グレコローマンスタイル・ヘビー級　6位
・西ドイツ選手権　フリースタイル・ヘビー級　優勝
・西ドイツ選手権　グレコ～ロマンスタイル・ヘビー級　優勝
1956年
・メルボルン五輪　グレコローマンスタイル・ヘビー級　2位
・西ドイツ選手権　フリースタイル・ヘビー級　優勝
・西ドイツ選手権　グレコローマンスタイル・ヘビー級　優勝

1957年
・世界選手権　フリースタイル・ヘビー級　2位
・西ドイツ選手権　フリースタイル・ヘビー級　優勝
・西ドイツ選手権　グレコローマンスタイル・ヘビー級　優勝

1958年
・西ドイツ選手権　フリースタイル・ヘビー級　優勝
・西ドイツ選手権　グレコローマンスタイル・ヘビー級　優勝

1959年
・西ドイツ選手権　フリースタイル・ヘビー級　優勝
・西ドイツ選手権　グレコローマンスタイル・ヘビー級　優勝

1960年
・ローマ五輪　フリースタイル・ヘビー級　優勝
・ローマ五輪　グレコローマンスタイル・ヘビー級　2位
・西ドイツ選手権　フリースタイル・ヘビー級　優勝
・西ドイツ選手権　グレコローマンスタイル・ヘビー級　優勝

1961年
・世界選手権　フリースタイル・ヘビー級　優勝
・西ドイツ選手権　フリースタイル・ヘビー級　優勝
・西ドイツ選手権　グレコローマンスタイル・ヘビー級　優勝

1962年
・世界選手権　フリースタイル・ヘビー級　3位
・世界選手権　グレコローマンスタイル・ヘビー級　3位
・西ドイツ選手権　フリースタイル・ヘビー級　優勝
・西ドイツ選手権　グレコローマンスタイル・ヘビー級　優勝

1963年
・世界選手権　フリースタイル・ヘビー級　4位
・世界選手権　グレコローマンスタイル・ヘビー級　6位
・西ドイツ選手権　フリースタイル・ヘビー級　優勝
・西ドイツ選手権　グレコローマンスタイル・ヘビー級　優勝

1964年
・東京五輪　グレコローマンスタイル・ヘビー級　3位

・東京五輪　フリースタイル・ヘビー級　入賞なし
・西ドイツ選手権　フリースタイル・ヘビー級　優勝
・西ドイツ選手権　グレコローマンスタイル・ヘビー級　優勝
1965 年
・西ドイツ選手権　フリースタイル・ヘビー級　優勝
・西ドイツ選手権　グレコローマンスタイル・ヘビー級　優勝
1966 年
・西ドイツ選手権　フリースタイル・ヘビー級　優勝
・西ドイツ選手権　グレコローマンスタイル・ヘビー級　優勝
1967 年
・欧州選手権　フリースタイル・ヘビー級　優勝
・欧州選手権　グレコローマンスタイル・ヘビー級　5 位
・西ドイツ選手権　フリースタイル・ヘビー級　優勝
・西ドイツ選手権　グレコローマンスタイル・ヘビー級　優勝
1968 年
・メキシコ五輪　フリースタイル・ヘビー級　3 位
1969 年
・世界選手権　グレコローマンスタイル・スーパーヘビー級　2 位
・欧州選手権　フリースタイル・スーパーヘビー級　5 位
1970 年
・西ドイツ選手権　フリースタイル・スーパーヘビー級　優勝
1971 年
・西ドイツ選手権　フリースタイル・スーパーヘビー級　優勝
1972 年
・ミュンヘン五輪　フリースタイル・スーパーヘビー級　5 位
・ミュンヘン五輪　グレコローマンスタイル・スーパーヘビー級　入賞なし
・西ドイツ選手権　フリースタイル・スーパーヘビー級　優勝
1973 年
・西ドイツ選手権　フリースタイル・スーパーヘビー級　優勝
1974 年
・西ドイツ選手権　グレコローマンスタイル・スーパーヘビー級　優勝

賛否あったプロ転向

さて、少しだけ時代を遡るが、ディートリッヒは68年と69年のシーズンは国際大会のみに専念し、メキシコ五輪や世界選手権、欧州選手権などに出場していたが、70年からは国内選手権に復帰し、フリーのスーパーヘビー級で73年まで4連覇、74年にもグレコのスーパーヘビー級で優勝を飾る。彼の試合成績が確認できるのはこの年までだが、その後も3年間現役を続行し、77年のシーズンを最後に26年間の長いアマチュアレスラー生活に終止符を打った。この間に国内で獲得したタイトルの数は、団体戦も含めて30にも及んだという。

アマレス界を去ったディートリッヒにかつての好敵手ボックからプロ

転向のオファーがあったのは、翌78年のことである。同年4月に東京で猪木のドイツ招聘に関する契約を済ませたボックは、猪木をメインに据えたドイツ国内での大掛かりなツアーを計画しており、その中の呼び物のひとつとしてディートリッヒをプロレスのリングに上げることを思いついたのだ。

　長年アマレスの世界で生きてきたディートリッヒは、プロレスのリングに上がることに関して抵抗や躊躇がなかったのだろうか。オファーに対する彼の反応について、ボックに尋ねてみた。

「ディートリッヒにオファーを出した最大の理由は、彼がアマチュアレスラーとしてビッグネームであり、彼が参加すれば会場がフルハウスになることが保証されていたからだ。ツアー参加に関するミーティングは、インゴルシュタット近郊のヴィンデン・アム・アイゲンにあった私のオフィスで行われた。ツアーに参加することに関して彼の承諾を得るのは、その長時間のミーティング1回で済んだ。だから、その場ですぐに契約書へのサインも終わらせたんだ」

ミュンヘン五輪の公式戦において巨漢クリス・テイラー（右下）をスープレックスで見事に投げ、完璧な勝利を収めた直後のディートリッヒ。この瞬間、彼はこれまでの五輪におけるメダル獲得に勝るとも劣らない「伝説」を手中に収めた。

　ただし、ディートリッヒがボックのオファーを受けた理由に関しては、プロレスというジャンルへの興味よりも、経済的な事情が大きかったようである。アマチュアレスラーとして得た名声の代償として、彼の家庭は崩壊し、彼は所有していたバンガローを売り払い、その半分の金を元妻とふたりの娘たちに渡したという。

　また、彼はドイツレスリング協会員になることを希望していたが、協会側は難色を示した。そんなディートリッヒにとって、ボックが提示したファイトマネーは大きな魅力だった。当時の新聞報道によれば、その額は猪木との2試合で10万マルク（当時の円換算で約1千万円）であったという。

　ディートリッヒのプロ転向に関しては、もちろん多くのプロレスファンが歓迎したが、多くのマスコミやアマレス関係者は彼のプロ転向を「晩節を汚すもの」として非難の声を挙げた。

当時のドイツ国内の新聞には、次のような記事が散見される。

「古きクレーンが10万マルクのために動く」

「〝(プロレスは)サーカスだ〟と批判的な者たちは語っている」

「彼は現在45歳であるが、いまだかつて今回ほどの大金をマットで稼ぎ出したことはない」

また75年、77年のフリースタイル・ミドル級の世界王者アードルフ・ゼーガーは、次のような言葉でディートリッヒのプロ転向を痛烈に批判した。

「私だったら、そんな何マルクかのためにサーカスの馬を演じるような真似はしない。格闘競技の悪例だよ。そんなことを私がしたら、(我々に憧れる)若者がどう考えると思う?」

イノキ・ツアー出場に関する契約書に調印を行うディートリッヒ(右)とボック。ボックはアマレスとプロレスの違いについて詳しく説明したようだが「彼は純粋なアマチュアレスラーで、あくまで自分のスタイルで闘いたかったようだ」(ボック)

猪木戦前夜

ボックはツアーの数ヵ月前から、シュツットガルトのマトゥシェークという空手家が経営する道場にディートリッヒを送り込み空手の特訓をさせる一方で、プロレスラーとしての動きについても学ばせていた。レネ・ラサルテスは、次のように語る。

「私はディートリッヒと試合をすることはなかったが、プロにするためのトレーニングを彼に施した。彼は当時、最高のアマチュアレスラーで、オリンピックにおける勝利者でもあり、とても強かった。だが、彼はプロレスラーとしては落第だった。彼はプロレスを良くは思っておらず、この世界に身を委ねることができなかったんだ」

ボックは、次のようなアドバイスをディートリッヒに彼に与えた。

「ディートリッヒには、アマレスとプロレスの違いを教えるという形で話をしたよ。そして、猪木がフルコンタクトのカラテマンであり、決して過小評価すべきでないとも教え込んだ。彼はビデオで確認した猪木の空手の能力や飛び技に対して、少なからず不安を感じていたようだ。ただし、彼がプロレスに対して示した理解は割と小さなもので、自分のスタイルで試合を行いたいと望んでいたし、猪木での対戦では何とかピンチを脱せられれば良い、くらいに考えていたんだ」

ボックがディートリッヒにプロレスの試合を望んだのに対し、ディートリッヒはあくまで自分のキャリアの延長にあるアマレス的な試合を望んでいた、ということである。

ディートリッヒは「私はアマチュアとしてかつて不安を覚えたことはなかったし、猪木に対しても不安を感じていない。もちろん彼を過小評価しているわけじゃないが、ただ彼は人食い人種のようなふりをしているだけさ。ルールの点で折り合いがつけば、いつでも来いだ」と語る一方で、ボックとの契約調印の直後であるにもかかわらず、「だが、やはり私はプロレスラーにはなりたくないんだ」とあくまでアマレスに対するこだわりを見せている。

ディートリッヒ来日の謎

さて、イノキ・ツアーにおける猪木との対戦については後述するとして、話をツアーの翌年である79年に下らせることにする。

同年6月7日の『第2回MSGシリーズ』最終日、新日本プロレスは続く『サマーファイト・シリーズ』の日程と参加レスラーを発表した。そして、シリーズ途中からの特別参加レスラーとしてボック、ディートリッヒの名も告げられ、ディートリッヒが同時期に来日するウィリエム・ルスカとの対戦を熱望している旨も併せて発表された。

だが、6月末になると参加予定レスラーの中からディートリッヒの名前が消されており、結局、彼が日本に姿を現すことはなかった。この辺りの事情をボックに確認したのだが、彼の返答は次のようなものだった。

「そのような予定は最初からなかったはずだ。ディートリッヒは猪木との対戦の後、プロレスラーとして闘うことは2度となかったからね」

ただし、ディートリッヒの来日は新聞報道だけではなく、TV中継の中でも告知されており、そのような予定があったことは間違いないものと思われる。そこで当時、新日本の営業本部長だった新間氏にも同じ質問をしてみた。

「ディートリッヒは年齢的、体力的に考えて、シリーズのフル出場が不可能だったから、短期の出場を要請したんだけど、スケジュールが合わなくて来日ができなかったんだ。もっともディートリッヒは〝ボックが一緒なら〟ということだったから、結果的にボックも交通事故で来日ができなかったし、いずれにしても来日は無理だったわけだね」

筆者もこれが事実ではないかと考えるが、一度はこの目で彼のファイトぶりを見ておきたかっただけに、この唯一と言える来日のチャンスが水泡に消えたことが残念でならない。

その後、ディートリッヒは再婚し、85年に2番目の妻と南アフリカの西ケープ州ダーバンヴィルへ移住する。

「私が聞いたのは、彼は南アフリカに行き、動物園を経営しているということだった」(ラサルテス)

ディートリッヒ本人はいずれドイツへ帰国したいと考えていたようだが、92年6月2日、現地で心臓マヒにより急逝する。まだ58歳という若さであった。

猪木戦は「藪の中」

さて、78年のイノキ・ツアーに話を戻す。このツアーの中でディートリッヒと猪木は2度対戦している。

第1戦は11月16日のシュレースヴィヒ＝ホルシュタイン州キールのオスティホールで行われ、日本の新聞報道によれば4Rに猪木が腕固めでギブアップ勝ちを収めたことになっており、前に紹介したドイツのゲハルト・シェーファー氏の手によるレポートでも、同じく猪木の勝利になっている。

問題は、11月21日にディートリッヒの地元であるラインラント＝プファルツ州ルートヴィヒスハーフェンのフリートリッヒ・イバルトホールにおいて行われた第2戦である。前述したように、日本とドイツにおけるこの試合の結果が異なっているのだ。日本の報道では両者リングアウトの引き分け、シェーファー氏のレポートでは猪木の勝利になっている。

この試合結果について、ボックに確認してみた。彼の返答は前記のいずれとも異なる驚くべきものだった。

「私が覚えているのはルートヴィヒスハーフェンの試合だけだが、ディートリッヒはリングの内外と問わずに徹底的に猪木を追いたてた。彼のスポーツマンにあるまじき振る舞いのため、ついに猪木は試合の続行を拒んだ。レフェリーはそうしたディートリッヒに警告も与えなければ、ペナルティーも負わせなかった。そして、試合は猪木によって中断され、レフェリーはディートリッヒの勝利を宣言した。そう、猪木はリングを去りこの試合を終わらせ、ドレッシングルームに入ったきり戻ってこなかったんだ。その理由は私にはわからないが、ディートリッヒがアマチュアスタイルのレスリングをするのみで、猪木は彼を相手にはプロフェッショナルスタイルのファイトができず、この試合では少しも勝機が掴めないと感じたように私には見えた。猪木の対応は、少なくてもプロレスの視点からみれば正当なものだった。ディートリッヒは試合の中で、ひとつとしてプロレスのルールに従わなかったし、ただ単に自分のペースで試合を行って猪木を打ち倒そうとしたのだからね」

この試合でディートリッヒが行ったという「スポーツマンにあるまじき振る舞い」とは何を指すのか。

「断っておくが、ディートリッヒはフェアなスポーツマンであり、猪木に対して何らアンフェアな状況を与えたわけではない。彼は単にプロとしてのレスリングであることを忘れ、大量のスープレックスによって猪木が抵抗するチャンスがないほど、彼に不利な状況をもたらしただけだ」

非常に聞きづらい質問ではあるが、この試合に関して、ボックはディートリッヒに対して事前にシュートマッチの指示を出していたのだろうか。

「いや、事前にそう決まっていたわけではなかったが、結果的には間違いなくシュートマッチを思わせるような試合だった。ディートリッヒはできる限り自分のスタイルで試合を行うことのみに気を配り、猪木のプロとしての闘い方には決して乗らなかった。少なくとも、彼の地元であるルートヴィヒスハーフェンでの猪木戦ではそうだった」

ところが、この一戦について同様の質問をしたラサルテスの返答は、ボックとは全く異なるものだった。

「猪木は常にディートリッヒに対する勝利者だった。ディートリッヒはスープレックスを何度か出したと記憶しているが、確か猪木のピンフォール勝ちだったように思う」

「ディートリッヒによるスープレックスの連発」という共通項はあるものの、現在のところこの一戦の結末についてはどれが事実か見当がつかない全くの「藪の中」である。近い将来、この試合の映像を自分の目で確認できることを筆者は願ってやまない。

猪木のディートリッヒ評

イノキ・ツアーに同行した新間氏は、ディートリッヒについて次のように述懐する。

「ヨーロッパに行った時に、ボックより凄かったのがディートリッヒ。あれは凄かった。もう組むと投げるっていう感じで、猪木が立っている暇がなかったんだから。彼があと15歳くらい若ければ、日本のプロレス界も変わっていたかもしれないね」

そして最後に、猪木によるディートリッヒ評をメディアへのインタビューから抜粋する。猪木は強かったレスラーとして、カール・ゴッチ、ビル・ロビンソン、ゴリラ・モンスーン、アンドレ・ザ・ジャイアントの名を挙げた後、こう語る。

「この4人以外に、もうひとり凄い選手がいた。ウィルフレッド・デートリッヒというアマレスの歴史に残る偉大な選手だった。(中略)デートリッヒとは、78年にローランド・ボックから招かれたヨーロッパ遠征の際、二度対戦した。当時彼はすでに現役を引退していたが、俺の前にレスリングの試合をした、アマレスでもオランダ・チャンピオンだったウイリエム・ルスカが、手も足も出せなくてまったく子供扱いされていたんだ。なにしろ指一本だけでも組めさえすれば、相手が200キロの巨漢でもスープレックスで投げてしまうんだから驚異だったよ」

後記

本文執筆後の関連事項と言えば、筆者にとっては3つの出来事に集約される。

まずは、本文執筆に労を惜しまず尽力してくれたジャック・デ・ラサルテーズことレネ・ラサルテスが2018年12月に故郷のスイスで亡くなったことである。享年90。ここで改めて、稀代の大悪役レスラーに感謝を捧げたい。

〝オランダの柔道王〟ウィレム・ルスカも2015年2月に亡くなった。享年74。長い闘病生活の果ての死であったと伝えられる。ご冥福を祈りたい。

明るい話題もひとつお伝えしたい。本文執筆中には闘病生活の最中にあるとされ、その去就が不明であったジョニー・ロンドスことチャールズ・ベルハーストが故郷のベルギーで元気に暮している事が判明した。ベルハーストとは話をする機会もあったが、驚いたことに彼がカール・ゴッチと初めて邂逅を果たしたのはなんと日本であるとの事であった。これまで「欧州時代のゴッチの弟子である」事が定説とされてきたベルハーストとゴッチの関係がこれで覆った。彼には稿を改めて、今後じっくり話を聞く所存である。

さて、試合結果が〝藪の中〟となってしまった猪木とディートリッヒの試合。この一戦に関する更なる探究も筆者のライフワークのひとつとなっている。

左からボック、空手家のマトゥシェーク氏、そしてディートリッヒ。彼らによる空手のトレーニングは実際に行われていたのだろうか。

第二十一章

ダイナマイト・キッドとシュート・レスリング

―爆弾小僧の創生期―

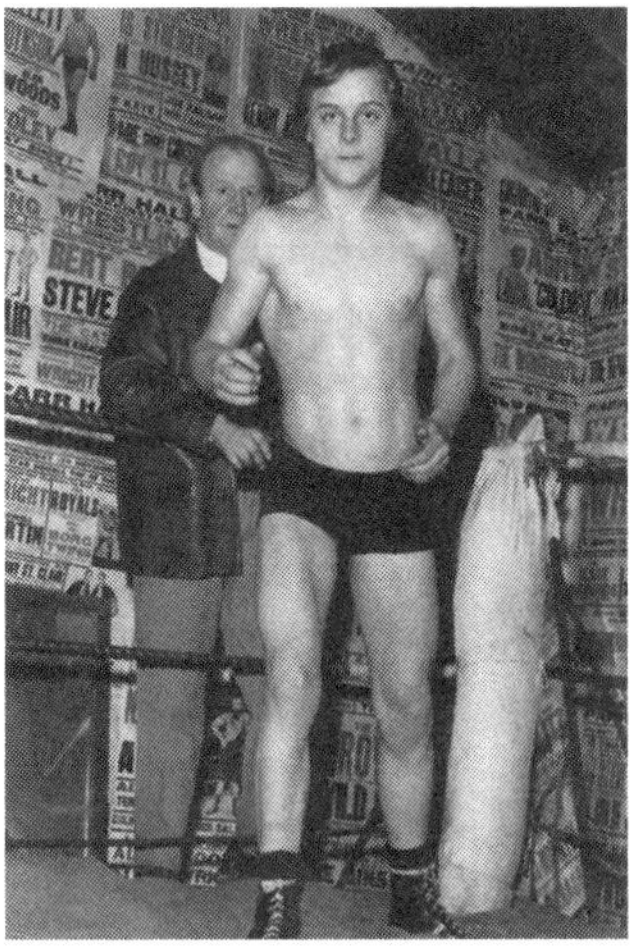

テッド・ベトリー（左）と、まだ表情にあどけなさが残るキッド。デビュー直後にベトリー・ジムにおいて撮影されたものと思われる。

若き日の爆弾小僧の姿を追ってみたい。

まるで閃光の如く強い光を放ちながら、我々の目の前を一気に駆け抜けていったキッド。

波乱に富んだ短いレスラー人生を全うした彼にも、その「創生期」には多くの先人たちとの邂逅があった。

ダイナマイト・キッドというレスラーは、いかにして作り上げられたのか――。

我々日本のプロレスファンの多くが初めてダイナマイト・キッドの存在を知ったのは、1978年に弱冠19歳の彼がカナダのカルガリーにおいてネルソン・ロイヤルの持つNWA世界ジュニアヘビー級タイトルに挑戦した時ではないだろうか。それから93年10月の最後の来日まで15年。かく短くも強烈な印象を、キッドは我々の心に焼き付けた。そんなレスラー生活を振り返り、彼は自伝の中で次のように記している。

《俺は生まれ変わっても再び同じ世界に身を投じるだろう。そして何が起ころうとも自分のやり方を変えるつもりはない》（以下、《》内は『ダイナマイト・キッド自伝 ピュア・ダイナマイト』からの引用）

まずは彼が愛してやまないレスリングとの運命的な出会いと、彼をこの世界へといざなった人物について記すことにする。

キッドを生み出した男たち

我々日本のプロレスファンの多くが初めてダイナマイト・キッドの存在を知ったのは、１９７８年に弱冠19歳の彼がカナダのカルガリーにおいてネルソン・ロイヤルの持つＮＷＡ世界ジュニアヘビー級タイトルに挑戦した時ではないだろうか。それから93年10月の最後の来日まで15年。かく短くも強烈な印象を、キッドは我々の心に焼き付けた。そんなレスラー生活を振り返り、彼は自伝の中で次のように記している。

《俺は生まれ変わっても再び同じ世界に身を投じるだろう。そして何が起ころうとも自分のやり方を変えるつもりはない》（以降、《》内は『ダイナマイト・キッド自伝 ピュア・ダイナマイト』からの引用）

まずは彼が愛してやまないレスリングとの運命的な出会いと、彼をこの世界へといざなった人物について記すことにする。

シュート・レスリングとの出会い

それはキッドが13歳の時の出来事である。ある週末、建設業者である父親の仕事を手伝っていた彼の姿がある人物の目に留まった。

《その人物はテッド・ベトリーといって、親父に仕事を任せていた人物だ。この時はまだ、親父も俺も知らなかったが、彼は元レスラーだった。（中略）親父は俺のことを呼び、テッドに紹介するやレスリングをやりたいかどうかと聞いてきた。多くの人々と同様に、俺はレスリングがボクシングのように真剣なものであるとは思っていなかったから、「やりたくない」と答えたんだ。テッドは苦笑してみせたが、とにかく一度、彼のジムで試しにやってみないかと言った。まったく乗り気にはなれなかったが、とりあえず行ってみることにした》

この当時、キッドは元プロボクサーだった父親に触発され、12歳からボクシングの練習を行っていた。また、ラグビー選手としても有能で、プロチームからスカウトがくるほどであったという。だが、訪れたベトリーのジムでいきなりスパーリングをやらされたキッドは、その日からレスリングの虜となる。

《俺の始まりはこれだったのだ。そして、その日からレスリングをやめようなんて思ったことは一度もなかった》

　学校が終わると、キッドは父親の運転する車で自宅のあるウィガン近郊のゴルボーンから車で約20分のウィンウィックにあるベトリーのジムに通った。日曜日を除く毎日3時間のトレーニングである。ベトリーとの練習は、キッドが75年に16歳でデビューした後もしばらく続いていたようである。

　ベトリーの指導法について、同じくベトリー門下であったデイビーボーイ・スミスの息子ハリー・スミス（デイビーボーイ・スミス・ジュニア）は「親父はよく〝ベトリーのトレーニングは辛く厳しかった〟と言ってたね。それはトーキョー・ジョー（大剛鉄之助）のトレーニングや、オールドスクールのニュージャパン（新日本プロレス）の道場におけるトレーニングみたいなものだったんじゃないかな」と語るが、キッドの述懐はそれを否定する。

《テッドはとても厳しかったが、日本のやり方とはまったく違ったものだった。日本の場合、ミスをすれば後頭部や背中に竹刀が飛ぶ。テッドはもうかなりの年齢だったから、実際にリングの上に立つことはなく、エプロンに立って、その場その場で〝どうするべきか〟〝どう動くべきか〟を丁寧に指導してくれた。言われた通りにやらないと、短気な彼はすぐ冷静さを失う。それでも素晴らしいトレーナーだった》

　また、ベトリー・ジムに関しては89年4月に『週刊ゴング』の取材でかつてジムのあった農場をベトリーともに訪れた際に、キッド自身が次のように証言している。

「イギリスのリングは小さいが、ここのは約1メート

上）89年4月にベトリー（左）を伴って、かつてトレーニングに明け暮れた思い出多きジムをおよそ12年ぶりに訪れたキッド。
下）キッド（左から2人目）は、ライリー・ジムが生んだ伝説のレスラー、ビリー・ジョイス（右から3人目）とも再会を果たした。

ルぐらい大きい。ただスプリングは効いていないし、天井は低いし…シュートをするための道場だったね。見な、電球ひとつ無いだろ。当時のテッドは俺を毎日、食わせるため、いつもお金が無いってピーピーしていたよ」

〝名伯楽〟テッド・ベトリー

ここでテッド・ベトリー（Ted Betley）という人物について触れておきたい。彼のプロフィールに関する調査はかなり難航した。彼について事前に判明していたのは、ごく僅かの項目であった。まず彼の本名がエドワード・ベトリーであったこと、そして前出の『週刊ゴング』による取材の段階で67歳だったことから、彼が22年前後の生まれであり、24年生まれのカール・ゴッチよりやや年長であったことが挙げられる。

他にもキッドの自伝や関係者の証言により、一時期『ドクター・デス』というリングネームの覆面レスラーであったことや、キッドやスミスの他にスティーブ・ライトやマーティー・ジョーンズ、フィット・フィンレーらを指導したと言われていること、そして自分の甥であるジョニー・スミス（本名ジョニー・ヒンドリー）を最後の弟子として育て上げた後はジムを閉鎖し、アイリッシュ海に浮かぶマン島で余生を送り、2001年に逝去したことなどである。

英国マットで「ドクター・デス」を名乗った覆面レスラーは複数名おり、最も有名なのはオーストラリア出身のポール・リンカーンの変身である。ベトリーがどの時代にマスクマンとして活躍していたのかは特定が難しい。また、素顔のベトリーとしての試合記録を探し出すのも困難を極めたが、僅かに49年6月のマンチェスターのベルヴュー・キングス・ホールの試合記録にテッド・ベックレイなるレスラーの名が掲載されており、これは本国英国でも『ベックレイ（Beckley）』と誤って表記されることの多いベトリー自身とみて間違いないだろう。

英国におけるレスラーOBやマニアなど多くのマット関係者にあたっても、ベトリーに関する情報はなかなか得られなかったが、知人を介してビリー・ライリー・ジム出身の古老のひとりであり、ウィガンのレスリング史にも詳しいトミー・ヘイズの貴重なコメントが得られた。彼はベトリーについて、やや辛辣に次のように語った。

「ベトリーはビリー・ライリー・ジム出身でなかっただけじゃなく、キャッチ・アズ・キャッチ・キャンすら習得していなかった。彼が学んでいたのは柔道や合気道で、それに実戦的ではないショー・レスリングをミックスして教えていたんだ。彼を知る人間はごく僅かで、しかもそれほど多くのことを知っているわけではない。彼は決してグッドレスラーではなかったんだ」

もしこれが事実ならば、ベトリーが自身による指導の他に、キッドをライリー・ジムや後述するビリー・チャンバーズのジムに出稽古に行かせてシュート・レスリングを学ばせていたことにも合点がいく。

また、ベトリー門下と言われるスティーブ・ライトやマーティー・ジョーンズについて、〝人間風車〟ビル・ロビンソンは次のように語る。

「スティーブは私よりやや年下で、ライリー・ジムにおける私のスパーリングパートナーだった。そしてマーティーは、私自身が運営していたマンチェスターのジム（筆者注・「フェイルスワース・レスリング」という名称だった）でトレーニングをしていたんだ」

これに関しては、ジョーンズ自身も証言する。

「私は6歳からビル・ロビンソンの元でレスリングを始めたんだ。ビリーは何度か、私をライリー・ジムにも連れていってくれた。17歳でプロに転向した後はあちこちのジムで練習していたんだが、そのうちのひとつがベトリーのジムだったんだ。ベトリーからはそれほど多くを学んだわけじゃない。私の指導者はあくまでビリーだけだね」

これらの証言から帰結するのは、ベトリーのジムで彼の指導を受けたとされるレスラーの中には、キッドのように生え抜きのレスラーはもちろんだが、単に練習場として彼のジムを利用していたにすぎないレスラーも含まれているということである。日本の道場とは異なり、欧米のレスラーたちにはジムへの帰属性が薄く、我々が想像するよりもずっとドライな関係であることは心に留めておくべきである。

ただし、ベトリーが好人物であったことは間違いなく、ジョーンズら若いレスラーのためにジムを提供した他にも、キッドには無償でトレーニングを施し、彼のプロ入りに際してのアレンジやカナダ行きの仲介も施している。ちなみに『ダイナマイト・キッド』というリングネームの名付け親もこのベトリーである。これらのことから、キッドが彼に全幅の信頼をおいていたことが見てとれる。

ベトリーの私欲のないバックアップを意気に感じたキッドは、英国時代の休日には彼が経営する食料雑貨店を手伝い、後年にベトリーが渡米した際にはＶＩＰとして最大級の歓待をしている。さらに彼の甥であるジョニー・スミスを自らのタッグパートナーに抜擢したばかりか、スミスの全日本プロレス移籍もキッドのたっての要望で行われたものだという。

「とにかくレスラーとしちゃあ大したことは無かったが、教えることにかけては、テッドは大変なもの。『ロッキー』に出てくるミックみたいな頑固親父だね」（前出の『週刊ゴング』の記事におけるキッドのコメント）

“全聾のシューター” ジャック・ファロン。ある意味で、キッドにシュート・レスリングの真髄を伝えた功労者と言えるだろう。

全聾のシューター

日本の熱心なファンの中にも、キッドがビリー・ライリー・ジム出身であると考えている人たちが意外に多いが、それは正確ではない。まだベトリーのジムに通い出して間もない頃、キッドはベトリーに連れられてウィガンのライリー・ジムを訪れているが、それはほんの僅かの間のことであった。

キッドの自伝によれば、当時のライリー・ジムには総帥のビリー・ライリーを始め、息子であるアーニー・ライリー、ビリー・ジョイス、フランシス・サリバンなどのベテランレスラーがおり、まだレスリングを始めたばかりのキッドは彼らに容赦なく叩きつけられ、サブミッションで翻弄されて悲鳴をあげたという。

《ハッキリ言って俺はシュート・レスリングを評価してはいなかった。しかし、これだけは言い切ることができる。全盛期の彼らはシュートの道でおそらく最強であった、と》

ちなみにキッドは、この僅か数回のライイリー・ジム訪問でフロント・フェースロックからの脱出法を習得し、後年のアメリカや日本で危険な場面に遭遇した際にはそれを実践してみせたという。

さて、ライリー・ジムにおけるキッドの扱われ方にひどく動揺したベトリーは、そこでの出稽古は2～3回で切り上げ、代わりに同じウィガン市内にある別のジムへキッドを連れていった。そのジムは、ビリー・チャンバーズ（Billy Chambers）という元レスラーが運営していた。

《ビリー・チェンバー（筆者註・原文ママ）とのシュートは辛かった。「トミー、彼がどんなサブミッションを仕掛けてきても、決してタップアウトするな」とテッドによく言われた。ビリーにガッチリとヒザ関節を極められて悲鳴を上げても、俺は歯を食いしばって耐えるしかなかった。本当に苦しかったけど、一度リングを離れると、彼はとても優しかった。「トミー、アイスクリームでも食べるかい？」という具合に。

考えてみれば、ケガをしないでシュートを体得しようなんて無理な話だ。ビリーからはシュートに関する多くのことを学んだ。（中略）だからハードな練習ではあったけれど、ビリーのところへ毎週1、2回は通い続けた》

ビリー・チャンバーズは36年、ウィガンの出身。60年代から70年代にかけて『ジャック・ファァロン（Jack Fallon）』のリングネームで活躍したレスラーだった。彼は正真正銘のライリー・ジム出身者であり、ズングリとした体型で、主にミッドへビー級のヒールタイプのレスラーとしてリングに上がっていた。だが、あまり客受けしない地味なファイトスタイルで、そのキャリアの大半を前座レスラーとして過ごした。

ただし、ファァロンの実力は折り紙付きで、レスラー

英国時代のライバルのひとりであるジョン・ネイラー。シューターとして知られた彼もまた過小評価されるレスラーのひとりである。

仲間の間ではシューターとして定評があった。ロビンソンの英国における数少ないライバルのひとりだったティボー・ザカッシュとファロンの試合映像が残されているが、ザカッシュとサブミッションで互角以上に渡り合うファロンのファイトぶりが光る一戦である。

また、ファロンは聴覚障害のある全聾（ぜんろう）のレスラーとしても知られており、読唇術に長けていたという。キッドとのコミュニケーションは、きっとフェイス・トゥ・フェイス、あるいはボーン・トゥ・ボーン（相手の骨に自分の骨を当てがうキャッチ・アズ・キャッチ・キャンの基本概念のひとつ）の形で行われたのだろう。なお、ファロンは2010年に74歳で逝去している。

全盛期のキッド。多くの指導者に施された技術と持ち前のファイティングスピリットで、我々に鮮烈な記憶を残した。

若き日のライバルたち

75年に16歳でプロレス入りを果たしたキッドは、78年にカナダへ渡るまでの約3年間、英国マットで活躍した。その中でキッドが自伝で記した当時の対戦相手について触れてみたい。

《アラン・ウッズ（筆者註・原文ママ）、〝ゴールデン・エース〟ジョン・ネイラーといったウィガンの偉大なる先輩レスラーたちと対戦することとなり、有意義な経験となった。彼らはシュートができ、プロの技術を心得ていたから、常に素晴らしい試合を展開していた》

キッドが「イギリスで最も過小評価されていたレスラー」と評価する　アラン・ウッド（Alan Wood）は、ジャック・ファロンと同様にライリー・ジムの出身で、現在ウィガンで『スネーク・ピット』を運営しているロイ・ウッドと前述したトミー・ヘイズの共通の従兄弟である。ロイはアランについて、「当時の偉大なレスラーのひとりとして高く評価している」と語った。

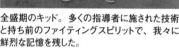

そして、「先輩レスラー」あるいは「学生時代の同級生」として自伝に登場するジョン・ネイラー（John Naylor）もまたライリー・ジム出身のレスラーで、キッドとは年齢も近く、お互いにイタズラ好きということもあり、私生活でも非常にウマが合ったという。

「彼のような相手と闘う時はいつも学ぶことが多かった」とキッドが賛辞を送るマーティー・ジョーンズ(Marty Jones)に関しては、キッドのデビュー直後である76年から現役を退いた94年まで、18年の長きに亘って深い関わりを持った。それは英国内に留まらず、時にはカルガリーでも対戦者、あるいはタッグパートナーとしてリング上で何度となく顔を合わせている。そんなジョーンズにキッドとの思い出を語ってもらった。

「ダイナマイト、デイビーボーイ・スミス、そしてジョニー・サベージ（ジョニー・スミスの別名）はみんないい連中で、カルガリーの有名な地下のトレーニング・ルーム『ハート・ダンジョン』（ハート家の地下牢）では一緒にトレーニングやスパーリングをしたもんだ。ダイナマイトとの試合や巡業も愉快だった。彼は英国のプロレス史を代表するトップレスラーだった」

キッドのマネージャーを務めたジョン・フォーリー。キッドが出会った幾多の先人の中でも、彼こそ最も多くの時間を共有した人物だろう。

カール・ゴッチを破った男

《後にカナダに渡ってからはウィガン出身の元レスラー、ジョン・フォーリーにも手ほどきを受けることになった。（中略）数年間、彼は俺のマネジャーを務めてくれたし、まさに良き友であり、素晴らしいレスラーでもあった》

《彼とはとてもウマが合った。彼がウィガン出身だったこと、また何十年も前にカール・ゴッチが「俺を倒

カルガリーに渡って間もない頃。この直後から彼の快進撃が始まった。

せる者は誰もいない」という発言をしてから、ジョンがカールを倒したからだ。じつはカールがウィガンでシュートを習ったのは、その負けによるものだったのだ》

カルガリーに渡ったキッドのマネージャー兼トレーナーを務めたジョン・フォーリー(John Foley)は、ウィガン近郊のリー出身。60年代の英国のプログラムが正しければ36年生まれということになるが、現在76歳のロビンソンは「いや、彼は私よりずっと年上だったはずだ。詳しくはわからないが、たぶん10歳から12歳くらいは上だったと思う」と語る。

彼もまたライリー・ジム出身のレスラーで、彼がプロレス界に身を投じたのは16歳の時のことだった。プロ入りからしばらくは炭鉱夫との兼業であったと伝えられる。主にウェルター級、後年はミドル級のタイトルコンテンダーとして活躍した。時にはマスクを着け『ザ・カット』という名で試合をしたこともあった。

ロビンソンは、フォーリーに関して次のように語った。

「フォーリーは、ライリー・ジムの歴史の中でも屈指のレスラーのひとりだったんだ。私の時代、ジャック・デンプシー（長く大英帝国ウェルター級王者として君臨したライリー・ジムを代表するレスラーのひとり）とフォーリーのジムでのスパーリングに勝る対戦を見たことがなかった。そう、ゴッチがウィガンに来たばかりの頃にスパーリングでこのふたりに敗れたのは事実だ。もっとも私だって、ライリー・ジムでレスリングを始めたばかりの頃はこのふたりにひねられたものさ」

フォーリーが後年キッドに「自慢話」のひとつとして、スパーリングでゴッチを破った時のことを話して聞かせたのは想像に難くない。

60年代に入ってフォーリーは、エイブ・ギンスバーグとタッグチーム『ブラック・ダイアモンズ』を結成し、英国マットを席捲した。63年には、国際プロレスの欧州路線による初めてのシリーズ『日欧決戦シリーズ』参加のため、トニー・チャールズらとともに初来日を果たした。67年頃にブラック・ダイアモンズを脱退してからは、シングルプレイヤーとして活躍していたが、71年にカナダのバンクーバーに渡り、以降カナダ、アメリカに主戦場を移した。

72年9月には、旗揚げしたばかりの新日本プロレスの『ニュー・ゴールデン・シリーズ』のために2度目の来日を果たしているが、この時には『ジョン・トーリー』というリングネームを使用している。ジョニー・ロンドスやドランゴ兄弟と同様にカール・ゴッチの命名であることは間違いないが、当時フォーリーはオレゴン州ポートランドをホームリングにしており、「アントニオ猪木の新団体にレスラーを送らない」という〝新日本包囲網〟に対するゴッチのブッカーとしての配慮と思われる。

彼がカルガリーに定着したのは76年後半のことである。そして、現役レスラーを続けるかたわらでマネージャー業を始めたのもこの頃からだと思われる。ハート・ダンジョンでのレスリングトレーナーも兼任していたと容易に想像できるが、それを裏付けるのが77年8月、カルガリーに遠征した国際のマイティ井上をマンツーマンで指導していることである。この直後に国際の『スーパー・ファイト・シリーズ』出場のため3度目の来日をした際には、請われて国際のレスラーたちにトレーニングを施している。

78年6月、国際の『ビッグ・サマー・シリーズ』出場のために最後の来日を果たした際には、覆面レスラーの『マスクド・アタッカー』を名乗り試合をしているが、その理由は定かではない。そして、同年4月にキッドがカルガリーにやってきてからは、おそらくキッド自身からの要望でレスリングの指導を行っていたのだろう。ヒールのマネージャーとして、キッドを始めホンキートンク・マンやケリー・ブラウン、日本から遠征してきたジョージ高野（ザ・コブラ）などをサポートしながら、現役レスラーも88年に亡くなる2年ほど前まで細々と続けていた。

偉大なる父親

最後は、彼の父親の話で締めくくりたい。素顔のトム・ビリントとしての人格形成はもちろん、ダイナマイト・キッドというレスラーのパーソナリティに最も影響を与えたのも、父親であるビリー・ビリントンだと思われるからである。

キッドの自伝によれば、元プロボクサーで炭鉱夫だった彼の父親は大変厳格な人間で、どんなに厳しい仕事をしていても決して弱音や愚痴を吐かない男だったという。そして自分の息子が正しいと思えば最後まで味方をしてくれた父親に関して、キッドは親子というよりも、まるで友人か兄弟のような関係であったと記している。

キッドが将来レスラーになりたいと打ち明けた時も、父親は彼を応援し、仮に反対する気持ちがあってもそれを決して口にせず、ベトリーのジムやビリー・チャンバーズのジムへと彼を車で連れていったという。

彼の父親像の中に、ダイナマイト・キッドという稀代のレスラーの、対戦する者にも、そして自分にも厳しく、観る者の共感を呼ぶそのファイトスタイルに相通じるものはないだろうか。筆者にはそう思えてならない。

後記

2013年、ダイナマイト・キッドの早逝を受けて『Gスピリッツ』のキッド特集のひとつとして執筆したのが本章である。

執筆時には、英国レスリング史家のステッペン・グリーンフィールド氏、スネークピット・ウィガンの総帥ロイ・ウッド氏、キッドとはある意味で兄弟弟子の関係にあったマーティー・ジョーンズら英国の多くのプロレス関係者に話を伺うことができた。何よりも、まだビル・ロビンソンが健在であったのも筆者の大きな助けになった。

閃光のようなスピードで我々の前を駆け抜けていったキッド。その勇姿は永遠に瞼の裏に刻まれよう。

第二十一章　ダイナマイト・キッドとシュート・レスリング ―爆弾小僧の創生期―

第二十二章
ウィガンからのメッセージ
―ロイ・ウッド インタビュー―

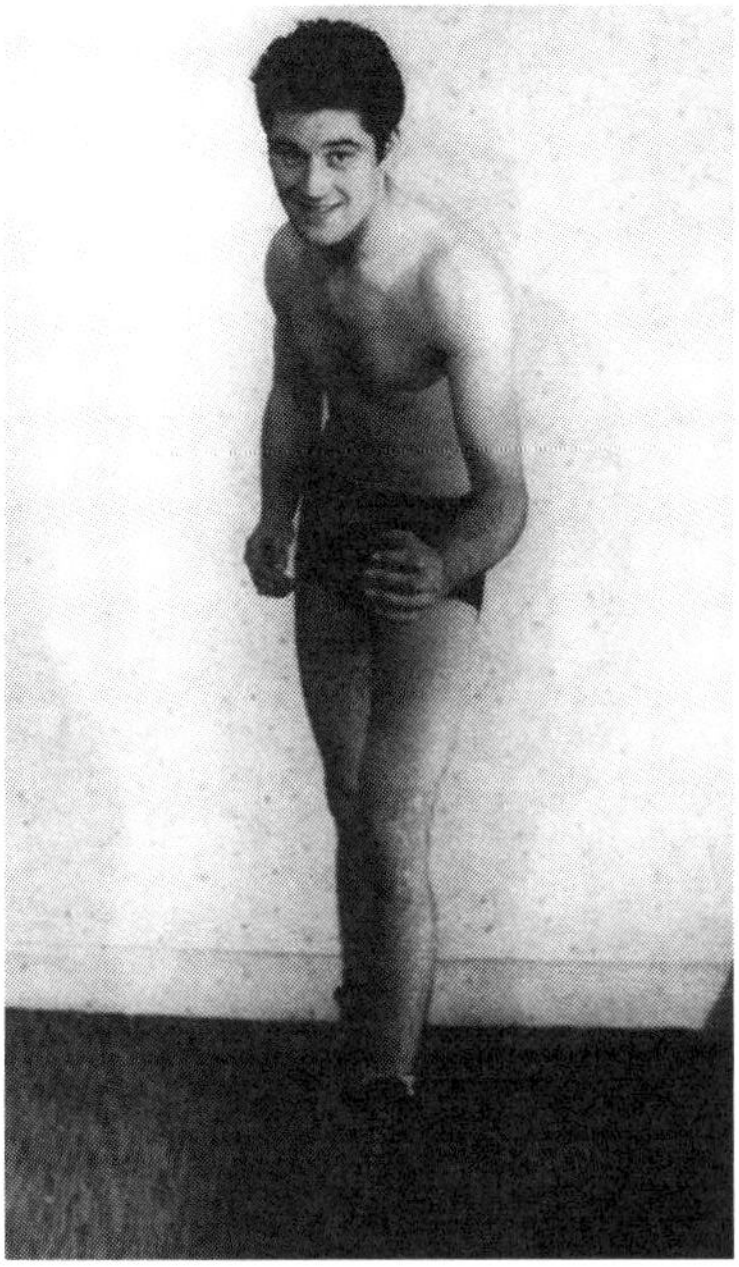

近年、実戦格闘技として高い有用性が再認識され、欧米を中心に世界的な規模で競技人口を拡大しつつあるキャッチ・アズ・キャッチ・キャン。

この伝統的なレスリングには、世界中の実践者から崇拝を集めるカリスマが存在する。

「キャッチ・アズ・キャッチ・キャンのメッカ」と呼ばれるイギリスのウィガンにおいて、伝説的なレスリングジムである『スネークピット』を現代に蘇らせたロイ・ウッドである。

ウッド自身の謎につつまれたプロフィール、スネークピットの創始者であるビリー・ライリーやかのジムが輩出した名レスラーたちの述懐、そして、キャッチ・アズ・キャッチ・キャンの過去、現在、未来――。

“蛇の穴”の総帥は、果たして我々に何を語るのだろうか。

2013年11月19日、東京・後楽園ホール。

この日、ドラディションのリングでは〝藤波辰爾二世〟LEONAが船木誠勝を対戦者に迎えて正式なプロレスデビューを果たしたが、そのリングサイドの最前列には、彼の初陣を見届けるために英国から遠路はるばる駆けつけたひとりの人物の姿があった。

彼の名はロイ・ウッド。「キャッチ・アズ・キャッチ・キャン（以降CACCと略す）のメッカ」ともいうべき英国北部のウィガンにおいて、現地でも継承者がほとんどおらず、「失われた芸術」となりつつあった古（いにしえ）のレスリング技術を現代に伝える世界有数のジム、『スネークピット』の主宰者である。

本稿の主人公であるウッドという人物について、全くご存じない読者諸氏も大勢おられることだろう。当日の会場でも、特別ゲストとして紹介された彼を見ながら「あれは誰だろう?」と囁き合う観客たちの声を、筆者は実際耳にしている。

ウッドは純然たるプロレスラーとしての来日経験が皆無であるためか、確かに日本のプロレスファンにはあまり馴染みのない人物である。だが、世界中のCACCの実践者たちから崇められる彼のカリスマ性は、日本人の我々からは計り知れないものがあり、それはあのビル・ロビンソンとも比肩するレベルである。

また、1990年代前半にSWSの要請を受けて来日し、短期間ながら同団体のレスリングコーチを務め、新日本プロレス時代の藤波が行った『無我』の独立興行に自らの教え子であるウィガンのキャッチレスラーたちを率いて来日した人物といえば、ピンとくる読者の方もおられるのではないだろうか。

まずは、ウッドと藤波ファミリーの交流、そして彼自身のプロフィールについて訊いてみたい。なお、インタビューには彼のパートナーであるキャス・キーガンさん、ウッドに代わってスネークピットのマネージメントとコーディネートを精力的に行っている娘のアンドレアさんが同席していたことを記しておく。

――まず、今回の来日の経緯について教えて下さい。

ロイ　藤波とは長年にわたって家族ぐるみの交流があるんだが、その縁でウィガンにある私のジムでLEONAにキャッチレスリング（ウッドはCACCをこのように表現する）のレッスンを施したんだ。そういうこともあって、彼の応援をするために来日したというわけさ。それから、今回の旅の目的は実はもうひとつあるんだ。02年のロンドンオリンピックに私は英国のナショナルチームのアマレスコーチとして参加していたんだが、現在はグアムの代表チームのコーチになっていてね。

――では、グアムには何度も行かれているわけですね？

若き日のウッド。プロレスラーとしてデビュー間もない頃の写真と思われる。ショーマンスタイルが全盛となりつつあった英国マットにおいて、彼もまた時代に翻弄された悲運なレスラーのひとりである。

ライリー・ジムで撮影された若手レスラーたちのスナップ。左からフレディ・ウェブスター、ロイ・ウッド、ケン・スミス、ロイの従兄弟であるアラン・ウッド。なおウェブスター、スミスの両名はプロの道を歩まなかったものと思われる。

ロイ　いや、これまでは彼らが英国に来て、私のジムでトレーニングをしていたから、私の方からグアムを訪れたことは一度もなかったんだ。日本とグアムは近いし、今回はちょうど良い機会だから、藤波夫妻と一緒に現地に行って、私がコーチしたチームの様子を視てこようと思っているんだ。ちなみに、今はサモアの代表チームが私のところに来て練習をしているよ。

――ちなみに、今回で何度目の来日になりますか？

ロイ　確か14度目のはずだよ。レスリングビジネスとプライベート、両方含めてね。

――LEONAについては、どのような印象をお持ちでしょうか？

ロイ　彼はとても優秀な生徒だった。だから、ファイターとしても素晴らしい才能を開花するだろうと期待しているんだ。

――藤波ファミリーとの交流ですが、彼らのために自宅にベッドルームを増築されたと聞き及んでおります。その最初の出会いは、どのようなものだったのでしょうか？

ロイ　藤波がダイナマイト・キッドたちと試合をして

いた時代の映像を観ていたから、出会う以前から彼が本当に素晴らしいレスラーだと常々敬意を払っていたんだ。キッドは藤波との共通の友人だったから、それが最初に知り合うキッカケになった。それから同じレスラーとして指導して欲しいということで、藤波が私をコーチとして日本に招いてくれたんだ。しかも、その時は私だけではなくて、ウィガンから私の教え子たちを日本に連れてきて、藤波の団体のレスラーの練習相手をさせたりもしたから、それが彼とより親密になるキッカケになったね。

――なるほど、現在も続いている彼との親密な関係に至るまでには、そのような経緯があったのですね。

ロイ　私の師匠であるビリー・ライリーは当時すでに亡くなっていたんだが、彼はビリー・ロビンソンや（藤波の師匠である）カール・ゴッチのことも指導していたから、そういった意味ではライリーが藤波と私の友人関係を繋いでくれたとも言えるね。

――次にあなたご自身のことをお尋ねします。まずは生年月日と出身地を教えてください。

ロイ　43年10月6日、ウィガン（メトロポリタン自治区）の中にあるアスプルという村の出身だ。

――ビリー・ライリー・ジムに入門されたのは、あなたが15歳の時と聞いておりますが、レスリングを始めたのも、この時が最初だったのでしょうか？

ロイ　ビリー・ジョイス（戦後の英国マット界で最強と謳われる元大英帝国ヘビー級王者）の本名はボブ・ロビンソンというんだが、彼と私の父親が古くからの友人だったんだ。だから、ライリー・ジムに入る以前からレスリングに多少は触れてはいたんだが、本格的に始めたのはジムに入ってからだね。

――プロレスラーになったのは、何歳の時ですか？

ロイ　17～18歳くらいの頃だったと思う。アマチュアとして少し学んだ段階で、ライリーから〝お前はプロとしてしっかりと金を稼げるだけの才能がある〟と見込まれてね。だから、レスリングを始めてから割とすぐにプロに転向したんだ。階級？ミドル級でプロのリングに上がっていたよ。

――私は相当な量の英国のプログラムをコレクションしているのですが、未だにあなたの名前や写真を見つけ出すことができずにいるのです。それは何か特別な理由があるのでしょうか？

ロイ　私はたくさんのリングネームで試合をしていた

し、タッグマッチも多かったから、そんなこともあって見つけにくいのかもしれないね。具体的な名前？　それこそ何百とあるからなあ（笑）。もちろん、その人数分の納税をしていたわけではないがね（笑）。

——プロを引退されたのは、いつですか？

ロイ　確か横浜アリーナでやったＳＷＳでの試合（エキシビションマッチ）が最後だったかな。

　ちなみに、横浜アリーナにおけるＳＷＳの旗揚げ興行は90年10月9日と10日の両日に行われており、当時のウッドは47歳である。

　さて、本人のプロフィールに続いては、旧スネークピット、つまり『ビリー・ライリー・ジム』の成り立ちや、ウッドが在籍していた当時のジムの風景について尋ねてみた。

——ライリー・ジム開設の経緯と時期に関しては諸説ありますし、明確な資料が乏しく判然としないのですが、貴方はご存知でしょうか？

ロイ　ライリーがジムをオープンしたばかりの頃は、彼の母親の地元だったウィガンの中を転々としていたらしい。私の記憶が正しければ、ライリー本人とビリー・ジョイス、トミー・ムーア（長く大英帝国ウェルター級王者であったジャック・デンプシーの本名）、それにアラン・ラッサム、これはフランシス・サリヴァンの本名なんだが、こういった連中が資金を出し合って建てたというのがライリー・ジムの始まりなんだ。ただ、それがいつ頃かということに関しては、私も記憶が曖昧だなあ。40年代から50年前後だとは思うんだが、もしかしたら私が生まれる以前、30年代だったかもしれない。

　ちなみに、ＣＡＣＣの実践者でもあり、ウィガンにおけるレスリング史に詳しいステッペン・グリーンフィールド氏の調査によれば、ウィガンのヴァイン通りにライリー・ジムが完成したのは、第二次世界大戦直後の47〜48年頃ではないかとのことである。

——いずれにしても、ライリーがジムを開設したのは、彼が現役のプロレスラーであったか、もしくは彼が引退した直後のことですよね。

ロイ　彼はプロモーター兼レフェリーで、プロレスラーでもあったからね。ジムのすぐ近くに家族で暮らしていたよ。彼はウィガン近郊の出身（正確にはウィガン郊外のリー出身）だったと記憶しているが、後年はマンチェスターに移住して、そこからジムに通っていたんだ。

――あなたがジムに入門した58年の時点で、ライリーは62歳前後だったと思うのですが、そんな高齢になっていても、彼は自ら手を取って指導してくれたのでしょうか？

ロイ　その通りだよ。当時はジムにコーチがいなかったから、指導する立場の人間はライリーだけだった。

――当時のジムには、ビリー・ジョイスの兄でジョー・ロビンソンという元レスラーがいたと思うのですが、彼はコーチの立場ではなかったのでしょうか？

ロイ　ああ、確かにいたね。ただ、彼はとても良いレスラーだったが、我々のコーチを務めるというところまでジムに入り込んではいなかった印象があるね。同じようにチャーリー・キャロルというレスラーOBもジムに出入りしていた。ひょっとしたら、彼はジョー・キャロル（20世紀初頭に活躍した著名なCACCのレスラーで、前田光世や谷幸雄との対戦記録がある）の一族だったのかもしれないね。

――ライリージムの伝説的なレスラー、ビリー・ジョイスやジャック・デンプシーといった人たちは、自分のトレーニングの合間に若手を指導したり、スパーリングしたりということはなかったのでしょうか？

ライリー・ジムの長い歴史の中でジョイスと並び称される伝説のレスラー、ジャック・デンプシー。大英帝国ウェルター級の王座に長く君臨し続けた。2007年に85歳で逝去。

カール・ゴッチ、ビル・ロビンソンの両雄が口を揃えて絶賛したビリー・ジョイス。晩年もウッドとの交流は続き、ジムを訪ねることもあったが、そうした際にも指導するような場面はなかったという。

ロイ　いや、彼らが我々を直接指導するようなシチュエーションはなかったね。少なくとも、私はそういう場面を一度も見たことがない。それが彼らの性格によるものなのかは、私にもわからないがね（笑）。ただ、デンプシーの息子、マイケル・ムーアというんだが、彼がプロを目指してレスリングを始めた時には、さすがに指導したかもしれないがね。

プロデビュー後のアラン・ウッド。彼もまた歴史に埋もれたレスラーであるが、ダイナマイト・キッドは自伝の中で「イギリスで最も過小評価されていたレスラー」と最大限の賛辞を送る。再開したライリー・ジムをウッドとともに支えた。

――当時のジムのシステムですが、会費あるいはレッスン料といったものはライリーに対して支払っていたのでしょうか？　古いライリー・ジムの映像を観ると、ジムに通う若者たちが練習が始まる前に、ライリーにコインを渡しているシーンがあるのですが。

ロイ　8分の1ポンド、つまり1ポンドに満たないわずかな額だが、それが1回分のレッスン料で、練習が始まる前に毎回ライリーに渡すんだ。ちなみに、その映像に映っている若者というのは、私か従兄弟のアランのどちらかだね。その日の撮影については、よく憶えているよ。

アンドレア　ジムには会員証があって、毎回レッスン料を支払うとミスター・ライリーが会員証の裏にその都度サインをするシステムだったのですが、私はその当時の会員証を今でも大切に保管しています。

ロイ　ジムそのものは毎日開いているんだが、私たちのクラスは火曜日と木曜日の夜、それから日曜日の午前中の週3回と決まっていたんだ。その時間になるとジムの鍵を開けておいてくれて、私たちは中に入って練習するわけさ。会員証には、ジムがいつ開いているのかが書いてあった。それからジムの中にも何日に誰が来て会員証にサインしたってことが書かれていて、ひと目でわかるようになっていたなあ。

――あなたが在籍されていた当時のライリー・ジムでは、プロレスラーとアマチュアの人たちが一緒に練習をしていたのでしょうか？

ロイ　基本的にプロレスラーたちは、夜に自分たちが出場する興行があるから練習時間は午前中で、その他のアマチュアの練習は夜と決まっていたんだ。ただ、さっき言ったようにアマチュアは日曜日の午前中も練習するので、土曜日の夜に試合を終えたプロたちも練習に来るというシチュエーションはあったね。それは物凄く稀なケースだったんだが、そういう時はプロのムーブを間近で見て学んだり、彼らにいろいろとアドバイスを受けることができるチャンスだったというわけさ。

――昔のライリー・ジムは、80年代に火事で焼失したと聞いてるんですが。

ロイ　それは事実と違うね。昔のジムには、やれトイレやシャワーがなかったとか、いろんな噂があったんだ。だから、昔のライリー・ジムが火事で消失したというのも、きっとそうした噂のひとつなんだろうね。ちなみに、確かにトイレはなかったが、シャワーはきちんとあったよ（笑）。それから特に女人禁制という決めごとはなかったんだが、実際問題として当時はジムに女子レスラーはいなかったし、うす汚いとかトイレがないとか噂になっていたから、ジムに女性が入ったことすらなかったんだ。ずっと後になって、ＴＶのドキュメンタリー番組を撮影した時のスタッフが、たぶん初めてジムの中に入った女性ではなかったかな。そんな女人禁制のようなジムで練習していた私が、今は女子レスリングのオリンピックチームのコーチをやっているんだから、世の中は面白いものだよ。

アンドレア　私が子供の頃、父に用事があってジムに行く時には、母から〝外からドアをノックをするだけで、決してジムの中に入ってはダメよ〟と言われたものでした（笑）。

ウッドの述懐によって、これまで多くの謎に包まれていたライリー・ジムの真の姿が次第に浮き彫りにされていく。ロビンソンと共に、彼もまた往時のウィガンを知る数少ない生き証人のひとりである。

　ここで、ウッドがライリー・ジムに在籍していた時代にトレーニングに励んでいたレスラーたち、あるいは当時のウィガンに存在していた他のレスリングジムについて質問を投げかけてみた。

――あなたがライリー・ジムに入門された当時、どのようなレスラーが練習していたのか思い出せる範囲で教えてください。

かつてライリー・ジムと並び評されたポップ・チャーノック・ジムでの練習風景。左から総帥ビリー・チャーノック、ベルショー３兄弟のアーサー、ジャック、クリフ。ちなみに、ビリー・ライリーもこのジムの出身者である。後年はベルショー兄弟が新たにジムを立ち上げた。

ロイ　それこそ、当時はたくさんの素晴らしいレスラーがいたものだよ。ビリー・ジョイス、ジャック・デンプシー、ジョン・フォーリー。それからメルビン・リス、本名はハロルド・ウィンスタンリーというんだが、彼もライト級のグッドレスラーだった。他にもビリー・チェンバース（リングネームはジャック・ファロン。後年ダイナマイト・キッドにＣＡＣＣの指導したことで知られる）やケン・ボールドウィン（リングネームはトニー・ゼール。後年プロモーターとして名を馳せたマックス・クラブトリーのタッグパートナーとして活躍した）、それからブライアン・バークという名前のレスラーも憶えている。それに当時は、カール・ゴッチもウィガンに来ていたはずだ。

――ジョイスは、ゴッチやロビンソンが最大級の賛辞を送るウィガンが生んだ伝説のレスラーですね。

ロイ　ジョイスに関しては面白い話があるんだ。彼はビリー・ロビンソンと大英帝国ヘビー級の王座を巡って何度も激戦を重ねていたわけだが、ジョイスが亡くなった際に彼の娘がその時のチャンピオンベルトを形見として私にくれたんだ。今はアンドレアが持っている。だから、現在の大英帝国ヘビー級チャンピオンは彼女さ（笑）。ビリーは英国に来るといつも私のところに遊びに来てくれるんだが、ジョイスと自分が争っていたあのベルトがまさか我々の手元にあるとは思っていないから、ジムを訪れた時にそれを見つけて、物凄く驚いていたよ（笑）。

――あなたと同世代という意味では、当時のライリー・ジムにはどのようなレスラーがいたのでしょうか？

ロイ　当時、私は最年少でジムに入ったから、やはり時代的にも自分より下の世代とか同年代になると人数が極端に少ないんだ。同年代のレスラーを強いて挙げるなら、従兄弟のアランぐらいだね。スティーブ・ライト？　そういえば、アランが彼を教えていたなあ。

――その当時、ライリー・ジムの他にもウィガンにいくつかのレスリングジムがあったと思うのですが、ポップ・チャーノック・ジムというのはまだ存在していたのでしょうか？

ロイ　そのジムがあったのは、私が生まれるずっと以前の話だと思うよ。私が育った頃にライリー・ジムの他にウィガンにあったのは、『ベルショーズ（Belshaw's）』というジムだけだった。そのジムは私の家のすぐ近所にあったんだが、私がレスリングを始めた頃は、ジムがなくなる直前で閉鎖を余儀なくされていたんだ。私はこのベルショーズのレスラーと試合をしたことがあるんだが、おそらくそれが彼らにとって最後の試合だったのではないかな。それ以来、私はあのジムに所属していたレスラーを見ていないからね。

――ベルショー3兄弟はチャーノック・ジム所属のレスラーでしたが、彼らがチャーノック・ジムを引き継いだ形だったのでしょうか？

ロイ　確かに彼らはチャーノック・ジムの出身だが、その辺りの経緯はわからないなあ。引き継いだのかもしれないが、もしかしたらそのジムがなくなってしまったから、自分たちが練習するジムを新しく作る必要があったのかもしれないね。これは余談だが、ベルショーズはトランポリンの指導にも非常に長けていたようだった。

――ダイナマイト・キッドの師匠として有名なテッド・ベトリーは、元々ライリー・ジム所属のレスラー

だったのでしょうか？

ロイ　ベトリーは、（チェシャー州）ウォリントンという街の出身だった。ただ、彼はライリー・ジム出身のレスラーではなかったはずだよ。

――ここでスネークピット出身のレスラーの中でも、我々日本のファンが最も馴染みが深い存在であるカール・ゴッチとビル・ロビンソンについてお尋ねします。ゴッチがヨーロッパからカナダに渡ったのが59年で、あなたがライリー・ジムに入門された少し後になるのですが、彼とジムで行き会ったことはありますか？

ロイ　フォーリーがカナダに渡ったことは憶えているが、ゴッチに関しては記憶にないなあ。当時の私はジムに入ったばかりだったし、さっきも話したようにプロレスラーとは練習時間が違っていたから、彼とジムで会ったことは一度もなかったね。

――ライリーやジョイスが、ゴッチについてどのような評価、認識でいたのか、お聞きになったことはありますか？

ロイ　ゴッチは長い期間、ライリー・ジムで練習をしていたからね。彼は体格に恵まれていたし、力も強かった。そして、いつも真摯にトレーニングに取り組む物凄く志の高いレスラーだったとよく言っていたね。

――ゴッチとは違って、ロビンソンとあなたは僅か5歳の年齢差ですので、彼とはジムで一緒に練習する機会がかなりあったと思うのですが。

ロイ　もちろん、ビリーのレスリングを間近で見て学びながら、私は成長したんだ。彼は本当に素晴らしいレスラーだった。ただ、入門当時は私が15歳でビリー

ヨーロッパマットで活躍していた頃のカール・ゴッチ。同時併行で実施したライリー・ジムでのトレーニングは8年間にも及んだ。写真は54年のドイツにおけるトーナメントの際に撮影されたものである。

CACCにおける最後の継承者がこの世を去った。"人間風車"ビル・ロビンソンは、ウィガン仕込みの本物のテクニックをリング上で華麗に魅せることができる不世出のレスラーだった。類まれな指導者でもあったロビンソン亡き後、ウッドに課せられた責任は重大である。

が20歳だったわけだから、物凄く年齢差を感じていたし、やっぱりジムの大先輩という印象だったね（笑）。

――当時、彼と直接スパーリングをするといったシチュエーションもあったのでしょうか？

ロイ　当時は私が10ストーン（英国の重さの単位。約63キロ）でビリーが大体17ストーン（約１０８キロ）と体格や階級がかなり違っていたから、彼と直接スパーリングをしたことはなかったけれど、彼の動きはいつも目で追っていたものさ。

――最近はロビンソンが英国でレスリングのセミナーを行うこともあって、以前より彼と会う機会が多いと思うのですが、どんなお話をされるんですか？

ロイ　昔の思い出話とか笑い話、あとはやっぱり当時のレスリングの話が多いね。ビリーも私以外とはそんな話はできないし、他に昔話をしようと思ったら、それこそ誰かの墓に行かなくちゃいけない（笑）。だから、ふたりでいる時は話題に事欠かないよ。

ＣＡＣＣの数少ない伝承者として、その技術を未来に継承することを生涯を賭したライフワークにしているロビンソンとウッド。そういう意味では、現在の両者の立ち位置はほぼ等しいと言えるだろう。だが、そこに至るまでの道程は大きく異なる。

若くして英国マットを代表するトップレスラーに上りつめ、ヨーロッパを離れた後もアメリカや日本で一流レスラーとして活躍したロビンソン。対して、ショーマンプロレス全盛となった英国マットで大成を果たすこともなく、地元であるウィガンに留まり、早い時点で後進の指導者へと身を転じたウッド。

ウッドの胸中には、常に脚光を浴びていた5歳年長の兄弟子に対する憧憬と相反して、ロビンソンへの忸怩たる思いがあったのではないか――。筆者にはそうした、ややネガティヴな想像があったのだが、それがかなり穿った見方であることは彼の言葉の端々から伺い知ることができる。特に近年の両者が旧交を温める場面などは、想像するだに微笑ましくもある。

ただし、後述する彼の言葉からは、ライリージムの先人たちとは別の道を歩んだ自らの人生に対する感慨と、ＣＡＣＣのメッカであるウィガンで誰よりも先んじて指導者となった彼のプライドを強く感じとることもできる。

――あなたがライリーの後を引き継がれたのは70年代の中頃だと思うのですが、ご自身が指導者になろうと思った動機は、どのようなものだったのでしょうか？

ロイ　私もプロレスラーだった時代が長かったし、トレーニングに来る人間もかなり減っていて、その時期のライリー・ジムはすでに閉鎖同然だった。そんな頃に私の息子がレスリングをやりたいと言い出したので、アランと私が昔のジムを使って、息子と彼の友人たちを教え始めたんだ。そこにライリーも指導に来てくれるようになって、そこからまたビリー・ライリー・ジムが復活したという説明が一番わかりやすいかな。つまり、ライリー・ジムには空白の期間があったというわけさ。

――ライリーは77年に81歳で亡くなっていますから、彼の最晩年ですね。

ロイ　私たちは当初、子供たちのクラスを指導していたんだが、ライリーが引退を決めた後は、私たちが教えているところを傍で見ていてくれて、彼からどのように指導すれば良いのかということを教わったんだ。つまり、我々はレッスンのためのレッスンを受けていたというわけさ。

――そこで子供たちに教えていたのは、アマチュアレスリングですね？

ロイ　だけど、私が若い頃に学んでいたのはキャッチレスリングだけだったから、新たにアマレスのルールを一から勉強し直して指導するのは、かなり大変な作業だったよ。その時、7歳でレスリングを始めた息子はすでに46歳になるんだが、彼はレスリングを始めてすぐに全英のチャンピオンになったんだ。そして、我々がジムを再開してからは、多くの若者がジムに集まってきた。そこからアマレスで好成績を残すような教え子も出てきたから、また活発にジムの運営ができるようになったんだ。

――あなた以降の世代で、晩年のライリー・ジムからプロレスラーとして育った若者はいたのでしょうか？

ロイ　ライリーが指導していたのは、すでにプロとして活動していたレスラーが主体で、若者の育成にはあまり力を入れていなかった。だから、ビリー・ロビンソンを最後に、ウィガンから本格的なプロレスラーというのはあまり出ていないんだ。そのうちに、キャッチレスリングの技術を知っている人たちも年を追うごとに高齢化していくわけだよ。つまり、私がライリーからそういう技術を教わっている最後の世代だったんだ。ライリーは私の息子がレスリングを始めたことを機にレッスンを再開したわけだが、彼が若者のトレーニングをするのは本当に久しぶりのことだった。だから、その間にライリー・ジム出身のプロレスラーというのは、なかなか出てこなかったんだ。

——ライリーが亡くなった後、あなたはジムの名称を『アスプル・オリンピック・レスリング・クラブ』に改称して、黒く小さな小屋だったジムから新たな建物に移転されました。それには、どのような経緯があったのでしょうか？

ロイ　さっきも話題に出た『ファースト・チューズデイ』というテレビの番組は観たことがあるかな？

——英国で80年代に放送されたドキュメンタリーですね。私はその番組のDVDを持っています。

ロイ　そのドキュメンタリーを観てもらえばわかると思うが、以前の建物は大勢で練習するには小さ過ぎるし、老朽化もかなり進んでいたので、元々取り壊すことになっていたんだよ。それで私が新しい建物を買い取って、現在もそこでジムを運営しているんだ。

アンドレア　アスプルジムはアマチュアのフリースタイルに特化していて、11年11月にキャッチレスリング主体のスネークピットが発足した後も同じ建物の中に併設されています。

——これはあなたのポリシーに関する話になりますが、ゴッチやロビンソンはCACCの技術を習得した後にウィガンを離れて、アメリカに渡ってビッグネームになりましたよね。一方、あなたはウィガンに留まって、現地で昔からの技術を伝承する指導者の立場になったわけですが、そこにはどのような思いがあったのでしょうか？

ロイ　私はレスリング以外のビジネスをウィガンでふたつ持っていて、さらに自分のジムもあったから、海外のどこか、例えばアメリカに出て行くという思いよりもウィガンに留まる気持ちの方が強かったんだ。まあ、自分でジムを持っていたことが大きいんだが、レスリングをするために私の方からどこかに出ていかなくても、相手の方からウィガンに出向いてくれることが凄く多かったからね。今はウィガンのスネークピットがキャッチレスリングのメッカみたいになっていて、世界中から人が集まってくれるから、自分からどこかに出ていかなくてはいけないという思いはあまりないんだよ。

――現在、『スネークピット』という名称のジムは世界各国にあるようですね。

ロイ　ドイツ、デンマーク、タイ、そしてアメリカにもある。ただし、その元祖はあくまでウィガンにある我々のスネークピットだとみんなが認知していて、敬意を払ってくれている。日本にもスネークピットという名前のジムがあるよね？

――ええ、東京の高円寺に宮戸優光氏が運営している『ＵＷＦスネークピットジャパン』という名称のジムがあります。

ロイ　そうそう、宮戸は昔（95年）、安生（洋二）と一緒にウィガンの私のジムを訪ねてくれたことがあったよ。宮戸のジムについては、以前から話を聞いているよ。ただし、スネークピットの元祖というか、最初に命名したのは私たちだよ（笑）。

先に述べたように、近年ＣＡＣＣは世界規模で競技人口が急激に拡大しつつある。

私事ながら、あるＳＮＳで筆者が管理人を務めるＣＡＣＣのグループには現在約８５０人が加入しているが、その大半は外国人の、それもＣＡＣＣの実践者たちである。彼らに見られる大きな特徴のひとつに、その良し悪しは別にして、ＣＡＣＣとプロレスを全く異なるジャンルとして認識していることが挙げられる。

これはＣＡＣＣの存在をプロレスの延長線上に捉えている日本のファンとの大きな相違点であり、これが日本国内でＣＡＣＣというジャンルが諸外国ほどの盛り上がりを見せていない大きな要因のひとつであろうと思われる。

さて、ここからはＣＡＣＣを後世へと継承するために、ウッドが抱くコンセプトと未来への展望について話を訊いてみたい。

――現在、欧米を中心に世界規模でＣＡＣＣが再認識され、確実に競技人口を増やしつつあるわけですが、その端緒について、その一翼を担う立場のあなたご自身はどのようにお考えでしょうか？

ロイ　別に日本でのインタビューだから社交辞令で話すわけではないが、私自身のことで言えば、地元のウィガンでもキャッチレスリングがほぼ消滅しかかっていた状態の時に、日本に来て教えてくれないかという（Ｓ

WSからの）オファーがあったことがやはり大きいね。何しろわざわざ日本からウィガンまで来て、教えを請いたいと頼まれたわけだから、それは私にとってもも大変な驚きだった。それでキャッチレスリングに対する私の気持ちに再び火が点いて、そこからだんだんと拡がりをみせていったという部分は確かにある。ただ、私はキャッチレスリングから離れている間は、ずっとアマレスの指導に専念していたので、以前とは逆にまたキャッチレスリングを思い出さなくちゃいけないという苦労はあったがね（笑）。

――ちなみに、あなたのお考えの中では、CACCとプロレスは同義のものなのでしょうか？

ロイ　プロレスラーとして活躍した人たち、これまで話に出たビリー・ライリー、ビリー・ジョイス、ビリー・ロビンソン、そしてカール・ゴッチ。非常に優れたレスラーであることとは別に、彼らは素晴らしいショーマンでもあった。魅せられる才能のあるプロレスラーだったんだよ。だから、アマチュアとキャッチ、そしてプロフェッショナルというのは、同じようにレスリングと付けられてはいても、私はまったく別の物だと捉えているんだ。

――CACCという伝統的なレスリングをそのままの形でウィガンに残すために、将来的には自分の後継者になり得る人材を育成することもお考えでしょうか？

ロイ　現在、まさに自分の後継者というものを育てているところなんだよ。今の時点で、すでに私の直系の弟子がふたりいるんだが、近く彼らが世界中でセミナーを開催する計画があるんだ。そこで彼らが指導した中から将来性のある人間をさらに数人ピックアップして、その中から数年後には最終的に5人くらいのキャッチレスリングの後継者になり得る人材を育てていきたい。ただし、組織が大きくなればなるほど、少しずつ多様化していって、技術が変化してしまう部分が出てくるだろうから、それを抑えつつ、純粋なキャッチレスリングを教えられるような人材を育てようと思っているんだ。

――壮大で、なおかつ根気が必要なプランですね。

ロイ　私はウィガンに残った人間だが、キャッチレスリングが世界的に通用するものだということをアメリカや日本に行ったゴッチやロビンソン、ジョン・フォーリーたちが証明したわけだよ。ただし、彼らはグローバルな視点で技術を伝承していくことはしなかったたんだ。その点に私は気が付いて、アマレスとは異なるジャンルであるキャッチレスリングというものを継承していく人間を育てていくプランを思いついたんだ。

――例えば、日本でこのインタビューを読んだ人がCACCを学んでみたいと、いきなりウィガンのあなたのジムを訪ねていくことは可能でしょうか？

アンドレア　いいえ、事前に申し込みをいただかなくてはなりません。私のメールアドレスにご希望を記してお送りいただいた上で、そこから面接もありますし、私がそうしたものを全てマニュアル化しています。セミナーの申請書がありますので、まずはそちらを使って申し込みをしてください。

――現在、あなたが指導されておられる対象はアマチュアのレスラーが主体だと思うのですが、キャッチレ

下写真は、ウッドと彼の教え子たち。中には日本人として初めてウッドの門を叩いた「ライリージム京都」の主宰者、松並修氏（下段中央）の顔も見える。国際色豊かな競技会もすでに開催されているようであり、CACCにおける人の輪は大きな拡がりを見せている。

スリングの後継者とは別に、将来プロレスのリングに上げるようなレスラーを育成するような計画はおありでしょうか？

ロイ　そういった計画を立てるのは、コーディネーターであるアンドレアの仕事なので、すべて彼女に任せてある。本当に親子二人三脚でやっているんだ。プロレスラーの育成に関しては、特に何も考えてはいない。私はレスリングのコーチに専念するだけさ。

――総合格闘技（ＭＭＡ）については、どのようなお考えをお持ちでしょうか？

ロイ　アマレスは教えているけれど、私はレスリングというものに関してキャッチ以外には何も興味がないし、観ないようにしているんだ。ＭＭＡとかブラジリアン柔術、あとは日本のパンクラスにしても、そういう競技があることは知っているが、私はそこには関わってこなかったし、これからも関わることはないだろう。私はキャッチレスリングを純粋に保つことが、自分に与えられた役割だと思っているからね。

アンドレア　最近、キャッチレスリングを学んでいたグアテマラの選手が、アブダビコンバットに出場して勝利を収めました。彼はキャッチレスリングのテクニックを駆使して勝ったので、インタビューの中でもキャッチレスリングという言葉が出てきましたし、そうした技術を身につけた人が他の競技に出場してキャッチレスリングというものを伝承してくれるのは嬉しいことです。ですが、私たちが教えることはあくまで純粋なキャッチレスリングのみですし、育てたいのも純粋なキャッチレスラーだけなのです。ですから、入門希望者には予め他の競技に出場する目的があって、その一環として私たちのところに来られても、入門はできませんということは伝えております。

――現在、ウィガンのＣＡＣＣに関する本を執筆中とのことですが、どのような内容の本なのでしょうか？

ロイ　正確にはステッペン・グリーンフィールドが執筆しているんだが、もうすぐ完成する予定だよ。18世紀辺りまで遡る歴史物で、三部作の長編になりそうだ。ユキオ・タニというウィガンを訪れた日本人格闘家も登場すると聞いているよ。

――これが最後の質問になりますが、ＬＥＯＮＡには今後どのようなレスラーになって欲しいですか？

ロイ　もちろんグッドレスラーさ（笑）。

後記

ロイ・ウッド氏にインタビューを敢行したのは、13年11月19日であった。この時、ビル・ロビンソンはまだアメリカで健在であり、セミナーなども精力的に行っていた。だが、このインタビューを収録した『Gスピリッツ』が発売となった翌14年3月末にはロビンソンはすでに他界している。現代のキャッチ・アズ・キャッチ・キャンを代表する両者のリンクが筆者には不思議に思えてならない。

だが、両者がその生涯を捧げて育て上げたキャッチ・アズ・キャッチ・キャンの萌芽は近い将来大きな大輪の花を咲かせることであろう。

筆者はその日が訪れるのを願ってやまない。

ライリー・ジムの精鋭たち。総帥ライリー、ビリー・ジョイス、ジャック・デンプシーらの顔が見える。

第二十三章
怪物たちの述懐
―ザ・モンスターマン&ザ・ランバージャック　インタビュー―

37年の時を経て、〝怪物〟と呼ばれた男がすべてを語る。

当時は黎明期だった全米プロ空手の世界ヘビー級王者として、アントニオ猪木と2度にわたって「格闘技世界一」の座を争ったザ・モンスターマンは、生まれ故郷のペンシルベニアに生息していた。

併せて、彼の盟友であるザ・ランバージャックの述懐にも、耳を傾けていただきたい。

エヴェレット・エディ。この名前にピンとこない読者諸氏も、彼のニックネームである〝ザ・モンスターマン〟と言えば、褐色のしなやかな肉体と驚異的な跳躍力を思い出される方が大勢いらっしゃると思う。1977年8月2日に日本武道館で行われたアントニオ猪木との一戦は、彼の異種格闘技戦における屈指の名勝負と謳われる。

猪木との2度目の対決から、実に37年。太平洋を飛び越えてのチャットによるロングインタビューは、最近彼の身辺で起こった、ある衝撃的な出来事の話から始まった。

——78年6月7日、福岡スポーツセンターでの猪木戦後、これまでにあなたが日本の格闘技関係者、または日本のマスコミと接触したことはありましたか？

「いや、今回が初めてだ」

——去る3月31日、あなたが最愛のご子息を亡くされたことは、私にとっても大変残念です。

「君の心遣いに、本当に感謝するよ」

——その方も含めて、ご家族を紹介してください。

「48年連れ添った妻のブレンダと、息子がふたりだ。長男がエヴェレット・ジュニアで、次男がロドニーというんだ。殺されたのは次男の方だ」

——殺された⁉　それは知りませんでした。

「そう、次男は殺された。銃で撃ち殺されたんだ（享年39）」

——ご心痛をお察しいたします。お孫さんはいらっしゃいますか？

「男が5人、女がひとりだ。それにひ孫も女がふたり、男がひとりいるよ」

——では、正確な生年月日と出身地、ご両親について教えてください。

「46年12月1日、ペンシルベニア州ミードヴィルの出身だ。私の父ロバート・エディは2005年に85歳で亡くなり、母のクラーネルはその5年後に90歳で亡くなった。父は肉体労働者で、母は看護師だった。私は三男で、長姉のクラリスは25年前に亡くなり、次姉のゼベラはニュージャージーで今も聖職者をしているよ。次兄のデヴィッドも3年前に亡くなった。長兄のロバートはゼネラル・モーターズを定年退職しているし、弟のアーサーもすでにリタイアしている。父親は違うんだが、もうひとりシェリルという妹もいる」

——子供の頃のスポーツ歴は？

「高校では、フットボールとレスリングと陸上をやっていた。レスリング選手としては、わりと優秀でね。ペンシルベニア州エリーの地区大会では、３年連続で優勝しているんだ」

――例えばスカラーシップ（奨学金）などを使って、大学に進学するつもりはなかったのでしょうか？

「いや、大学には行かなかった。何校か誘いはあったが、学業の成績が悪かったからね」

　インタビュー冒頭から、かなりショッキングな話題となったが、アメリカのマスコミでもニュースとして取り上げられた射殺事件の犯人は、すでに逮捕された模様である。

71年11月27日に、オハイオ州クリーブランドで開催された「USKAナショナルズ・チャンピオンシップ」における集合写真。後列左からザ・モンスターマン、師範であるデヴィッド・J・ブライム、ザ・ランバージャック。

　モンスターマンとの交信を何度か続けていくうちに感じたのは、彼が基本的に寡黙な人物であること。そして、同時に誠実な人物だということである。その感覚は、このインタビューを最後まで読んでいただければ、読者諸氏にも伝わることだろう。

　続いては、空手との出会い、彼が習得したスタイルについて訊いてみた。

――空手を始められたのは、あなたが何歳ぐらいの時でしょうか？

「空手に目覚めたのは16歳、高校生の頃だ。近所に住むサム・コープランドという友達が路上でいろんな動きを見せてくれて、彼に教えてくれと頼んだのが始まりだった。だから、サムが私の最初の師匠というわけだ」

――それは日本の空手でしょうか？

「いや、カンフーだった」

――ところで、アーティー・シモンズという人物をご記憶でしょうか？　当時の空手雑誌を読むと、あなた

は16歳でアーティー・シモンズの指導を受けたとあります。

「ああ、彼は私の2番目の師匠だ」

――ミスター・シモンズは、どのようなスタイルをあなたに教えたのでしょうか？

「悪いけど、思い出せないな（筆者註・その後の調査で、彼が教えていたのもカンフーであったことが判明）」

――では、3番目の師匠がミスター・デヴィッド・J・プライムでよろしいでしょうか？

「彼は4番目の師匠で、ミスター・ハロルド・ウィリアムスが3番目だ」

無念の死を遂げた愛息ロドニー氏の遺影を胸に抱く、現在68歳となったモンスターマン。彼の心中は察するに余りある。我々にできるのは、彼の今後の人生に幸多かれと、ただ願うのみである。

――あなたとザ・ランバージャック・ジョニー・リーは、一緒にミシガン州デトロイトでミスター・ウィリアムスの指導を受けていたのでしょうか？

「その通りだ」

――それは日本の空手でしょうか？　それとも韓国のテコンドー（跆拳道）でしょうか？

「タンスドー（Tang Soo Do）というものだ。これは韓国の武道なんだ」

――極真や剛柔流、松涛館流などの日本の流派でも学ばれたのでしょうか？

「いや、日本の流派では学んでいないな。もっとも私からすれば、タンスドーも空手のひとつだがね」

――〝カリフォルニア・フラッシュ〟のニックネームで日本でも活躍したミスター・ハワード・ジャクソン（詳細は後述）は、あなたの兄弟弟子ですよね？

「ハワードは私の親友のひとりだった。ミスター・ウィリアムスの門下で、我々は一緒に稽古していたんだ」

――他には、どのようなところで稽古をされたのでしょうか？

「後年、カリフォルニアに移住してからは、チャック・ノリス（筆者註・空手家、俳優として活躍。映画『ドラゴンへの道』にブルース・リーの最強の敵役で出演）の道場のひとつを引き継いだ。他にはベニー・ユキーデの『ジェット・ジム』でもトレーニングしていたし、ケン・ノートンのボクシングジムにも通っていたんだ」

――ボクシングの練習をされていたのは初耳でした。何歳ぐらいから始められたのでしょうか？

「キックボクシングを始めたのと併行して、ボクシングも始めたんだ。確か25歳くらいだったと思う」

ブライムが率いた「デトロイト・オールスターズ」の精鋭たち。モンスターマン（後列左）とランバー・ジャック（後列右）がメンバーだった頃のチームは、全米屈指の強さを誇った。写真は74年頃に撮影されたものである。

――77年に一緒に来日したアーノルド&ベニーのユキーデ兄弟との関係を教えてください。

「ずいぶん前のことなのであまり憶えていないが、確かアーノルドは私のトレーナーだった時期があった」

――プロ転向前のご職業、キックボクシングを始めた動機、プロ空手家になるキッカケを教えてください。

「それまでは市バスの運転手をしていたんだが、相手にパンチを当ててみたい、攻撃をしてみたい、という衝動を抑えきれなくなって、プロになろうと決めたんだ」

――当時、我々はあなたたちの競技を『全米プロ空手』、あるいは『マーシャルアーツ』と呼んでおりましたが、正式な名称を教えてください。

「プロフェッショナル・カラテだな」

――当時は、『キックボクシング』という名称は使っていなかったのでしょうか？

「ああ、使っていなかった。まあ、みんな同じものだがね」

――現役時代の身長とベストの体重を教えてください。

「１８３センチ、１０４キロだった」

――猪木戦や坂口戦では、足先にプロテクターを装着

77年8月2日に日本武道館にて行われたアントニオ猪木との格闘技世界一決定戦。抜群の跳躍力を活かしたキックを放つなど、モンスターマンも善戦したが、最後は猪木のスタンプ・ホールド（パワーボム）からのギロチンドロップで5RKO負けを喫した。（上・中写真＝撮影／原悦生）

していましたが、普段のプロ空手の試合でも同様の装備だったのでしょうか？

「ああ、普段の試合も同じような感じだった。ロングスパッツはレイヨン生地で、黒帯を締め、グローブはボクシングのものを着けていた」

――プロ転向後に獲得したタイトルをご記憶の限り教えてください。

「ずいぶん昔の話なので難しいな。自分の成績をちゃんと記録していなかったしね。君が雑誌などで調べてみた方がいいかもしれないな」

エヴェレット・エディの名前が空手雑誌を賑やかすのは、69年に一家でデトロイトに移住した後、数年を経て、デヴィッド・J・プライムが経営していた『カラテ・インスティチュート（空手研究所）』に入門してからである。

当時から、彼のニックネームは〝ザ・モンスターマン〟、あるいは〝モータータウン・モンスター〟であった（筆者註・モータータウンは自動車産業が盛んなデトロイト州の愛称）。

プライム率いる競技会チーム『デトロイト・オールスターズ』の一員となったモンスターマンは71年頃から頭角を現し、一躍全米空手界にその名を轟かすようになる。74年当時の雑誌によれば、「73年までに全米の著名な大会で16ものタイトルを獲得した」とある。ただし、それらが賞金が賭けられたプロの大会なのかは判然としない。

この時点で特筆されるのは、プロ空手黎明期のトップスターであるジョー・ルイス（有名なプロボクシングのヘビー級王者とは同名異人）がPKA（プロ空手協会）初代ヘビー級王者になる直前の74年7月27日、モンスターマンがノンタイトルながら彼に判定勝ちを収めていることである。この一戦の勝利もあり、彼はPKAのトップコンテンダーとなる。

さて、77年の初来日時、モンスターマンの肩書きは「全米プロ空手世界ヘビー級王者」というものだった。これは、どのような形で獲得したものだったのだろうか。

――日本では当時、あなたの肩書きを全米プロ空手世界ヘビー級王者と紹介しておりました。それは事実でしょうか？

「ああ、事実だ」

――しかし、78年に再来日した時、我々はあなたが世界スーパーヘビー級王者であると聞いたのですが。

「いや、それは事実と違うな。私はヘビー級の世界王者だった」

――世界タイトルは、誰から獲得したものでしょうか？

「マディソン・スクエア・ガーデンで開催されたアーロン・バンクス・トーナメントでジョー・ヘスに勝って獲得したものだ（詳細は後述）」

――そのタイトルを認定していた団体の名前を教えてください。

「当時はまだキックボクシングが創成期で、特に団体などは存在していなかったんだ」

――WPKOという団体ではないのでしょうか？

「悪いが、WPKOって何だい？」

――ワールド・プロフェッショナル・カラテ・オーガニゼイション（世界プロ空手機構）です。ここがあなたの世界タイトルを認可していたと思うんですが。

「確かにタイトルマッチはやったが、その団体については何も憶えていないな」

――先ほど名前の出たアーロン・バンクスという人物が運営していたはずです。

「うーん…たぶんね」

――そのタイトルはいつ頃まで保持し、誰に奪われたのでしょうか？

78年6月7日に福岡スポーツセンターで行われた猪木との再戦。途中で戦意喪失となったモンスターマンは、7Rに猪木のグラウンドコブラでKO負け。なお、モンスターマンは翌年2月6日の大阪府立体育館大会にも出場する予定であったが、結果的にはこの猪木戦が彼の日本におけるラストマッチとなった。（撮影／原悦生）

「私は現在に至るまで、防衛戦というものをしたことがないんだ」

――そのタイトルはPKAやWKA（世界空手協会、後に世界キックボクシング協会に改称）が認定したものではないのですね？

「そうだ。ずっと後年になって、私はPKAに加盟したがね」

――現役時代、最強の対戦相手は誰ですか？

「マイク・ロウというフットボールからキックボクサーに転向した選手だった」

――あなたが現役時代に対戦した相手のベストテンを教えて下さい。

「ミクスドマッチは除かせて欲しい。ジェフ・スミス、ビル・ウォレス、ハワード・ジャクソン、ビリー・ブランクス、フレム・エヴァンス、バーナス・ホワイト、クインシー・ミッチェル、セシル・ピープルズ、サミー・ペース、ジェリー・ピディントンといったところだな」

――当時の空手雑誌を読む限りでは、ジェフ・スミス、フレム・エヴァンス、ロス・スコット、ビクター・ラポザといった選手に敗北を喫していますね。

「ああ、事実だ。ただ、スミスやエヴァンスとの試合は空手時代のものだ。確かにスコットやラポザにはキックボクシングで敗れているが、その頃の私は肺病でかなり病んでいたんだ。もっとも試合した時は病気に気が付いていなかったがね」

――現役時代に、ドン・星野・ウィルソンやモーリス・スミスとの対戦はありましたか？

「いや、そのふたりとは対戦したことがないな」

――では、猪木、坂口以外の異種格闘技戦の経験は？

「カナダで現役ボクサーのホースト・ガイスラーと試合をしたことがある。みな、空手家がボクサー相手にどう戦うのか知りたがっていたんだ。試合結果？　残念ながら、私のKO負けだ」

現在64歳となったランバーハックの近影。寡黙なモンスターマンとは対称的に、実にフレンドリーな態度でインタビューに応じてくれた。空手の指導やセキリュティー関連業務と、今も精力的に活動している。

――その試合はリアルファイトだったのでしょうか？

「ああ、リアルファイトだ。あれが総合格闘技の始まりだった」

本人の記憶が薄れている部分もあるので、ここで75年から初来日までの彼の足取りを簡単に紹介したい。

75年3月時点で、モンスターマンはPKAのヘビー級ランキングで1位にランクされ、タイトル獲得は時間の問題とされたが、彼がPKAのタイトルに挑むには、さらに3年の年月を要した。

75年5月16日、カリフォルニア州ロサンゼルスで開催された第1回『ザ・ワールドシリーズ・オブ・マーシャルアーツ・チャンピオンシップ（WSMAC）』において、ダナ・グッドソンを破り、ヘビー級部門で優勝を果たす。だが、同年6月21日にハワイで開催された第2回大会では、決勝でビクター・ラポザに2RKO負けを喫する。

同年6月8日、カナダのオタワにおいて『ワールド・ファイティングアーツ・スペクタキュラー』が開催され、モンスターマンはヘビー級の現役プロボクサーで身長198センチ、体重117キロの巨人、ホー

おどけながらスパーリングを行うランバージャック（左）とモンスターマン。動と静。そして柔と剛。好対照な性格である両者の交流は、69年の出会いから半世紀近くなる現在も絶え間なく続いている。

スト・ガイスラー（筆者註・チャック・ウェプナーに10RTKO勝ち、トレバー・バービックに1RKO負け）と対戦するも、1RKO負けを喫した。

76年12月、WPKO制定のレーティングがあり、前王者のジョー・ヘスの引退によりモンスターマンが世界ヘビー級王者として認定されている。なお、このWPKOについてモンスターマンの師のひとりであるプライムは、「同時期に隆盛を極めたPKOの煽りを受けて、団体としては長続きしませんでした」と語る。

同年末、モンスターマンは生活拠点をデトロイトからカリフォルニア州に移す。

77年4月23日、ラスベガスにおいてPKA世界ヘビー級王座決定戦としてロス・スコットと対戦し、モンスターマンは1RでKO負けを喫した。

来日直前の同年6月26日、ニューヨークのMSGにおいてWPKO世界ヘビー級選手権の防衛戦が行われ、現王者モンスターマンが前王者ジョー・ヘスに4RTKO勝ちし、同タイトルを防衛した。前年度に同世界王者に認定されているところから鑑みるに、この試合を「タイトルの獲得」としたのは彼の記憶違いであろう。

WSMACでの優勝、そしてWPKO世界ヘビー級王座獲得。この二点からも、彼の来日時の肩書きがあながち偽りでないことがわかる。

——さて、77年から3度にわたって行われた一連の異種格闘技戦ですが、最初のミスター猪木との試合は、誰からのブッキングだったのでしょうか？

「ハワード・ハンソン（筆者註・当時の日本ではハンセンと表記）という人物だった」

——ハンソンとは同名のWKA会長と同一人物でしょうか？

「それは、よくわからないな」

――あなたがミスター坂口に勝利した78年4月4日のペンシルベニア州フィラデルフィアにおけるイベントも、ミスター・ハンソンのブッキングだったのでしょうか？

「私はただファイトをするだけだから、それはわからないな（筆者註・この試合はWWWFが主催した興行）」

――プロレスラーとの対戦オファーを受けた理由を教えてください。

「最初はモハメド・アリとミスター猪木のボクサーvsレスラーだったから、次は空手家vsレスラーということになった。私はその競技のトップだったから、〝さあ、どちらが勝つのか？〟ってわけさ。そして、その試合の勝者がアリと対戦するという設定だった」

――それはもしあなたが猪木に勝利すれば、アリと対戦する権利を得ていたということでしょうか？

「設定として、私はそう聞かされていた。だが、あくまでも設定だ。本来はエキシビションマッチで判定などもなく、ドローになると私は認識していた。ミスター猪木も私もトップファイターだったから、お互いのプライドが保たれるようにね」

――その頃、プロレスリングに関する知識はどれぐらいお持ちだったんですか？

「子供の時分には観ていたが、さほど熱中はしなかったな」

――ところで、モハメド・アリとの接点はあったんでしょうか？　当時、日本であなたは〝アリのポリスマン（用心棒）〟と言われていました。

「いや、そんな事実はない。アリ本人とは会ったこともないよ。彼のマネージメント関係者とは会ったがね。私が初めて日本に行った時、アリのマネージメント関係者も来ていて、ミスター猪木側と打ち合わせをしていたはずだ」

――ところで、アリとミスター猪木が戦った試合はご覧になりましたか？

「いや、観ていないな。だから、日本行きのオファーが持ち込まれた時、私はミスター猪木の名前すら聞いたことがなかったし、その試合に何が期待されているのかもわからなかったんだ」

――ということは、あなたにはミスター猪木に関する知識はなかったのですね？

「いや、時期は思い出せないが、彼がロサンゼルスに来て、1週間ほど滞在したことがある。その時にミスター猪木がいろんな種類のスローやホールドなどレスリングの練習をしていた姿を目にしたし、私がパンチやキックを練習する姿をミスター猪木が見学したことがあった。他にも受身の取り方を見せてもらったりはしたが、それだけだ。彼とスパーリングはしてない。猪木や彼のスタッフとの交流はとても楽しいものだった」

――その際に、ミスター猪木のスパーリングパートナーだった藤原喜明というレスラーも同行していましたか？

「たぶん彼とスパーリングをやったとは思うが、何しろ随分と昔のことなので憶えていないな」

――これは大変不躾な質問ですが、最初の猪木戦のファイトマネーはおいくらだったんでしょうか？

「確か1万ドル（当時のドル換算で240万円）だった」

この述懐でわかるのは、少なくとも異種格闘技戦に関しては、猪木サイドと対戦相手に明らかな温度差があるということである。一連の異種格闘技戦に団体の存亡を賭けていた猪木と、一般的にはまだ認知されていなかった新興格闘技のファイターで、しかも日本のプロレスに関する知識が皆無のモンスターマンとでは、やはり背負っているものの重さが異なる。

また、黎明期のプロ空手団体が、ビジネスモデルが確立されているプロレス団体と互角に交渉するだけの力をまだ持ち合わせていなかったことも理解できよう。

だが、本人の記憶ではエキシビションとしてドローになるはずだった試合がいかなる経緯であのような結末に覆ったのだろうか。エディの心の動きも含めて、詳しく訊いてみた。

――77年8月に行われたミスター猪木との最初の試合についてお伺いします。これまでとは異質な格闘家と対戦することに対しての恐怖心はなかったのでしょうか？

「おそらく最初はあっただろうが、その感覚はやがて克服できた。憶えているのは、理由は全くわからないが、試合中に私がリングの外に出ようとしたら、ミスター猪木のセコンド連中（筆者註・実際はミスター高橋、遠藤幸吉といったサブレフェリー）がそれを阻止したんだ」

――試合は途中からコンテストに変わったということですか？

「いや、そうしたかったが、私はミスター猪木をとても尊敬していたからね」

――結局、あなたはミスター猪木に敗れました。そこにはどんな経緯があったのでしょうか？

「彼らがリング内へと私の背中を押し戻し続けるので、私は疲れてしまってね。それでミスター猪木に勝ちを譲ったんだ。試合をしながら、〝どうして彼らは私をリングに押し戻し続けるのだろう〟と不思議に感じていた」

――初戦の試合映像を改めて確認したのですが、そういったシーンは見られませんでした。あなたがお話しになっておられるのは、おそらく2戦目だったと思うのですが。

「いや、初戦だったはずだ」

――初戦であなたはミスター猪木の攻撃を受けて、左肩を負傷したように見えました。

「彼が私の足を抱え上げて、マットに打ちつけた技だ（筆者註・フィニッシュ直前にパワーボムのような形でマットに叩きつけられた。当時の呼称はスタンプホールド）」

――では、再戦の時はどのようなプランだったのでしょうか？

「いや、2戦目は何も計画されていなかった。でも、私はコンテストだとは思っていない。もしあの試合がコンテストだったら、結末は違ったものになっていただろう」

――2度にわたる日本遠征で、何か思い出に残るようなことがありましたか？

「ああ、私は移り住みたいくらいに君の国が好きだ。人が正直で礼儀正しいし、名所もたくさんあるしね。私にとって、あれが初めての海外だったんだ」

――ミスター猪木やミスター坂口と異種格闘技戦を行ったことで、プロ空手家としてプラスになった点を教えてください。

「世界には、たくさんの素晴らしく興味深い人間が存在していることがわかった。それと彼らは体格に恵まれていて、耐久性がかなり高いということもわかった」

――あなたはプロレスラーと試合を行い、しかも敗北を喫しました。そのことは、プロフェッショナルファ

イターとしてのキャリアに何か悪影響を及ぼしましたか？

「いや、何もないな」

——プロ空手の関係者やファンからのネガティブな反応というのは？

「いや、本当に何もないんだ。だが、ミスター猪木やミスター坂口との一連の試合はエンタテインメントだったと私は考えている。コンテストを行うには、私はフェアなルールだとは思わなかった。なぜなら私はグローブを着けなくてはならなくて、彼らは素手だ。しかも我々のトレーニング方法は、ミスター猪木たちがやっていたものと全く違ったものだったからね」

——ミスター猪木は幾多の格闘技戦を行いましたが、あなたとの試合はベストマッチのひとつだったと私は思います。あなた自身は、どのようにお考えでしょうか？

「君と同意見だ。私にとってもいい経験になったしね。ミスター猪木は偉大な人物であると共に、偉大なファイターだった。その世界で成功するために、長い年月を練習に費やしたのだろう。彼は大きくて力強かったが、私が人生で出会った人間の中でも最高に紳士的で思いやりのある人物のひとりだった。そして、いい試合を私に与えてくれた」

——ミスター坂口については？

「（異種格闘技戦を行うには）少し未熟な印象を受けたが、彼も猪木と同様、好人物に見えた」

——あなたのキャリアの中で、最高のライバルと言えば誰になりますか？

「ミスター猪木だ」

——ミスター猪木は常々、あなたのことをプロ空手家として高く評価されておられます。

「彼はレスラーとしてだけではなく、人間としても素晴らしい人物だと思う。あの2試合は、私にとってどちらもエキサイティングだったよ」

賢明なる読者諸氏ならすでにおわかりと思うが、モンスターマンは明らかに猪木との初戦と再戦を混同している。だが、彼は37年間閉じられたままの記憶を半ば強引に呼び起こしているのだ。その点をどうかご理解いただきたい。

最後に、78年の2度目の来日からから現在までの人生をおおまかに振り返ってもらった。

――プロ空手家としての現役生活は、いつ頃まで続けられたのでしょうか？

「交通事故に遭って、82年に引退したんだ」

――ずっと後年にトニー・パルモラというキックボクサーがあなたの弟子であるとして新日本プロレスに来日（95年1月4日に東京ドームでスティングと対戦）したのですが、それは事実でしょうか？

「いや、名前を聞いたこともないな。事実とは違うよ」

――現役引退後は、どのような職業に就かれたのでしょうか？

「市バスの運転手に戻って、それからダンスクラブの経営者になった」

――現役引退後も、空手を続けられていたのでしょうか？

「いや、自動車事故で足を痛めてしまってね。今はもう仕事もリタイアして、故郷のエリーで暮らしている。足があまり良くないので、たまに歩くのが困難なことがあるが、なるべく毎日ストレッチや運動をするようにしているんだ」

――これは仮定のお話ですが、ＵＦＣに代表されるＭＭＡというジャンルがもし現役時代に存在していたら、あなたは出場されましたか？

「まあ、当時はケージなんてなかったので、試合をするのはリングかマットだったがね。ＵＦＣは大好きだが、あんなに小さなグローブではダメージも大きいし、凄惨な試合になってしまう。おそらく私には少し暴力的すぎる。あれではファイターが長持ちしないだろう」

――日本発祥のＫ－１というキックボクシングのイベントについてご存知でしょうか？

「ああ、テレビで観て知っている」

――これも仮定のお話ですが、もしあなたの全盛時代にＫ－１が存在していたら、出場していたでしょうか？

「もちろんだ。私がやっていたキックボクシングなら、断る理由が何も見つからないな」

――最後に、現在も日本のプロレス界に大きな発言力を持ち、また国会議員でもある、かつての宿敵アントニオ猪木へのメッセージがあれば、お聞かせください。

「あなたに出会えたことに感謝している。そして、これからも幸運を祈っている」

アントニオ猪木と異種格闘技戦で対戦したプロ空手家と言えば、もうひとり〝ザ・ランバージャック〟と呼ばれたジョニー・リーを思い出される方もいらっしゃるだろう。78年4月4日、ペンシルベニア州フィラデルフィアで猪木と一戦を交え、同年6月7日の福岡スポーツセンターでは坂口征二と対峙した、あの長身の男である。

続いては、同じくチャットによるジョニー・リーのインタビューをお届けする。日本ではモンスターマンの影に隠れた存在であった彼の人生にも、やはりひとつのドラマがあった。

――まずは生年月日と出身地を教えてください。

「50年9月16日に、ジョージア州ダンヴィルで生まれた」

――ダンヴィルからデトロイトに移住したのはいつ頃でしょうか？

「ジョージアからインディアナ州のフォートウェインに移ったのが55年で、65年1月にミシガン州のデトロイトに引っ越したんだよ」

――どのようなご家庭だったのでしょうか？

「父のジョニー・リー・シニアは自動車の整備工で、母のウィリーは高齢者介護の仕事をしていた。男3人、女4人の7人兄弟で、私は上から2番目だった」

――では、あなたのお名前は正式にはジョニー・リー・ジュニアなのですね？

「うん、そうだね」

――空手を始められた動機を教えてください。

「若い頃、私は痩せっぽっちで、もっと心身を逞しくしたかった。高校の友達が日本の空手を始めて、刺激を受けたのもあってね。結婚した後、68年に通り沿いの道場を見つけて、そこで稽古しようと決めたんだ」

――それがデトロイトにあったミスター・ハロルド・ウィリアムスの道場だったのですね？

「その通りだよ。68年に私が空手の稽古を始めた時、ハワード・ジャクソンは緑帯で、道場の昼間のクラスを教えていてね。彼が海兵隊に行くまで、私たちは一緒に稽古をしていたんだ。ハワードはカリフォルニアに配属されて、除隊した後も現地に留まることを決めてチャック・ノリスの道場の支部長になったんだ。彼が若くして亡くなるまで、私たちは親友だったよ」

――ミスター・エヴェレット・エディとの出会いにつ

いて教えていただけますか？

「私がエヴェレットに初めて会ったのは69年頃で、ある日、彼は大きな犬を連れて道場の向かいのチェーンフェンスに座っていたんだ。彼はペンシルベニア州のエリーから引っ越してきたばかりだった。当時、私は緑帯で、彼もエリーで空手の稽古をしていたらしいけど、レベルはまだそれほど高くなかったね。彼が道場に入門して一緒に稽古をするようになって、私たちは友達になった。70年9月27日、私たちは一緒に大師範のミスター・ファン・ギーから黒帯を授かった。私たちは空手はもちろん、プライベートな時間も常に何をするにも一緒に行動していたよ」

――その後、程なくして道場を移られたのですね？

「私たちは、もっと上のレベルに引き上げてくれる同じ流派の道場を探していて、同じデトロイトの『カラテ・インスティチュート』のデヴィッド・J・プライム師範に巡り会ったんだ。彼は、私たちが大きなトーナメントのファイターになるのを手助けしてくれたよ」

――あなたとミスター・エディが習得したのは、タンスドーという武道だそうですね。

「そう、韓国式の空手だね。『タンスドー・ムーダックァン（唐手道武徳館）』というんだ」

――日本の空手を習ったことはありますか？

「いや、ないね」

――ところで、ミスター・プライムが率いていた『デトロイト・オールスターズ』というのは、空手のプロチームだったのでしょうか？

「いや、違うよ。当時は（アマチュア競技として）試合でポイントを争うのが目的だった。賞金が出るようなトーナメントもあるにはあったけど、賞金マッチが主体になったのは、ずっと後のことだよ」

――ちなみに、スマイリー〟というのがあなたの本来のニックネームだそうですね？

「その通りだよ。カリフォルニアでチャック・ノリスのチームと対戦した時に、攻撃されると私が反撃に出る前にニヤリと笑うのを指して、スポーツキャスターがそのニックネームを付けたんだ。そういえば、日本で私は〝ランバージャック（木こり）〟って名前で紹介されたんだよね（笑）」

――仰る通りです。ということは、あなたがランバージャックと名乗ったのは、猪木戦と坂口戦の２試合の

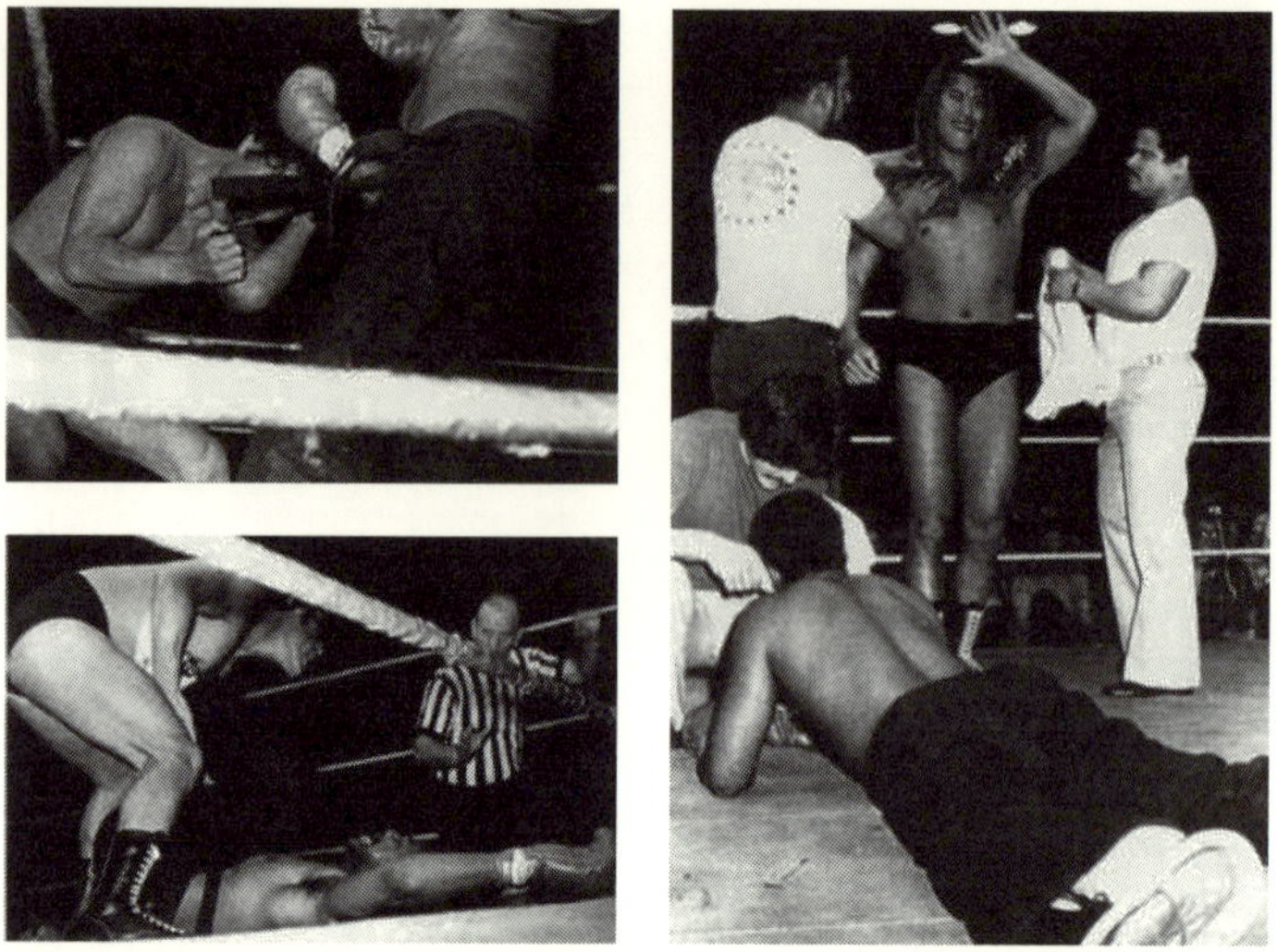

78年4月4日にペンシルベニア州フィラデルフィアで行われた猪木との一戦。ランバージャックの猛攻を凌いだ猪木が、バックドロップで3R KO勝ちを収めた。また、同大会にはモンスターマンも出場し、坂口に4R KO勝ちした。

みだったのでしょうか？

「そうだよ。プロモーターがその名前を閃いて、使いたがったんだよ。たった2試合のためにね（笑）」

――名前と言えば、ミスター・エディの〝モンスターマン〟というニックネームは、あなたとミスター・ハワード・ジャクソンが名付け親だと当時の雑誌に書いてありました。初めて道場に入ってきたミスター・エディを見て、〝おい、見てみろ。モンスターが来たぞ！〟と言ったそうですが（笑）。

「そうかな？　記憶はないけど、充分にあり得るね。私は年中、人にあだ名を付けていたから（笑）」

18歳のランバージャックが入門したのは、ハロルド・ウィリアムとリチャード・ブランクスが経営する小さなタンスドーの道場であった。師範であるイ・ジョン・ハの下には、師範代格としてハワード・ジャクソンがいた。モンスターマンとランバージャックの共通の友人であったジャクソンについては、多少の説明が必要と思われる。

51年にデトロイトで生まれたジャクソンは、67年からカンフーとタンスドーを始め、海兵隊除隊後の73年頃にプロに転向。黎明期にはヘビー級選手との対戦も通常であったプロ空手界にあって、ウェルター級の体格で26戦23勝（12ＫＯ）２敗１分の通算成績は驚異的である。特にそのパンチ力には定評があり、一時はプロボクサーとしても活躍した。

78年５月に初来日し、当時の日本ウェルター級王者だった田畑隆を１Ｒでマットに沈め、〝カルフォルニア・フラッシュ〟の異名を一躍有名にした。80年３月には全日本ライト級王者の玉城良光に判定勝ちし、ＷＫＡ世界ウェルター級王者となる。

84年に現役を引退し、その後はチャック・ノリスのパーソナルトレーナー等で活躍。２００６年、白血病で逝去する（享年54）。

後述するが、ジャクソンとランバージャック、モンスターマンの友情は後年まで続き、ジャクソンなき現在もふたりの交流は続いている。

モンスターマン、ランバージャックのタンスドーにおける共通の師のひとりであるプライムは、「ミスター・エディはとても真面目な努力家で、一方のミスター・リーは楽天的な人物でした。ふたつの異なった個性が、彼らの間に素晴らしい友情を生んだのです。ふたりとも相手に対して強い忠誠と敬意を払っておりました」と語る。

――あなたがプロに転向したのは、いつ頃のことでしょうか？

「71年か、72年辺りじゃないかな」

――ミスター・エディと同時期のプロ転向だったのでしょうか？

「そうだよ。私たちは何をするにも一緒だったからね」

――空手では、どんなタイトルを獲得したか教えていただけますか？

「ひとつひとつは憶えていないけど、長年にわたって空手をしているから、ヘビー級部門ではたくさんの優勝をしているよ」

――カリフォルニアに移転されたのはいつ頃でしょうか？

「デトロイト・オールスターズのメンバーとして初めてカリフォルニアに行ったのは73年頃で、移住したのは77年くらいだったかな」

――カリフォルニアでは、どちらでトレーニングをされておられたのでしょうか？

「エヴェレットが以前にハワードが経営していたロー

ンデールの空手道場を引き継いだんだ。カリフォルニアに引っ越した当初、私はエヴェレットの家族と一緒に暮らしていたから、私もその道場の共同経営者になったんだよ。他にロサンゼルス周辺にある他の空手道場や、ウェイトトレーニングのジムでも練習したけどね」

――私がミスター・エディにお聞きしたのは、チャック・ノリスのジムを引き継いだというお話でしたが。

「ああ、私が話したのと同じ道場だよ。ハワードはチャックの団体の傘下で道場を開いたんだよ」

――プロのリングでミスター・ジャクソンと対戦したことはありましたか？

「ミズーリ州セントルイスで戦ったよ。それが最初で最後だったね。エヴェレットとも一度だけ対戦したことがあるよ。ただし、それは空手のトーナメントだったね。プロのリングでは戦っていないよ。もしチャンスがあっても戦わなかっただろうね」

――あなたもミスター・エディと一緒に、ベニー・ユキーデのジムやケン・ノートンのボクシングジムでトレーニングをされたのでしょうか？

「いや、ケン・ノートンとは会ったことすらないよ。ベニーと一緒に練習したことはないけど、私たちは友達だった。エヴェレットと私は彼のセコンドをするために、メキシコのティフアナに行ったことがあるよ」

さて、いよいよ猪木や坂口との異種格闘技戦の話題に入るわけだが、その前に読者諸氏にはひとつお断りを入れておかねばなるまい。

モンスターマンと同様、ランバージャックもこの2試合をある種のエキシビションマッチと捉えている点である。それはこの両者に限らず、モハメド・アリやパキスタンのペールワン一族を除く他の異種格闘技戦におけるすべての対戦相手の共通認識であったように思われる。

それではまず、78年4月4日にペンシルベニア州のフィラデルフィア・アリーナで行われた猪木戦から話を訊いてみたい。

――フィラデルフィアでのミスター猪木との試合ですが、元々この試合に関して、あなたはミスター・エディから誘われたのでしょうか？

「うん、エヴェレットは前に日本でミスター猪木と戦っているから、プロモーターは更なる試合をやりたかったんだろうね。当時、私はカリフォルニアに引っ越していたから、エディがプロモーターに私のことを話してくれて、彼らからオファーがあったんだ。それで、私はそのチャンスに飛びついたってわけさ」

――フィラデルフィアと日本の福岡での試合のブッキングは、誰が行ったのでしょうか？

「プロモーターの名前は憶えてないけど、カリフォルニアの人間だったなあ。ハワード・ハンソン？　確かそんな名前だったよ。私たちはフィラデルフィアに行く前に、俳優でスタントマンのジョン・L・サリバンという人の自宅で、試合に向けたトレーニングをしたんだ」

78年6月7日に福岡スポーツセンターで行われた坂口戦。モンスターマン戦の雪辱を期す坂口が、フライングニードロップで3R KO勝ちを収めた。ちなみに、ランバージャックの来日はこの時のみである。

――あなたは日本で『プロ空手世界ヘビー級王者』と紹介されましたが、それは事実でしょうか？

「彼らが何を言ったか知らないけど、私は世界チャンピオンじゃないよ。ただし、いくつかの雑誌が私のことを中西部2位、世界4位にランクしてくれていたね」

――プロレスラーとの異種格闘技戦は、あなたのファイターとしてのキャリアにおいて、どういった位置づけなのでしょうか？

「私の格闘家人生の中でのハイライトと言えるよね。空手vsレスリングというのは、全てにおいて異質な試合だったけど、素晴らしい経験だったよ。彼らはプロレスのヒーローで、才能に溢れていた。ミスター猪木は、日本ではモハメド・アリと同じくらい有名だったよ」

――ミスター猪木と対戦してみて、ひとりのファイターとしての彼をどのように評価されますか？

「アメリカにモハメド・アリがいたように、日本にはアントニオ猪木が存在したんだ。ザ・チャンプ（モンスターマンのことだと思われる）と私は、その偉業と才能に畏敬の念を感じたよ。彼はとても力強くて、レスリングの知識に溢れていたね。私は、彼をミスター坂口と同様に凄く尊敬したよ。彼らは、エヴェレットと私と同じような関係だよね」

——78年6月7日に、福岡スポーツセンターで対戦したミスター坂口に関してはいかがでしょうか？

「ミスター坂口は、恐ろしく機敏なレスラーだった。私たちは実際にテクニックを駆使したわけだけど、猪木戦と同じようにお互いに荒っぽい攻撃は控えたよ。ミスター坂口は、極めて熟練した才能を持った紳士だったね」

——ミスター猪木とミスター坂口にはスタイルの違いを感じましたか？

「うーん、私にとって彼らのテクニックは凄く似通ったものに感じたよ」

——それらの試合は、あなたにネガティブなイメージを与えなかったでしょうか？

「いや、私は自分が敵役だったことをわかっているよ」

——質問の仕方を変えます。あなたはプロレスラーと試合をし、敗北を喫しました。そのことは、あなたのプロファイターとしてのキャリアに何か影響を与えましたか？

「試合には何の抵抗もなかったよ。理由は簡単さ。一連の試合はエキシビションだったからね。さらにその試合は、日本へ旅行して、たくさんの面白い人たちと出会えるチャンスを私に与えてくれたってわけさ。あいったタイプの試合は初めてだったし、あの時限りだったよ。私のキャリアの中でミクスドマッチの経験は、この2戦しかない」

——では、ミクスドマッチも含めて、あなたが対戦した対戦相手のベストテンを選んでください。

「ジェフ・スミス、ラリー・ルンド、ロス・スコット、ハワード・ジャクソン、ディミートリアス〝ザ・グリーク〟ハヴァナス、アルバート・チークス、リチャード・プロードン、アントニオ猪木、坂口征二、そしてエヴェレットだね」

——その中でも、最も手強かった相手は誰ですか？

「もちろんエヴェレットだよ。他の連中と違って、彼は私のテクニック、新しく編み出したものも含めて、すべて知っていたからね。私たちは一緒に稽古をして、自分たちのファイティングスタイルに合った新たな技を開発していたしね」

――プロ空手家として、現役を引退されたのはいつ頃でしょうか？

「80年前後だね」

――その後も空手の稽古はされているのでしょうか？

「まだ定期的に教えているよ。私は常にどこかで働いているから、フルタイムで専念できる時間がないんだけどね。それこそファストフードの従業員から警察官まで、これまでの人生でたくさんの仕事をしてきたよ。4台のセミトラックを所有して長年にわたって運送のビジネスもできたし、教育委員会の公安責任者として高校に勤務したこともある。デトロイト・メディカルセンター付の警察官も8年間勤めた他、コメリカ・パークでデトロイト・タイガースのセキュリティ管理者を13年間務めた。デトロイトにあるたくさんの会社の警備もやったよ。現在は、ホッケーで殿堂入りしたクリス・チェリオスが経営している『チェリス・チリ・バー』というレストランバーのセキュリティー管理者のひとりなんだ」

――現在のご家族を教えてください。

「私には、5人の子供と5人の孫、そしてひ孫も7人いるよ」

――最後になりますが、ミスター猪木とミスター坂口にメッセージがあればお願いいたします。

「私の思い出に残る試合と旅をする機会を与えてくれたことに、とても感謝している」

後記

このインタビューから4年の歳月が流れたが、モンスターマンとランバージャックの両者は現在も元気で暮らしている。本文にもあるように、両者の性格や行動はまさに対照的で、常に精力的に活動しているランバージャックに比べて、モンスターマンはまるで隠遁生活を楽しんでいるかの如きである。

〝怪鳥〟ベニー・ユキーデと共に、全米プロ空手、マーシャルアーツの存在を我々日本のファンに知らしめてくれた両者。彼らの今後の人生の更なる多幸を願う次第である。

あとがき

かなり偏向的で独善的な内容の文章ばかり書いている筆者のような者の周辺にも、愛読者だと仰って下さる奇特な方々が多少なりともおられる。筆者が本書の刊行を決意したのは、そんな方々のひとりで友人でもある友次孝之氏の、酒席における次のような一言だった。

「Gスピリッツに載った那嵯さんの文章が読みたいと思っても、読みたいものがどの号にあるのか、探し出すのが結構大変なんですよ。一冊の本になっていれば、そんな手間も省けるんですけどね」

この言葉を受けて、筆者は辰巳出版『Gスピリッツ』編集部と交渉を進め、単行本化の快諾を頂き、かねてより懇意にさせて頂いている新紀元社に出版を打診した。幸いにもこの企画は社内の承認を受けて、今回の本書出版に至った次第である。

前述したように、かなりマニアックな内容となる本書が、果たしてどれくらいの読者の共感を得られるものか。先行きの見えない、危険すら伴なう船出ではあるが、ただし、筆者の信ずる「正しい」プロレスの歴史は可能な限り文章に詰め込んだつもりである。本書が後世まで残る資料の一片となり得ることを、筆者は願ってやまない。

執筆時、あるいはムック発売後にも、本当に多くの方から、取材へのご協力、資料や情報のご提供、そして貴重なご示唆を頂戴した。そのご高配には到底及ばないが、ここに尊名を記して心ばかりの報恩とさせて頂く所存である。

アンジー・H・来住野（故人）、アンドレア・ウッド、今泉克己、ヴィクター・ジョーンズ、エヴェレット・エディ（ザ・モンスターマン）、大和田国男、ガーノット・フライバーガー、菊池孝行、北沢幹之、木村光一、許光英、小泉悦次、小出昌弘、琴音隆裕、ジェイク・シャノン、清水勉、ジョニー・リー（ザ・ランバージャック）、ジョー・マレンコ、新間寿、スコット・ティール、ステッペン・グリーンフィールド、谷藤裕行、ダニー・ホッジ、土屋静光、都築龍、デヴィッド・

J・プライム、テディ・ペレク、戸口正徳（キム・ドク）、徳永哲朗、トーマス・ドイブラー、トミー・ヘイズ、仲兼久忠昭、長澤真理子、中元皓希与、浜田靖生、原悦生、ハリー・スミス（デイビーボーイ・スミス・ジュニア）、藤原喜明、フランキー・ケイン、ベッキー・ジョーンズ、マイティ井上、マーク・ヒューイット、増田俊也、マイク・ハリナン、マーティー・ジョーンズ、マティ鈴木、百田光雄、森田隼人、森屋了一、山口治男、山口陽子、山下和也、山本武彦、レイモンド・プランケット、レネ・ラサルテス（故人）、ロイ・ウッド、ロナルド・グロスピッチ、ローラン・ボック（以上敬称略 50音順）

本書の全般に亘って、流智美氏には全面的にご協力頂いた。そもそも「プロレスにはこうした見方、楽しみ方があるんだ」と筆者に「新たな扉」を開いてくれたのは流氏であり、直接的な意味でも、筆者が物書きの端くれとなったのは、氏によるGスピリッツ編集部への紹介があってのものである。ここで改めて我が師に、心からの御礼を申し上げたい。プロレス史やキャッチ・アズ・キャッチ・キャンについて、熱く語り合ってきた長年の盟友である増本一廣氏と宮戸優光氏にも謝意と友誼を示したい。

他社における単行本化にもかかわらず、筆者の意向を斟酌して文章ごと気持ちよく送り出してくれたばかりか、出版に至る様々な局面で惜しみないご協力を賜った『Gスピリッツ』佐々木賢之編集長には、この場を借りて厚く感謝の意を述べたい。

そして、書籍化にあたり、Gスピリッツ拙稿のいずれの章を掲載するかという筆者の問いに、笑顔で全章の収録を約して下さった新紀元社宮田一登志社長と、あれこれと注文の多い我儘な筆者と最後まで併走してくれた内山慎太郎氏には、ただただ感謝の言葉しかない。

そして、筆者の人生に鮮烈なる記憶を残してくれた、今は亡き二人のプロレスラー、ルー・テーズ、カール・ゴッチ、そしてビル・ロビンソンに、この書を捧げる。

参考文献一覧

（書籍・冊子）

『世界横行 柔道武者修業』及び『世界横行第二 新柔道武者修業』薄田斬雲著、博文館、1912年
『日本プロレス風雲録』小島貞二著、ベースボール・マガジン社、1957年
『鬼の柔道』木村政彦著、講談社、1969年
『吉村道明自伝』吉村道明著、モリチュー、1973年
『ザ・格闘技』小島貞二著、朝日ソノラマ、1976年
『当然、プロレスの味方です 過激な生存の哲学』村松友視著、情報センター出版局、1980年
『日本プロレス30年史』田鶴浜弘著、日本テレビ、1984年
『わが柔道』木村政彦著、ベースボール・マガジン社、1985年
『プロレスオール強豪名鑑・日本編』田鶴浜弘著、有峰書店新社、1986年
『王道十六文・上下巻』ジャイアント馬場著、ジャイアント・サービス、1987年
『ケンカ道―その〝究極の秘技〟を探る』篠原勝之著、祥伝社、1987年
『あるフンドシかつぎ一代記』小島貞二著、ベースボール・マガジン社、1991年
『プロレスの切り札・シュート』浜田靖生著（自費出版）、1992年
『語ろう! プロレス』スラム ジャム編、竹書房、1995年
『ウィガン波止場への道』ジョージ・オーウェル著、土屋宏之／上野勇訳、筑摩書房、1996年
『闘魂戦記 激白 格闘家・猪木の真実』アントニオ猪木監修、木村光一編、KKベストセラーズ、1996年
『やっぱりプロレスが最強である』流智美著、ベースボール・マガジン社、1997年
『アントニオ猪木の証明～伝説への挑戦～』木村光一著、アートン、1998年
『クマと闘ったヒト』中島らも著、メディアファクトリー、2000年
『PURE DYNAMITE ダイナマイト・キッド自伝』トム・ビリントン著、ウォーリー山口監修、エンターブレイン、2001年
『カール・ゴッチ試合記録集』小泉悦次編
『船木誠勝の真実』船木誠勝著、エンターブレイン、2003年
『人間風車ビル・ロビンソン自伝―高円寺のレスリング・マスター』ビル・ロビンソン著、エンターブレイン、2004年
『THE GREATEST WRESTLER PART21』森屋了一著（自費出版）、2007年
『木村政彦はなぜ力道山を殺さなかったのか』増田俊也著、新潮社、2011年
『WRESTLING』ウォルター・アームストロング著、英国、1889年
『MODERN ATHLETE』トム・コナーズ著、カナダ、1890年
『JUJITSU WHAT IT REALLY IS』アポロ（ウィリアム・バンキア）著、英国、1904年
『A HISTORY OF THE COUNTY OF LANCASTER PART16 SPORT』、英国、1908年
『Koca YUSUF』Ahmet Halit著、トルコ、1942年
『SIXTY YEARS OF WRESTLING』チャールズ・マスカル著、英国、1960年
『THE WHOS WHO OF WRESTLING』ジョー・D・オラジオ、パム・エドワーズ共著、英国、1971年
『BLUE BLOOD ON THE MAT』アソール・オークリー著、英国、1971年
『Müthiş Türkler』Dr.Orhan Koloğlu著、トルコ、1972年
『Teknik Güreş ve ustalari』Ali GüMüş著、トルコ、1972年

『TWO GUYS NAMED DAN』マイク・チャプマン著、アメリカ、1976年
『PERMANENTLY COOKING WITH WORLD CHAMPION』ダニー・ホッジ、アメリカ、1979年
『DATEN UND TATEN EINES』Gerhard Schaefer著、ドイツ、1982年
『WESTERN BOXING AND WORLD WRESTLING』ジョン・F・ギルビー著、アメリカ、1986年
『ENCYCLOPEDIA OF AMERICAN WRESTLING』マイク・チャプマン著、アメリカ、1989年
『LASARTESSE』René Lassartesse & Andreas Matlé共著、ドイツ、1991年
『KARL GOTCH：THE ZEN MASTER OF WRESTLING』マット・フューリー著、アメリカ、1999年
『THE ROOTS OF WRESTLING』Rayko Petrov著、FILA発行、2000年
『JOHNNY KINCAID WRESTLINGS RING SIDE SEAT』ジョニー・キンケイド著、英国、2007年
『MY CHRISTMAS WITH KARL...』ジェイク・シャノン著、アメリカ、2009年
『BILLY RILEY - THE MAN, THE LEGACY』ステッペン・グリーンフィールド／マーク・デ・クルシー共著、2014年
『GERHARD SCHAEFER WRESTLING RESULTS COLLECTION』

（雑誌・ムック）

『月刊ファイト』神田新燈社
『プロレス&ボクシング』ベースボール・マガジン社
『月刊プロレス』ベースボール・マガジン社
『週刊プロレス』ベースボール・マガジン社
『格闘技通信』ベースボール・マガジン社
『月刊ゴング』日本スポーツ出版社
『別冊ゴング』日本スポーツ出版社
『週刊ゴング』日本スポーツ出版社
『Gスピリッツ』辰巳出版
『週刊ファイト』新大阪新聞社
『ナンバー』文芸春秋社
『ビッグレスラー』1983年3月号、立風書房
『格闘技界』1987年NO.4
『プロレス王国』1994年9月号、KKベストセラーズ
『別冊宝島・プロレス読本』1998年Files.5、宝島社
『月刊秘伝』2002年12月号、BABジャパン
『紙のプロレス』2003年NO.66
『kamipro』ワニマガジン社
『紙のプロレスRADICAL』ワニマガジン社
『ゴング格闘技』2007年1月号、イーストプレス『アントニオ猪木 50years 燃える闘魂50年上巻』2010年、ベースボール・マガジン社

（プログラム）

『藤原組・東京ドーム大会パンフレット』1992年

（映像）

『キラー猪木VOL.11 VSローランド・ボック』ポニー・キャニオン、1994年
『アントニオ猪木名勝負十番Ⅱ 異種格闘技篇』文藝春秋社、1998年

（ウェブサイト）

『JP/TR日本・トルコ トルコの観光・伝統文化の総合サイト・オイルレスリング／油相撲（クルクプナル レスリング）』

その他、国内外新聞記事、雑誌、プログラム、ウェブサイト等多数

最強の系譜
プロレス史 百花繚乱

２０１９年11月４日　初版発行
２０１９年12月21日　２刷発行

著者　那嵯涼介

編集　新紀元社編集部／内山慎太郎
発行者　宮田一登志
発行所　株式会社新紀元社
〒一〇一－〇〇五四
東京都千代田区神田錦町一－七錦町一丁目ビル二階
TEL：03-3219-0921/FAX：03-3219-0922
http://www.shinkigensha.co.jp/
郵便振替 00110-4-27618

装丁　金井久幸（TwoThree）
本文デザイン　根本眞一（クリエイティブ・コンセプト）
印刷・製本　中央精版印刷株式会社

ISBN978-4-7753-1759-4
定価はカバーに表示してあります。
Printed in Japan